哈尔滨职业技术学院
国家骨干高职院校建设项目成果

道路桥梁工程技术专业

路桥工程检测技术

吴丽萍　主编

中国铁道出版社有限公司
CHINA RAILWAY PUBLISHING HOUSE CO., LTD.

内容提要

本教材内容涉及路基工程检测、路面基层工程检测、路面面层工程检测、桥涵及浆砌工程检测等方面共4个学习情境11个任务，并配有真实的工程案例以方便教师组织教学，使学生在掌握常规的路桥工程检测技术同时，能够处理相关工程质量问题。

本教材依据本岗位从事的典型工作任务对职业能力的需求确定学习领域的相关内容，并确定教材的知识点、技能点和素质要求点，尤其注重对学生自学能力、创新精神和实践技能的培养。

图书在版编目（CIP）数据

路桥工程检测技术/吴丽萍主编．—北京：中国铁道出版社，2014．2（2022．1重印）

国家骨干高职院校建设项目成果　道路桥梁工程技术专业及专业群系列教材

ISBN 978-7-113-17895-6

Ⅰ．①路…　Ⅱ．①吴…　Ⅲ．①道路工程-检测-高等职业教育-教材 ②桥梁工程-检测-高等职业教育-教材　Ⅳ．①U41②U44

中国版本图书馆CIP数据核字（2013）第312166号

书　　名：路桥工程检测技术
作　　者：吴丽萍

策　　划：左婷婷　　　　**编辑部电话：**（010）63560043
责任编辑：夏　伟
编辑助理：曹　旭
封面设计：刘　颖
封面制作：白　雪
责任校对：王　杰
责任印制：樊启鹏

出版发行：中国铁道出版社有限公司（100054，北京市西城区右安门西街8号）
网　　址：http://www.tdpress.com/51eds/
印　　刷：北京建宏印刷有限公司
版　　次：2014年2月第1版　　2022年1月第2次印刷
开　　本：880 mm×1 230 mm　1/16　印张：18.75　字数：595千
印　　数：2 001～2 500册
书　　号：ISBN 978-7-113-17895-6
定　　价：44.00元

哈尔滨职业技术学院道路桥梁工程技术专业
教材编审委员会

编写说明

为了贯彻落实《国家中长期教育改革与发展规划纲要(2010—2020)》精神，更好地适应我国走新型工业化道路，实现经济发展方式转变、产业结构优化升级，建设人力资源强国发展战略的需要，进一步发挥国家示范性高职院校的引领带动作用，构建现代高等职业教育体系，在国家百所示范高职院校建设取得显著成效的基础上，2010 年国家教育部、财政部继续加强国家示范性高等职业院校建设，启动了国家骨干高职院校建设项目，在全国遴选了 100 所国家骨干高职院校，着力推进骨干高职院校进行办学体制机制创新，增强办学活力，以专业建设为核心，强化内涵建设，提高人才培养质量，带动本地区高等职业教育整体水平提升。

哈尔滨职业技术学院于2010 年11 月被确定为“国家示范性高等职业院校建设计划”骨干高职院校立项建设单位。学院在国家骨干高职院校建设创新办学体制机制，打造校企“双主体育人”平台，推进合作办学、合作育人、合作就业、合作发展的进程中，以专业建设为核心，以课程改革为抓手，以教学条件建设为支撑，全面提升办学水平。

学院与哈尔滨市公路工程处、龙建路桥股份有限公司等企业成立了校企合作工作领导小组，完善了道路桥梁工程技术专业建设指导委员会，进行了合作建站、合作办学、合作建队、合作育人的“四合模式”建设；创新了“校企共育、德能双修、季节分段”工学交替的人才培养模式，即以校企合作机制为保障，打造校企“双主体育人”合作平台，将学生的职业道德和职业能力培养贯穿于整个教育教学的始终，构建基于路桥建设工作过程导向课程体系，开发融入职业道德及岗位工作标准的工学结合核心课程，结合黑龙江省寒区特点，采取季节分段的工学交替教学方式，校企共同培养满足路桥施工一线的技术与管理岗位扎实工作的具有可持续发展能力的高端技能型专门人才；为了更加有效地实施该人才培养模式，制定了融入路桥企业职业标准及岗位工作要求的10 门核心课程的课程标准，采取任务驱动的教学做一体化教学模式进行教学。

而教材建设作为教学条件中教学资源建设的重要组成部分，既是教学资源建设的关键，又是资源建设的难点。为此，学院组成了各重点专业教材编审委员会。道路桥梁工程技术专业教材编审委员会由职业教育专家、企业专家、专业核心课教师和公共核心课教师组成，历经三年多的不断改革与实践，编写了本套工学结合特色教材，由中国铁道出版社出版，为更好地推进国家骨干院校建设做出了积极贡献。

本套教材完全摆脱了以往学科体系教材的体例束缚，其特点如下：

1. 本套教材主要按照核心课程的教学模式改革要求进行编写，全部以真实的工作任务为载体，配合任务驱动教学做一体化的教学模式；

2. 本套教材的内容组织主要按照核心课程的内容改革要求进行编写，所有工作任务都是与施工企业专家和工程技术人员共同研究确定，选取具有典型效果的工程案例，形成了独具特色的教材内容。

3. 本套教材均采用相同的体例编写，同时采用了与任务驱动教学模式配套的六步教学法：

（1）完全打破了传统的知识体系的章节结构形式，采用全新的以路桥工程技术与管理人员的工作任务为载体的任务结构形式，设计了每项任务的任务单；

（2）教材中为培养学生的自主学习能力，设计了每项任务的资讯单和信息单；

（3）在信息单中，为学生顺利完成工作任务提供了大量的真实工程案例，各种解决方案，注重学生的计划能力和决策能力的培养，并设计了每项任务的计划单和决策单；

（4）教材中突出任务的实践性，注重学生的职业能力培养，设计了每项任务的实施单和作业单；

（5）在教材中设计了检查单和评价单，改革了传统的考核方式，采取分小组评价、个人评价和教师评价相结合的多元化评价方式，以过程考核为主，每个任务的各个环节均设有评价分值。

（6）为了使每名学生在完成任务后，都能够对自己的工作有个总结和反思，设计了教学反馈单。

总之，本套教材按照与学习领域课程体系、任务驱动教学模式、六步教学法及多元化考核评价方式等相对应的全新的教材体例编写而成。在本套教材的编写过程中，得到了合作企业及行业专家的大力支持，在此，表示由衷的感谢！由于教材实践周期较短，还不够完善，如有错误和不当之处，敬请专家、同仁批评指正。希望本套教材的出版，能为我国高职教育的发展做出应有的贡献。

哈尔滨职业技术学院道路桥梁工程技术专业

教材编审委员会

2013 年 8 月

本书编写组

主　　编：吴丽萍（哈尔滨职业技术学院）

副 主 编：崔　莹（哈尔滨市公路工程处）

参　　编：杨化奎（哈尔滨职业技术学院）

王瑞雪（哈尔滨职业技术学院）

赵明微（哈尔滨职业技术学院）

张向辉（哈尔滨职业技术学院）

马　旭（哈尔滨职业技术学院）

滕海生（黑龙江省公路工程质量监督站）

主　　审：王天成（哈尔滨职业技术学院）

张　学（哈尔滨市公路工程处）

前言

FOREWORD

《路桥工程检测技术》是高职院校道桥专业的核心课程。路桥工程检测是贯穿于路桥工程施工全过程的一项工作。本教材是根据高职院校的培养目标，按照高职院校教学改革和课程改革的要求，以企业调研为基础，确定工作任务，明确课程目标，制定课程设计的标准；以能力培养为主线，与企业合作，共同进行课程的开发和设计。编写本教材的目的就是培养学生具有质检员岗位的职业能力，在掌握基本操作技能的基础上，着重培养学生试验操作方法的运用，以解决现场施工质量的问题。在教学中以全面掌握仪器的操作使用为基础，侧重培养学生的检测方法运用能力以及对现场的质量问题进行分析、解决能力。

课程设计的理念与思路是按照学生职业能力成长的过程进行培养，选择真实的路桥工程检测工作任务为主线进行教学。以行动任务为导向，以任务驱动为手段，注重理论联系实际，在教学中以培养学生的检测方法运用能力为重点，以使学生全面掌握仪器的操作使用为基础，以培养学生现场的分析解决问题的能力为终极目标，使学生在真实的工作过程中得到锻炼，为学生在生产实习及顶岗实习阶段打下良好的基础，实现学生毕业时就能直接顶岗工作。

本教材共设四个学习情境，11 个工作任务，参考教学时数为 80 学时。其中学习情境一路基工程检测包括任务 1 检测前的准备、任务 2 路基工程原材料试验检测、任务 3 路基工程现场试验检测；学习情境二路面基层工程检测包括任务 4 路面基层、底基层材料组成设计、任务 5 路面基层工程现场试验检测；学习情境三路面面层工程检测，包括任务 6 路面面层工程原材料试验检测、任务 7 混凝土路面工程配合比设计、任务 8 路面面层工程现场试验检测；学习情境四桥涵及浆砌工程检测，包括任务 9 桥涵及浆砌工程原材料试验检测、任务 10 桥涵及浆砌工程配合比设计、任务 11 桥涵及浆砌工程现场试验检测。

本教材由哈尔滨职业技术学院吴丽萍主编，负责确定教材编制的体例、统稿工作，并负责编写任务 3、任务 6、任务 8 及任务 9 的资讯内容；由哈尔滨市公路工程处崔莹同志任副主编，负责实践性内容的操作性审核及任务 10 的编写，哈尔滨职业技术学院杨化奎负责任务 1 的编写，哈尔滨职业技术学院王瑞雪负责任务 5 的编写，哈尔滨职业技术学院赵明微负责任务 11 的编写，哈尔滨职业技术学院张向辉负责任务 7 的编写，哈尔滨职业技术学院马旭负责任务4的编写，黑龙江省公路工程质量监督站滕海生负责任务2的编写。本书在编写过程中得到了哈尔滨职业技术学院副校长刘敏教授、教务处长孙百鸣教授、建筑工程学院院长程桢教授及哈尔滨市公路工程处总工程师张学教授级高级工程师的大力支持和悉心帮助，并由王天成副教授和张学教授级高级工程师亲自担任主审，提出了很多宝贵意见和建议，在此深表感谢。

由于编写组的业务水平和教学经验之限，书中难免有不妥之处，恳请指正。

编　者

2013年8月

目　录
CONTENTS

学习情境四 桥涵及浆砌工程检测

学习情境 一

路基工程检测

学习指南

学习目标

学生在教师的讲解和指导下，明确任务的目标和实施中的要素，通过学习路桥工程开工前的各项准备工作、路基工程原材料及现场检测，掌握路基工程检测内容，能够借助工具软件、设计文件及相关资料找到完成任务所需的工具、材料、方法，能够完成“检测前的准备”、“路基工程原材料试验检测”和“路基工程现场试验检测”三项工作的内容报告，要求在学习过程中培养和锻炼职业素质，掌握路基工程检测基本技能。

工作任务

1. 检测前的准备
2. 路基工程原材料试验检测
3. 路基工程现场试验检测

学习情境的描述

根据路基工程检测内容特点，选取“检测前的准备”、“路基工程原材料试验检测”和“路基工程现场试验检测”三个工作任务作为载体，使学生通过真实的工程训练掌握路基工程检测基本知识。学习的内容与组织如下：掌握组建工程项目试验室临时试验资质的主要程序、土的工程分类及分类依据、路基施工各阶段试验检测方法，通过对组建项目试验室、路基工程原地面和取土场原材料检测、压路机碾压后的路基检测进行训练，掌握路基工程检测基本要点。根据工程图纸，借助设计文件及相关资料找到完成任务所需的工具、材料、方法，能够完成“检测前的准备”、“路基工程原材料试验检测”和“路基工程现场试验检测”工作任务的技术方案报告，使学生能够掌握路基工程检测技术。

任务1　检测前的准备

任　务　单

<table>
<tr><td>学习领域</td><td colspan="6">路桥工程检测技术</td></tr>
<tr><td>学习情境</td><td colspan="3">路基工程检测</td><td>工作任务</td><td colspan="2">检测前的准备</td></tr>
<tr><td>任务学时</td><td colspan="6">6 学时</td></tr>
<tr><td colspan="7">布 置 任 务</td></tr>
<tr><td>学习目标</td><td colspan="6">1. 了解试验检测的目的和意义
2. 了解项目试验室的类型
3. 掌握申请工程项目试验室临时试验资质的主要程序
4. 能独立规划、布置工程项目试验室
5. 能编写工程项目试验室的各种规章制度
6. 能正确填写试验台账
7. 能掌握并运用数据的统计方法来分析、处理试验结果</td></tr>
<tr><td>任务描述</td><td colspan="6">按照工程建设程序的要求，施工准备阶段，作为施工单位应做好开工前的各项准备工作，包括：施工料厂的选择、线路中线的测量、工程项目试验室的组建。要选择合格进场材料，首先第一步要成立试验室，这是试验检测工作的基础。其工作如下：
1. 试验室仪器布置及规划
了解工程概况，熟悉工程施工图纸及大型仪器设备安装图纸后，携带图纸、钢尺、笔、制图纸等，到现场勘察场地，确定项目试验室所用总面积，确定各试验室的功能及名称，画出仪器安装位置草图。
2. 仪器安装及标定
按照试验室规模和工程任务量大小来配备试验仪器。各试验室的仪器安排要考虑试验仪器正常运转、检测人员工作方便，消防安全、环境污染考虑周全，并及时完成计量仪器标定工作。
3. 人员配备及制定各种管理制度
人员配备要按申请资质程序要求配备，编写试验室管理制度，不同试验室编写各自的管理制度、人员的岗位职责。
4. 整理资料
将绘制的草图、编写的试验室管理制度整理存档。</td></tr>
<tr><td rowspan="2">学时安排</td><td>资讯</td><td>计划</td><td>决策</td><td>实施</td><td>检查</td><td>评价</td></tr>
<tr><td>1 学时</td><td>1 学时</td><td>1 学时</td><td>1 学时</td><td>1 学时</td><td>1 学时</td></tr>
<tr><td>提供资料</td><td colspan="6">1. 路桥施工图纸
2. 公路工程相关试验规程
3. 公路工程相关施工规范、验收规范
4. 质检员岗位技术相关标准</td></tr>
<tr><td>对学生的要求</td><td colspan="6">1. 具备路桥工程检测技术基础知识
2. 具备路桥施工技术基础知识
3. 具备规范操作试验仪器设备、处理试验数据的基础知识
4. 具备读识路桥工程图、绘图的基础知识
5. 具备一定的自学能力、数据计算能力
6. 具备一定的沟通协调能力、语言表达能力
7. 具有团队合作的精神，以小组的形式完成工作任务
8. 严格遵守课堂纪律和工作纪律，不迟到，不早退，不旷课
9. 树立职业意识，按照企业的岗位职责要求自己</td></tr>
</table>

资　讯　单

学习领域	路桥工程检测技术		
学习情境	路基工程检测	工作任务	检测前的准备
任务学时	6 学时		
资讯方式	在图书馆、专业杂志、互联网及信息单上查询问题；咨询任课教师		
资讯问题	1. 检测前的准备包括哪些内容？		
	2. 项目试验室的类型是什么？		
	3. 试验检测的目的和意义是什么？		
	4. 申请工程项目试验室临时试验资质的主要程序有哪几项？		
	5. 如何对项目试验室平面布置进行设计？		
	6. 如何编写工程项目试验室的各种规章制度？		
	7. 试验室的岗位职责有哪些？		
	8. 试验仪器设备管理制度包括哪些内容？		
	9. 你认为项目试验检测人员如何配置最合理？		
	10. 简述现行部颁试验规程的名称和相应内容？		
	11. 台账的作用是什么？		
	12. 什么是总体？什么是样本？		
	13. 数据的表达方法有哪些？		
	14. 数据的统计特征有哪些？		
资讯要求	1. 根据任务目标和任务描述正确理解完成任务需要的资讯内容 2. 按照上述资讯内容进行咨询 3. 写出资讯报告		
资讯评价	班　级		学生姓名	
	教师签字		日　期	
	评语：			

信 息 单

1.1 项目试验室的组建

1.1.1 项目试验室组建的意义

工程试验检测工作是建设工程项目管理中的一个重要组成部分，同时也是建设工程施工质量控制和竣工验收评定工作中不可缺少的一个重要环节。在不同阶段，建设工程试验检测也具有不同的目的和意义。

1. 工程施工准备阶段

要求试验检测人员及时配合项目经理、总工程师及材料部门进行现场调查分析工程所在料源的实际情况，根据施工图纸、规范、标准，能用定量的方法科学地评定建设工程所用各种原材料、成品和半成品、构件的质量，合理地选择料源，一般建设工程施工的材料费用要占总投资的60% ~70% 。通过试验室科学合理的配合比设计不仅能为企业创造良好的经济效益打下坚实的基础，而且既能节约投资，又能保证工程质量，这是项目成本管理的重要组成部分。一个大型工程项目如果配合比设计合理，可能就要节约几百万，反之如果试验人员业务水平不高，或工作不认真、设计不合理，不仅不能节约成本，更严重的是可能导致工程质量事故。保证用于工程的原材料质量满足要求而且价格合理，是控制建设工程质量的首要环节，也是建设工程按期开工的首要条件。

2. 施工阶段

要求试验检测人员严格按照建设程序对建设工程施工质量进行全过程、全方位的控制，保证施工过程中的每个部位、每道工序特别是隐蔽工程等关键过程、关键工序的工程质量，上道工序未经过检查或检查不合格，严禁下道工序的施工。对施工过程中出现的质量问题、工程质量事故，试验检测人员应提供准确的检测数据，以便准确判定其性质、范围和程度，合理评价事故损失，明确参建各方责任，保证工程质量。

3. 竣工验收阶段

要求试验检测人员运用有效的试验检测手段，通过对工程实体质量的检测，提供科学准确的数据和记录报告，来判定工程实体质量是否符合要求，保证交付业主使用的工程质量满足规范和图纸的要求，保证人民生命和财产的安全。

试验检测工作的总体目的和意义是：工程试验检测工作对于提高工程质量、加快工程进度、降低工程造价、推广新材料、新技术和新工艺、保证人民生命财产和安全，推动工程施工技术进步，将起到极为重要的作用。建设工程试验检测技术融试验检测基本理论和测试操作技能及建设工程相关学科基础知识于一体，是工程设计参数、施工质量控制、施工验收评定、养护管理决策的主要依据。作为工程试验检测人员，应严格做好路用材料质量、施工控制参数、施工现场过程质量和分部分项工程验收这四个关键环节的把关工作。

随着高速公路、铁路客运专线技术等级的提高，各级建设主管部门及铁道、交通行业主管部门和施工单位已对加强质量检测与施工质量控制和验收工作予以高度重视。工程实践经验证明，不重视施工检测和施工现场质量控制管理工作，而仅靠经验评估是造成工程早期破坏的重要原因之一。因此，要想切实提高建设工程施工质量、缩短施工工期、降低工程造价，在建立健全工程质量控制检查制度的同时，必须配备一定数量的试验检测设备和相应的专职试验检测技术人员。

按照工程建设程序的要求，施工准备阶段，施工单位应做好各项开工前的各项准备工作，包括：施工料厂的选择、线路中线的测量、工程试验室的组建。其中最主要的工作是前期提交开工报告所需要附的试验资料，必须满足设计文件和规范标准的要求，否则业主和监理工程师不会批准施工单位进行施工，这不仅会影响工期，而且会造成人员窝工，设备停用，如果影响业主按期投入使用，还会受到业主的索赔和罚款，给企业带来很大损失。要选择合格的进场材料，首先第一步要成立试验室，这是试验检测工作的基础。成立工程项目试验室要严格按照规定程序进行，保证试验室的各个方面符合试验检测机构临时资质条件的要求，取得质监站、业主及监理单位的认可，并获得质监站颁发的临时资质证书，才能在资质等级许可的范围内承担试验检测任务。

1.1.2　项目试验室类型

建设工程项目试验室一般可以分为监理中心试验室、高级驻地试验室、项目经理部工地试验室三级。

监理中心试验室规模较大，负责建设项目全线工程质量的监督和抽检工作，并指导、安排高级驻地试验室对所辖工程的质量检测工作。

高级驻地试验室负责对本辖区合同标段的工程质量进行监督和抽检工作，并按时向监理中心试验室上报试验报表、资料。

项目经理部工地试验室负责所承揽的合同段工程试验检测任务，按时向高级驻地试验室上报试验资料，对重大工程试验项目还必须上报监理中心试验室审批。

1.1.3　申请工程项目试验室临时试验资质的主要程序

(1)试验检测机构临时资质申请报告；

(2)工地试验检测机构临时资质申请表；

(3)上级行政主管部门授权成立工地试验室及人员配备情况的批复文件；

(4)公司试验中心计量认证合格证书；

(5)试验室的组织机构；

(6)试验室资质、人员配备及职业资格要求；

(7)工地试验室主要仪器、设备配置；

(8)项目试验室的合理布置；

(9)试验室计量器具标定合格证书；

(10)试验室岗位职责；

(11)试验室各项管理制度。

1.1.4　项目试验室资质、人员资格及配备

(1)根据工程规模和类别，工地试验室的主管单位必须具备行政主管部门批准的工程试验检测机构相应资质。

(2)应有初级职称以上、3 年以上试验检测工作经验的各项专业技术人员 2～5 人。

(3)试验检测人员均应通过行业的培训，取得经行政主管部门批准的相应资格证书。

(4)试验检测负责人应具有中级以上技术任职资格和试验检测工程师资格，必须熟悉并能指导试验检测工作，并具有 5 年以上试验检测工作经历。

1.1.5　项目试验室主要仪器、设备配置

项目试验室的主要仪器、设备配置要根据工程实际情况，合理安排，应能满足工程所需各类试验检测项目，保证建设工程质量。

1.1.6　项目试验室布置

1. 基本要求

(1)试验室应有良好的通风、采光条件，保证检测人员的身体健康，并考虑隔热、保暖的要求，保证试验数据的准确度。

(2)试验室的用电量应根据试验设备用电量计算，采用集中配电室控制。电路必须有安全接地，养生室的电路及灯具必须有防潮装置，大型设备、精密设备和大功率设备尽量设专用线路，保证仪器设备的正常运转，使试验检测工作顺利开展。

(3)砂石、水泥、混凝土等室的上下水应顺畅,都必须设沉淀池,防止堵塞。化学室要定期清理,减少对环境的污染及对人员的伤害。

(4)仪器设备的安排要考虑检测人员的工作方便。

(5)试验室要有完善的消防安全设施。

2. 平面布置

平面布置应根据试验室的规模、工程任务量的大小确定,如图1.1、图1.2所示。

图1.1 试验室的平面布置(一)

图1.2 试验室的平面布置(二)

1.2 试验室管理规章制度

试验室工作制度是否健全,制度能否坚持贯彻执行,反映了一个单位的管理水平。试验检测工作规范化、制度化是保证建设工程质量的重要因素,对试验检测机构来说,为了保证试验室质量管理水平,应对影响检测结果的各种因素(包括人的因素和物的因素)进行控制,因此必须建立以下几方面的工作制度。

1.2.1 岗位责任制

1. 试验室岗位职责和权限

(1)执行国家、部、局、公司有关计量认证工作的最新有效的标准、规范、规程、方法、地方标准及规章制度。

(2)根据施工组织设计和质量计划编制项目试验工作计划。

(3)参加工地砂石料厂及取土场的选择,及时按规定对原材料进行取样并试验,把好质量关。

(4)了解有关部门工程数量、施工进度及已完工数量,根据工程进度及时安排有关试验工作,保证工程建设的顺利进行。

(5)负责试验的原始记录及试验报告的整理、保管、发送、归档,并按规定保存期保存。

(6)参加各级组织的定期或不定期的质量检查,参与质量事故的原因分析和处理工作。

(7)参与"四新"技术的研究和推广运用。

2. 试验室主任岗位职责

(1)认真履行公司工程试验中心授予项目中心试验室有关工程试验的职责和权限,向项目经理和项目总工程师及公司工程试验中心负责并报告工作。

(2)负责项目中心试验室的全面工作,抓好中心人员的思想工作,调动全中心人员的积极性,对项目工程的试验工作做统筹安排,保证施工的正常进行。

(3)及时制定项目的各项管理规章制度,并认真贯彻执行,督促检查试验人员的岗位责任制执行情况。

(4)提出试验仪器设备的购置、更新、改造、修理和报废计划,上报公司试验中心,组织仪器设备送检和校验。

(5)参与料源选择与质量试验,确保工程质量达标。

(6)深入现场检查试验工作,保证现场试验检测任务的按时完成。

(7)审核及签发各种检测报告、报表及资料。

(8)加强与监理工程师的联系,对工程进行全面控制,搞好质量检测工作,保证工程质量。

(9)参加工程质量检查及事故分析会议,协助质量事故的原因分析和处理工作,提供相应的试验资料。

3. 试验技术负责人岗位职责

(1)在试验室主任领导下,全面负责试验室的技术工作,随时解决检测过程中出现的技术问题。

(2)熟悉国家、部门、地方关于质量检测方面的政策、法令、规定,以及工程技术标准。

(3)运用试验检测理论知识,编制试验检测细则,对实验室的所有检测项目进行全过程、全方位的控制,发现问题及时采取有效措施,防止出现重大技术问题,避免出现质量事故。

(4)制定试验仪器的维修保养等管理制度及操作规程,做到严格管理,规范操作。

(5)指导试验检测人员,不断提高业务人员的技术水平,督促试验检测人员保质保量地完成试验室的每一项试验检测。

4. 试验员岗位职责

(1)认真执行各项试验管理制度,熟悉有关技术标准、测试方法、测试设备,严格执行产品标准规定等检测条例,在测试设备和仪器正常工作条件下进行检验测试工作。

(2)试验设备使用前,认真检查设备运转是否正常,量值是否准确,使用后及时维护、保养,保证试验数据准确性,建立试验仪器设备台账并妥善保管。

(3)认真、及时、准确地填写原始记录,决不允许擅自涂改原始数据,保证试验数据的真实准确。

(4)及时完成领导分配的任务,自觉爱护各种试验仪器,保持办公室、工作间环境卫生。

(5)每项试验完成后,要及时检查水、电是否关闭,防止发生事故。

(6)不断加强对试验检测技术的学习培训,努力提高业务技术水平。

(7)每次使用大型主要仪器设备后,均应填写仪器运转记录。

1.2.2 样品收发、保管制度

凡属委托试验的试样,收样人员应及时按委托书编号在试样包装上编号后存放于指定地点,并标识“待检”字样。

执行委托试验任务的专业试验人员,在接到收样人员交给的委托书时,就在“试样接收”栏中签名以示接受检验任务。

对已检合格试样尚需留用时,专业试验人员在检验完毕后,应对样品标识“已检合格”字样。

对已检不合格试样确有必要留样时,应标识“已检不合格”字样。

对已检不合格试样,试验中心应立即通知委托方,以便采取相应纠正和预防措施。

1.2.3 试验仪器设备管理制度

固定资产设立台账,并填写固定资产履历书,在用计量仪器要做到履历书、使用说明书、检定证书三证齐全。

仪器使用时,必须严格按照操作规程进行。仪器使用时,如有异常现象、失灵等情况,应及时查明原因,未经维修核准,不得继续使用。

主要大型仪器设备,应设专人负责保管,按时填写仪器运转记录。仪器无论使用与否每周要清洁一次,每月保养一次,含上油、紧螺丝、皮带内油污清理。

计量管理人员对所用的仪器设备,按实际情况制定出周期检定计划和建立计量器具台账,并按期进行送检或自校,并粘贴“合格证”、“准用证”或“停用证”等明显标志,并填写使用期限及检定单位。

仪器设备的检定周期按该仪器设备的检定规程规定周期执行,无检定规程的可按仪器说明书等文件提供的检定方法和周期进行,一般不超过一年。

仪器设备在检定周期内出现失准或可疑情况时,应会同有关人员共同商讨处理。检定后仪器设备交有关部门使用,检定证书统一存档。自校仪器按照工程试验专用仪器校验方法进行。

1.2.4 检测工作质量保证制度

检测工作人员必须具有上级主管部门签发的试验检测人员证,无证人员不得从事试验检测工作,并不得出具试验报告。试验仪器、仪表必须定期检定,精度要符合试验标准要求,使用前应调试准确,并严格执行有关操作规程。

因外界干扰(如停电、停水等)而中断检测工作并影响检测质量,检测工作必须重新开始,并记录情况备案。

若发生事故,要保护现场,按规定上报,并组织有关人员认真分析事故原因,采取有效措施,恢复仪器设备正常使用。

试验报告应使用统一格式,全面执行法定计量单位,实事求是地认真填写试验数据,要求数据准确,字迹清晰。

原始记录和试验报告的审核工作,严格按检验报告审查制度执行。

接受省、市质量监督站及公司工程试验中心的监督,严格执行对比试验制度,以促进检测人员检测技术水平的提高,保证检测工作质量。

1.2.5 试验资料保管制度

各种规程、规范、标准、方法、仪器设备档案以及试验记录、试验报告、委托书等均为试验资料,应设专柜分类,由专人保管。

检验所用标准、规范、试验方法等,应设专人负责保管,及时补进新版本,清除作废版本,确保掌握的版本始终有效。

试验记录、试验报告不得外借,其他规程、规范、标准外借时,必须履行借阅手续,并注意及时收加。

按时编制有关工作试验现行国有及行业标准目录,以便动态掌握有效和失效文件,确保检测工作质量。

1.2.6 标养室管理制度

项目试验室均应建立标准养护室,根据最新国家标准《普通混凝土力学性能试验方法标准》(GB/T 50081—2002)的规定,标养室温度应控制在 20 ℃ ±2 ℃,相对湿度大于95%,标养室面积的大小以满足工程施工需要为准。

混凝土、砂浆试件允许在温度为 20 ℃ ±2 ℃的不流动的 $Ca(OH)_2$ 饱和溶液中养护,即净水中养护,但养生池必须安装加热器和继电器,以控制水温,夏天采用循环地下水降温,养生池内的水每月应更换 1 次,每次只能换一半水。养生池放置混凝土试件,一般应 1 组 3 块上下叠放,间距不得少于 3 cm。

标养室应安装空调及控温、控湿装置,以保证温度、湿度在规定的范围内,试块放在试件架上,彼此间距为 1 ~2 cm。标养室内应安装加湿装置,但必须保证喷出的水是雾化状态,不能将凉水直接浇在试件上。最好能在标养室内另砌一长方形水池,高约 20 ~30 cm,便于存放 CBR 和基层、底基层无侧限抗压强度试件。

应建立标养室温、湿度专项记录本,指定专人负责记录,每日记 3 次,时间为 7 点、14 点、21 点,发现温度、湿度超过控制范围时,就及时调整。

标养室最好安装双层门,两门不要直对,应错开 1 m 以上,两层门距离应大于 1 m。进出标养室应随手关门和帘,搬运试件最好在标养室内进行,以避免因长期开门而引起标养室内的温差变化太大。

应保持标养室内整洁,不得堆放杂物。

1.3 检测依据和试验台账

1.3.1 检测依据

公路桥涵工程试验检测应以国家和交通部颁布的有关公路工程的法规、技术标准、设计施工规范和材料试验规程为依据进行。对于某些新结构以及采用新材料和新工艺的桥梁,有关的公路工程规范、规程暂无相关条款规定时，可以借鉴国外或国内相关行业的相关规范、规程的有关规定。我国结构工程的标准和规范可以分为四个层次。

第一层次：综合基础标准，如《工程结构可靠性设计统一标准》(GB 50153—2008)，是指导制定专业基础标准的国家统一标准。

第二层次：专业基础标准，如《公路工程技术标准》(JTG B01—2003)、《公路工程结构可靠度设计统一标准》(GB/T 50283—1999)，是指导专业通用标准和专业专用标准的行业统一标准。

第三层次：专业通用标准。

第四层次：专业专用标准。

公路桥梁工程设计、施工和试验检测主要涉及的专业通用标准和专业专用标准包括：

1. 专业通用标准

《公路工程地质勘察规范》(JTG C20—2011)

《公路勘测规范》(JTG C10—2007)

《公路桥涵设计通用规范》(JTG D60—2004)

《公路钢筋混凝土及预应力混凝土桥涵设计规范》(JTG D62—2004)

《公路桥涵地基与基础设计规范》(JTG D63—2007)

《公路桥涵钢结构及木结构设计规范》(JTJ 025—86)

《公路桥梁抗震设计细则》(JTG/T B02—01—2008)

《公路桥涵施工技术规范》(JTG/T F50—2011)

《公路工程质量检验评定标准》(JTG F80/1—2004)

《公路工程沥青及沥青混合料试验规程》(JTG E20—2011)

《公路工程水泥及水泥混凝土试验规程》(JTG E30—2005)

《公路路基路面现场测试规程》(JTG E60—2008)

《公路工程岩石试验规程》(JTG E41—2005)

《公路工程金属试验规程》(JTJ 055—83)

《公路工程集料试验规程》(JTG E42—2005)

《公路工程土工合成材料试验规程》(JTG E50—2006)

《公路圬工桥涵设计规范》(JTG D61—2005)

2. 专业专用标准

《公路斜拉桥设计细则》(JTG/T D65—01—2007)

《公路桥梁板式橡胶支座》(JT/T 4—2004)

《预应力筋用锚具、夹具和连接器》(GB/T 14370—2007)

《公路桥梁预应力钢绞线用锚具、夹具和连接器》(JTJ/T 329—2010)

1.3.2　试验台账的作用

试验台账是试验管理的一种有效手段，它对整个施工过程中项目经理部试验方面的质量控制、试验资料的管理有着重要作用，许多建设工程指挥部也要求项目试验室建立相应的台账。

(1)试验仪器、设备台账是其购置、调配、报废的依据，是仪器、设备管理的重要一环。每项工程结束或新工程开工前，必须认真清点项目的所有试验仪器、设备，并建立、健全试验仪器、设备台账，便于新工程开工前根据工程需要添置适当仪器、设备，满足施工质量检测和控制的需要。

(2)计量仪器、设备台账是确保试验仪器、设备计量量值准确性的重要一环，也是国家计量法规规定必须建立的台账。

(3)在施工过程中，项目试验室经常要给监理工程师、指挥部、中心试验室等单位报送有关试验资料。实践中经常发生试验资料丢失、短缺的现象，有时会影响工程进度和计量支付，为明确责任，防止资料丢失，必须建立试验资料报送台账，也可保证上报资料的连续性。

(4)通过各种原材料的试验台账不但可以简捷、直观地掌握、了解原材料的质量变动情况，而且可以随时检查各种原材料试验是否满足有关规定所要求的检测频率。另外，上级主管部门(包括单位的上级主管部门、监理工程师、业主、指挥部等)会经常检查项目试验室的资料，有了试验台账，便于他们随时查阅和索取资料。

(5)施工过程中质量检测的试验项目，如路基、路面度检查和弯沉检测，水泥混凝土、砂浆、无机结合料的抗压强度检测以及石灰(水泥)剂量测定等，建立了试验台账可保证试验检测的连续性和试验资料的完整性。从台账上可以很简捷地看到试验段落桩号的衔接、结构物编号的衔接，避免漏检某一层次。

1.4 常用的数理统计方法和数据处理方法

1.4.1 总体与样本

在工程质量检验中，对无限总体中的个体，逐一考察其某个质量特性显然是不可能的；对有限总体，若所含个体数量虽不大，但考察方法往往是破坏性的，同样不能采用全数考察。所以，通过抽取总体中的一小部分个体加以检测，以了解和分析总体质量状况，是工程质量检验的主要方法。因此，除特殊项目外，大多采用抽样检验，这就涉及到总体与样本的概念。

总体又称母体，是统计分析中所要研究对象的全体。而组成总体的每个单元称为个体。例如，在沥青混合料拌和工地上需要确定某公司运来的一批沥青质量是否合格，则这批沥青就是总体。

总体分为有限总体和无限总体，如果是一批产品，由于其数量有限，所以称其为有限总体；如果是一道工序，由于工序总在源源不断地生产出产品，有时是一个连续的整体，所以这样的总体称为无限总体。

从总体中抽取一部分个体就是样本(又称子样)。例如，从每一桶沥青中取两个试样，一批沥青有100桶，抽查了200个试样做试验，则这200个试样就是样本。而组成样本的每一个个体，即为样品。例如，上述200个试样中的某一个，就是该样本中的一个样品。

样本容量是样本中所含样品的数量，通常用 n 来表示。上例中样本容量 $n=200$。样本容量的大小，直接关系到判断结果的可靠性。一般来说，样本容量愈大，可靠性愈好，但检测所耗费的工作量亦愈大，成本也就愈高。样本容量与总体中所含个体的数量相等时，是一种极限情况，因此，全数检验是抽样检验的极限。

1.4.2 数据的统计特征量

用来表示统计数据分布及其某些特性的特征量分为两类：一类表示数据的集中位置，例如算术平均值、中位数等；一类表示数据的离散程度，主要有极差、标准偏差、变异系数等。

1. 算术平均值

算术平均值是表示一组数据集中位置最有用的统计特征量，经常用样本的算术平均值来代表总体的平均水平。总体的算术平均值用 μ 表示，样本的算术平均值则用 $\bar{x}$ 表示。如果 n 个样本数据为 $x_1, x_2, \cdots, x_n$，那么，样本的算术平均值为：

$$\bar{x}=\frac{1}{n}(x_1+x_2+\cdots+x_n)=\frac{1}{n}\sum_{i=1}^{n}x_i \tag{1.1}$$

【例1.1】 某路段沥青混凝土面层抗滑性能检测，摩擦系数的检测值(共10个测点)分别为：58、56、60、53、48、54、50、61、57、55(摆值)。求摩擦系数的算术平均值。

解：根据式(1.1)，摩擦系数的算术平均值为：

$$\overline{F}_B=\frac{1}{10}(58+56+60+53+48+54+50+61+57+55)=55.2(\text{摆值})$$

当样本数据很多时，可用等距分组相加法求算术平均值。

2. 中位数

在一组数据 $x_1, x_2, \cdots, x_n$ 中，按其大小次序排序，以排在正中间的一个数表示总体的平均水平，称之为中位数，或称中值，用 $\tilde{x}$ 表示。n 为奇数时，正中间的数只有一个；n 为偶数时，正中间的数有两个，则取这两个数的平均值作为中位数，即：

$$\tilde{x}=\begin{cases}x_{\frac{n+1}{2}} & (n\text{ 为奇数})\\ \frac{1}{2}(x_{\frac{n}{2}}+x_{\frac{n}{2}+1}) & (n\text{ 为偶数})\end{cases} \tag{1.2}$$

【例 1.2】　检测值同例 1.1，求中位数。

解：检测值按大小次序排列为：61、60、58、57、56、55、54、53、50、48（摆值），则中位数为：

$$\tilde{F}_B=\frac{F_{B(5)}+F_{B(6)}}{2}=\frac{56+55}{2}=55.5(\text{摆值})$$

3. 极差

在一组数据中最大值与最小值之差，称为极差，记作 R：

$$R=x_{max}-x_{min} \tag{1.3}$$

【例 1.3】　例 1.1 中的检测数据的极差为：

$$R=F_{Bmax}-F_{Bmin}=61-48=13(\text{摆值})$$

极差没有充分利用数据的信息，但计算十分简单，仅适用于样本容量较小（$n<10$）的情况。

4. 标准偏差

标准偏差有时也称标准离差、标准差或称均方差，它是衡量样本数据波动性（离散程度）的指标。在质量检验中，总体的标准偏差 σ 一般不易求得。样本的标准偏差 S 按式 1.4 计算：

$$S=\sqrt{\frac{(x_1-\bar{x})^2+(x_2-\bar{x})^2+\cdots+(x_n-\bar{x})^2}{n-1}}=\sqrt{\frac{\sum_{i=1}^{n}(x_i-\bar{x})^2}{n-1}}$$
$$=\sqrt{\frac{1}{n-1}\left(\sum_{i=1}^{n}x_i^2-n\bar{x}^2\right)} \tag{1.4}$$

【例 1.4】　仍用例 1.1 的数据，求样本标准偏差 S。

解：由式（1.4）可知，样本标准偏差为：

$$S=\left\{\frac{1}{10-1}[(58-55.2)^2+(56-55.2)^2+(60-55.2)^2+(53-55.2)^2+(48-55.2)^2+(54-55.2)^2+(50-55.2)^2+(61-55.2)^2+(57-55.2)^2+(55-55.2)^2]\right\}^{1/2}=4.13(\text{摆值})$$

5. 变异系数

标准偏差反映样本数据的绝对波动状况，当测量较大的量值时，绝对误差一般较大；而测量较小的量值时，绝对误差一般较小，因此，用相对波动的大小，即变异系数更能反映样本数据的波动性。

变异系数用 C_v 表示，是标准偏差 S 与算术平均值 $\bar{x}$ 的比值，即：

$$C_v=\frac{S}{\bar{x}}\times 100\% \tag{1.5}$$

【例 1.5】　若甲路段沥青混凝土面层的摩擦系数算术平均值为 55.2（摆值），标准偏差为 4.13（摆值）；乙路段的摩擦系数算术平均值为 60.8（摆值），标准偏差为 4.27（摆值）。则两路段的变异系数为：

甲路段：
$$C_{v甲}=\frac{4.13}{55.2}\times 100\%=7.48\%$$

乙路段：
$$C_{v乙}=\frac{4.27}{60.8}\times 100\%=7.02\%$$

从标准偏差看，$S_甲<S_乙$。但从变异系数分析，$C_{v甲}>C_{v乙}$，说明甲路段的摩擦系数相波动比乙路段的大，面层抗滑稳定性较差。

1.4.3　可疑数据的取舍

在一组条件完全相同的重复试验中，当发现有某个过大或过小的可疑数据时，应按数理统计的方法给以鉴别,并决定取舍。常用的方法有三倍标准差法、格拉布斯法和肖维纳法。这三种方法中,三倍标准差法最简单,但要求较宽,几乎绝大部分数据都不舍弃;格拉布斯法适用于标准差不掌握的情况;肖维纳法比较古老,已逐渐被格拉布斯法所代替。后两种方法计算比较复杂,因此,试验数据的取舍大都采用三倍标准差法。

三倍标准差法规定了数据保留准则,但需存疑,如发现试验数据在获取过程中,有可能因制作、养护、仪器失灵、环境条件、试验过程等因素存在可疑的变异,该试验数据应予以舍弃。在对试验数据进行数理统计时,对超过三倍标准差的数据应予以舍弃(在《公路工程质量检验评定标准》中,对路基、路面弯沉测定计算,有此明确要求),对其他数据,不得随意取舍。

1.4.4 数字修约规则

根据中华人民共和国国家标准《数值修约规则与极限数值的表示和判定》(GB 8170—2008),试验数据需要修约时,应按下列规则进行:

(1)在拟舍弃的数字中,保留数后面(右边)第一个数小于5(不包括5)时则舍去,保留数的末位数字不变。

例如,将13.148 62修约到保留一位小数,修约后为13.1。

(2)在拟舍弃的数字中,保留数后面(右边)第一个数大于5(不包括5)时则进一,保留数的末位数字加一。

例如,将13.168 62修约到保留一位小数,修约后为13.2。

(3)在拟舍弃的数字中,保留数后面(右边)第一个数字等于5,5后面的数字并非全部为零时,则进一,保留数末位数字加一。

例如,将13.150 62修约到保留一位小数,修约后为13.2。

(4)在拟舍弃的数字中,保留数后面(右边)第一个数字等于5,5后面无数字或全部为零时,保留数的末位数字为奇数(1、3、5、7、9)则进一,为偶数(2、4、6、8、0)则舍弃。

例如,将下列数字修约到保留一位小数:

修约前13.15　　修约后为13.2

修约前13.25　　修约后为13.2

(5)拟舍弃的数字若为两位以上的数字,不得连续进行多次(包括二次)修约,应根据保留数后面(右边)第一个数字的大小,按上述规定,一次修约出结果。

例如,将13.446 8修约成整数:

正确的修约是,修约前为13.446 8,修约后为13。

不正确的修约见表1.1。

表1.1　不正确的修约

修约前	一次修约	二次修约	三次修约	四次修约(结果)
13.446 8	13.447	13.45	13.5	14

(6)单位修约。试验数据中,有的规范或规程要求小数点后保留0或5,不要其他数值,则修约规则为:将拟修约数值乘以2,在指定数位依上述规则修约,所得数值再除以2。

例如,将下列数字修约到个数位的0.5单位。修约结果见表1.2

表1.2　单位修约

拟修约数	乘以2	修约为整数	再除以2
60.25	120.50	120	60.0
60.38	120.76	121	60.5
60.75	121.50	122	61.0

1.4.5 数据的表达方法

通过试验检测会获得一系列数据，如何对这些数据进行深入的分析，以便得到各参数间的关系，甚至用数学解析的方法，导出各参数间的函数关系，这是数据处理的任务之一。

测量数据的表达方法通常有表格法、图示法和经验公式法三种。

1. 表格法

用表格来表示函数的方法，在自然科学和工程技术上用得特别多。在科学试验中一系列测量数据都是首先列成表格，然后再进行其他的处理。表格法简单方便，但要进行深入的分析就不能胜任了。首先，尽管测量次数相当多，但它不能给出所有的函数关系；其次，从表格中不易看出自变量变化时函数的变化规律，而只能大致估计出函数是递增的、递减的或是周期性变化的等。列成表格是为了表示出测量结果，或是为了以后的计算方便，同时也是图示法和经验公式法的基础。

表格有两种：一种是试验检测数据记录表，另一种是试验检测结果表。

试验检测数据记录表是该项试验检测的原始记录表，它包括的内容应有试验检测目的、内容摘要、试验日期、环境条件、测量数据、结果分析以及参加人员和负责人等。

试验检测结果表只反映试验检测结果的最后结论。一般只有几个变量间的对应关系。试验检测结果表应力求简明扼要，能说明问题。

2. 图示法

在自然科学和工程技术中用图形来表示测量数据是最普遍的一种方法。图示法的最大优点是一目了然，即从图形中可以非常直观地看出函数的变化规律，如递增性或递减性，最大值或最小值以及是否具有周期性变化规律等。但是，从图形上只能得到函数变化关系而不能进行数学分析。

图示法的基本要点是：

(1)在直角坐标系中绘制测量数据的图形时，应以横坐标为自变量，纵坐标为对应的函数量。

(2)坐标纸的大小与分度的选择应与测量数据的精度相适应。分度过粗时，影响原始数据的有效数字，绘图精度将低于试验中参数测量的精度；分度过细时会高于原始数据的精度。

坐标分度值不一定自零起，可用低于试验数据的某一数值作起点和高于试验数据的某一数值作终点，曲线以基本占满全幅坐标纸为宜。

(3)坐标轴应注明分度值的有效数字和名称、单位，必要时还应标明试验条件，坐标的文字书写方向应与坐标轴平行，在同一图上表示不同数据时应该用不同的符号加以区别。

(4)曲线平滑方法。测量数据往往是分散的，如果用短线连接各点得到的就不是光滑的曲线，而是折线。由于每一个测点总存在误差，按带有误差的各数据所描的点不一定是真实值的正确位置。根据足够多的测量数据，完全有可能作出一光滑曲线，决定曲线的走向应考虑曲线尽可能通过或接近所有的点，但曲线不必强求通过所有的点，尤其是两端的点。当不可能时，则应移动曲线尺，顾及到所绘制的曲线与实测值之间的误差的平方和最小，此时曲线两边的点数接近于相等。

3. 经验公式法

测量数据不仅可用图形表示出函数之间的关系，而且可用与图形对应的一个公式来表示所有的测量数据，当然这个公式不可能完全准确地表达全部数据。因此，常把与曲线对应的公式称为经验公式，在回归分析中则称之为回归方程。

把全部测量数据用一个公式来代替，不仅有紧凑扼要的优点。而且可以对公式进行必要的数学运算，以研究各自变量与函数的关系。

根据一系列测量数据，如何建立公式，建立什么形式的公式，是首先需要解决的问题。让所建立的公式能够正确表达测量数据的函数关系，往往不是一件容易的事情，在很大程度上取决于试验人员的经验和判断能力，而且建立公式的过程比较繁琐，有时还要多次反复才能得到与测量数据更接近的公式。

建立公式的步骤大致可归纳如下：

(1)描绘曲线。以自变量为横坐标，函数量为纵坐标，将测量数据描绘在坐标纸上，并把数据点描绘成测量曲线(详见图示法)。

(2)对所描绘的曲线进行分析,确定公式的基本形式。

如果数据点描绘的是曲线,则要根据曲线的特点判断曲线属于何种类型。判断时可参考现成的数学曲线形状加以选择,对选择的曲线则按一元非线性回归方法处理。

如果测量曲线很难判断属何种类型。则可按多项式回归处理。

(3)曲线化直。如果测量数据描绘的曲线被确定为某种类型的曲线,则可先将该曲线方程变换为直线方程,然后按一元线性回归方法处理。

(4)确定公式中的常量。代表测量数据的直线方程或经曲线化直后的直线方程表达式为 $y=a+bx$,可根据一组测量数据确定方程中的常量 a 和 b,其方法一般有图解法、端值法、平均法和最小二乘法等。

(5)检验所确定的公式的准确性。即用测量数据中的自变量值代入公式计算出函数值,看它与实际测量值是否一致,如果差别很大,说明所确定的公式基本形式可能有错误,则应建立另外形式的公式。

4. 数据处理分析方法

若两个变量 x 和 y 之间存在一定的关系,并通过试验获得 x 和 y 的一组数据,用数学处理的方法得出这两个变量间的关系式,这就是回归分析,也就是工程上所说的拟合问题,所得关系式称为经验公式,或称回归方程、拟合方程。

在处理试验数据时,经常遇到两个变量因素的试验值,如抗压强度和抗折强度,快速试验强度和标准试验强度,混凝土强度与水泥强度及承载比试验等,可利用试验数据,找出它们之间的关系,建立两个变量因果经验相关公式。

如果两变量 x 和 y 间的关系是线性关系,就称为一元线性回归或称直线拟合。如果两变量间的关系是非线性关系,则称为一元非线性回归或称曲线拟合。

设两变量间的关系为 $y=F(x)$,通过试验可得到若干组对应数 (x_1,y_1)、(x_2,y_2)、…、(x_n,y_n)。根据这些数据在平面坐标系中给出相应的数据点,当点大致分布在一条直线附近时,说明两变量 x 和 y 间存在线性关系,即可以用一条适当的直线来表示这两个变量的关系,此直线方程为:

$$y=a+bx \tag{1.6}$$

式中:a,b——回归系数。

平面上的直线很多,而 a,b 值构成的最优直线必须使 $y=a+bx$ 方程的函数值 y_i 与实际测量值之间的偏差最小。理论分析和工程实践均表明,最小二乘法确定的回归方程偏差最小,平均法次之,端值法最大。为此,下面仅讨论最小二乘法。

最小二乘法的基本原理为:当所有测量数据的偏差平方和最小时,所拟合的曲线最优。最小二乘法是一种最常用的统计方法。经过数学推导,得到二元一次直线方程式的截距 b、斜率 a、相关系数 r、标准偏差 S 和变异系数 C_v 的计算公式为:

截距:
$$a=\frac{\sum xy\cdot\sum y\cdot\sum x^2}{(\sum x)^2-n\sum x^2} \tag{1.7}$$

斜率:
$$b=\frac{\sum x\sum y-n\sum xy}{(\sum x)^2-n\sum x^2} \tag{1.8}$$

相关系数:
$$r=\frac{n\sum xy-\sum x\cdot\sum y}{\sqrt{[n\sum x^2-(\sum x)^2]\cdot[n\sum y^2-(\sum y)^2]}} \tag{1.9}$$

标准偏差:
$$S=\sqrt{1-r^2}\cdot\sqrt{\frac{n\sum y^2-(\sum y)^2}{n\cdot(n-2)}} \tag{1.10}$$

变异系数:
$$C_v=(S/X)\times100\% \tag{1.11}$$

该处讲述的偏差及变异系数与前述的标准偏差 S(或 σ)和变异系数 C_v 不同,前述的 S 及 C_v 是单因素(一个变量)的标准偏差和变异系数,而此处的 S 和 C_v 是双因素(x、y 两个变量)的标准偏差和变异系数。两者含义、计算公式不能混淆和错用。

计 划 单

<table>
<tr><td>学习领域</td><td colspan="4">路桥工程检测技术</td></tr>
<tr><td>学习情境</td><td colspan="2">路基工程检测</td><td>学 时</td><td>22</td></tr>
<tr><td>任 务</td><td colspan="2">检测前的准备</td><td>学 时</td><td>6</td></tr>
<tr><td>计划方式</td><td colspan="4">小组讨论、团结协作共同制订计划</td></tr>
<tr><td>序 号</td><td colspan="3">实施步骤</td><td>使用资源</td></tr>
<tr><td>1</td><td colspan="3"></td><td></td></tr>
<tr><td>2</td><td colspan="3"></td><td></td></tr>
<tr><td>3</td><td colspan="3"></td><td></td></tr>
<tr><td>4</td><td colspan="3"></td><td></td></tr>
<tr><td>5</td><td colspan="3"></td><td></td></tr>
<tr><td>6</td><td colspan="3"></td><td></td></tr>
<tr><td>7</td><td colspan="3"></td><td></td></tr>
<tr><td>8</td><td colspan="3"></td><td></td></tr>
<tr><td>9</td><td colspan="3"></td><td></td></tr>
<tr><td>制订计划说明</td><td colspan="4"></td></tr>
<tr><td rowspan="3">计划评价</td><td>班 级</td><td></td><td>第 组</td><td>组长签字 </td></tr>
<tr><td>教师签字</td><td></td><td>日 期</td><td></td></tr>
<tr><td colspan="4">评语：</td></tr>
</table>

决 策 单

学习领域	路桥工程检测技术				
学习情境	路基工程检测			学 时	22
任 务	检测前的准备			学 时	6
方案讨论					
方案对比	组号	方案合理性	实施可操作性	安 全 性	综合评价
	1				
	2				
	3				
	4				
	5				
	6				
	7				
	8				
	9				
	10				
方案评价	评语：				

班 级		组长签字		教师签字		年 月 日

实 施 单

学习领域	路桥工程检测技术		
学习情境	路基工程检测	学 时	22
任 务	检测前的准备	学 时	6
实施方式	小组成员合作；动手实践		
序 号	实施步骤		使用资源
1			
2			
3			
4			
5			
6			
7			
8			
实施说明：			
班 级		第 组	组长签字	
教师签字		日 期	
评 语			

检 查 单

<table>
<tr><td>学习领域</td><td colspan="5">路桥工程检测技术</td></tr>
<tr><td>学习情境</td><td colspan="3">路基工程检测</td><td>学　时</td><td>22</td></tr>
<tr><td>任　务</td><td colspan="3">检测前的准备</td><td>学　时</td><td>6</td></tr>
<tr><td>序　号</td><td>检查项目</td><td colspan="2">检查标准</td><td>学生自查</td><td>教师检查</td></tr>
<tr><td>1</td><td></td><td colspan="2"></td><td></td><td></td></tr>
<tr><td>2</td><td></td><td colspan="2"></td><td></td><td></td></tr>
<tr><td>3</td><td></td><td colspan="2"></td><td></td><td></td></tr>
<tr><td>4</td><td></td><td colspan="2"></td><td></td><td></td></tr>
<tr><td>5</td><td></td><td colspan="2"></td><td></td><td></td></tr>
<tr><td>6</td><td></td><td colspan="2"></td><td></td><td></td></tr>
<tr><td>7</td><td></td><td colspan="2"></td><td></td><td></td></tr>
<tr><td>8</td><td></td><td colspan="2"></td><td></td><td></td></tr>
<tr><td>9</td><td></td><td colspan="2"></td><td></td><td></td></tr>
<tr><td rowspan="3">检查评价</td><td>班　级</td><td></td><td>第　组</td><td>组长签字</td><td></td></tr>
<tr><td>教师签字</td><td></td><td>日　期</td><td colspan="2"></td></tr>
<tr><td colspan="5">评语：</td></tr>
</table>

评　价　单

<table>
<tr><td>学习领域</td><td colspan="6">路桥工程检测技术</td></tr>
<tr><td>学习情境</td><td colspan="3">路基工程检测</td><td>学　时</td><td colspan="2">22</td></tr>
<tr><td>任　务</td><td colspan="3">检测前的准备</td><td>学　时</td><td colspan="2">6</td></tr>
<tr><td>评价类别</td><td>项　目</td><td>子 项 目</td><td>个人评价</td><td>组内互评</td><td colspan="2">教师评价</td></tr>
<tr><td rowspan="7">专业能力</td><td rowspan="2">资讯
（10%）</td><td>搜集信息（5%）</td><td></td><td></td><td colspan="2"></td></tr>
<tr><td>引导问题回答（5%）</td><td></td><td></td><td colspan="2"></td></tr>
<tr><td>计划
（5%）</td><td></td><td></td><td></td><td colspan="2"></td></tr>
<tr><td>实施
（20%）</td><td></td><td></td><td></td><td colspan="2"></td></tr>
<tr><td>检查
（10%）</td><td></td><td></td><td></td><td colspan="2"></td></tr>
<tr><td>过程
（5%）</td><td></td><td></td><td></td><td colspan="2"></td></tr>
<tr><td>结果
（10%）</td><td></td><td></td><td></td><td colspan="2"></td></tr>
<tr><td rowspan="2">社会能力</td><td>团结协作
（10%）</td><td></td><td></td><td></td><td colspan="2"></td></tr>
<tr><td>敬业精神
（10%）</td><td></td><td></td><td></td><td colspan="2"></td></tr>
<tr><td rowspan="2">方法能力</td><td>计划能力
（10%）</td><td></td><td></td><td></td><td colspan="2"></td></tr>
<tr><td>决策能力
（10%）</td><td></td><td></td><td></td><td colspan="2"></td></tr>
<tr><td rowspan="3">评价评语</td><td>班　级</td><td></td><td>姓　名</td><td></td><td>学号</td><td></td><td>总评</td><td></td></tr>
<tr><td>教师签字</td><td></td><td>第　组</td><td>组长签字</td><td></td><td>日期</td><td></td></tr>
<tr><td colspan="8">评语：</td></tr>
</table>

作 业 单

学习领域	路桥工程检测技术			
学习情境	路基工程检测		学　时	22
任　务	检测前的准备		学　时	6
作业方式	资料查询,现场操作			
1	试验检测的目的和意义是什么?			
2	试验仪器设备管理制度包括哪些内容?			
3	简述现行部颁试验规程的名称和相应内容。			
4	数据的统计特征有哪些?			
作业评价:				
班　级		第　组	组长签字	
教师签字			日　期	
教师评分				

任务2 路基工程原材料试验检测

任 务 单

<table>
<tr><td>学习领域</td><td colspan="6">路桥工程检测技术</td></tr>
<tr><td>学习情境</td><td colspan="3">路基工程检测</td><td>工作任务</td><td colspan="2">路基工程原材料试验检测</td></tr>
<tr><td>任务学时</td><td colspan="6">8 学时</td></tr>
<tr><td colspan="7">布 置 任 务</td></tr>
<tr><td>学习目标</td><td colspan="6">1. 掌握土的工程分类及土的工程分类依据
2. 掌握土的分类方法
3. 熟悉施工准备阶段、施工过程工程试验检测内容
4. 能够熟练掌握施工各阶段试验检测方法
5. 能够按照操作规程的步骤进行熟练操作
6. 能够正确计算并填写试验数据
7. 能根据试验结果判定材料及工程施工质量的好坏,保质保量完成工程项目</td></tr>
<tr><td>任务描述</td><td colspan="6">工地试验室建成之后,路基工程开工前,施工单位试验室的首要任务是将路基工程边桩内的原地面、取土场进行取土做土工试验。确定土的施工控制参数,以保证施工进度和质量。其工作如下:
1. 准备工作
熟悉工程施工图纸,掌握设计意图后,携带取土设备、装土袋、本、笔等到取土场和现场边桩内原地面取土,并将取土位置、土的状态记录好,以备核实。将取回的土进行风干晾晒,备用。
2. 试验操作
将风干土按操作规程进行“土的液塑限试验”得到液限、塑限从而确定土的名称;进行“土标准击实试验”得到土的最大干密度和最佳含水率。
3. 试验结果分析
得到的数据与工程施工图纸、施工技术规范、设计规范进行对照,分析该土样的使用价值,确定土的施工控制参数。
4. 整理资料
认真填写试验地点、时间、试验人员、审核人员、规程号等,形成报告存档。</td></tr>
<tr><td rowspan="2">学时安排</td><td>资讯</td><td>计划</td><td>决策</td><td>实施</td><td>检查</td><td>评价</td></tr>
<tr><td>2 学时</td><td>1 学时</td><td>1 学时</td><td>2 学时</td><td>1 学时</td><td>1 学时</td></tr>
<tr><td>提供资料</td><td colspan="6">1. 路桥施工图纸
2. 公路工程相关试验规程
3. 公路工程相关施工规范、设计规范、验收规范
4. 质检员岗位技术相关标准</td></tr>
<tr><td>对学生的要求</td><td colspan="6">1. 具备路桥工程检测技术基础知识
2. 具备路桥施工技术基础知识
3. 具备规范操作试验仪器设备、处理试验数据的基础知识
4. 具备读识路桥工程图、绘图的基础知识
5. 具备一定的自学能力、数据计算能力
6. 具备一定的沟通协调能力、语言表达能力
7. 具有团队合作的精神,以小组的形式完成工作任务
8. 严格遵守课堂纪律和工作纪律,不迟到,不早退,不旷课
9. 树立职业意识,按照企业的岗位职责要求自己</td></tr>
</table>

资 讯 单

学习领域	路桥工程检测技术			
学习情境	路基工程检测		**工作任务**	路基工程原材料试验检测
任务学时	8 学时			
资讯方式	在图书馆、专业杂志、互联网及信息单上查询问题;咨询任课教师			
资讯问题	1. 施工准备阶段路基工程试验检测内容有哪些?			
	2. 施工过程路基工程试验检测内容有哪些?			
	3. 路基工程开工前需要完成哪些工作,才允许开工?			
	4. CBR 试验目的、所用仪器、方法步骤是什么?			
	5. 土的名称如何确定?			
	6. 三相指标的换算关系是什么?			
	7. 土的液塑限试验目的、所用仪器、方法步骤是什么?			
	8. 土标准击实试验的目的、所用仪器、方法步骤是什么?			
资讯要求	1. 根据任务目标和任务描述正确理解完成任务需要的资讯内容 2. 按照上述资讯内容进行咨询 3. 写出资讯报告			
资讯评价	**班　　级**		**学生姓名**	
	教师签字		**日　　期**	
	评语:			

信 息 单

2.1 路基工程开工前检测项目

2.1.1 路基工程开工前检测项目

路基工程开工前,施工单位试验室的首要任务是将路基工程边桩内的原地面和取土场取土做土工试验。

试验取样安排:为了保证工程进度的正常进行,与相关人员联系,按照进度计划,协调统一安排,原则是前期先开工地段,先做试验,后开工地段后做,以保证工程施工顺利进行。路基工程开工前试验检测工作分两方面,一是路基原地面试验检测项目,二是取土场试测项目,这两方面试验内容必须全部完成,并符合规范和图纸要求,报请监理工程师批准,才能开工。

1. 路基原地面的试验检测

路基原地面试验检测频率要求:取样之前,必须请监理工程师在场见证,一般每千米至少取 2 个试坑,每个试坑一次全套土工试验,即每千米至少做 2 套全项土工试验;遇到特殊路段,为了保证试验数据的准确性,土质变化较大时,应多取几个代表性的点。

路基原地面试验检测项目包括:

(1)土的天然含水率;

(2)土的颗粒分析试验;

(3)液塑限试验;

(4)土的膨胀率试验;

(5)标准击实试验。

2. 取土场填料的试验检测

试验检测频率要求:取样之前,必须请监理工程师在场见证,施工规范取土场要求一般第 5 000 m^3 取土样,做一次全套常规土工试验。

取土场试验项目包括:

(1)土的天然含水率;

(2)土的颗粒分析试验;

(3)土的液塑限试验;

(4)土的灌砂率试验;

(5)土的标准击实试验;

(6)土的承载比试验(即 CBR 试验)。

南方地区过湿土、淤泥较多,如果直接将土填筑路基,当雨水天气多时,这种遇水膨胀,会导致路基的破坏。一般的处理方式是掺入一定比例的石灰以改良土的特性,这就需要增加相应的试验项目,包括:①石灰钙镁含量的测定;②石灰剂量的测定;③石灰土击实试验。这部分内容会在路面基层、底基层中介绍。

3. 取土场选取的一般原则

凡具有规定强度且能被压实到规定密度和能形成稳定填方的材料均为适用填料。通常情况下,下列材料为非适用材料:

(1)沼泽土、淤泥、泥炭、冻土、生活垃圾、建筑垃圾;

(2)含有树根和易腐朽物质的土;

(3)有机质含量大于 5% 的土;

(4)液限大于50%、塑性指数大于26的土；

(5)对于盐渍土、膨胀土及含水率超过规定的土，不得直接作为路堤填料，在采取图纸要求的技术措施并经监理工程师批准后，方可使用。土的干密度、孔隙比、孔隙度三者换算关系见表2.1。

表2.1 三相指标的换算关系

指标名称	换算公式	指标名称	换算公式
干密度(ρ_d)	$\rho_d=\dfrac{\rho}{1+w}$	饱和密度(ρ_f)	$\rho_f=\dfrac{\rho(\rho_s-1)}{\rho_s(1+w)}+1$
孔隙比(e)	$e=\dfrac{\rho_s(1+w)}{\rho}$	饱和度(S_r)	$S_r=\dfrac{\rho_s\cdot\rho\cdot w}{\rho_s(1+w)-\rho}$
孔隙度(n)	$n=1-\dfrac{\rho}{\rho_s(1-w)}$		

4. 土的物理性质指标间的相互关系

前面介绍的土的物理性质指标实际上是土的固相、液相和气相在质量和体积方面不同组合上所构成的不同比值，即三者之间的质量与质量、质量与体积、体积与体积相互组成不同性质的指标。在工程地质检测中，只有准确地掌握了这些概念，才能正确地评价土质。

为了进一步了解各指标的内容及其相互关系，现将上述各项指标定义、指标来源及对指标的实际应用等方面，归纳为“土的物理性质主要指标一览表”，供对照参考，见表2.2。

表2.2 土的物理性质主要指标一览表

指标名称	表达式	参考数值	指标来源	实际应用
相对密度 G_s (比重)	$G_s=\dfrac{m_s}{V_s\rho_s}$	2.65～2.75	由试验确定	1. 换算 n、e、ρ_d 2. 工程计算
密度 ρ (g/cm^3)	$\rho=\dfrac{m}{V}$	1.60～2.20	由试验确定	1. 换算 n、e 2. 说明土的密度
干密度 ρ_d (g/cm^3)	$\rho_d=\dfrac{m_s}{V}$	1.30～2.00	$\rho_d=\dfrac{\rho}{1+w}$	1. 换算 n、e 2. 粒度分析、压缩试验资料整理
饱和密度 ρ_f (g/cm^3)	$\rho_f=\dfrac{m_s+V_n\rho_w}{V}$	1.80～2.30	$\rho_f=\dfrac{\rho(G_s-1)}{G_s(1+w)}$	
水下密度 ρ' (g/cm^3)	$\rho'=\dfrac{m_s+V_s\rho_w}{V}$	0.8～1.30	$\rho'=\dfrac{\rho(\rho_s-1)}{G_s(1+w)}$	1. 计算潜水面以下地基自重应力 2. 分析人工边坡稳定
天然含水量 w	$w=\dfrac{m_w}{m_s}$	$0<w<1$	由试验确定	1. 换算 S_t、ρ_d、n、e 2. 计算土的稠度指标
饱和含水量 w_{max}	$w_{max}=\dfrac{V_n\rho_w}{m_s}$		$w_{max}=\dfrac{G_s(1+w)-\rho}{G_s\rho}$	
饱和度 S_r	$S_r=\dfrac{V_w}{w_n}$	0～1	$S_r=\dfrac{G_s\rho w}{G_s(1+w)-\rho}$	1. 说明土的饱水状态 2. 砂土、黄土计算地基承载力
天然孔隙度 n	$n=\dfrac{V_n}{V}$		$n=1-\dfrac{\rho}{G_s(1+w)}$	1. 说明地基承载力 2. 砂土估计密度和渗透系数 3. 压缩试验整理资料
天然孔隙比 e	$e=\dfrac{v_n}{v_s}$		$e=\dfrac{G_s(1+w)}{\rho}-1$	1. 说明土中孔隙体积 2. 换算 e 和 ρ'

2.2　路基工程原材料检测

2.2.1　土的含水率试验——烘干法

1. 目的和适用范围

本试验方法适用于测定黏质土、粉质土、砂类土、砂砾石、有机质土和冻土土类的含水率。

2. 仪器设备

(1)烘箱:可采用电热烘箱或温度能保持105 ℃~110 ℃的其他能源烘箱。

(2)天平:称量200 g,感量0.01 g;称量1 000 g,感量0.1 g。

(3)其他:干燥器、称量盒。为简化计算手续,可将盒质量定期(3~6个月)调整为恒质量。

3. 试验步骤

(1)取具有代表性的试样,细粒土15~30 g,砂类土、有机质土为50 g,砂砾石为1~2 kg,放入称量盒内,立即盖好盒盖,称质量。称量时,可在天平一端放上与该称量盒等质量的砝码。

(2)揭开盒盖,将试样和盒放入烘箱内,在温度105 ℃~110 ℃恒温下烘干①。烘干时间对细粒土不得少于8 h,对砂类土不得少于6 h。对含有机质超过5%的土或含石膏的土,应将温度控制在60 ℃~70 ℃的恒温下,干燥12~15 h为好。

(3)将烘干后的试样和盒取出,放入干燥器内冷却(一般只需0.5~1 h即可)②。冷却后盖好盒盖,称质量,准确至0.01 g。

4. 结果整理

(1)按下式计算含水率:

$$w=\frac{m-m_s}{m_s}\times100 \tag{2.1}$$

式中:w——含水率(%),计算至0.1;

m——湿土质量(g);

m_s——干土质量(g)。

(2)本试验记录格式见表2.3。

表2.3　含水率试验记录(烘干法)

工程编号 ____________　　试验者 ____________

土样说明 ____________　　计算者 ____________

试验日期 ____________　　校核者 ____________

盒号		1	2	3	4
盒质量(g)	(1)	20	20	20	20
盒+湿土质量(g)	(2)	38.87	40.54	40.65	40.45
盒+干土质量(g)	(3)	35.45	36.76	36.16	35.94
水分质量(g)	(4)=(2)-(3)	3.42	3.78	4.49	4.51
干土质量(g)	(5)=(3)-(1)	15.45	16.76	16.16	15.94
含水率(%)	$(6)=\frac{(4)}{(5)}$	22.1	22.6	27.8	28.3
平均含水率(%)	(7)	22.4		28.1	

(3)精密度和允许差。

本试验须进行二次平行测定,取其算术平均值,允许平行差值应符合表2.4规定。

---

① 对于大多数土,通常烘干16~24 h就足够了。但是,某些土或试样数量过多或试样很潮湿,可能需要烘更长的时间。烘干的时间也与烘箱内试样的总质量、烘箱的尺寸及其通风系统的效率有关。

② 如铝盒的盖密闭,而且试样在称量前放置时间较短,可以不需要放在干燥器中冷却。

表 2.4 含水率测定的允许平行差值

含水率(%)	允许平行差值(%)	含水率(%)	允许平行差值(%)
5 以下	0.3	40 以上	≤2
40 以下	≤1	对层状和网状构造的冻土	<3

5. 报告

(1)土的鉴别分类和代号。

(2)土的含水率 w 值。

2.2.2 土的含水率试验——酒精燃烧法

1. 目的和适用范围

本试验方法适用于快速简易测定细粒土(含有机质的土除外)的含水率。

2. 仪器设备

(1)称量盒(定期调整为恒质量)。

(2)天平:感量 0.01 g。

(3)酒精:纯度 95%。

(4)滴管、火柴、调土刀等。

3. 试验步骤

(1)取代表性试样(黏质土 5~10 g,砂类土 20~30 g),放入称量盒内,称湿土质量 m,准确至 0.01 g。

(2)用滴管将酒精注入放有试样的称量盒中,直至盒中出现自由液面为止。为使酒精在试样中充分混合均匀,可将盒底在桌面上轻轻敲击。

(3)点燃盒中酒精,燃至火焰熄灭。

(4)将试样冷却数分钟,按本试验(3)、(4)步骤再重新燃烧两次。

(5)待第三次火焰熄灭后,盖好盒盖,立即称干土质量 m_s,准确至 0.01 g。

4. 结果整理

(1)按下式计算含水率:

$$w=\frac{m-m_s}{m_s}\times 100 \tag{2.2}$$

式中:w——含水率(%),计算至 0.1;

m——湿土质量(g);

m_s——干土质量(g)。

(2)本试验记录格式见表 2.5。

表 2.5 含水率试验记录(酒精燃烧法)

工程编号 ________ 试验者 ________

土样说明 ________ 计算者 ________

试验日期 ________ 校核者 ________

盒号		1	2	3	4
盒质量(g)	(1)	20	20	20	20
盒+湿土质量(g)	(2)	38.87	40.54	40.65	40.45
盒+干土质量(g)	(3)	35.45	36.76	36.16	35.94
水分质量(g)	(4)=(2)-(3)	3.42	3.78	4.49	4.51
干土质量(g)	(5)=(3)-(1)	15.45	16.76	16.16	15.94
含水率(%)	$(6)=\frac{(4)}{(5)}$	22.1	22.6	27.8	28.3
平均含水率(%)	(7)	22.4		28.1	

(3)精密度和允许差。

本试验须进行二次平行测定,取其算术平均值,允许平行差值应符合表2.6规定。

表2.6　含水率测定的允许平行差值

含水率(%)	允许平行差值(%)	含水率(%)	允许平行差值(%)
5以下	0.3	40以上	≤2
40以下	≤1	对层状和网状构造的冻土	<3

5. 报告

(1)土的鉴别分类和代号。

(2)土的含水率 w 值。

说明:

①在试样中加入酒精,利用酒精在土上燃烧,使土中水分蒸发,将土样烘干,是快速简易测定且较准确的方法之一。适用于在没有烘箱或土样较少的条件下,对细粒土进行含水率测定。

②酒精纯度要求达95%。

③取代表性试样时,砂类土数量应多于黏质土。

2.2.3　颗粒分析试验(筛分法)

1. 目的和适用范围

本试验法适用于分析粒径大于0.075 mm的土颗粒组成。对于粒径大于60 mm的土样,本试验方法不适用。

2. 仪器设备

(1)标准筛:粗筛(圆孔)孔径为60 mm, 40 mm, 20 mm, 10 mm,5 mm,2 mm;细筛孔径为2.0 mm, 1.0 mm,0.5 mm,0.25 mm,0.075 mm。

(2)天平(图2.1):称量5 000 g,感量5 g;称量1 000 g,感量1 g;称量200 g,感量0.2 g。

(3)摇筛机(图2.2)。

(4)其他:烘箱、筛刷、烧杯、木碾、研钵等。

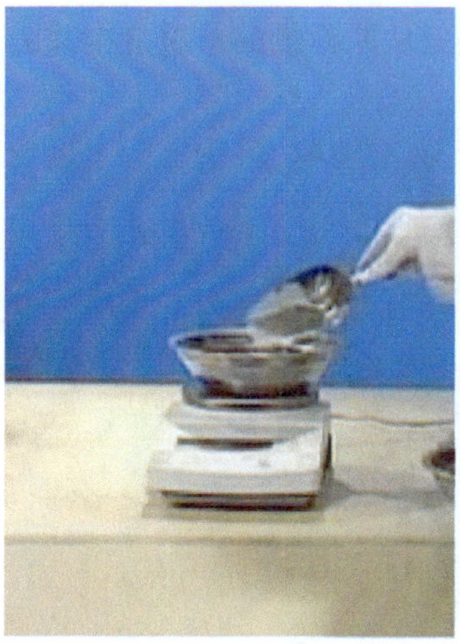

图2.1　天平

图2.2　摇筛机

3. 试样选取

从风干、松散的土样中,用四分法按照下列规定取出具有代表性的试样:

(1)小于2 mm颗粒的土100~300 g。

(2)最大粒径小于10 mm的土300~900 g。

(3)最大粒径小于20 mm的土1 000～2 000 g。

(4)最大粒径小于40 mm的土2 000～4 000 g。

(5)最大粒径大于40 mm的土4 000 g以上。

4. 试验步骤

(1)对于无凝聚性的土。

①按规定称取试样,将试样分批过2 mm筛。

②将粒径大于2 mm的试样按从大到小的次序,通过大于2 mm的各级粗筛。将留在筛上的土分别称量。

③ 2 mm筛下的土如数量过多,可用四分法缩分至100～800 g。将试样按从大到小的次序通过小于2 mm的各级细筛。可用摇筛机进行振摇。振摇时间一般为10～15 min。

④由最大孔径的筛开始,顺序将各筛取下,在白纸上用手轻叩摇晃,至每分钟筛下数量不大于该级筛余质量的1%为止。漏下的土粒应全部放入下一级筛内,并将留在各筛上的土样用软毛刷刷净,分别称量。

⑤筛后各级筛上和筛底土总质量与筛前试样质量之差,不应大于1%。

⑥如2 mm筛下的土不超过试样总质量的10%,可省略细筛分析;如2 mm筛上的土不超过试样总质量的10%,可省略粗筛分析。

(2)对于含有黏土粒的砂砾土。

①将土样放在橡皮板上,用木碾将黏结的土团充分碾散,拌匀、烘干、称量。如土样过多时,用四分法称取代表性土样。

②将试样置于盛有清水的瓷盆中,浸泡并搅拌,使粗细颗粒分散。

③将浸润后的混合液过2 mm筛,边冲边洗过筛,直至筛上仅留大于2 mm以上的土粒为止。然后,将筛上洗净的砂砾风干称量。按以上方法进行粗筛分析。

④通过2 mm筛下的混合液存放在盆中,待稍沉淀,将上部悬液过0.075 mm洗筛,用带橡皮头的玻璃棒研磨盆内浆液,再加清水、搅拌、研磨、静置、过筛,反复进行,直至盆内悬液澄清。最后,将全部土粒倒在0.075 mm筛上,用水冲洗,直到筛上仅留大于0.075 mm净砂为止。

⑤将大于0.075 mm的净砂烘干称量,并进行细筛分。

⑥将粒径大于2 mm的颗粒及2～0.075 mm的颗粒质量从原称量的总质量中减去,即为小于0.075 mm颗粒质量。

⑦如果小于0.075 mm颗粒质量超过总土质量的10%,有必要时,将这部分土烘干、取样,另作密度计或移液管分析。

5. 结果整理

(1)按下式计算小于某粒径颗粒质量百分数:

$$X=\frac{A}{B}\times 100 \tag{2.3}$$

式中:X——小于某粒径颗粒的质量百分数(%),计算至0.01;

A——小于某粒径的颗粒质量(g);

B——试样的总质量(g)。

(2)当小于2 mm的颗粒如用四分法缩分取样时,按下式计算试样中小于某粒径的颗粒质量占总质量的百分数:

$$X=\frac{a}{b}\times p\times 100 \tag{2.4}$$

式中:X——小于某粒径颗粒的质量百分数(%),计算至0.01;

a——通过2 mm筛的试样中小于某粒径的颗粒质量(g);

b——通过 2 mm 筛的土样中所取试样的质量(g)；

p——粒径小于 2 mm 的颗粒质量百分数(%)。

(3)在半对数坐标纸上，以小于某粒径的颗粒质量百分数为纵坐标，以粒径(mm)为横坐标，绘制颗粒大小级配曲线，求出各粒组的颗粒质量百分数，以整数(%)表示。

(4)必要时按下式计算不均匀系数：

$$C_u = \frac{d_{60}}{d_{10}} \tag{2.5}$$

式中：C_u——不均匀系数，计算至 0.1 且含两位以上有效数字；

d_{60}——限制粒径，即土中小于该粒径的颗粒质量为 60% 的粒径(mm)；

d_{10}——有效粒径，即土中小于该粒径的颗粒质量为 10% 的粒径(mm)。

(5)本试验记录格式见表 2.7。

(6)精密度和允许差。

筛后各级筛上和筛底土总质量与筛前试样质量之差，不应大于 1%。

6. 报告

(1)土的鉴别分类和代号。

(2)颗粒级配曲线。

(3)不均匀系数 C_u。

表 2.7　颗粒分析试验记录(筛分法)

工程名称 ________　　　　试验者 ________

土样编号 ________　　　　计算者 ________

土样说明 ________　试验日期 ________　校核者 ________

筛前总土质量 = 3 000 g
小于 2 mm 土质量 = 810 g
小于 2 mm 土占总土质量 = 27%

小于 2 mm 取试样质量 = 810 g

粗筛分析				细筛分析				
孔径(mm)	累积留筛土质量(g)	小于该孔径的土质量(g)	小于该孔径土质量百分比(%)	孔径(mm)	累积留筛土质量(g)	小于该孔径的土质量(g)	小于该孔径土质量百分比(%)	占总土质量百分比(%)
				2.0	2 190	810	100	27.0
60				1.0	2 400	590	72.8	19.7
40	0	3 000	100	0.5	2 740	260	32.1	8.7
20	350	2 650	88.3	0.25	2 920	80	9.9	2.7
10	920	2 080	69.3	0.075	2 980	20	2.5	0.7
5	1 600	1 400	46.7					
2	2 190	810	27.0					

2.2.4　粒组的划分

土的粒度是指土颗粒的大小，以粒径表示，通常以 mm 为单位。土粒由粗到细，粒径尺寸相差非常悬殊，为了研究方便，将一定范围大小的土粒合并成一组，将土粒由粗到细划分为若干段，每一段规定一个粒径尺寸范围，称为粒组。每个粒级的区间内，常以其粒径的上、下限给粒组命名，见表 2.8、表 2.9。

表 2.8 粒组划分表

<table>
<tr><td>粒径(mm)</td><td>200</td><td>60</td><td>20</td><td>5</td><td>2</td><td>0.5</td><td>0.25</td><td>0.074</td><td>0.002</td></tr>
<tr><td colspan="2">巨粒组</td><td colspan="6">粗粒组</td><td colspan="2">细粒组</td></tr>
<tr><td rowspan="2">漂石
(块石)</td><td rowspan="2">卵石
(小块石)</td><td colspan="3">砾(角砾)</td><td colspan="3">砂</td><td rowspan="2">细粒组</td><td rowspan="2">黏粒</td></tr>
<tr><td>粗</td><td>中</td><td>细</td><td>粗</td><td>中</td><td>细</td></tr>
</table>

表 2.9 砂类土按颗粒级配分类

土的名称	颗粒级配	土的名称	颗粒级配
砾砂 粗砂 中砂	粒径 >2 mm 的颗粒占全部土质量的 25% ~50% 粒径 >0.5 mm 的颗粒超过全部土质量的 50% 粒径 >0.25 mm 的颗粒超过全部土质量的 75%	细砂 粉砂	粒径 >0.1 mm 的颗粒超过全部土质量的 50% 粒径 >0.5 mm 的颗粒不超过全部土质量的 50%

2.2.5 界限含水率试验(液限和塑限联合测定法)

1. 目的和适用范围

(1)本试验的目的是联合测定土的液限和塑限,用于划分土类、计算天然稠度和塑性指数,供公路工程设计和施工使用。

(2)本试验适用于粒径不大于 0.5 mm、有机质含量不大于试样总质量 5% 的土。

2. 仪器设备

(1)圆锥仪(图 2.3):锥质量为 100 g 或 76 g,锥角为 30°,读数显示形式宜采用光电式、数码式、游标式、百分表式。

(2)盛土杯:直径 50 mm,深度 40 ~50 mm。

(3)天平:称量 200 g,感量 0.01 g。

(4)其他:筛(孔径 0.5 mm)、调土刀、调土皿、称量盒、研钵(附带橡皮头的研杵或橡皮板、木棒)、干燥器、吸管、凡士林等。

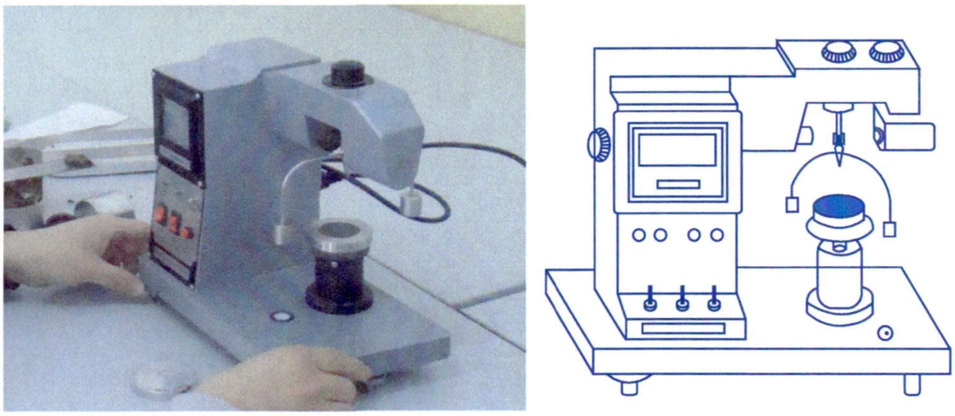

图 2.3 圆锥仪

3. 试验步骤

(1)取有代表性的天然含水率或风干土样进行试验。如土中含大于 0.5 mm 的土粒或杂物时,应将风干土样用带橡皮头的研杵研碎或用木棒在橡皮板上压碎,过 0.5 mm 的筛。

取 0.5 mm 筛下的代表性土样 200 g,分开放入三个盛土皿中,加不同数量的蒸馏水,土样的含水率分别控制在液限(a 点)、略大于塑限(c 点)和二者的中间状态(b 点)。用调土刀调匀,盖上湿布,放置 18 h 以上(图 2.4)。测定 a 点的锥入深度,对于 100 g 锥应为 20 mm ± 0.2 mm,对于 76 g 锥应为 17 mm。测定 c 点的锥入深度,对于 100 g 锥应控制在 5 mm 以下,对于 76 g 锥应控制在 2 mm 以下。对于砂类土,用 100 g 锥测

定 c 点的锥入深度可大于 5 mm，用 76 g 锥测定 c 点的锥入深度可大于 2 mm。

(2)将制备的土样充分搅拌均匀，分层装入盛土杯，用力压密，使空气逸出。对于较干的土样，应先充分搓揉，用调土刀反复压实。试杯装满后，刮成与杯边齐平。

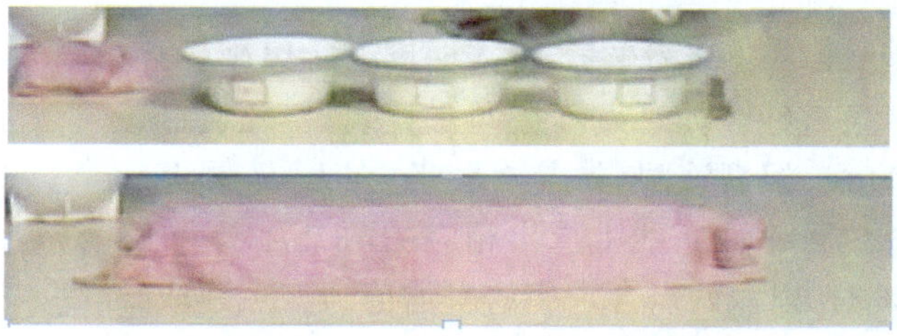

图 2.4　将土样放入盛样皿湿布覆盖

(3)当用游标式或百分表式液限塑限联合测定仪试验时，调平仪器，提起锥杆(此时游标或百分表读数为零)、锥头上涂少许凡士林。

(4)将装好土样的试杯放在联合测定仪的升降座上，转动升降旋钮，待锥尖与土样表面刚好接触时停止升降，扭动锥下降旋钮，同时开动秒表，经 5 s 时，松开旋钮，锥体停止下落，此时游标读数即为锥入深度 h_1。

(5)改变锥尖与土接触位置(锥尖两次锥入位置距离不小于 1 cm)，重复本试验上述(3)和(4)步骤，得锥入深度 h_2。h_1、h_2 允许平行误差为 0.5 mm，否则，应重做。取 h_1、h_2 平均值作为该点的锥入深度 h。(图 2.5，图 2.6)

(6)去掉锥尖入土处的凡士林，取 10 g 以上的土样两个，分别装入称量盒内(图 2.7)，称质量(准确至 0.01 g)，测定其含水率 w_1、w_2(计算到 0.1%)。计算含水率平均值 w。(图 2.8)

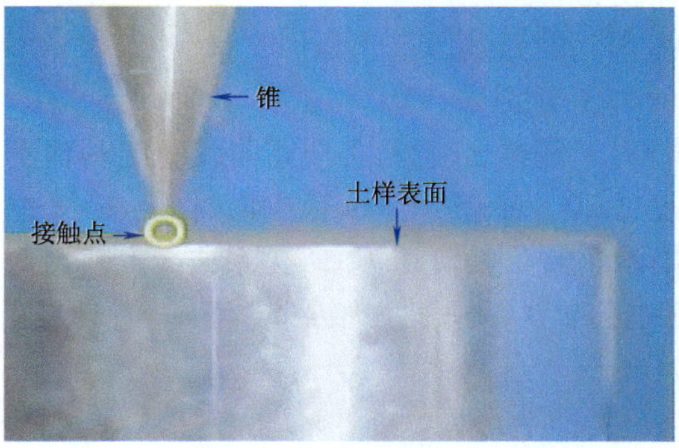

图 2.5　联合测定仪上的锥尖与土样刚好接触

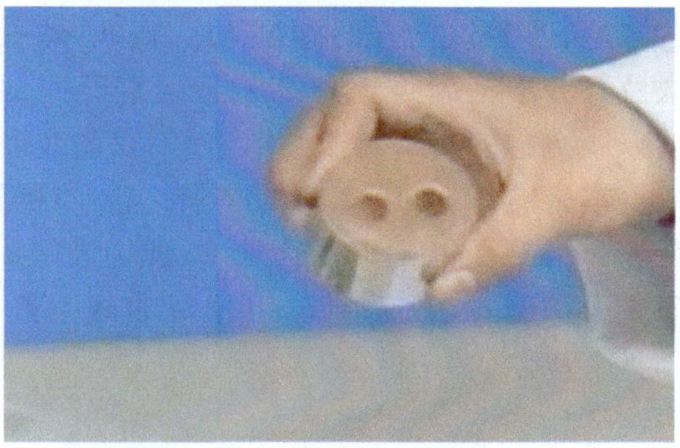

图 2.6　两锥点

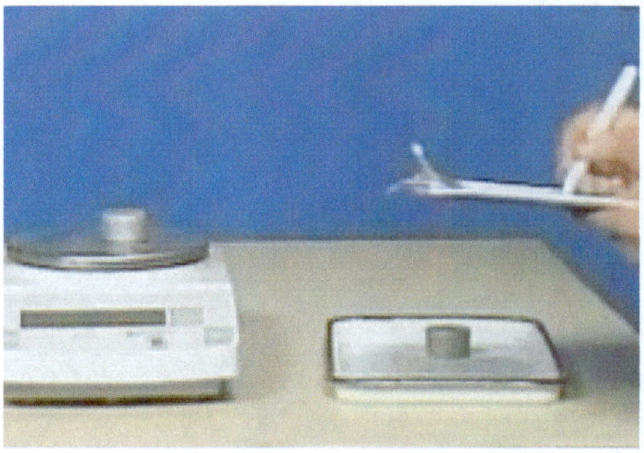

图 2.7　将土样装入称量盒内称量

图 2.8　烘干土样

(7)重复本试验(2)～(6)步骤，对其他两个含水率土样进行试验，测其锥入深度和含水率。

(8)用光电式或数码式液限塑限联合测定仪测定时，接通电源，调平机身，打开开关，提上锥体(此时刻度或数码显示应为零)。将装好土样的试杯放在升降座上,转动升降旋钮,试杯徐徐上升,土样表面和锥尖刚好接触,指示灯亮,停止转动旋钮,锥体立刻自行下沉,5 s 时,自动停止下落,读数窗上或数码管上显示锥入深度。试验完毕,按动复位按钮,锥体复位,读数显示为零。

4. 结果整理

(1)在双对数坐标上,以含水率 w 为横坐标,锥入深度 h 为纵坐标,点绘 a,b,c,绘三点含水率的 h-w 图(图 2.9)。连此三点,应呈一条直线。如三点不在同一直线上,要通过 a 点与 b 点。两点连成两条直线,根据液限(a 点含水率)在 h_p-w_L 图上查得 h_p,以此 h_p 再在 h-w 的 ab 及 ac 两直线上求出相应的两个含水率。当两个含水率的差值小于 2% 时,以该两点含水率的平均值与 a 点连成一直线。当两个含水率的差值不小于 2% 时,应重做试验。

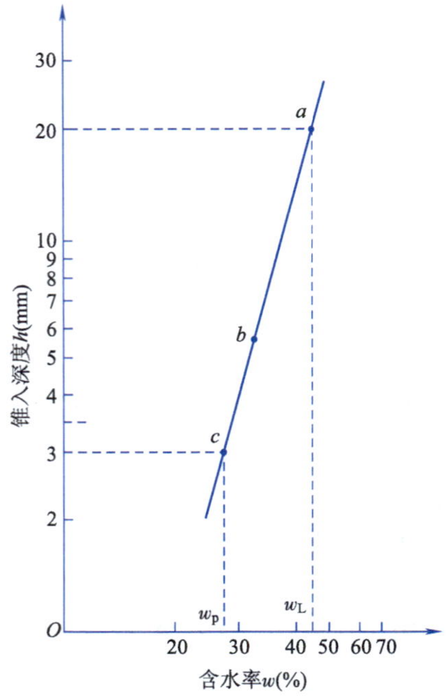

图 2.9 h-w 图

(2)液限的确定方法。

①若采用 76 g 锥做液限试验,则在 h-w 图上,查得纵坐标入土深度 $h=17$ mm 所对应的横坐标的含水率 w,即为该土样的液限 w_L。

②若采用 100 g 锥做液限试验,则在 h-w 图上,查得纵坐标入土深度 $h=20$ mm 所对应的横坐标的含水率 w,即为该土样的液限 w_L。

(3)塑限的确定方法。

①根据本试验(2)项①求出的液限,通过 76 g 锥入土深度 h 与含水率 w 的关系曲线(图 2.9),查得锥入土深度为 2 mm 所对应的含水率即为该土样的塑限 w_P。

②根据本试验(2)项②求出的液限,通过液限 w_L 与塑限时入土深度 h_P 的关系曲线(图 2.10),查得 h_P,再由图 2.10 求出入土深度为 h_P 时所对应的含水率,即为该土样的塑限 h_P。查 h_p-w_L 关系图时,须先通过简易鉴别法及筛分法把砂类土与细粒土区别开来,再按这两种土分别采用相应的 h_p-w_L 关系曲线;对于细粒土,用双曲线确定 h_P 值;对于砂类土,则用多项式曲线确定 h_P 值。

若根据本试验(2)项②求出的液限,当 a 点的锥入深度在 20 mm ±0.2 mm 范围内时,应在 ad 线上查得入土深度为 20 mm 处相对应的含水率,此为液限 w_L。再用此液限在图 2.10 h_p-w_L 关系曲线上找出与之相对应的塑限入土深度 h'_P,然后到 h-w 图 ad 直线上查得 h'_P 相对应的含水率,此为塑限 w_p。

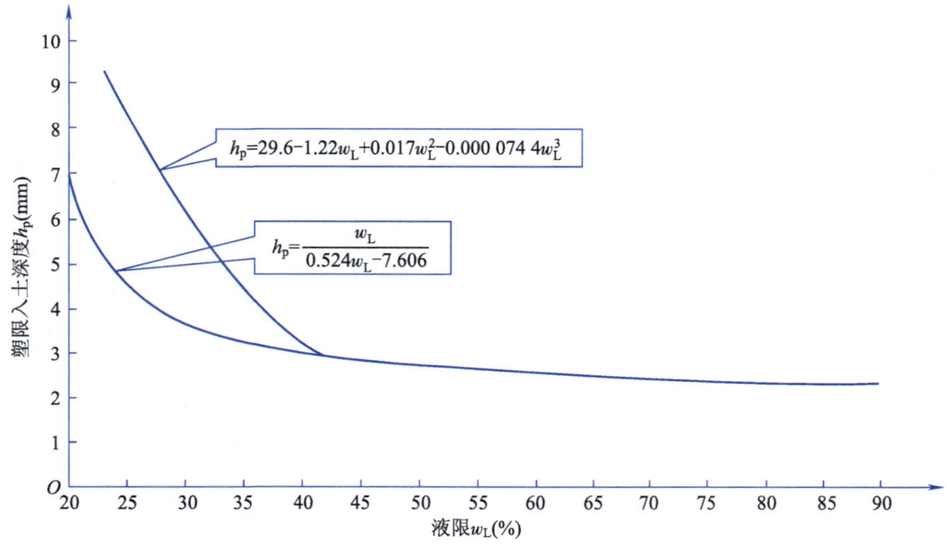

图 2.10 h_p-w_L 图

(4)本试验记录格式见表 2.10。

表 2.10　液限塑限联合试验记录

工程名称 ________________　　　试 验 者 ________________

土样编号 ________________　　　计 算 者 ________________

取土深度 ________________　　　校 核 者 ________________

土样设备 ________________　　　试验日期 ________________

试验项目 \ 试验次数		1	2	3
入土深度	h_1	4.68	9.81	19.88
	h_2	4.73	9.79	20.12
	$\frac{1}{2}(h_1+h_2)$	4.71	9.80	20
含水率	盒号			
	盒质量(g)	20		
	盒+湿土质量(g)	25.86	27.49	30.62
	盒+干土质量(g)	24.51	25.52	27.53
	水分质量(g)	1.35	1.97	3.09
	干土质量(g)	4.51	5.52	7.53
	含水率(%)	29.9	35.7	41.04

	w_p	I_p
双曲线法	27.2	14.0
搓条法	26.2	15.0

液限　w_L = 41.2

(5)精密度和允许差。

本试验须进行两次平行测定,取其算术平均值,以整数(%)表示。其允许差值为:高液限土小于或等于2%,低液限土小于或等于1%　。

5. 报告

(1)土的鉴别分类和代号。

(2)土的液限 w_L、塑限 w_P和塑性指数 I_P。条文说明见规程。

工程示例

土的界限含水率试验(液塑限联合测定)　　　编号:

试验单位		合同号	
样品名称		试验规程	
样品来源		试验日期	
试验人		审核人	

试验项目 \ 试验次		1		2		3		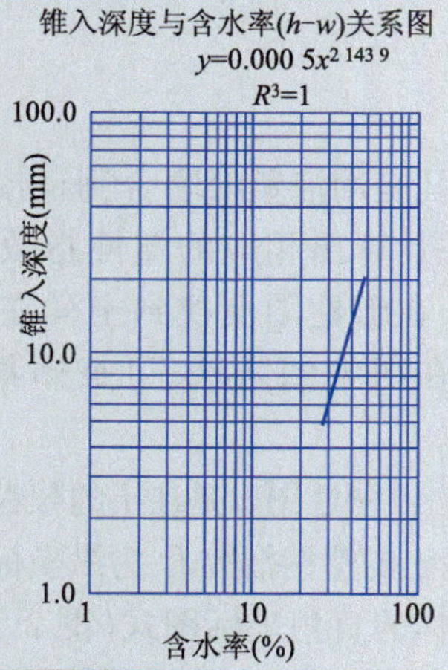
入土深度(mm)	h_1	5.00		9.87		20.00		
	h_2	4.99		9.89		20.00		
	$(h_1+h_2)/2$	5.00		9.88		20.00		
含水率(%)	盒号	32	25	15	27	41	22	
	盒重(g)	16.49	15.80	18.60	17.49	16.24	17.48	
	盒+湿土重(g)	29.67	29.83	29.32	29.68	29.56	29.65	
	盒+干土重(g)	26.75	26.71	26.46	26.42	25.29	25.75	
	水重(g)	2.92	3.12	2.86	3.26	4.27	3.90	
	干土重(g)	10.26	10.91	7.86	8.93	9.05	8.27	液限 w_L = 47.2
	含水率(%)	28.46	28.60	36.39	36.51	47.18	47.16	塑限 w_P = 23.0
	平均含水率(%)	28.5		36.5		47.2		塑性指数 I_P = 24.2
结论		监理工程师:			日期:			

2.2.6 土的分类原则

粗粒土按粒度成分及级配特征分类;细粒土按塑性指数和液限分类,即塑性图法;有机土和特殊土则分别单独各列为一类。对定出的土名给以明确含义的文字符号,既可一目了然,又便于查找,还可为计算机检索土质试验资料提供条件。

因此在介绍土的工程分类方法之前,应先认识和熟悉国内外通用的表示土类名称的文字代号(表 2.11)。

表 2.11 工程土的分类符号表

土类 符号 特征	巨粒土(石)	粗粒土	细粒土	有机土
成分	B——漂石 C_h——卵石	G——砾石 S——砂	F——细粒土 C——黏土 M——粉土 O——有机质土	P_t
级配或土性		W——良好级配 P——不良级配 P_u——均匀级配 P_g——阶段级配	V——很高液限 H——高液限 I——中液限 L——低液限	

(1)土类名称可用一个基本符号表示。

(2)当由两个基本代号构成时,第一个代号表示土的主成分,第二个代号表示副成分(土的液限或土的级配)。例如:

GM　　粉土质砾石
GP　　不良级配砾石
ML　　高液限粉土
S-M　　微含粉土砂(两个字母间用短线连接,表示微含)

(3)当由三个基本代号构成时,第一个代号表示土的主成分,第二代号表示液限高低或级配的好坏,第三个代号表示土中所含次要成分。例如:

GHC　　高液限含黏土砾石
CLM　　粉质低液限黏土
SP-M　　微含粉土不良级配的砂

凡是用液塑限联合测定仪测定土的液限、塑限,并计算出相应的塑性指数,都可以根据这些数据,在塑性图上找到土样在图中的位置;再根据它在图中的区域,可查知某一土样的土类或土名。

(4)塑性图。是在土的颗粒级配和塑性的基础上,以土的塑性指数 I_P 为纵坐标,以液限 w_L(%)为横坐标的直角坐标图式(图 2.11)。

在图中,用几条直线将直角坐标系分割成若干区域,不同的区域代表着不同性质的土类。目前,世界各国在坐标图中对直线方程的取值的标准尚未统一;我国各部门的取值也不完全一样。

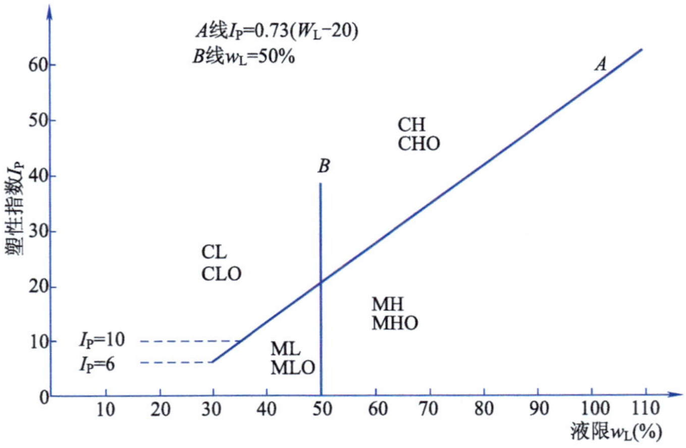

图 2.11 塑性图

A 线方程：$I_P = 0.73(w_L - 20)$，将直角坐标图分为 C（粘土）区与 M（粉土）区；

B 线方程：$w_L = 50(\%)$，将坐标图按液限高低分割成两个区域，即由左至右分为：L（低液限）区、H（高液限）区；

在 L（低液限）区内，以 IP = 10 的水平线作为 C（黏性土）区与 M（粉性土）的分界线。

2.2.7 击实试验方法

路基是公路组成的重要部分，它与路面共同承受来自行车荷载和自然因素的作用，所以要求路基具有足够的强度和稳定性。根据《公路土工试验规程》，对细粒土、含砾土等的标准干密度（最大干密度）采用标准击实试验确定，同时亦可得出相应的最佳含水量。

土作为筑路材料时，需要在模拟现场施工条件下，获得路基土压实的最大干密度和相应的最佳含水率。击实试验就是为了这种目的利用标准化的击实仪具，试验土的密度和相应的含水量的关系，所以击实试验是控制路基压实质量不可缺少的重要试验项目。

用击实试验模拟现场土的压实，这是一种半经验方法。由于土的现场填筑碾压和室内击实试验具有不同的工作条件，两者之间的关系是根据工程实践经验求得的，但要求室内试验的击实功应相当于现场施工的压实功，因此很多国家以及一个国家的不同部门就可能有其自用的击实试验方法和仪器。主要试验仪器如图 2.12.1，另外有天平、台秤、圆孔筛、拌和工具及喷水设备、碾压器、盛土器、量筒、推土器、铝盒、修土刀、平直尺等。

图 2.12.1 击实试验用仪器

1. 试验方法的类型

击实试验分轻型和重型两类，其击实试验方法类型见表 2.12。

表 2.12　击实试验方法类型

试验方法	类别	锤底直径（cm）	锤质量（kg）	落高（cm）	试筒尺寸			层数	每层击数	击实功（kJ/m²）	最大粒径（mm）
					内径（cm）	高（cm）	容积（cm³）				
轻型Ⅰ法	Ⅰ.1	5	2.5	30	10	12.7	997	3	27	598.2	25
	Ⅰ.2	5	2.5	30	15.2	12	2 177	3	59	598.2	38
重型Ⅱ法	Ⅱ.1	5	4.5	45	10	12.7	997	5	27	2 687.0	25
	Ⅱ.2	5	4.5	45	15.2	12	2 177	3	98	2 677.2	38

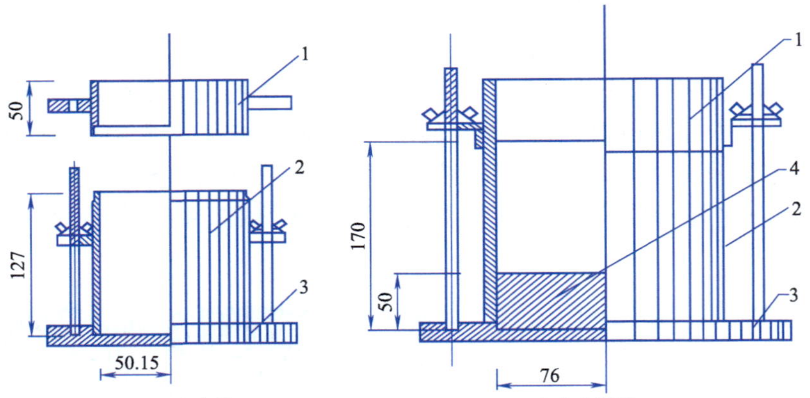

(a)小击实筒　　(b)大击实筒

1—套筒；2—击实筒；3—底板；4—垫板

图 2.12.2　击实试样制备方法

2. 试验方法

（1）试样制备。试样制备分干法和湿法两种，对一般土，干法制样和湿法制样所得击实结果有一定差异，对于具体试验应根据工程性质选择制备方法。

①干法制样（土不能重复使用）。将代表性土样风干或在低于 50 ℃温度下烘干，放在橡皮板上用木碾碾散，过筛（筛号视粒径大小而定）拌匀备用。（如图 2.13）

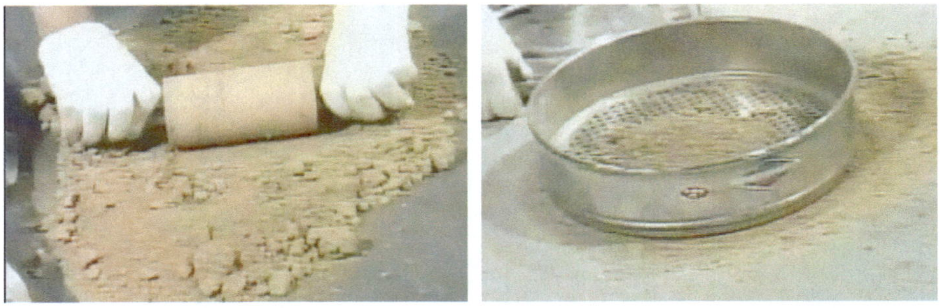

图 2.13　将烘干的土样碾散过筛

测定土样风干含水率 w_0，按土的塑限估计最佳含水率，并依次按相差约 2% ~3% 的含水率制备一组试样（不少于 5 个），其中有两个大于和两个小于最佳含水率，需加水量 m_w 可按下式计算：

$$m_w = \frac{m_0}{1+0.01w_0} \times 0.01(w-w_0) \tag{2.6}$$

式中：m_0——风干含水率时土样的质量。

按确定含水率制备试样。将称好的 m_0 质量的土平铺于不吸水的平板上，用喷水设备往土样上均匀喷

洒预定 m_w 的水量，静置一段时间后，装入塑料袋内静置备用。静置时间对高液限黏土不得少于 24 h，对低液限黏土不得少于 12 h。（图 2.14）

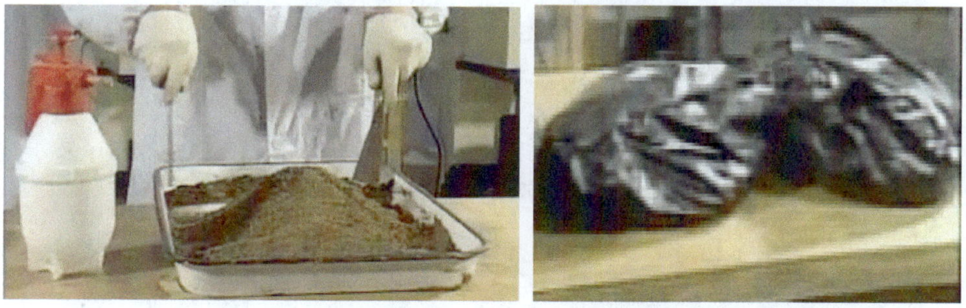

图 2.14　按含水率制样

②湿法制样（土不能重复使用）。对于高含水率土，可省略过筛步骤，用手拣除大于 40mm 的粗石子即可。保持天然含水率的第一个土样，可立即用于击实试验。其余几个试样，将土分成小块，分别风干，使含水率按 2% ~3% 递减。试料用量见表 2.12.2。

表 2.12.2　试料用量

使用方法	类别	试筒内径（cm）	最大粒径（mm）	试料用量（kg）
干土法，试样不重复使用	b	10 15.2	20 40	至少 5 个试样，每个 3 至少 5 个试样，每个 6
湿土法，试样不复复使用	c	10 15.2	20 40	至少 5 个试样，每个 3 至少 5 个试样，每个 6

（2）试验步骤。

①根据工程要求，按表 2.12.1 规定选择轻型或重型试验方法。根据土的性质（含易击碎风化石数量多少、含水率高低）按表 2.12.2 规定选用干土法（土不重复使用）或湿土法。

②将击实筒放在坚硬的地面上，在筒壁上抹一薄层凡士林，并在筒底（小试筒）或垫块（大试筒）上放置蜡纸或塑料薄膜。取制备好的土样分 3 ~5 次倒入筒内。小筒按三层法时，每次约 800 ~900 g（其量应使击实后的试样等于或略高于筒高的 1/3）；按五层法时，每次约 400 ~500 g（其量应使击实后的土样等于或略高于筒高的 1/5）。对于大试筒，先将垫块放入筒内底板上，按三层法，每层需试样 1 700 g 左右。整平表面，并稍加压紧，然后按规定的击数进行第一层土的击实。击实时击锤应自由垂直落下，锤迹必须均匀分布于土样面，第一层击实完后，将试样层面"拉毛"然后再装入套筒，重复上述方法进行其余各层土的击实。小试筒击实后，试样不应高出筒顶面 5 mm；大试筒击实后，试样不应高出筒顶面 6 mm。（图 2.15）

③用修土刀沿套筒内壁削刮，使试样与套筒脱离后，扭动并取下套筒，齐筒顶细心削平试样，拆除底板，擦净筒外壁，称量，准确至 1 g。（图 2.16）

④用推土器推出筒内试样，从试样中心处取样测其含水率，计算至 0.1% 。测定含水率用试样的数量按表 2.12.3 规定取样（取出有代表性的土样）。两个试样含水率的精度应符合允许平行差值规定。

（3）结果整理。

按下式计算击实后各点的干密度 ρ_d：

$$\rho_d = \frac{\rho}{1+0.01w} \tag{2.7}$$

式中：ρ——击实后土的湿密度，g/cm^3；

w——击实后土的含水率，% 。

以干密度 ρ_d 为纵坐标，含水 w 为横坐标，绘 ρ_d-w 关系曲线，曲线上峰值点的纵、横坐标分别为最大干密度和最佳含水率。

图 2. 15　试样击实

图 2. 16　获取击实后的试样

表 2.12.3 测定含水率用试样的数量

最大粒径(mm)	试样质量(g)	个数
<2	15～20	2
约 5	约 50	1
约 20	约 250	1
约 40	约 500	1

表 2.13 为击实试验记录。

表 2.13 击实试验记录

土样编号			筒号				落距		45 cm			
土样来源			筒容积		997 cm^3		每层击数		27			
试验日期			击锤质量		4.5 kg		大于 5 mm 颗粒含量					
干密度	试验次数		1		2		3		4		5	
干密度	筒加土质量	(g)	2 907.6		2 981.8		3 130.9		3 206.7		3 191.1	
干密度	筒质量	(g)	1 103		1 103		1 103		1 103		1 103	
干密度	湿土质量	(g)	1 804.6		1 878.8		2 027.9		2 103.7		2 088.1	
干密度	湿密度	(g/cm^3)	1.81		1.88		2.03		2.11		2.09	
干密度	干密度	(g/cm^3)	1.67		1.71		1.80		1.82		1.76	
含水量	盒号		1	2	3	4	5	6	7	8	9	10
含水量	盒+湿土质量	(g)	33.45	33.27	35.60	35.44	32.88	33.13	34.20	34.09	36.96	38.31
含水量	盒+干土质量	(g)	32.45	32.26	34.16	34.02	31.40	31.64	32.36	32.15	24.28	35.36
含水量	盒质量	(g)	20	20	20	20	20	20	20	20	20	20
含水量	水质量	(g)	1.0	1.01	1.44	1.42	1.48	1.49	1.84	1.94	2.68	2.95
含水量	干土质量	(g)	12.45	12.26	14.16	14.02	11.40	11.64	11.36	12.15	14.28	15.36
含水量	含水量	(%)	8.0	8.2	10.3	10.1	13.0	12.8	16.2	16.0	18.8	19.2
含水量	含水量	(%)	8.1		10.2		13.0		16.1		19.0	

最佳含水量 = 15.8%　　最大密度 = 1.83 g/cm^3

试验者＿＿＿＿＿＿　计算者＿＿＿＿＿＿　校核者＿＿＿＿＿＿

工程示例

土的击实试验　　编号：

试验单位		合同号	
样品名称		试验规程	
样品来源		试验日期	
试验人		审核人	

	击实方法:重型	每层击数:27 次	筒容积:997 mL	击锤质量:4.5 kg	超尺寸颗粒含量:0%	
干密度	试验次数	1	2	3	4	5
干密度	预加含水率(%)	12	14	16	18	20
干密度	筒号	1	1	1	1	1
干密度	筒+湿土质量(g)	4 000	4 100	4 170	4 165	4 135
干密度	筒质量(g)	2 075	2 075	2 075	2 075	2 075
干密度	湿土质量(g)	1 925	2 025	2 095	2 090	2 060
干密度	湿密度(g/cm^3)	1.93	2.03	2.1	2.10	2.07
干密度	干密度(g/cm^3)	1.72	1.78	1.80	1.77	1.72

续表

	盒号	8	9	30	27	23	36	18	38	13	26
含水率	盒+湿土质量(g)	33.68	33.39	33.48	33.56	33.61	33.83	33.57	33.49	33.87	33.72
	盒+干土质量(g)	31.70	31.53	31.35	31.56	31.31	31.48	30.87	30.93	31.01	30.77
	盒质量(g)	16.48	16.52	16.55	17.49	17.43	17.17	16.28	17.27	16.84	16.29
	水质量(g)	1.92	1.86	2.13	2.00	2.30	2.35	2.70	2.56	2.86	2.95
	干土质量(g)	15.28	15.01	14.8	14.07	13.88	14.31	14.59	13.66	14.17	14.48
	含水率(%)	12.57	12.39	14.39	14.21	16.57	16.42	18.51	18.74	20.18	20.37
	平均含水率(%)	12.5		14.3		16.5		18.6		20.3	
最佳含水率(%)		16.3				最大干密度(g/cm³)			1.80		
结　论		监理工程师：								日期：	

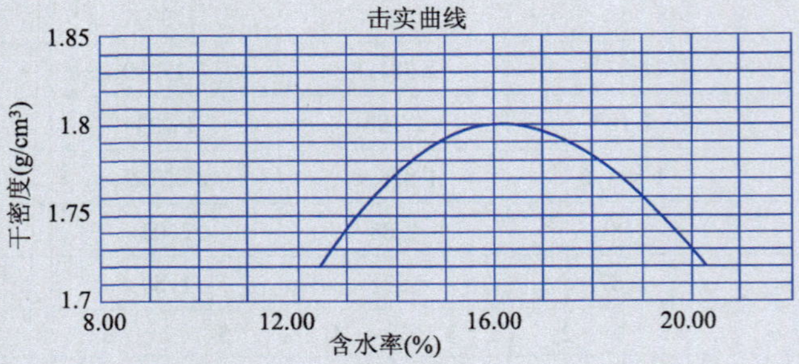

(4)注意问题。当土样中大于5 mm粒径的土含量小于总含量的30%时，求出试料中粒径大于5 mm颗粒含量的P值。取出大于5 mm的颗粒，仅把小于5mm粒径的土做击实试验。按下面公式分别对试验所得的最大干密度和最佳含水率进行校正(注：《JTJ 051—2007》规程要求适用于$d>40$ mm的粒径含量小于30%时进行如下校正)。

$$\rho'_{\mathrm{dmax}}=\frac{1}{\dfrac{1-P}{\rho_{\mathrm{dmax}}}+\dfrac{P}{G_{s2}\rho_{\mathrm{w}}}} \tag{2.8}$$

$$w'_0=w_0(1-P)+Pw_2 \tag{2.9}$$

式中：ρ'_{dmax}——校正后的最大干密度，g/cm³；

ρ_{dmax}——粒径小于5 mm试样击实后的最大干密度，g/cm³；

ρ_{w}——水的密度，g/cm³；

P——粒径小于5 mm颗粒的含量(用小数表示)；

G_{s2}——粒径大于5 mm颗粒的干比重；

w'_0——校正后的最佳含水率，%；

w_0——粒径小于5 mm击实试样的最佳含水率，%；

w_2——粒径大于5 mm颗粒的饱和面干含水率，%。

土作为填筑路基的主要建筑材料之一，如何提高土基的强度与稳定性是我们研究的主要问题。在生产实践中我们发现，未经压实的建筑土方工程，在自然因素和外荷载作用下必然产生很大的变形和破坏；而密实的土基，不但可以减少大规模的破坏，还可以显著减小路基的变形。所以提高土基的密度是提高路基强度和稳定性的主要措施之一，同时土基的密度变大还可以提高土基的承载能力，减小路面层的厚度，从而降低工程造价。

土是由三相体组成的，它们具有各自的特性，相互制约，共同存在于统一的土体中，构成土体的各种物理性质——渗透性、黏滞性、压缩性、弹性、塑性和力学性质等。而土体中三相在体积和重量上的比例关系，既是评价土的工程性质又是影响土压实性能的重要因素。

一般的说土的干密度ρ_{d}越大，土体越密实，土体的强度和承载力愈高。而提高土体的干密度则需改变土的三相组成比例，用压实机械对填土路基碾压就是改变土的三相组成比例，增加单位体积内固体颗粒百分含量，减小孔隙率。

①通过压实使土重新排列，土粒相互靠近，单位重量增加，黏结力增大，土体强度提高。

②通过压实使土粒外表的水膜减至更薄，增加内聚力，提高土体抗剪强度。

③通过压实将土壤孔隙中的空气挤出，减小孔隙率，增大土的密度，提高土体的水稳定性和减少冻胀而引起的不均匀变形。

实践中常用压实度来表示土基压实的好坏，所谓压实度是指路基土压实后的干密度与该土的标准干密度之比，并用百分数表示。即：

$$K=\frac{\rho_d}{\rho_m}\times 100\% \tag{2.10}$$

式中：K——土基压实度（%）；

ρ_d——压实后的干密度（g/cm^3）；

ρ_m——最大干密度（或称标准干密度）（g/cm^3）。

例如，一种低液限黏性土，压实后经现场取样求得土的干密度 $\rho_d=1.93\ g/cm^3$，试验室求得该土的最大干密度 $\rho_m=2.046\ g/cm^3$，则其压实度为：

$$K=\frac{\rho_d}{\rho_m}\times 100\%=\frac{1.93}{2.046}\times 100\%=94.3\%$$

说明土在现场压实后获得的干密度，只达到最大干密度的94.3%。

2.2.8　承载比（CBR）试验方法

CBR 又称加州承载比，是 California Bearing Ration 的缩写，由美国加利福尼亚州公路局首先提出来，是用于评定路基土和路面材料的强度指标。在国外多采用 CBR 作为路面材料和路基土的设计参数。

我国现行沥青和水泥混凝土路面设计规范，对路面、路基的设计参数系采用回弹模量指标，而在境外修建的公路工程多采用 CBR 指标。为了进一步积累经验用于实际，以促进国际学术交流，参考了国内外的情况，将 CBR 指标列入《公路路基设计规范》（JTG D30—2004）和《公路路基施工技术规范》（JTG F10—2006），作为路基填料选择的依据。

路基填料最小强度和最大粒径要求见表2.14。

表2.14　路基填料最小强度和最大粒径要求

项目分类		路面底面下深度（cm）	填料最小强度 CBR（%）		填料最大粒径（mm）
			高速公路、一级公路	其他等级公路	
填方路基	上路床	0～30	8	6	10
	下路床	30～80	5	4	10
	上路堤	80～150	4	3	15
	下路堤	150 以下	3	2	15
零填及路堑路床		0～30	8	6	10

CBR 值室内试验技术：

1. 主要仪器设备（图2.17）

（1）圆孔筛：孔径 38 mm、25 mm、20 mm 及 5 mm 筛各 1 个。

（2）重型标准击实仪器设备：试筒、夯锤等。

（3）贯入杆：端面直径 50 mm、长 100 mm 的金属柱。

（4）路面材料强度或其他载荷装置：能量不小于 50 kN。

（5）百分表、测力环、荷载板等。

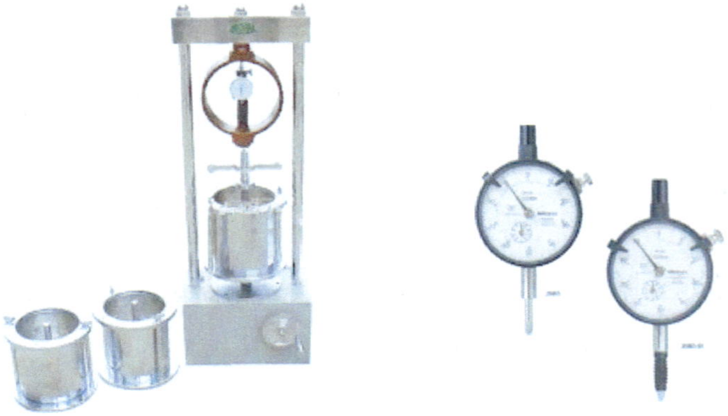

图 2.17　CBR 值测定用到的仪器设备

2. 试验原理

试验时，按路基施工时的最佳含水量及压实度要求在试筒内制备试件；为了模拟材料在使用过程中的最不利状态，加载前泡水 4 昼夜；在浸水过程中及贯入试验时，在试件顶面施加荷载板以模拟路面结构对土基的附加应力；贯入试验中，材料的承载能力越高，对其压入一定贯入深度所需施加的荷载越大。所谓 CBR 值，就是试料贯入量达到 2.5 mm 或 5 mm 时的单位压力与标准碎石压入相同贯入量时标准荷载强度（7 MPa 或 10.5 MPa）的比值，用百分数表示。

3. 试验技术要求

（1）试验采用风干试料，按四分法备料。

（2）做击实试验，求试料的最大干密度和最佳含水率。

（3）按最佳含水量制备试件。

（4）试件泡水 4 昼夜。

（5）做贯入试验：加荷使贯入杆以 1 ~ 1.25 mm/min 的速度压入试件，记录不同贯入量及相应荷载。总贯入量应超过 7 mm。

（6）绘制单位压力 P 与贯入量 l 关系曲线，必要时进行原点修正。

4. 试验步骤

（1）按照击实试验求得最大干密度和最佳含水率后，再按此最佳含水率制备所需试件。

（2）击实试验共制备 9 个试件，采用大试筒，每个试件均按 3 层法击实成型，每层击数分别按 30 次、50 次、98 次，使试件的干密度从低于 95% 到等于 100% 的最大干密度。三种击数试件各制 3 个。

（3）泡水测膨胀量的步骤。

①在试件制成后，取下试件顶面的破残滤纸，放一张好滤纸并在上安装附有调节杆的多孔板，在多孔板上加 4 块荷载板，如图 2.18 所示。

②将试筒与多孔板一起放入槽内（先不放水），并用拉杆将模具拉紧，安装百分表，并读取初读数（图 2.19）。

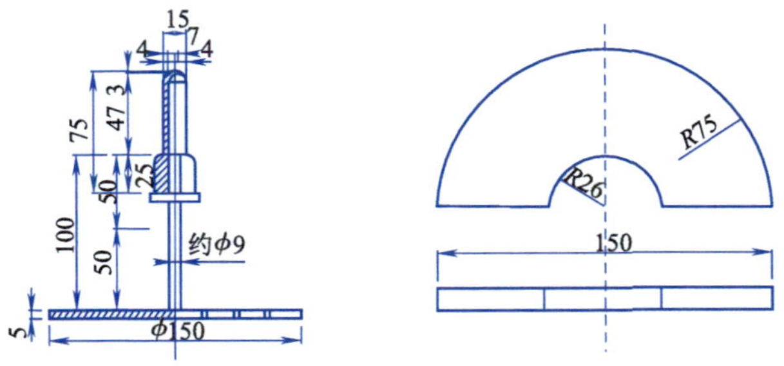

图 2.18　安装有调节杆的多孔板的尺寸图

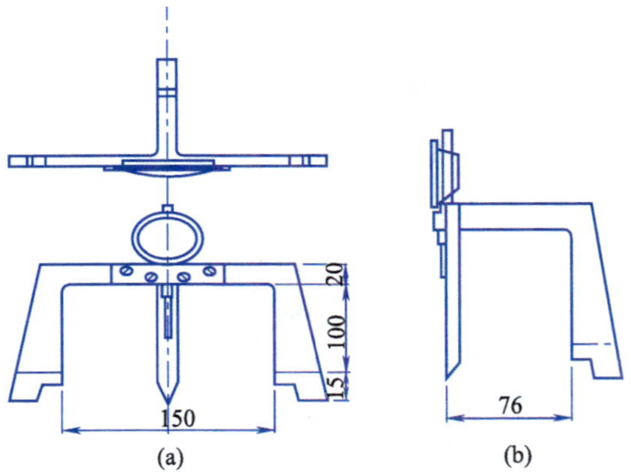

图 2.19　安装百分表并读数

③向水槽内放水，使水自由进到试件的顶部和底部。在泡水期间，槽内水面应保持在试件顶面以上大约 25 mm，通常试件要泡水 4 昼夜。（图 2.20）

图 2.20　水槽内放水浸泡试件

④泡水终了时，读取试件上百分表的终读数，并用下式计算膨胀量：

$$膨胀量 = \frac{百分表初读数 - 百分表终读数}{原试件高度(120\ \mathrm{mm})} \times 100\% \tag{2.11}$$

⑤从水槽中取出试件，倒出试件顶面的水，静置 15 min，让其排水，然后卸去附加荷载和多孔板以及底板和滤纸，并称其质量 m，以计算试件的湿度和密度的变化。

5. 贯入试验

（1）将泡水试验终了的试件放到路面材料强度试验仪的升降台上，调整偏球座，便贯入杆与试件顶面全面接触，在贯入杆周围放置 4 块荷载板。

（2）先在贯入杆上施加 45 N 的预压荷载，然后将测力和测变形的百分表的指针都调至零点。

（3）加荷使贯入杆以 1～1.25 mm/min 的速度压入试件，记录测力计内百分表某些整读数（如 20、40、60）时的贯入量，并注意使贯入量为 2.5 mm 时，能有 5 个以上的读数。因此，测力计内的第一个读数应是贯入量 0.3 mm 左右。当贯入量大于 7 mm 时，试验可终止。（图 2.21）

6. 结果整理

（1）以单位压力（p）为横坐标。贯入量（L）为纵坐标，绘制 p-L 关系曲线图 2.22。

图 2.21　贯入试验

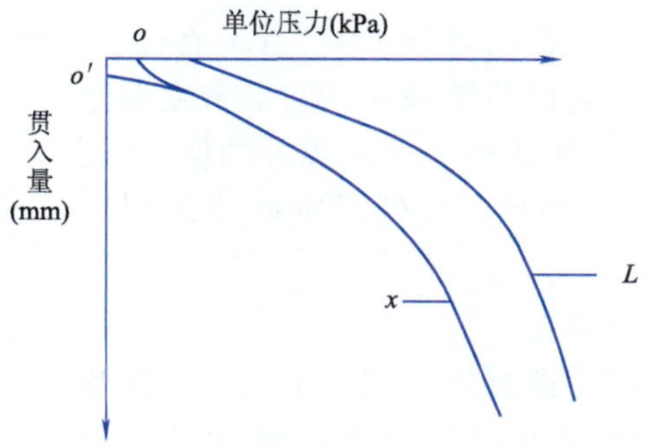

图 2.22　单位压力与贯入量关系曲线

图 2.22 上曲线 L 是合适的，曲线 x 开始段是凹曲线，需要进行修正。修正时，在变曲率点引一切线，与纵坐标交于 O'，O'即为修正后的原点。

说明：绘图前应将量力环百分表读数通过量力环系数转换为荷载，并由贯入杆面积计算某级贯入量下的单位压力。

(2)一般采用贯入量为2.5 mm时的压力与标准压力之比作为材料的承载比(CBR),即

$$CBR=\frac{p}{7\ 000}\times100\% \tag{2.12}$$

式中:p——贯入量为2.5 mm时的单位压力,kPa;

CBR——承载比,%。

同时计算贯入量为5 mm时的承载比,即

$$CBR=\frac{p}{10\ 500}\times100\% \tag{2.13}$$

式中:p——贯入量为5 mm时的单位压力,kPa;

CBR——承载比,%。

若贯入量为5 mm时的承载比大于2.5 mm时的承载比,则试验要重做,如结果仍然如此,则采用5 mm时承载比。

(3)试样的湿密度用下式计算:

$$\rho_W=\frac{m_2-m_1}{2\ 177} \tag{2.14}$$

式中:ρ_W——试件的湿密度,g/cm^3;

m_2——试筒和试件的合质量,g;

m_1——试筒的质量,g;

2 177——试筒的容积,cm^3。

(4)试件的干密度用下式计算:

$$\rho_d=\frac{\rho_W}{1+0.01w} \tag{2.15}$$

式中:ρ_d——试件的干密度,g/cm^3;

w——试件的含水率,%。

(5)泡水后试件的吸水量按下式计算:

$$\omega_a=m_3-m_2 \tag{2.16}$$

式中:ω_a——泡水后试件的吸水量,g;

m_3——泡水后试筒和试件的合质量,g;

m_2——试筒和试件的合质量,g。

7. 精度要求

如根据3个平行试验结果计算得到的承载比变异系数C_v大于12%,则去掉一个偏离大的值,取其余2个结果的平均值。如C_v小于12%,且3个平行试验结果计算的干密度偏差小于0.03 g/cm^3,则取3个结果的平均值。如3个试验结果计算的干密度偏差超过0.03 g/cm^3,则去掉一个偏离大的值,取其余2个结果的平均值。试件干密度要求同试件CBR。

8. CBR值的确定

根据上述试验即可求得试件不同击实次数(每层30次、50次、98次)下的CBR值和干密度,以干密度为纵坐标,CBR值为横坐标,绘制不同击实次数下的ρ_d-CBR关系曲线,如图2.23所示。

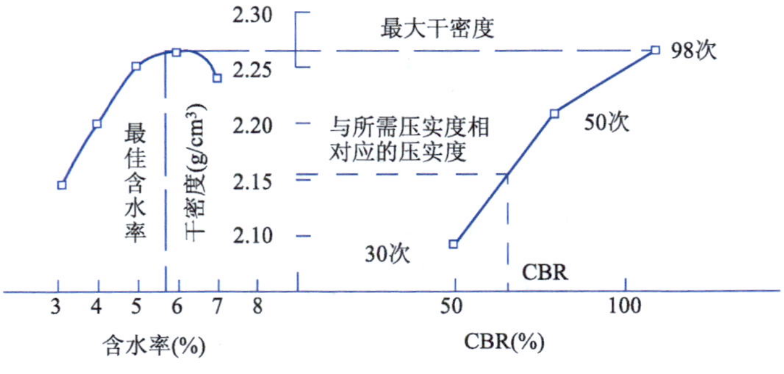

图2.23 ρ_d-CRR关系曲线

合格判定标准可见表2.14。

工程示例

土的承载比试验(CBR 密度记录)

编号：

试验单位		合 同 号	
样品名称		试验规程	
样品来源		试验日期	
试 验 人		审 核 人	

密度试验				含水率试验			
试验次数	1	2	3	试验次数	1	2	3
试筒号	4	5	6	试筒号	4	5	6
试筒＋试件质量(g)	9 210	9 275	9 240	盒号	28	20	21
试筒质量(g)	4 620	4 695	4 660	盒＋干土质量(g)	31.47	31.34	31.43
试件质量(g)	4 590	4 580	4 580	盒＋湿土质量(g)	33.89	33.76	33.85
试筒体积(cm^3)	2 177	2 177	2 177	盒质量(g)	16.62	16.42	16.61
湿密度(g/cm^3)	2.108	2.104	2.104	水质量(g)	2.42	2.42	2.42
含水率(%)	16.30	16.22	16.33	干土质量(g)	14.85	14.92	14.82
干密度(g/cm^3)	1.813	1.810	1.809	含水率(%)	16.30	16.22	16.33
干密度平均值(g/cm^3)	1.81			平均含水率(%)	16.3		
膨胀量记录				吸水量记录			
试验次数	1	2	3	试验次数	1	2	3
试筒号	4	5	6	试筒号	4	5	6
泡水前试件高度(mm)	120	120	120	泡水后试筒＋试件质量(g)	9 335	9 400	9 360
泡水后试件高度(mm)	123.76	123.81	123.69	泡水前试筒＋试件质量(g)	9 210	9 275	9 240
膨胀高度(mm)	3.76	3.81	3.69	吸水量(g)	125	125	120
膨胀量(%)	3.133	3.175	3.075	吸水量平均值(g)	123		
膨胀量平均值(%)	3.13						
结 论	监理工程师： 日期：						

土的承载比试验(CBR 贯入记录)

编号:

试验单位		合 同 号	
样品名称		试验规程	
样品来源		试验日期	
试 验 人		审 核 人	

量力环校正系数 $C=20.879$ N/0.01 mm　　　　贯入杆面积 $A=19.635$ cm^2

击实次数:98			击实次数:98			击实次数:98		
试筒号:4			试筒号:5			试筒号:6		
贯入深度 (mm)	测力计读数 (mm)	单位压力 (kPa)	贯入深度 (mm)	测力计读数 (mm)	单位压力 (kPa)	贯入深度 (mm)	测力计读数 (mm)	单位压力 (kPa)
0.25	0.042	45	0.25	0.039	41	0.25	0.041	44
0.50	0.097	103	0.50	0.094	100	0.50	0.095	101
1.00	0.175	186	1.00	0.173	184	1.00	0.173	184
1.50	0.229	244	1.50	0.228	242	1.50	0.228	242
2.00	0.273	290	2.00	0.269	286	2.00	0.269	286
2.50	0.309	329	2.50	0.303	322	2.50	0.300	319
3.00	0.338	359	3.00	0.336	357	3.00	0.336	357
4.00	0.397	422	4.00	0.392	417	4.00	0.393	418
5.00	0.443	471	5.00	0.437	465	5.00	0.436	464
$L=2.5$ mm $CBR=\frac{329}{7\ 000}\times100\%=4.70\%$ $L=5.0$ mm $CBR=\frac{471}{10\ 500}\times100\%=4.49\%$			$L=2.5$ mm $CBR=\frac{322}{7\ 000}\times100\%=4.60\%$ $L=5.0$ mm $CBR=\frac{465}{10\ 500}\times100\%=4.43\%$			$L=2.5$ mm $CBR=\frac{319}{7\ 000}\times100\%=4.56\%$ $L=5.0$ mm $CBR=\frac{464}{10\ 500}\times100\%=4.42\%$		
$L=2.5$ mm CBR 平均值 $=4.6\%$				$L=5.0$ mm CBR 平均值 $=4.4\%$				
结　论			监理工程师:				日期:	

土的承载比试验

编号:

试验单位		合 同 号	
样品名称		试验规程	
样品来源		试验日期	
试 验 人		审 核 人	

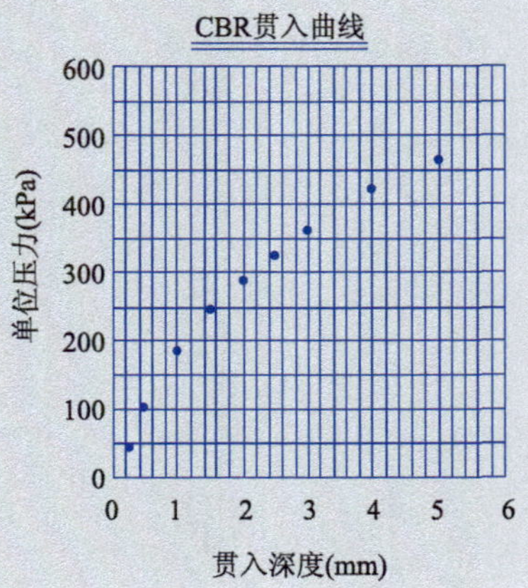

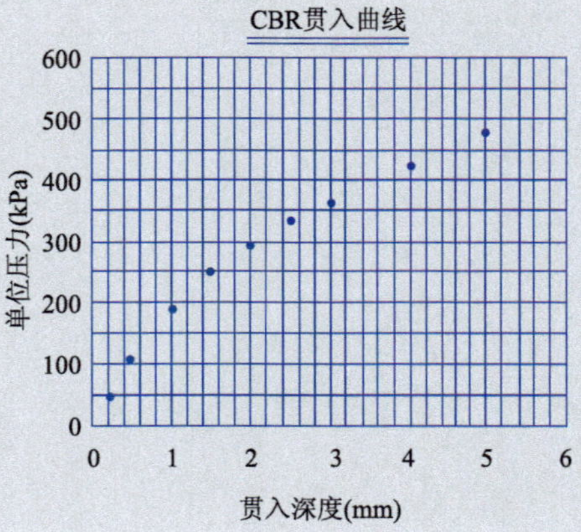

计　划　单

<table>
<tr><td>学习领域</td><td colspan="4">路桥工程检测技术</td></tr>
<tr><td>学习情境</td><td colspan="2">路基工程检测</td><td>学　时</td><td>22</td></tr>
<tr><td>任　务</td><td colspan="2">路基工程原材料试验检测</td><td>学　时</td><td>8</td></tr>
<tr><td>计划方式</td><td colspan="4">小组讨论、团结协作共同制订计划</td></tr>
<tr><td>序　号</td><td colspan="3">实施步骤</td><td>使用资源</td></tr>
<tr><td>1</td><td colspan="3"></td><td></td></tr>
<tr><td>2</td><td colspan="3"></td><td></td></tr>
<tr><td>3</td><td colspan="3"></td><td></td></tr>
<tr><td>4</td><td colspan="3"></td><td></td></tr>
<tr><td>5</td><td colspan="3"></td><td></td></tr>
<tr><td>6</td><td colspan="3"></td><td></td></tr>
<tr><td>7</td><td colspan="3"></td><td></td></tr>
<tr><td>8</td><td colspan="3"></td><td></td></tr>
<tr><td>9</td><td colspan="3"></td><td></td></tr>
<tr><td>制订计划说明</td><td colspan="4"></td></tr>
<tr><td rowspan="3">计划评价</td><td>班　级</td><td></td><td>第　组</td><td>组长签字</td></tr>
<tr><td>教师签字</td><td></td><td>日　期</td><td></td></tr>
<tr><td colspan="4">评语：</td></tr>
</table>

决　策　单

<table>
<tr><td>学习领域</td><td colspan="5">路桥工程检测技术</td></tr>
<tr><td>学习情境</td><td colspan="3">路基工程检测</td><td>学　　时</td><td>22</td></tr>
<tr><td>任　　务</td><td colspan="3">路基工程原材料试验检测</td><td>学　　时</td><td>8</td></tr>
<tr><td colspan="6">方案讨论</td></tr>
<tr><td rowspan="11">方案对比</td><td>组号</td><td>方案合理性</td><td>实施可操作性</td><td>安 全 性</td><td>综合评价</td></tr>
<tr><td>1</td><td></td><td></td><td></td><td></td></tr>
<tr><td>2</td><td></td><td></td><td></td><td></td></tr>
<tr><td>3</td><td></td><td></td><td></td><td></td></tr>
<tr><td>4</td><td></td><td></td><td></td><td></td></tr>
<tr><td>5</td><td></td><td></td><td></td><td></td></tr>
<tr><td>6</td><td></td><td></td><td></td><td></td></tr>
<tr><td>7</td><td></td><td></td><td></td><td></td></tr>
<tr><td>8</td><td></td><td></td><td></td><td></td></tr>
<tr><td>9</td><td></td><td></td><td></td><td></td></tr>
<tr><td>10</td><td></td><td></td><td></td><td></td></tr>
<tr><td>方案评价</td><td colspan="5">评语：</td></tr>
</table>

班　　级		组长签字		教师签字		年　月　日

实　施　单

学习领域	路桥工程检测技术		
学习情境	路基工程检测	学　时	22
任　务	路基工程原材料试验检测	学　时	8
实施方式	小组成员合作;动手实践		

序　号	实施步骤	使用资源
1		
2		
3		
4		
5		
6		
7		
8		

实施说明:

班　级		第　组	组长签字	
教师签字			日　期	
评　语				

检 查 单

<table>
<tr><td>学习领域</td><td colspan="4">路桥工程检测技术</td></tr>
<tr><td>学习情境</td><td colspan="2">路基工程检测</td><td>学　时</td><td>22</td></tr>
<tr><td>任　务</td><td colspan="2">路基工程原材料试验检测</td><td>学　时</td><td>8</td></tr>
<tr><td>序　号</td><td>检查项目</td><td>检查标准</td><td>学生自查</td><td>教师检查</td></tr>
<tr><td>1</td><td></td><td></td><td></td><td></td></tr>
<tr><td>2</td><td></td><td></td><td></td><td></td></tr>
<tr><td>3</td><td></td><td></td><td></td><td></td></tr>
<tr><td>4</td><td></td><td></td><td></td><td></td></tr>
<tr><td>5</td><td></td><td></td><td></td><td></td></tr>
<tr><td>6</td><td></td><td></td><td></td><td></td></tr>
<tr><td>7</td><td></td><td></td><td></td><td></td></tr>
<tr><td>8</td><td></td><td></td><td></td><td></td></tr>
<tr><td>9</td><td></td><td></td><td></td><td></td></tr>
<tr><td rowspan="3">检查评价</td><td>班　级</td><td></td><td>第　组</td><td>组长签字</td></tr>
<tr><td>教师签字</td><td></td><td>日　期</td><td></td></tr>
<tr><td colspan="4">评语：</td></tr>
</table>

评 价 单

<table>
<tr><td>学习领域</td><td colspan="8">路桥工程检测技术</td></tr>
<tr><td>学习情境</td><td colspan="4">路基工程检测</td><td>学 时</td><td colspan="3">22</td></tr>
<tr><td>任 务</td><td colspan="4">路基工程原材料试验检测</td><td>学 时</td><td colspan="3">8</td></tr>
<tr><td>评价类别</td><td>项 目</td><td colspan="2">子 项 目</td><td>个人评价</td><td colspan="2">组内互评</td><td colspan="2">教师评价</td></tr>
<tr><td rowspan="7">专业能力</td><td rowspan="2">资讯
（10%）</td><td colspan="2">搜集信息（5%）</td><td></td><td colspan="2"></td><td colspan="2"></td></tr>
<tr><td colspan="2">引导问题回答（5%）</td><td></td><td colspan="2"></td><td colspan="2"></td></tr>
<tr><td>计划
（5%）</td><td colspan="2"></td><td></td><td colspan="2"></td><td colspan="2"></td></tr>
<tr><td>实施
（20%）</td><td colspan="2"></td><td></td><td colspan="2"></td><td colspan="2"></td></tr>
<tr><td>检查
（10%）</td><td colspan="2"></td><td></td><td colspan="2"></td><td colspan="2"></td></tr>
<tr><td>过程
（5%）</td><td colspan="2"></td><td></td><td colspan="2"></td><td colspan="2"></td></tr>
<tr><td>结果
（10%）</td><td colspan="2"></td><td></td><td colspan="2"></td><td colspan="2"></td></tr>
<tr><td rowspan="2">社会能力</td><td>团结协作
（10%）</td><td colspan="2"></td><td></td><td colspan="2"></td><td colspan="2"></td></tr>
<tr><td>敬业精神
（10%）</td><td colspan="2"></td><td></td><td colspan="2"></td><td colspan="2"></td></tr>
<tr><td rowspan="2">方法能力</td><td>计划能力
（10%）</td><td colspan="2"></td><td></td><td colspan="2"></td><td colspan="2"></td></tr>
<tr><td>决策能力
（10%）</td><td colspan="2"></td><td></td><td colspan="2"></td><td colspan="2"></td></tr>
<tr><td rowspan="3">评价评语</td><td>班 级</td><td></td><td>姓 名</td><td></td><td>学号</td><td></td><td>总评</td><td></td></tr>
<tr><td>教师签字</td><td></td><td>第 组</td><td>组长签字</td><td colspan="2"></td><td>日期</td><td></td></tr>
<tr><td colspan="8">评语：</td></tr>
</table>

试验仪器及所用材料清单

学习领域	路桥工程检测技术				
学习情境	路基工程检测				
任　务	路基工程原材料试验检测				
项　目	序　号	名　称	数　量	型　号	作　用
所用仪器					
所用材料					
所用工具					
评价评语	班　级		姓　名		学号		总评	
	教师签字		第　组	组长签字		日期	
	评语：							

作　业　单

<table>
<tr><td>学习领域</td><td colspan="5">路桥工程检测技术</td></tr>
<tr><td>学习情境</td><td colspan="2">路基工程检测</td><td>学　　时</td><td colspan="2">22</td></tr>
<tr><td>任　　务</td><td colspan="2">路基工程原材料试验检测</td><td>学　　时</td><td colspan="2">8</td></tr>
<tr><td>作业方式</td><td colspan="5">资料查询，现场操作</td></tr>
<tr><td>1</td><td colspan="5">土的工程分类的依据和方法是什么？</td></tr>
<tr><td colspan="6"></td></tr>
<tr><td>2</td><td colspan="5">路基工程开工前需要完成哪些工作才允许开工？</td></tr>
<tr><td colspan="6"></td></tr>
<tr><td>3</td><td colspan="5">什么是液限？什么是塑限？</td></tr>
<tr><td colspan="6"></td></tr>
<tr><td>4</td><td colspan="5">土的标准击实的步骤是什么？</td></tr>
<tr><td colspan="6"></td></tr>
<tr><td colspan="6">作业评价：</td></tr>
<tr><td>班　　级</td><td></td><td>第　　组</td><td>组长签字</td><td colspan="2"></td></tr>
<tr><td>教师签字</td><td colspan="2"></td><td>日　　期</td><td colspan="2"></td></tr>
<tr><td>教师评分</td><td colspan="5"></td></tr>
</table>

任务3 路基工程现场试验检测

任 务 单

<table>
<tr><td>学习领域</td><td colspan="6">路桥工程检测技术</td></tr>
<tr><td>学习情境</td><td colspan="2">路基工程检测</td><td colspan="2">工作任务</td><td colspan="2">路基工程现场试验检测</td></tr>
<tr><td>任务学时</td><td colspan="6">8学时</td></tr>
<tr><td colspan="7">布 置 任 务</td></tr>
<tr><td>学习目标</td><td colspan="6">1. 掌握土的工程分类及土的工程分类依据
2. 掌握土的分类方法
3. 熟悉施工过程、竣工阶段路基工程试验检测内容
4. 能够熟练掌握施工各阶段试验检测方法
5. 能够按照操作规程的步骤进行熟练操作
6. 能够正确计算并填写试验数据
7. 能根据试验结果判定材料及工程施工质量的好坏,保质保量完成工程项目</td></tr>
<tr><td>任务描述</td><td colspan="6">工地现场路基分层填筑,压路机碾压后进行路基的密度试验检测,换算出路基压实度,根据路基压实标准,判定路基的施工质量的情况。其工作如下:
1. 准备工作
熟悉工程施工图纸,按照设计高程,计算路基高度;携带灌沙筒、标准砂等工具及笔、记录本到现场按频率进行检测。
2. 试验操作
按灌砂法操作,计算出土的密度。
3. 记录试验结果
试验时应记录:现场桩号、试坑位置、压实设备的类型、最佳组合方式;碾压遍数及碾压速度、工序;每层材料的松铺厚度、材料的含水率等。
4. 整理资料
认真填写试验地点、时间、试验人员、审核人员、规程号等,形成报告存档。</td></tr>
<tr><td rowspan="2">学时安排</td><td>资讯</td><td>计划</td><td>决策</td><td>实施</td><td>检查</td><td>评价</td></tr>
<tr><td>1学时</td><td>1学时</td><td>1学时</td><td>3学时</td><td>1学时</td><td>1学时</td></tr>
<tr><td>提供资料</td><td colspan="6">1. 路桥施工图纸
2. 公路工程相关试验规程
3. 公路工程相关施工规范、验收规范
4. 质检员岗位技术相关标准</td></tr>
<tr><td>对学生的要求</td><td colspan="6">1. 具备路桥工程检测技术基础知识
2. 具备路桥施工技术基础知识
3. 具备规范操作试验仪器设备、处理试验数据的基础知识
4. 具备读识路桥工程图、绘图的基础知识
5. 具备一定的自学能力、数据计算能力
6. 具备一定的沟通协调能力、语言表达能力
7. 具有团队合作的精神,以小组的形式完成工作任务
8. 严格遵守课堂纪律和工作纪律,不迟到,不早退,不旷课
9. 树立职业意识,按照企业的岗位职责要求自己</td></tr>
</table>

资 讯 单

学习领域	路桥工程检测技术		
学习情境	路基工程检测	工作任务	路基工程现场试验检测
任务学时	8 学时		
资讯方式	在图书馆、专业杂志、互联网及信息单上查询问题;咨询任课教师		
资讯问题	1. 施工过程路基工程试验检测内容有哪些?		
	2. 路基是由什么材料构成的?		
	3. 路基工程质量如何控制?		
	4. 路基工程的压实标准是什么?		
	5. 土的压实度试验的目的、所用仪器、方法步骤是什么?		
	6. 路基顶面弯沉值的检测方法是什么?		
	7. 环刀法测土基密度目的、所用仪器、方法步骤是什么?		
	8. 核子密度湿度仪的使用方法是什么?		
资讯要求	1. 根据任务目标和任务描述正确理解完成任务需要的资讯内容 2. 按照上述资讯内容进行咨询 3. 写出资讯报告		
资讯评价	班　级		学生姓名	
	教师签字		日　期	
	评语:			

信 息 单

3.1 路基工程开工前检测项目

路基工程现场施工之前,承包人应在开工前28天,用路堤填料铺筑长度不小于100 m(全幅路基)的试验路段,并将试验结果报监理工程师审批。现场试验应进行到能有效地使该种填料达到规定的压实度为止。试验时应记录:压实设备的类型、最佳组合方式;碾压遍数及碾压速度、工序;每层材料的松铺厚度、材料的含水率等。试验结果报经监理工程师批准后,即可作为该种填料施工控制的依据。试验结束时,试验段若达到规范规定的质量检验标准,则可作为路基的一部分,否则,应予挖除,重新进行试验。试验段所用的填料和机具应与施工所用材料和机具相同。

(1)施工过程中的试验检测项目主要包括两方面。

由于施工过程中路基填筑了大量土石方,取土场的土质有可能发生变化,为了保证数据的准确性及路基工程质量,根据规范要求,施工过程中每填筑5 000 m^3,取土场应做一次全套常规检测。项目包括:

①土的天然含水率、天然干密度。

②土的颗粒分析试验。

③土的液塑限试验。

④土的膨胀率试验。

⑤土的标准击实试验。

⑥土的承载比试验(即CBR试验)。

⑦土的相对密实度试验。

(2)为了保证路基工程实体质量,按照一定的频率对路基工程现场试验检测。内容包括:

①路基压实度试验检测。

②路基顶面弯沉值的检测。

3.2 现场密度试验检测

现场密度的测试方法主要有灌砂法、环刀法、核子密度湿度仪法三种方法。若对各方法检测结果有异议时,灌沙法可以起到仲裁作用。对路基压实度的规定见表3.1,各种方法的适用范围见表3.2。

表3.1 路基压实度

填挖类型	路床顶面以下深度(m)	路基压实度(%)		
		高速公路、一级公路	二级公路	三、四级公路
零填及挖方	0～0.30	—	—	≥94
	0～0.80	≥96	≥95	—
填方	0～0.80	≥96	≥95	≥94
	0.80～1.50	≥94	≥94	≥93
	>1.50	≥93	≥92	≥90

注:1. 表列数值以重型击实试验法为准。

2. 特别干旱或特别潮湿地区的路基压实度,表列数值可适当降低。

3. 三级公路修筑沥青混凝土或水泥混凝土路面时,其路基压实度应采用二级公路标准。

表 3.2 现场密度检测方法及适用范围比较

试验方法	适用范围
灌砂法	适用于在现场测定路基土的压实层的密度和压实度，但不适用于填石路堤等有大孔洞或大孔隙材料的压实度检测
环刀法	适用于细粒土及无机结合料稳定细粒土的密度测试，但对无机结合料稳定细粒土，其龄期不宜超过 2 天，且宜用于施工过程中的压实度检验
核子法	适用于现场用核子密度仪以散射法或直接透射法测定路基的密度和含水率，并计算施工压实度，适用于施工质量的现场快速评定，不宜用作仲裁试验或评定验收试验

3.2.1 灌砂法

灌砂法测试原理：利用均匀颗粒的砂去置换试洞的体积。

该法是当前最通用的方法，很多工程都把灌砂法列为现场测定密度的主要方法，该方法可用于测试各种土的密度。

采用此法时，应符合下列规定：当集料的最大粒径小于 15 mm，测定层的厚度不超过 150 mm 时，宜采用直径 100 mm 的小型灌砂筒测试。

当集料的最大粒径等于或大于 15 mm，但不大于 40 mm；测定层的厚度超过 150 mm，但不超过 200 mm 时，应用直径 150 mm 的大型灌砂筒测试。

1. 仪具与材料（图 3.1）

（1）灌砂筒：形式如图 3.2 所示，主要尺寸见表 3.3。储砂筒筒底中心有一圆孔，下部装一倒置的圆锥体漏斗，漏斗上端开口，直径与储砂筒的圆孔相同。漏斗焊接在一块铁板上，铁板中心有一圆孔与漏斗上开口相接，在储砂筒筒底与漏斗顶端铁板间设有开关，开关铁板上也有一个相同直径的圆孔。

（2）天平或台秤：称量 10～15 kg，感量不大于 1 g，用于含水率测定的天平精度，对细粒土、中粒土、粗粒土宜分别为 0.01 g、0.1 g、1.0 g。

（3）量砂：粒径 0.30～0.60 mm 或 0.25～0.50 mm 清洁干燥的均匀砂，约 20～40 kg，使用前须洗净、烘干，并放置足够的时间，使其与空气的湿度达到平衡。

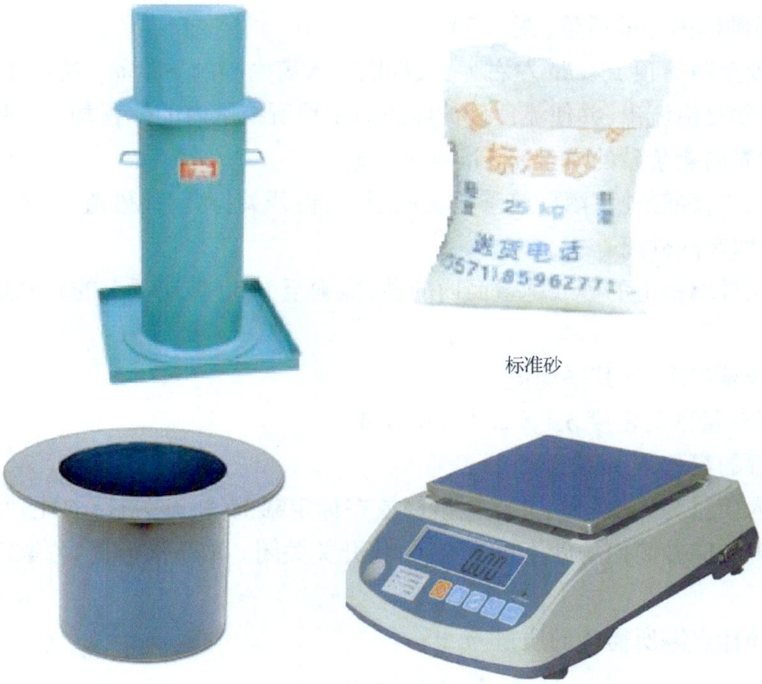

图 3.1 灌砂法测试用仪具与材料

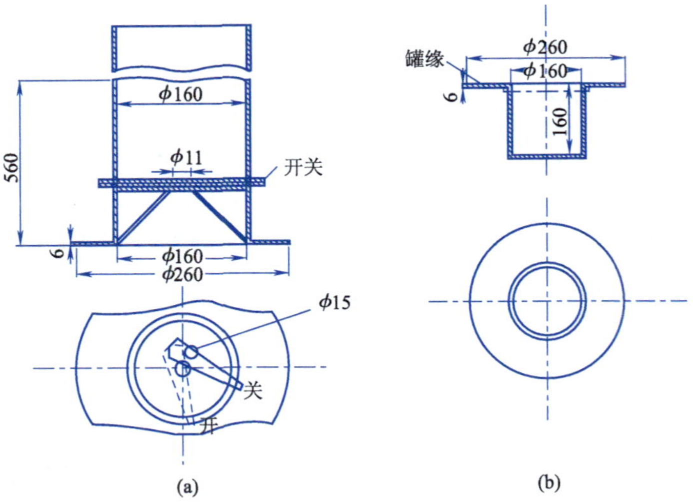

图 3.2　灌砂筒和标定罐尺寸(单位:mm)

表 3.3　灌砂仪的主要尺寸

结　构		小型灌砂筒	大型灌砂筒
储砂筒	直径(mm) 容积(cm^3)	100 2 120	150 4 600
流砂孔	直径(mm)	10	15
金属标定罐	内径(mm) 外径(cm)	100 150	150 200
金属方盘基板	边长(mm) 深(mm) 中孔直径(mm)	350 40 100	400 50 150

2. 试验前的准备工作

(1)标定筒下部圆锥体内砂的质量(图 3.3)。

①向灌砂筒内装砂至距筒顶 15 mm 左右为止,称取装入筒内砂的质量 m_1,准确至 1 g。

②将开关打开,让砂自由流出,并使流出砂的体积与工地所挖坑内的体积相当(或等于标定罐的容积),然后关上开关,称灌砂筒内剩余砂的质量 m_2,准确至 1 g。

③不晃动储砂筒的砂,轻轻地将灌砂筒移至玻璃板上,将开关打开,让砂流出,直到筒内砂不再下流时,将开关关上,并细心地取走灌砂筒。

④收集并称量留在玻璃板上的砂或称量筒内的砂,准确至 1 g。玻璃板上的砂就是填满筒下部圆锥体的砂 m_2。

⑤重复上述测量步骤三次,取其平均值。

(2)按下列步骤标定量砂的密度 ρ_S(g/cm^3)(图 3.4)

①用水确定标定罐的容积 V,准确至 1 ml。

②在储砂筒中装入质量为 m_1 的砂,并将灌砂筒放在标定罐上,将开关打开,让砂流出,在整个流砂过程中,不要碰到灌砂筒,直到储砂筒内的砂不再下流时,将开关关闭。取下灌砂筒,称取筒内剩余砂的质量 m_3,准确至 1 g。

③按下式计算填满标定罐所需砂的质量 m_a:

$$m_a = m_1 - m_2 - m_3 \tag{3.1}$$

式中:m_1——装入灌砂筒内的砂的总质量,g;

m_2——灌砂筒内下部圆锥体内砂的质量,g;

m_3——灌砂入标定罐后，筒内剩余砂的质量，g。

④重复上述测量步骤三次，取其平均值。

⑤按下式计算砂的单位质量：

$$\rho_S = \frac{m_a}{V} \tag{3.2}$$

图 3.3 标定圆锥体砂的质量

图 3.4 标定量砂密度

3. 试验步骤

(1)将基板放在平坦表面上(注意当表面的粗糙度较大时，一定要测定粗糙表面的锥体砂重，否则会影响数据的准确性)。

(2)沿基板中孔凿洞，在凿筒过程中，应注意不使凿出的材料丢失，并随时将凿松的材料取出装入塑料袋中。试洞的深度应等于测定层厚度，全部取出材料的总质量为 m_W，准确至 1 g。

(3)从挖出的全部材料中取出有代表性的样品，放在铝盒或洁净的搪瓷盘中，测定其含水率(ω，以% 计)。样品的数量如下：用小灌砂筒测定时，对于细粒土，不少于 100 g；对于各种中粒土，不少于 500 g。用大灌砂筒测定时，对于细粒土，不少于 200 g；对于各种中粗粒土，不少于 1 000 g；对于粗粒土或水泥、石灰、粉煤灰等无机结合料稳定材料，宜将取出的全部材料烘干，且不少于 2 000 g，称其质量 m_d，准确至 1 g。

(4)将基板安放在试坑上，将灌砂筒安放在基板中间，储砂筒内放满砂到要求质量 m_1，如图 3.5 所示。使灌砂筒的下口对准基板的中孔及试洞，打开灌砂筒的开关，让砂流入试坑内。在此期间，应注意勿碰动灌砂筒。直到储砂筒内的砂不再下流时，关闭开关，仔细取走灌砂筒，并称量筒内剩余砂的质量 m_4，准确至 1 g，如图 3.6 所示。

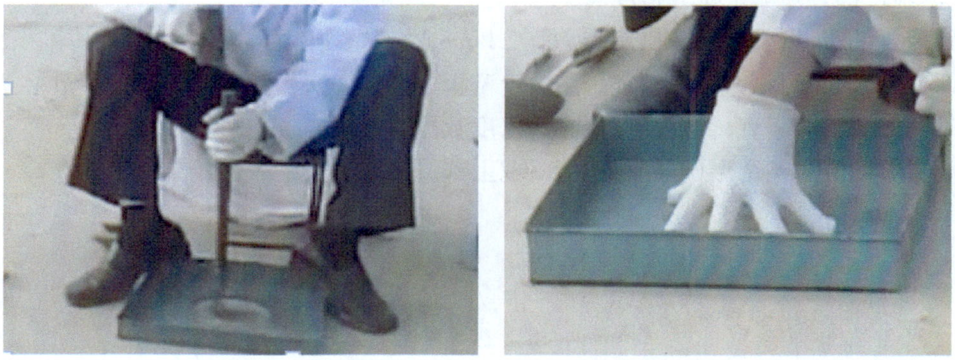

图 3.5 安放基板和灌砂筒

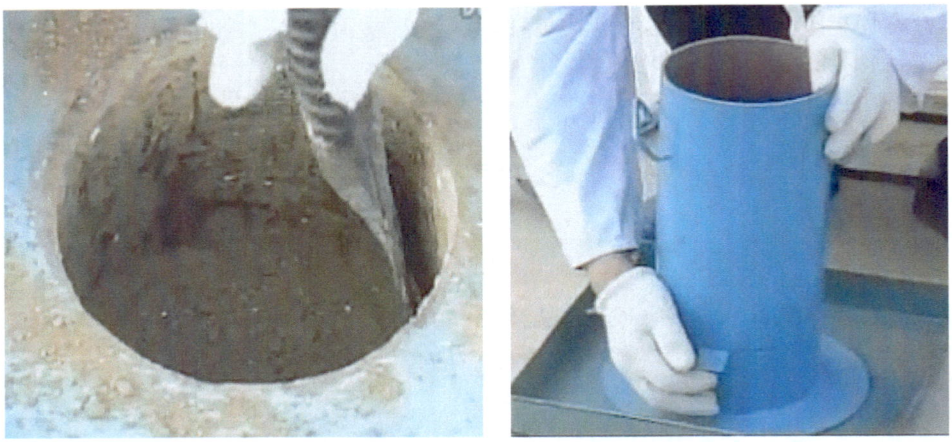

图 3.6　打开灌砂筒开关让砂流入试坑

4. 计算

(1)灌砂时试洞上放有基板的情况,按下面各式分别计算填满试坑所用的砂的质量 m_b:

$$m_b = m_1 - m_4 - (m_5 - m_6) \tag{3.3}$$

式中:　m_1——灌砂入试洞内砂的质量,g;

m_4——灌砂入试洞后,筒内剩余砂的质量,g;

$(m_5 - m_6)$——灌砂筒下部圆锥体内及基板和粗糙表面间砂的总质量,g。

(2)按下式计算试验地点土的湿密度 ρ(g/cm³):

$$\rho = \frac{m_W}{m_b} \times \rho_S \tag{3.4}$$

式中:m_W——试洞中取出的全部土样的质量,g;

m_b——填满试洞所需砂的质量,g;

ρ_S——量砂的密度,g/cm³。

(3)按下式计算土的干密度 ρ_d(g/cm³):

$$\rho_d = \frac{\rho}{1 + 0.01\omega} \tag{3.5}$$

(4)试验中应注意的问题。

量砂法是施工过程中路基工程密实度检测最常用的试验方法之一。为使试验做得准确,应注意以下几个环节。

①量砂要规则。量砂如果重复使用,一定要注意晾干,处理一致,否则影响量砂的松方密度。

②每换一次量砂,都必须测定松方密度。

③地表面处理要平整,只要表面凸出一点(即使 1 mm),使整个表面高出一薄层,其体积也算到试坑中去了,会影响试验结果。因此本方法一般宜采用放上基板先测定一次粗糙表面消耗的量砂。

④在挖坑时试坑周壁应竖直,否则会使检测的密度数据不准确。

⑤灌砂时检测厚度应为整个碾压层厚,不能只取上部或者取到下一个碾压层中。

工程示例

压实度检测记录表(灌砂法)

试验单位 　　检验日期 2002-2-15

天气 晴 　　标准土密度(重型) 1.78(g/cm³)

气温 20 ℃ 　　最佳含水率 16.6%

距设计顶面高程(m) 7.00 　　编号:C-2-2-D04-0001

桩　号	K67+425		K67+437		K67+449	
项目位置	右8		左22		右23	
填土层次	8		8		8	
试坑中湿土样质量(g)	5 170		5 200		5 200	
原砂总质量(g)	7 000		7 000		7 000	
剩余砂质量(g)	2 445		2 440		2 460	
锥体砂质量(g)	780		780		780	
试坑耗砂(g)	3 775		3 780		3 760	
砂密度(g/cm³)	1.44		1.44		1.44	
试坑体积(cm³)	2 622		2 625		2 611	
湿密度(g/cm³)	1.97		1.98		1.99	
盒　号	140	92	106	79	146	84
盒+湿土质量(g)	159.6	169.0	157.5	169.6	153.3	151.0
盒+干土质量(g)	139.0	147.6	136.7	147.5	134.4	132.0
水质量(g)	20.6	21.4	20.8	22.1	18.9	19.0
盒质量(g)	25.4	25.4	25.4	25.7	25.7	25.3
干土质量(g)	113.6	122.2	111.3	121.8	108.7	106.7
含水率(%)	18.13	17.51	18.69	18.14	17.39	17.81
平均含水率(%)	17.8		18.4		17.6	
干密度(g/cm³)	1.67		1.67		1.69	
压实度(%)	93.8		93.8		94.9	
结　论	根据《公路路基路面现场测试规程》进行检验,结果符合《公路路基施工技术规范》要求					

3.2.2 环刀法

环刀法是测量现场密度的传统方法。国内习惯采用的环刀容积通常为200 cm³,环刀高度通常约5 cm。用环刀法测得的密度是环刀内土样所在深度范围内的平均密度,它不能代表整个碾压层的平均密度。由于碾压土层的密度一般是从上到下减小的,因此,只有使环刀所取的土恰好是碾压层中间的土,环刀法所得的结果才可能与灌砂法的结果大致相同。

图3.7 环刀

1. 仪具与材料(图3.7)

(1)环刀盖、环刀内径6~8 cm,高2~3 cm,壁厚1.5~2 mm。

(2)天平:感量0.01 g或1.0 g(用于取芯头内径100 mm样品的)。

(3)其他:镐、小铁锹、修土刀、毛刷、凡士林。

2. 试验方法与步骤

用人工取土器测定黏性土及无机结合料稳定细粒土密度。

①擦净环刀,称取环刀质量 m_2,准确至0.1 g。

②在试验地点,将面积约30 cm×30 cm的地面清扫干净,并将压实层铲去表面浮动及不平整的部分,达

到一定深度,使环刀打下后,能达到要求的取土深度,但不得扰动下层,用镐将环刀及试样挖出。

③轻轻取下环盖,用修土刀自边至中削去环刀两端余土,用直尺检测直至修平为止。

④擦净环刀外壁,称环刀与土合质量 m_1,准确至 0.1 g。

⑤自环刀中取出试样,取具有代表性的试样,测定其含水率。

3. 计算

按下列公式计算湿密度及干密度:

$$\rho = \frac{m_1 - m_2}{V} \tag{3.6}$$

$$\rho_d = \frac{\rho}{1 + 0.01\omega} \tag{3.7}$$

式中:ρ——湿密度,g/cm^3;

m_1——环刀与土合质量,g;

m_2——环刀质量,g;

V——环刀体积,cm^3;

ρ_d——干密度,g/cm^3;

ω——含水率,% 。

3.2.3 核子密度湿度仪法

该法是利用放射性元素(通常是 γ 射线和中子射线)测量土或路面材料的密度和含水率。

这类仪器的优点是测量速度快,需要人员少。该类方法适用于测量各种土或路面材料的密度和含水率,有些进口仪器可储存打印测试结果。

它的缺点是:放射性物质对人体有伤害,检测人员应正确操作。对于核子密度湿度仪法,可作施工控制使用,但需要与常规方法进行对比试验,找出相关系数,以验证其可靠性。

1. 仪具与材料(图 3.8)

(1)核子密度湿度仪:符合国家规定的关于健康保护和安全使用标准,密度的测定范围为 1.12 ~ 2.73 g/cm^3,测定误差不大于 0.03 g/cm^3。含水率测量范围为 0 ~ 0.64 g/cm^3,测定误差不大于 ±0.01 g/cm^3。它主要包括下列部件:

① γ 射线源:双层密封的同位素放射源,如铯-137、钴-60 或镭-226 等。

②中子源:如镅(241)—铍等。

③控测器 γ 射线探测器,如 G-M 计数管、氦-3 管、闪烁晶体或热中子探测器。

④读数显示设备:如液晶显示器、脉冲计数器、数率表或直接读数表。

⑤标准板:提供检验仪器操作和散射计数参考标准用。

⑥安全防护设备:符合国家规定要求的设备。

⑦刮平板:钻杆、接线等。

图 3.8 核子密度湿度仪

(2)细砂:0.15 ~0.30 mm。

(3)天平或台秤。

(4)其他:毛刷。

2. 方法与步骤

本方法用于测定沥青混合料面层的压实密度时,在表面用散射法测定,所测定沥青面层的层厚不大于根据仪器性能决定的最大厚度。用于测定土基或基层材料的压实密度及含水率时,打洞后用直接透射法测定,测定层的厚度不宜大于 20 cm。

(1)准备工作。

①每天使用前按下列步骤用标准板测定仪器的标准值。

第一步:接通电源,按照仪器使用说明书建议的预热时间,预热测定仪。

第二步:在测定前,应检查仪器性能是否正常。在标准板上取 3 ~4 个读数的平均值建立原始标准值,并与使用说明书提供的标准值核对,如标准读数超过仪器使用说明书规定的限界时,应重复此项标准的测量;若第二次标准计数仍超过规定的限界时,需视作故障并进行仪器检查。

②在进行沥青混合料压实层密度测定前,应用核子仪对钻孔取样的试件进行标定;测定其他材料密度时,宜与挖坑灌砂法的结果进行标定。标定的步骤如下:

第一,选择压实的路表面,按要求的测定步骤用核子仪测定密度,读数。

第二,在测定的同一位置用钻孔法或挖坑灌砂法取样,量测厚度,按规定的标准方法测定材料的密度。

第三,对同一种路面厚度及材料类型,在使用前至少测定 15 处,求取两种不同方法测定的密度的相关关系,其相关系数不小于 0.9。

③测试位置的选择。

(a)按照随机取样的方法确定测试位置,但与距路面边缘或其他物体的最小距离不得小于 30 cm。核子仪距其他的射线源不得小于 10 cm。

(b)当用散射法测定时,用细砂填平测试位置路表结构凹凸不平的空隙,使路表面平整,能与仪器紧密接触。

(c)当使用直接透射法测定时,在表面上用钻杆打孔,孔深略深于要求测定的深度,孔应竖直圆滑并稍大于射线源探头。

④按照规定的时间,预热仪器。

(2)测定步骤。

①如用散射法测定时,应按图 3.9(a)的方法将核子仪平稳地置于测试位置上。

②如用直接透射法测定时,应按图 3.9(b)的方法将放射源竖放下插入已预先打好的孔内。

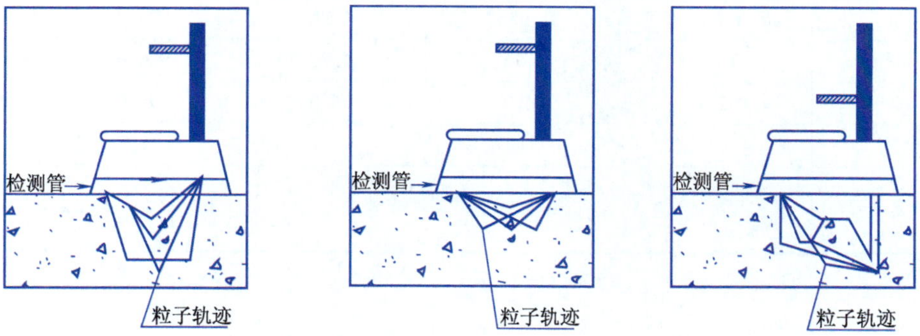

(a)散射法测定的方法　　(b)直接透射法测定的方法

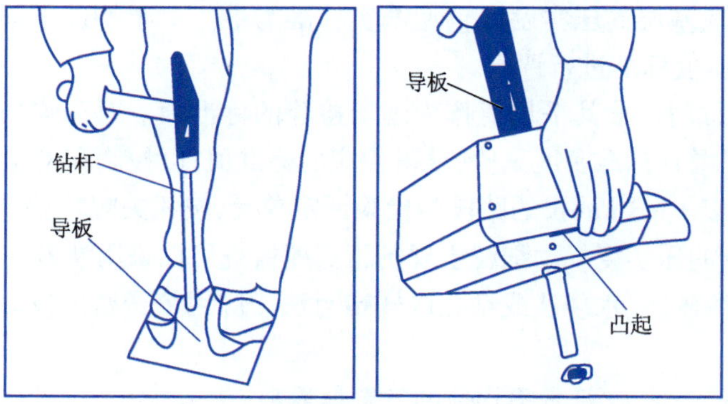

(c)在路表上打孔的方法

图 3.9　放置核子仪的准备工作

③打开仪器，测试员退出仪器 2 m 以外，按照选定的测定时间进行测量，到达测定时间后，读取显示的各项数值，并迅速关机。

(3)使用安全注意事项。

①仪器工作时，所有人员均应退至距离仪器 2 m 以外的地方。

②仪器不使用时，应将手柄置于安全位置，仪器应装入专用的仪器箱内，放置在符合核辐射安全规定的地方。

③仪器应由经有关部门审查合格的专人保管，专人使用，对从事仪器保管及使用的人员，应遵照有关核辐射检测的规定。

工程示例

压实度检查记录

（核子仪法）

试验单位：________ 检查日期：2000.12.28

检查桩号：K71 +230 ~ K71 +460 土场位置：____

最大干密度：(g/cm^3)1.76 最佳含水率：16.6(%)

距设计顶面高程(m)4.5 编号：C-2-3-D04-0001

桩号	K71 +280	K71 +280	K71 +280	K71 +280	K71 +280
位置	左 20.0 m	左 10.0 m	左 0.05 m	右 10.0 m	右 20.0 m
项目填土层次	地表土	地表土	地表土	地表土	地表土
密度修正系数	—	—	—	—	—
含水率修正系数	—	—	—	—	—
湿密度(g/cm^3)	1.909	1.945	1.969	1.935	1.923
含水率(%)	17.8	17.6	16.6	16.9	17.3
干密度(g/cm^3)	1.621	1.654	1.689	1.655	1.639
最大干密度(g/cm^3)	1.76	1.76	1.76	1.76	1.76
压实度(%)	92.1	94.0	96.0	94.0	93.1
压实度平均值(%)	—		—		—
结　论					

记录： 复核： 监理工程师：

3.2.4 路基、路面压实度评定

(1)路基和路面基层、底基层的压实度以重型击实标准为准。对于特殊干旱、潮湿地区或过湿土，以路基设计施工规范规定的压实度标准进行评定。

(2)标准密度应作平行试验，求其平均值作为现场检验的标准值。对于均匀性差的路基土质和路面结构层材料，应根据实际情况增补标准密度试验，求得相应的标准值，以控制和检验施工质量。

(3)路基、路面压实度以 1 ~3 km 长的路段为检验评定单元，按相关规范要求的检测频率进行现场压实度抽样检查，求算每一测点的压实度 k_i。细粒土现场压实度检查可以采用灌砂法或环刀法；粗粒土及路面结构层压实度检查可以采用灌砂法、水袋法或钻孔取样蜡封法。应用核子密度仪时，须经对比试验检验，确认其可靠性。

检验评定段的压实度代表值 k（算术平均值的下置信界限）为：

$$k = \bar{k} - \frac{t_\alpha S}{\sqrt{n}} \geqslant k_0 \tag{3.8}$$

式中：$\overline{k}$——检验评定段内各测点压实度的平均值；

t_α——分布表中随测点数和保证率（或置信度 α）而变的系数 t_α 见 $t_\alpha\sqrt{n}$ 值分布表采用的保证率：高速公路、一级公路：基层、底基层为99%，路基、路面面层为95%；其他公路：基层、底基层为95%，路基、路面面层为90%；

S——检测值的标准差；

n——检测点数；

k_0——压实度标准值。

路基、基层和底基层：$k \geqslant k_0$ 且单点压实度 k_i 全部大于等于规定值减2%时，评定路段的压实度合格率为100%；当 $k \geqslant k_0$ 且单点压实度全部大于等于规定极值时，按测定值不低于规定值减2%的测点数计算合格率。

$k < k_0$ 或某一单点压实度 k_i 小于规定极值时，该评定路段压实度为不合格，相应分项工程评为不合格。

路堤施工段较短时，分层压实度应点点符合要求，且样本数不少于6个。

沥青面层：当 $k \geqslant k_0$ 且全部测点大于等于规定值减1%时，评定路段的压实度合格率为100%；当 $k \geqslant k_0$ 时，按测定值不低于规定值减1%的测点数计算合格率。

$k < k_0$ 时，评定路段的压实度为不合格，相应分项工程评为不合格。

【例3.1】 某新建公路石灰土基层，对其中的一段压实质量进行检查，压实度检测结果见表3.4，压实度标准 $K_0=95\%$，极值为91%。请按保证率95%计算该路段的压实度代表值并进行质量评定（规定分为30）。

表3.4　压实度检测结果

序号	1	2	3	4	5	6	7	8	9	10
压实度(%)	96.4	95.4	92.8	97.3	96.3	95.8	95.9	96.7	95.3	95.6
序号	11	12	13	14	15	16	17	18	19	20
压实度(%)	97.6	95.8	96.8	95.7	96.1	96.3	95.1	95.5	97.0	95.3

解：经计算 $\overline{K}=95.94\%$，$S=1.02$，$n=20$，保证率为95%，查表3.5知 $t_\alpha/\sqrt{n}=0.387$。

表3.5　$t_\alpha\sqrt{n}$ 值分布表

保证率 / n	99%	95%	90%	保证率 / n	99%	95%	90%
2	22.501	4.465	2.176	16	0.651	0.438	0.335
3	4.021	1.686	1.089	17	0.626	0.423	0.324
4	2.270	1.177	0.819	18	0.605	0.410	0.314
5	1.676	0.953	0.686	19	0.586	0.398	0.305
6	1.374	0.823	0.603	20	0.568	0.387	0.297
7	1.188	0.734	0.544	21	0.552	0.376	0.289
8	1.060	0.670	0.500	22	0.537	0.367	0.282
9	0.966	0.620	0.466	23	0.523	0.358	0.275
10	0.892	0.580	0.437	24	0.510	0.350	0.269
11	0.833	0.546	0.414	25	0.498	0.342	0.264
12	0.785	0.518	0.393	26	0.487	0.335	0.258
13	0.744	0.494	0.376	27	0.477	0.328	0.253
14	0.708	0.473	0.361	28	0.467	0.322	0.248
15	0.678	0.455	0.347	29	0.458	0.316	0.244

续表

保证率 / n	99%	95%	90%	保证率 / n	99%	95%	90%
30	0.449	0.310	0.239	80	0.266	0.186	0.145
40	0.383	0.266	0.206	90	0.249	0.175	0.136
50	0.340	0.237	0.184	100	0.236	0.166	0.129
60	0.308	0.216	0.167	>100	$\frac{2.3265}{\sqrt{n}}$	$\frac{1.6449}{\sqrt{n}}$	$\frac{1.2815}{\sqrt{n}}$
70	0.285	0.199	0.155				

压实度代表值 K 取置信下限：

$$K=\overline{K}-S\cdot t_{\alpha}/\sqrt{n}=95.94-1.02\times0.387=95.54(\%)$$

$K>K_0=95\%$，且单点压实度均大于极值91%，故该路段符合要求。但由于有一点压实度为92.8%，小于规定值95%减两个百分点，所以该路段压实质量评分为$(19\div20)\times30=28.5$分，压实度检测评定要求见表3.6。

表3.6　压实度检测评定要求

工程项目类型			规定值			检查方法和频率
			高速、一级公路	二级公路	三、四级公路	
土方路基	零填及挖方（cm）	0～30	—	—	94	按有关方法检查密度，每2 000 m^2 每压实层测4处
		0～80	96	95	—	
	填方（cm）	0～80	96	95	94	
		80～150	94	94	93	
		>150	93	92	90	
填隙碎石（矿渣）	基层	代表值		85		灌砂法：每200 m每车道2处
		极值		82		
	底基层	代表值	85	83		
		极值	82	80		
级配碎（砾）石	基层	代表值	98	98		按有关方法检查密度，每200 m每车道2处
		极值	94	94		
	底基层	代表值	96	96		
		极值	92	92		
石灰土或水泥土，石灰、粉煤灰土	基层	代表值		95		按有关方法检查密度，每200 m每车道2处
		极值		91		
	底基层	代表值	95	93		
		极值	91	89		
石灰稳定粒料	基层	代表值		97		按有关方法检查密度，每200 m每车道2处
		极值		93		
	底基层	代表值	96	95		
		极值	92	91		
水泥（或石灰、粉煤灰）稳定粒料	基层	代表值	98	97		按有关方法检查密度，每200 m每车道2处
		极值	94	93		
	底基层	代表值	96	95		
		极值	92	91		
沥青混凝土面层或沥青碎（砾）石面层			95(98*)	94(98*)		按有关方法，每200 m每车道1处

3.3　路基顶面弯沉值的检测

3.3.1　弯沉值的检测

国内外普遍采用回弹弯沉值来表示路基路面的承载能力，回弹弯沉值越大，承载能力越小，反之越大。通常所说的回弹弯沉值是指标准后轴载双轮组轮隙中心处的最大回弹弯沉值。在路表测试的回弹弯沉值可以反映路基、路面的综合承载能力。回弹弯沉值在我国已广泛使用且有很多的经验及研究成果，它不仅用于路面结构的设计中（设计回弹弯沉）；用于施工控制及施工验收中（竣工验收弯沉值）；同时还用在旧路补强设计中，是公路工程的一个基本参数，正确的测试具有重要的意义。弯沉值不仅能反映路面的强度，同时也能在某种程度上表示路面的耐久性。实践表明，路基路面的某些破坏现象同弯沉值有着直接联系，通常以回弹弯沉的大小来评定路面的好坏。另外，在施工过程中，如果将弯沉值控制在一定范围内，就可以避免路基路面产生某些破坏，从而延长路基路面的使用寿命。因此，在公路施工与养护过程中，弯沉值也是一项主要的控制指标。

1. 目的与适用范围

为了完成回弹弯沉的测试，可以把弯沉仪测头置于测试车后轮轮隙中心前方 3～5 cm 处，安装百分表于弯沉仪的测定杆上。当车轮正好通过测点时，路面在车轮荷载作用下产生垂直变形，百分表达到最大读数，随着汽车继续前进，表针回转。当车轮荷载卸除后，路面向上回弹结束，百分表达到终读数，其回弹变形值便为回弹弯沉值。

贝克曼梁法适用于测定各类路基路面的回弹弯沉，以评定其整体承载能力，可供路面结构设计使用。本方法按现行《公路路基路面现场测试规程》（JTG E60—2008）执行。

2. 仪具与材料

（1）标准车：双轴、后轴双侧 4 轮的载货车。其标准轴荷载、轮胎尺寸、轮胎间隙及轮胎气压等主要参数应符合表 3.7 的要求。测试车应采用后轴 10 t 标准轴载 BZZ-100 汽车。

表 3.7　弯沉测定用的标准车参数

标准轴载等级	BZZ-100	轮胎充气压力（MPa）	0.70±0.05
后轴标准轴载 P（kN）	100±1	单轮传压面当量圆直径（cm）	21.30±0.5
一侧双轮荷载（kN）	50±0.5	轮隙宽度	应满足能自由插入弯沉仪测头的测试要求

（2）路面弯沉仪：由贝克曼梁、百分表及表架组成，如图 3.10、图 3.11 所示。

图 3.10　标准车

图 3.11　路面弯沉仪

贝克曼梁由合金铝制成，上有水准泡，其前臂（接触路面）与后臂（装百分表）长度比为 2∶1。弯沉仪长度有两种：一种长3.6 m，前后臂分别为2.4 m和2.1 m；另一种加长的弯沉仪长5.4 m，前后臂分别为3.6 m和1.8 m。当在半刚性基层沥青路面或水泥混凝土路面上测定时，宜采用长度为5.4 m的贝克曼梁弯沉仪；对柔性基层或混合式结构沥青路面可采用长度为3.6 m的贝克曼梁弯沉仪测定。弯沉采用百分表量得，也可用自动记录装置进行测量。

(3)接触式路表温度计：端部为平头，分度不大于1 ℃。

(4)其他：皮尺、口哨、白油漆或粉笔、指挥旗等。

3. 方法与步骤

(1)准备工作。

①检查并保持测定用标准车的车况及制动性能良好、轮胎胎压符合规定充气压力。

②向汽车车槽中装载（铁块或集料），并用地中衡称量后轴总质量及单侧轮荷载，均应符合轴重规定，汽车行驶及测定过程中，轴重不得变化。

③测定轮胎接地面积：在平整光滑的硬质路面上用千斤顶将汽车后轴顶起，在轮胎下方铺一张新的复写纸和一张方格纸，轻轻落下千斤顶，即在方格纸上印上轮胎印痕，用求积分或数方格的方法测算轮胎接地面积，准确至0.1 cm^2。

④检验弯沉仪百分表量测量灵敏情况。

⑤当在沥青路面上测定时，用路表温度计测定试验时的气温及路表温度（一天中气温不断变化，应随时测定），并通过气象台了解前5天的平均气温（日最高气温与最低气温的平均值）。

⑥记录沥青路面修建或改建材料、结构、厚度、施工及养护等情况。

(2)测试步骤。

①在测试路段布置测点，其距离随测试需要而定。每一双车道评定路段每公里检查80～100个点，多车道公路必须按车道数与双车道之比，相应增加测点。测点应在路面行车车道的轮迹带上，并用白油漆或粉笔画上标记。

②将试验车后轮轮隙对准测点后约3～5 cm处的位置上。（图3.12）

③将弯沉仪插入汽车后轮之间的缝隙处，与汽车方向一致，梁臂不得碰到轮胎，弯沉仪测头置于测点上（轮隙中心前方3～5 cm处）。安装百分表于弯沉仪的测定杆上，百分表调零，用手指轻轻扣打弯沉仪，检查百分表是否稳定回零。

弯沉仪可以是单侧测定，也可以是双侧同时测定。

图3.12 调整试验车位置

④测定者吹哨发令，指挥汽车缓缓前进，百分表随路面变形的增加而持续向前转动。当表针转动到最大值时，迅速读取初读数 L_1 汽车仍在继续前进，表针反向回转，待汽车驶出弯沉影响半径（约3 m以上）后，吹口哨或挥动指挥旗，汽车停止。待表针回转稳定后，再次读取终读数 L_2。汽车前进的速度宜为5 km/h左右。贝克曼梁测定路基路面回弹弯沉如图3.13所示。

图 3.13　贝克曼梁测定路基路面回弹弯沉量

(3)弯沉仪的支点变形修正。

①当采用长度为 3.6 m 的弯沉仪进行弯沉测定时,有可能引起弯沉仪支座处变形,在测定时应检验支点有无变形。如有变形,此时应用另一台检验用的弯沉仪安装在测定用弯沉仪后方,其测点架于测定用弯沉仪的支点旁。当汽车开出时,同时测定两台弯沉仪的弯沉读数,如检验弯沉仪百分表有读数,即应该记录并进行支点变形修正。当在同一结构层测定时,可在不同位置测定 5 次,求取平均值,以后每次测定时以此作为修正值。支点变形修正的原理如图 3.14 所示。

②当采用长度为 5.4 m 的弯沉仪测定时,可不进行支点变形修正。

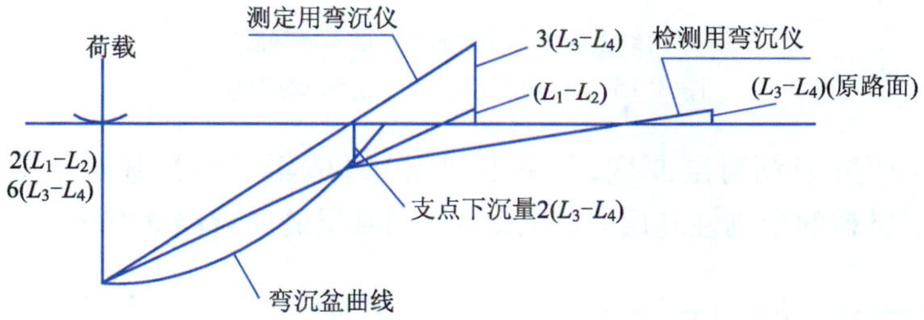

图 3.14　弯沉仪支点变形修正原理

4. 结果计算及温度修正

(1)路面测点的回弹弯沉值按式(3.9)计算。

$$L_t = (L_1 - L_2) \times 2 \tag{3.9}$$

式中:L_t——在路面温度 t 时的回弹弯沉值(0.01 mm);

L_1——车轮中心临近弯沉仪测头时百分表的最大读数(0.01 mm);

L_2——汽车驶出弯沉影响半径后百分表的终读数(0.01 mm)。

(2)当需进行弯沉仪支点变形修正时,路面测点的回弹弯沉值按式(3.10)计算(适用于测定用弯沉仪支座处有变形,但百分表架处路面无变形的情况)。

$$L_t = (L_1 - L_2) \times 2 + (L_3 - L_4) \times 6 \tag{3.10}$$

式中:L_1——车轮中心临近弯沉仪测头时测定弯沉仪的最大读数(0.01 mm);

L_2——汽车驶出弯沉影响半径后测定用弯沉仪的最终读数(0.01 mm);

L_3——车轮中心临近弯沉仪测头时检测用弯沉仪的最大读数(0.01 mm);

L_4——汽车驶出弯沉影响半径后检验用弯沉仪的最终读数(0.01 mm)。

(3)回弹弯沉值的温度修正。对于沥青路面,路表温度对弯沉值有明显影响,测试时以沥青面层平均温度20 ℃时为准。在其他温度时，当温度高于20 ℃，沥青面层强度和刚度降低，弯沉值会增大；相反当温度小于20 ℃时，沥青面层强度和刚度增大，弯沉值会减小。所以，对于路表温度不在20 ℃，且厚度大于5 cm的情况，其测试结果要相应地乘以一个系数，即温度修正系数K。温度修正及回弹弯沉的计算按下列步骤进行。

①测定时的沥青层平均温度按下式计算

$$t=(t_{25}+t_m+t_e)/3$$

式中：t——测定时沥青层平局温度(℃)；

t_{25}——根据t_0由图3.15决定的路表下25 mm处的温度(℃)；

t_m——根据t_0由图3.15决定的沥青层中间深度的温度(℃)；

t_e——根据t_0由图3.15决定的沥青层底面处的温度(℃)。

图3.15中，t_0，为测定时路表温度与测定前5日平均气温的平均值之和(℃)，日平均气温为日最高气温与最低气温的平均值。

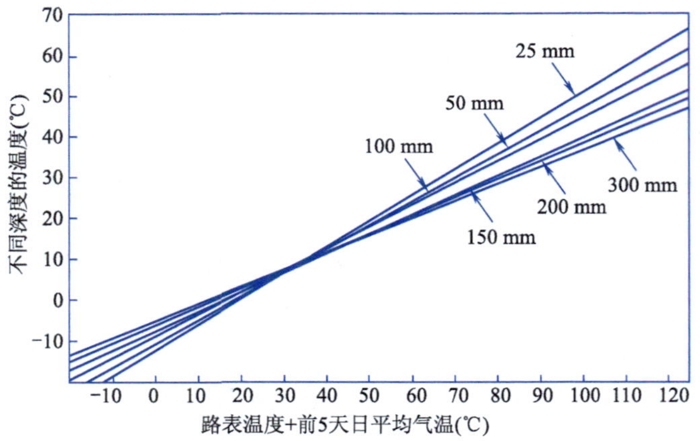

注：线上的数字为路面向下的不同深度

图3.15 不同深度处沥青层平均温度

②根据沥青层平均温度t及沥青层厚度，分别由图3.16(适用于粒料基层及温度稳定基层)及图3.17(适用于无机结合料稳定材料的半刚性基层)求取采用不同基层的沥青路面弯沉值的温度修正系数K。

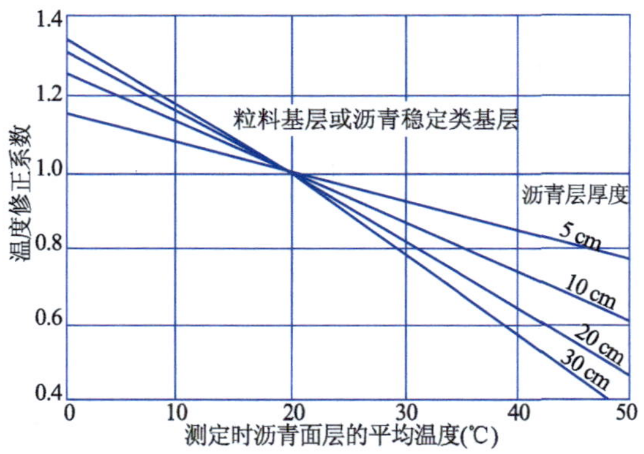

图3.16 路面弯沉温度修正系数曲线1

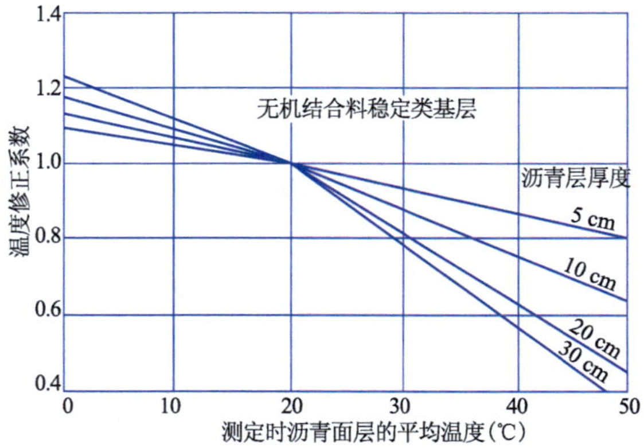

图3.17 路面弯沉温度修正系数曲线2

③沥青路面回弹弯沉按式(3.11)计算。

$$L_{20}=L_t\times K \tag{3.11}$$

式中：K——温度修正系数；

L_{20}——换算为20 ℃的沥青路面回弹弯沉值(0.01 mm)；

L_t——测定时沥青面层内平均温度为t时的回弹弯沉值(0.01 mm)。

5. 根据评定路段弯沉值评定路基路面承载力

（1）每一评定路段弯沉代表值为弯沉测量值的上波动界限，按式（3.12）计算。

$$L_r = \overline{L} + Z_\alpha \cdot S \tag{3.12}$$

式中：L_r——一个评定路段的代表弯沉值（0.01 mm）；

$\overline{L}$——一个评定路段内经各项修正后的各测点弯沉的平均值（0.01 mm）；

S——一个评定路段内经各项修正后全部测点弯沉的标准差（0.01 mm）；

Z_α——与保证率有关的系数，见表3.8。

表3.8 Z_α 值

层位	Z_α	
	高速公路、一级公路	二、三级公路
沥青路面	1.645	1.5
路基	2.0	1.645

（2）当路基和柔性基层、底基层的弯沉代表值不符合要求时，应将超出 $\overline{L}\pm(2\sim3)S$ 的弯沉特异值舍弃，重新计算平均值和标准差。对舍弃的弯沉值大于 $\overline{L}\pm(2\sim3)S$ 的点，应找出其周围界限，进行局部处理。若用两台弯沉仪同时进行左右轮弯沉值测定时，应按两个独立测点计，不能采用左右两点的平均值。若在不利季节测定时，应考虑季节影响系数。

（3）对于每一评定路段，要求弯沉代表值小于或等于弯沉设计值，弯沉设计值由设计文件提供。若弯沉代表值小于或等于弯沉设计值，则该路段此项内容评定合格；若弯沉代表值大于弯沉设计值，则该路段弯沉不合格，需采取措施对路面进行补强。

6. 检测结果

（1）计算每一评定路段各测点弯沉的平均值、标准差及代表弯沉值。

（2）弯沉检测记录表见表3.9。

表3.9 贝克曼梁测定回弹弯沉检测记录表

工程名称	××高速公路									
检测日期	2008.11.09			检测依据		《公路路基路面现场测试规程》（JTG E60—2008）				
路段桩号	K3+310～K3+590		后轴重	100 kN		舍弃系数				
结构层类型	沥青混凝土面层厚15 cm，基层为二灰碎石					轮胎压强		0.7 MPa		
测试车车型	东风BZZ—100		弯沉仪类型	5.4 m弯沉仪		保证率系数		1.645		
幅别	右幅		设计弯沉	35（0.01 mm）		前5天平均气温		23.2 ℃		
测点桩号	路表温度（℃）	温度修正系数	左车轮				右车轮			
			初读数 0.01 mm	终读数 0.01 mm	弯沉（0.01 mm）		初读数 0.01 mm	终读数 0.01 mm	弯沉（0.01 mm）	
					修正前	修正后			修正前	修正后
K3+310	25	1.02	27	12	30	30.6	57	41	32	32.6
K3+330	25	1.02	24	10	28	28.6	37	25	24	24.5
K3+350	25	1.02	29	13	32	32.6	38	24	28	28.6
K3+370	25	1.02	29	15	28	28.6	46	31	30	30.6
K3+390	25	1.02	35	18	34	34.7	52	39	26	26.5
K3+410	25	1.02	23	8	30	30.6	65	50	30	30.6
K3+430	25	1.02	30	14	32	32.6	47	33	28	28.6
K3+450	25	1.02	32	20	24	24.5	53	37	32	32.6
K3+470	25	1.02	37	22	30	30.6	68	51	34	34.7

续表

测点桩号	路表温度(℃)	温度修正系数	左车轮				右车轮			
			初读数 0.01 mm	终读数 0.01 mm	弯沉(0.01 mm)		初读数 0.01 mm	终读数 0.01 mm	弯沉(0.01 mm)	
					修正前	修正后			修正前	修正后
K3 +490	25	1.02	29	16	26	26.5	29	13	28	28.6
K3 +510	25	1.02	35	21	28	28.6	95	79	32	32.6
K3 +530	25	1.02	52	40	24	24.5	87	73	28	28.6
K3 +550	25	1.02	46	33	26	26.5	94	79	30	30.6
K3 +570	25	1.02	65	51	28	28.6	67	52	30	30.6
K3 +590	25	1.02	58	42	32	33.6	89	75	28	28.6
测点数	30	平均值(0.01 mm)		29.7	标准差(0.01 mm)		2.85	代表弯沉值(0.01 mm)		34.4
结论:经计算,代表弯沉值 L_r =34.4(0.01 mm)小于设计弯沉 L_d =35(0.01 mm),即 $L_r < L_d$,所以该路段的弯沉值满足要求										
备注:										

检测:　　　　年　月　日　　复核:　　　　年　月　日

7. 注意事项

(1)检测车辆轴载、轮胎接地面积、轮胎间隙及轮胎气压应符合规范要求。测试车车况及制动性能应良好,百分表应灵敏。

(2)梁臂不得碰到轮胎。

(3)测点应在轮隙中心前方 3 ~5 cm 处,测试前应轻轻叩打弯沉仪,检查百分表是否稳定回零。

(4)终读数应在车辆驶出弯沉影响半径后再读数。

(5)在测试过程中应随时测记路表温度,当路表温度不在规定范围内时,对厚度大于 5 cm 的沥青路面应进行温度修正。

3.3.2 土基现场 CBR 值测试方法

1. 主要仪器

(1)荷载装置:设有加劲横梁的载重汽车,后轴重不小于 60 kN。

(2)现场测试装置:由千斤顶、测力计、球座、贯入杆、荷载板及百分表等组成。

2. 测试原理

在公路路基施工现场,用载重汽车作为反力架,通过千斤顶连续加载,使贯入杆匀速压入土基。为了模拟路面结构对土基的附加应力,在贯入杆位置安放荷载板。路基强度越高,贯入量为 2.5 mm 或 5.0 mm 时的荷载越大,即 CBR 值越大。

3. 测试技术要点

(1)将测点约直径 30 cm 范围的表面找平。

(2)安装现场测试装置,使贯入杆与土基表面紧密接触。

(3)启动千斤顶,使贯入杆以 1 mm/min 的速度压入土基,记录不同贯入量及相应荷载。贯入量达 7.5 mm或 12.5 mm 时结束试验。

(4)卸载后在测点取样,测定材料含水量。

(5)在测点旁用灌砂法或环刀法等测定土基的密度。

(6)绘制荷载压强 – 贯入量曲线,必要时进行原点修正。

应当注意,公路现场条件下测定的 CBR 值,因土基的含水量和压实度与室内试验条件不同,也未经泡水,故与室内试验 CBR 值不一样。应通过试验,寻找两者之间的关系,换算为室内试验 CBR 值后,再用于路基施工强度检验或评定。

关于土基现场 CBR 值测试方法详见《公路路基路面现场测试规程》(JTG E60—2008)。

计 划 单

学习领域	路桥工程检测技术			
学习情境	路基工程检测		学　时	22
任　务	路基工程现场试验检测		学　时	8
计划方式	小组讨论、团结协作共同制订计划			
序　号	实施步骤			使用资源
1				
2				
3				
4				
5				
6				
7				
8				
9				
制订计划说明				
计划评价	班　级		第　组	组长签字	
	教师签字		日　期	
	评语：			

决 策 单

学习领域	路桥工程检测技术				
学习情境	路基工程检测			学　时	22
任　务	路基工程现场试验检测			学　时	8
方案讨论					
方案对比	组号	方案合理性	实施可操作性	安 全 性	综合评价
	1				
	2				
	3				
	4				
	5				
	6				
	7				
	8				
	9				
	10				
方案评价	评语：				
班　级		组长签字		教师签字	年　月　日

实 施 单

<table>
<tr><td>学习领域</td><td colspan="3">路桥工程检测技术</td></tr>
<tr><td>学习情境</td><td>路基工程检测</td><td>学　时</td><td>22</td></tr>
<tr><td>任　务</td><td>路基工程现场试验检测</td><td>学　时</td><td>8</td></tr>
<tr><td>实施方式</td><td colspan="3">小组成员合作；动手实践</td></tr>
<tr><td>序　号</td><td colspan="2">实施步骤</td><td>使用资源</td></tr>
<tr><td>1</td><td colspan="2"></td><td></td></tr>
<tr><td>2</td><td colspan="2"></td><td></td></tr>
<tr><td>3</td><td colspan="2"></td><td></td></tr>
<tr><td>4</td><td colspan="2"></td><td></td></tr>
<tr><td>5</td><td colspan="2"></td><td></td></tr>
<tr><td>6</td><td colspan="2"></td><td></td></tr>
<tr><td>7</td><td colspan="2"></td><td></td></tr>
<tr><td>8</td><td colspan="2"></td><td></td></tr>
<tr><td colspan="4">实施说明：</td></tr>
</table>

<table>
<tr><td>班　级</td><td></td><td>第　组</td><td>组长签字</td><td></td></tr>
<tr><td>教师签字</td><td colspan="2"></td><td>日　期</td><td></td></tr>
<tr><td>评　语</td><td colspan="4"></td></tr>
</table>

检 查 单

<table>
<tr><td>学习领域</td><td colspan="5">路桥工程检测技术</td></tr>
<tr><td>学习情境</td><td colspan="3">路基工程检测</td><td>学 时</td><td>22</td></tr>
<tr><td>任 务</td><td colspan="3">路基工程现场试验检测</td><td>学 时</td><td>8</td></tr>
<tr><td>序 号</td><td>检查项目</td><td colspan="2">检查标准</td><td>学生自查</td><td>教师检查</td></tr>
<tr><td>1</td><td></td><td colspan="2"></td><td></td><td></td></tr>
<tr><td>2</td><td></td><td colspan="2"></td><td></td><td></td></tr>
<tr><td>3</td><td></td><td colspan="2"></td><td></td><td></td></tr>
<tr><td>4</td><td></td><td colspan="2"></td><td></td><td></td></tr>
<tr><td>5</td><td></td><td colspan="2"></td><td></td><td></td></tr>
<tr><td>6</td><td></td><td colspan="2"></td><td></td><td></td></tr>
<tr><td>7</td><td></td><td colspan="2"></td><td></td><td></td></tr>
<tr><td>8</td><td></td><td colspan="2"></td><td></td><td></td></tr>
<tr><td>9</td><td></td><td colspan="2"></td><td></td><td></td></tr>
<tr><td rowspan="3">检查评价</td><td>班 级</td><td></td><td>第 组</td><td>组长签字</td><td></td></tr>
<tr><td>教师签字</td><td></td><td>日 期</td><td colspan="2"></td></tr>
<tr><td colspan="5">评语：</td></tr>
</table>

评　价　单

<table>
<tr><td>学习领域</td><td colspan="7">路桥工程检测技术</td></tr>
<tr><td>学习情境</td><td colspan="3">路基工程检测</td><td>学　时</td><td colspan="3">22</td></tr>
<tr><td>任　务</td><td colspan="3">路基工程现场试验检测</td><td>学　时</td><td colspan="3">8</td></tr>
<tr><td>评价类别</td><td>项　目</td><td>子 项 目</td><td>个人评价</td><td>组内互评</td><td colspan="3">教师评价</td></tr>
<tr><td rowspan="7">专业能力</td><td rowspan="2">资讯
（10%）</td><td>搜集信息（5%）</td><td></td><td></td><td colspan="3"></td></tr>
<tr><td>引导问题回答（5%）</td><td></td><td></td><td colspan="3"></td></tr>
<tr><td>计划
（5%）</td><td></td><td></td><td></td><td colspan="3"></td></tr>
<tr><td>实施
（20%）</td><td></td><td></td><td></td><td colspan="3"></td></tr>
<tr><td>检查
（10%）</td><td></td><td></td><td></td><td colspan="3"></td></tr>
<tr><td>过程
（5%）</td><td></td><td></td><td></td><td colspan="3"></td></tr>
<tr><td>结果
（10%）</td><td></td><td></td><td></td><td colspan="3"></td></tr>
<tr><td rowspan="2">社会能力</td><td>团结协作
（10%）</td><td></td><td></td><td></td><td colspan="3"></td></tr>
<tr><td>敬业精神
（10%）</td><td></td><td></td><td></td><td colspan="3"></td></tr>
<tr><td rowspan="2">方法能力</td><td>计划能力
（10%）</td><td></td><td></td><td></td><td colspan="3"></td></tr>
<tr><td>决策能力
（10%）</td><td></td><td></td><td></td><td colspan="3"></td></tr>
<tr><td rowspan="3">评价评语</td><td>班　级</td><td></td><td>姓　名</td><td></td><td>学号</td><td>总评</td><td></td></tr>
<tr><td>教师签字</td><td></td><td>第　组</td><td>组长签字</td><td></td><td>日期</td><td></td></tr>
<tr><td colspan="7">评语：</td></tr>
</table>

试验仪器及所用材料清单

学习领域	路桥工程检测技术				
学习情境	路基工程检测				
任　　务	路基工程现场试验检测				
项　　目	序　　号	名　　称	数　　量	型　　号	作　　用
所用仪器					
所用材料					
所用工具					
评价评语	班　　级		姓　　名		学号		总评	
	教师签字		第　　组	组长签字		日期	
	评语：				

作 业 单

<table>
<tr><td>学习领域</td><td colspan="3">路桥工程检测技术</td></tr>
<tr><td>学习情境</td><td>路基工程检测</td><td>学 时</td><td>22</td></tr>
<tr><td>任 务</td><td>路基工程现场试验检测</td><td>学 时</td><td>8</td></tr>
<tr><td>作业方式</td><td colspan="3">资料查询，现场操作</td></tr>
<tr><td>1</td><td colspan="3">土的工程分类的依据和方法是什么？</td></tr>
<tr><td colspan="4"></td></tr>
<tr><td>2</td><td colspan="3">路基工程现场检测包括几项？</td></tr>
<tr><td colspan="4"></td></tr>
<tr><td>3</td><td colspan="3">弯沉试验目的是什么？</td></tr>
<tr><td colspan="4"></td></tr>
<tr><td>4</td><td colspan="3">灌砂法的试验目的、试验步骤是什么？</td></tr>
<tr><td colspan="4"></td></tr>
<tr><td colspan="4">作业评价：</td></tr>
<tr><td>班 级</td><td></td><td>第 组</td><td>组长签字</td><td></td></tr>
<tr><td>教师签字</td><td></td><td>日 期</td><td></td></tr>
<tr><td>教师评分</td><td colspan="3"></td></tr>
</table>

教学反馈单

学习领域	路桥工程检测技术			
学习情境	路基工程检测	学时		22
序　　号	调查内容	是	否	理由陈述
1	你是否喜欢这种上课方式?			
2	与传统教学方式比较你认为这种方式学到的知识更适用吗?			
3	你是否学会了如何进行资讯?			
4	计划和决策感到困难吗?			
5	你认为学习情境对你将来的学习和工作有帮助吗?			
6	通过本学习情境的学习,今后遇到实际的问题你可以解决吗?			
7	本情境的知识和技能你都学会了吗?			
8	喜欢你的任课教师吗?			
9	通过几天来的工作和学习,你对自己的表现是否满意?			
10	你对小组成员之间的合作是否满意?			
11	你认为本情境学习内容是否全面?			
你的意见对改进教学非常重要,请写出你的建议和意见。				
被调查人签名		调查时间		

学习情境二

路面基层工程检测

学 习 指 南

学习目标

学生在教师的讲解和指导下，明确任务的目标和实施中的要素，通过学习路面基层及底基层材料检测标准、路面基层工程现场试验检测，掌握路面基层检测内容，能够借助工具软件，设计文件及相关资料找到完成任务所需的工具、材料、方法，能够完成“路面基层、底基层材料组成设计”、“路面基层工程现场试验检测”两项工作的内容报告，要求在学习过程中培养和锻炼职业素质，掌握路面基层工程检测基本技能。

工作任务

1. 路面基层、底基层材料组成设计
2. 路面基层工程现场试验检测

学习情境的描述

根据路面基层工程检测内容特点，选取“路面基层、底基层材料组成设计”、“路面基层工程现场试验检测”两个工作任务作为载体，使学生通过真实的工程训练掌握路面基层工程检测基本知识。学习的内容与组织如下：掌握路面基层、底基层材料检测标准、施工各阶段试验检测方法。通过对路面基层及底基层配合比设计、路面基层及底基层现场检测进行训练，掌握路面基层工程检测基本要点。根据工程图纸，借助设计文件及相关资料找到完成任务所需的工具、材料、方法，能够完成“路面基层、底基层材料组成设计”、“路面基层工程现场试验检测”工作任务的技术方案报告，使学生能够掌握路面基层工程检测技术。

任务4　路面基层、底基层材料组成设计

任　务　单

<table>
<tr><td>学习领域</td><td colspan="6">路桥工程检测技术</td></tr>
<tr><td>学习情境</td><td colspan="3">路面基层工程检测</td><td>工作任务</td><td colspan="2">路面基层、底基层材料组成设计</td></tr>
<tr><td>任务学时</td><td colspan="6">6 学时</td></tr>
<tr><td colspan="7">布 置 任 务</td></tr>
<tr><td>学习目标</td><td colspan="6">1. 掌握路面基层、底基层材料检测标准
2. 熟悉施工准备阶段、施工过程路面基层工程试验检测内容
3. 能够熟练掌握施工各阶段试验检测方法
4. 能够按照操作规程的步骤进行熟练操作
5. 能够正确计算并填写试验数据
6. 能根据试验结果判定材料及工程施工质量的好坏，保质保量完成工程项目</td></tr>
<tr><td>任务描述</td><td colspan="6">根据现有材料：某新建二级公路，因地处潮湿地带类型，选用石灰土作为底基层。设计强度要求7天龄期的饱水强度为0.7 MPa，试设计石灰剂量，确定石灰土稳定土的组成设计。其任务如下：
1. 准备工作
按照二级公路配合比要求，将原材料进行试验，均合格后计算石灰稳定土的剂量。
2. 试验操作
石灰质量检验、选定石灰的剂量。
3. 试验结果分析
得到的数据与工程施工图纸、施工技术规范、设计规范进行对照，确定合适石灰剂量的稳定土，将石灰土稳定土的组成设计提供给拌和站。
4. 整理资料
认真填写试验地点、时间、试验人员、审核人员、规程号等，形成报告存档。</td></tr>
<tr><td rowspan="2">学时安排</td><td>资讯</td><td>计划</td><td>决策</td><td>实施</td><td>检查</td><td>评价</td></tr>
<tr><td>1 学时</td><td>1 学时</td><td>1 学时</td><td>1 学时</td><td>1 学时</td><td>1 学时</td></tr>
<tr><td>提供资料</td><td colspan="6">1. 路桥施工图纸
2. 公路工程相关试验规程
3. 公路工程相关施工规范、验收规范
4. 质检员岗位技术相关标准</td></tr>
<tr><td>对学生的要求</td><td colspan="6">1. 具备路桥工程检测技术基础知识
2. 具备路桥施工技术基础知识
3. 具备规范操作试验仪器设备、处理试验数据的基础知识
4. 具备读识路桥工程图、绘图的基础知识
5. 具备一定的自学能力、数据计算能力
6. 具备一定的沟通协调能力、语言表达能力
7. 具有团队合作的精神，以小组的形式完成工作任务
8. 严格遵守课堂纪律和工作纪律，不迟到，不早退，不旷课
9. 树立职业意识，按照企业的岗位职责要求自己</td></tr>
</table>

资 讯 单

<table>
<tr><td>学习领域</td><td colspan="4">路桥工程检测技术</td></tr>
<tr><td>学习情境</td><td colspan="2">路面基层工程检测</td><td>工作任务</td><td>路面基层、底基层材料组成设计</td></tr>
<tr><td>任务学时</td><td colspan="4">6 学时</td></tr>
<tr><td>资讯方式</td><td colspan="4">在图书馆、专业杂志、互联网及信息单上查询问题;咨询任课教师</td></tr>
<tr><td rowspan="8">资讯问题</td><td colspan="4">1. 路面基层材料主要有几种材料构成?</td></tr>
<tr><td colspan="4">2. 什么是无机结合料稳定土?</td></tr>
<tr><td colspan="4">3. 石灰的等级如何划分?</td></tr>
<tr><td colspan="4">4. 无机结合料稳定土强度标准是什么?</td></tr>
<tr><td colspan="4">5. 施工准备阶段路基工程试验检测内容有哪些?</td></tr>
<tr><td colspan="4">6. 氧化钙和氧化镁含量测试方法是用来检测哪种材料的?</td></tr>
<tr><td colspan="4">7. 无侧限抗压强度试验步骤是什么?</td></tr>
<tr><td colspan="4">8. 无机结合料稳定材料的组成设计的方法步骤是什么?</td></tr>
<tr><td>资讯要求</td><td colspan="4">1. 根据任务目标和任务描述正确理解完成任务需要的资讯内容
2. 按照上述资讯内容进行咨询
3. 写出资讯报告</td></tr>
<tr><td rowspan="3">资讯评价</td><td>班　级</td><td></td><td>学生姓名</td><td></td></tr>
<tr><td>教师签字</td><td></td><td>日　期</td><td></td></tr>
<tr><td colspan="4">评语:</td></tr>
</table>

信　息　单

4.1　无机结合料稳定材料的分类

无机结合料稳定材料的种类很多，其物理、力学性质各有特点，其分类方法也不尽相同。

4.1.1　按结合料中集料分类

根据无机结合料稳定材料组成的集料材料将其分为两大类：①稳定土类；②稳定粒料类。在粉碎或原状松散的土中掺入一定量的无机结合材料形成的称为稳定土类，如水泥稳定土等；在松散的碎石或砂砾中掺入一定量的无机结合材料形成的称为稳定粒料类，如水泥稳定碎石、水泥稳定砂砾等。

4.1.2　按结合料中稳定材料分类

按无机胶结材料的种类不同，稳定材料可分为四大类：①用水泥稳定的混合料称为水泥稳定类，如水泥稳定土、水泥稳定砂砾等；②用石灰稳定的混合料称为石灰稳定类，如石灰稳定土等；③同时用水泥和石灰稳定的混合料称为综合稳定类，如综合稳定土、综合稳定砂砾等；④用一定量的石灰和工业废渣稳定的混合料称为石灰工业废渣稳定类。

无机结合料稳定材料使用时应根据结构要求、掺加剂和原材料的供应情况及施工条件进行综合技术、经济比较后选用。

4.2　无机结合料稳定土组成材料及要求

4.2.1　土

土的矿物成分对无机结合料稳定土性质有着重要的影响。试验表明，除有机质或硫酸盐含量高的土以外，各类砂砾土、砂土、粉土和黏土都可以用作无机结合料稳定材料。一般规定用于稳定土的液限不大于40，塑性指数不大于20。级配良好的土用作无机结合稳定料时，既可以节约无机结合料的用量，又可以取得满意的效果。重黏土中黏土颗粒含量多，不易粉碎、拌和，用石灰稳定时，容易造成路面缩裂。粉质黏土的稳定效果最佳。用水泥稳定重黏土时，同样因不易粉碎、拌和，会造成水泥用量过高，经济性差。

1. 水泥稳定土

凡能被经济地粉碎的土都可用水泥稳定，但稳定效果不同。试验和生产证明，用水泥稳定砂性土效果最好，不但强度高而且水泥用量较少。其次是粉性土和黏性土，重黏土不宜单独用水泥来稳定。

(1)二级或二级以下公路。

①底基层。单个颗粒的最大粒径不应超过53 mm，颗粒组成应满足表4.1的要求。土的均匀系数应大于5，细粒土的液限不应超过37.5，塑性指数不应超过17；宜采用均匀系数大于10，塑性指数小于12的土，对于塑性指数大于17的土，宜采用石灰稳定类或水泥和石灰综合稳定。

表4.1　用作底基层时水泥稳定土的颗粒组成范围

筛孔尺寸(mm)	53	4.75	0.5	0.074	0.002
通过质量百分率(%)	100	50～100	17～100	0～50	0～30

注：①表中筛孔为方孔，如用圆孔筛，则最大粒径可为所列数值的1.2～1.25倍，下同；
②此规定针对细粒土而言，对中粒土和粗粒土，如小于0.5 mm的颗粒含量在30%以下，塑性指数可稍大。

②基层。单个颗粒的最大粒径不应超过40 mm，颗粒组成应满足表4.2的要求。

表 4.2　用作基层时水泥稳定土的颗粒组成范围

筛孔尺寸(mm)	通过质量百分率(%)	筛孔尺寸(mm)	通过质量百分率(%)
37.5	100	1	10~55
19	55~100	0.5	6~45
9.5	40~100	0.25	3~36
4.75	30~90	0.075	0~30
2	18~68		

(2)高速公路和一级公路。

①底基层。单个颗粒的最大粒径不应超过 40 mm,颗粒组成应满足表 4.3 的要求。土的均匀系数应大于 5,细粒土的液限不应超过 25,塑性指数不应超过 6;对中粒土和粗粒土,如小于 0.5 mm 的颗粒含量在 30% 以下,塑性指数可稍大。

表 4.3　用作底基层时水泥稳定土的颗粒组成范围

筛孔尺寸(mm)	通过质量百分率(%)	筛孔尺寸(mm)	通过质量百分率(%)
37.5	100	4.75	30~55
26.5	90~100	2	15~35
19	75~90	0.5	10~20
9.5	50~70	0.075	0~7

注:集料中 0.5 mm 以下细土有塑性指数时,小于 0.074 的颗粒含量不应超过 5%;细土无塑性指数时,小于 0.074 的颗粒含量不应超过 7%。

②基层。单个颗粒的最大粒径不应超过 30 mm,土的均匀系数应大于 5,细粒土的液限不应超过 25,塑性指数不应超过 6,颗粒组成应满足表 4.4 的要求。

表 4.4　用作基层时水泥稳定土的颗粒组成范围

筛孔尺寸(mm)	通过质量百分率(%)	筛孔尺寸(mm)	通过质量百分率(%)
26.5	100	2	15~30
19	90~100	0.5	10~20
9.5	60~80	0.075	0~7
4.75	30~50		

注:集料中 0.5 mm 以下细土有塑性指数时,小于 0.074 的颗粒含量不应超过 5%;细土无塑性指数时,小于 0.074 的颗粒含量不应超过 7%。

2. 石灰稳定土

砂性土、粉性土、黏性土都可以用石灰来稳定,一般说来:黏土颗粒的活性强,表面积大,表面能量也较大,故掺入石灰等活性材料后,所形成离子交换作用、碳酸化作用、结晶作用和火山灰作用都比较活跃,故适当的增大土的塑性指数对强度有利。重黏土虽然黏土颗粒含量多,由于不易粉碎和拌和,稳定效果反而会差些,而且容易产生缩裂。如土的塑性指数偏小,则施工时难于碾压成型。因此,宜采用塑性指数为 15~20 的黏土以及含有一定数量黏性土的中粒土或粗粒土用作石灰稳定土。对于硫酸盐含量超过 0.8% 或腐殖质含量超过 10% 的土,对强度有明显影响的,不宜直接采用。

(1)石灰稳定土用作高速公路和一级公路的底基层时,颗粒的最大粒径不应超过 37.5 mm;用于其他等级公路时,颗粒的最大粒径不应超过 53 mm。

(2)石灰稳定土用作基层时,颗粒的最大粒径不应超过 37.5 mm。石灰稳定土不宜作为高等级公路的基层。

3. 石灰工业废渣稳定土

宜采用塑性指数为 15~20 的黏土(亚黏土),有机质含量不超过 10%,最大粒径不应大于 15 mm。

4.2.2 无机结合料

1. 水泥

各类水泥都可以用于稳定土，水泥的矿物成分和分散度对其稳定效果有明显影响。对同一种土，硅酸盐水泥比铝酸盐水泥稳定效果好。在水泥矿物成分相同、硬化条件相似的情况下，其强度随水泥比表面积和活性的增大而提高。稳定土的强度还与水泥用量有关，一般说来：水泥剂量愈大，稳定土的强度愈高，但过多的水泥用量，虽获得了较高的强度，但在经济上不一定合理，在效果上也不明显，而且容易开裂。所以水泥用量不存在最佳水泥用量，而存在一个经济用量。通常在保证土的性质能起根本变化，且能保证稳定土达到所规定的强度和稳定性的前提下，取尽可能低的水泥用量。

2. 石灰

各种化学组成的石灰均可用于稳定土，但石灰质量应符合要求，石灰的质量标准见表 4.5 ~ 表 4.7。

石灰中产生黏结性的有效成分是活性氧化钙和氧化镁。它们的含量是评价石灰质量的主要指标，其含量愈多，活性愈高，质量也愈好。有效氧化钙和氧化镁含量的测定方法，按我国现行行业标准《公路工程无机结合料稳定材料试验规程》规定。石灰剂量对石灰土强度影响显著，石灰剂量较低（小于 3% ~ 4%）时，石灰主要起稳定作用，土的塑性、膨胀性、吸水量减小，使土的密实度、强度得到改善。随着剂量的增加，强度和稳定性均提高，但剂量超过一定范围时，强度反而降低。石灰的最佳剂量，对黏性土和粉性土为干土重的 8% ~16%，对砂性土为干土重的 10% ~18%。剂量的确定应根据结构层技术要求进行混合料组成设计。

由于石灰剂量对石灰土强度影响显著，所以稳定土中石灰的剂量是我们的一个重要控制指标。常见的水泥或石灰剂量测定方法有 EDTA 滴定法和钙电极快速测定法。

4.2.3 石灰的技术性质

根据石灰中氧化镁的含量将生石灰划分为钙质石灰（MgO 含量 <5%）和镁质石灰（MgO 含量 ≥5%）；按消石灰中氧化镁的含量将消石灰粉划分为钙质消石灰粉（MgO 含量 <4%）、镁质消石灰粉（4% ≤MgO 含量 <24%）和白云石消石灰粉（24% <MgO 含量≤30%）。

建筑工程中使用的石灰有三个品种：建筑生石灰、建筑消石灰粉和建筑生石灰粉。根据《建筑生石灰》（JC/T 479—1992）、《建筑生石灰粉》（JC/T 480—1992）、《建筑消石灰》（JC/T 481—2013）标准规定，按有效氧化镁和有效氧化钙含量、未消化残渣含量（欠火石灰、过火石灰及杂质的含量）、二氧化碳含量（欠火石灰含量）及产浆量（1 kg 生石灰制得石灰膏的体积数，L），分别划分为优质品、一等品和合格品。各等级的技术标准见表 4.5 ~ 表 4.7。

表 4.5 建筑生石灰技术指标

项　目	钙质生石灰			镁质生石灰		
	优等品	一等品	合格品	优等品	一等品	合格品
CaO + MgO 含量，不小于（%）	90	85	80	85	80	75
未消化残渣含量（5 mm 圆孔筛余），不大于（%）	5	10	15	5	10	15
CO_2 含量，不大于（%）	5	7	9	6	8	10
产浆量，不小于（L/kg）	2.8	2.3	2.0	2.8	2.3	2.0

表 4.6 建筑生石灰粉技术指标

项　目	钙质生石灰粉			镁质生石灰粉		
	优等品	一等品	合格品	优等品	一等品	合格品
CaO + MgO 含量，不小于（%）	85	80	75	80	75	70
CO_2含量，不大于（%）	7	9	11	8	10	12

续表

项　　目		钙质生石灰粉			镁质生石灰粉		
		优等品	一等品	合格品	优等品	一等品	合格品
细度	0.9 mm 筛的筛余,不大于(%)	0.2	0.5	1.5	0.2	0.5	1.5
	0.125 mm 筛的筛余,不大于(%)	7	12	18	7	12	18

表 4.7　建筑消石灰粉技术指标(JC/T 481—2013)

项　　目		钙质生石灰粉			镁质生石灰粉			白云石消石灰粉		
		优等品	一等品	合格品	优等品	一等品	合格品	优等品	一等品	合格品
CaO + MgO 含量,不小于(%)		70	65	60	65	60	55	65	60	55
游离水(%)		0.4~2	0.4~2	0.4~2	0.4~2	0.4~2	0.4~2	0.4~2	0.4~2	0.4~2
体积安定性		合格	合格	—	合格	合格	—	合格	合格	—
细度	0.9 mm 筛的筛余,不大于(%)	0	0	0.5	0	0	0	0	0.5	
	0.125 mm 筛的筛余,不大于(%)	3	10	15	3	10	3	10	15	

4.3　无机结合料稳定材料的组成设计

稳定类材料组成设计,也称混合料设计,即根据对某种稳定材料规定的技术要求,选择合适的原材料、掺配用料(需要时),确定结合料的种类和剂量及混合料的最佳含水量。稳定类材料组成设计是路面结构设计的重要组成部分。

混合料组成设计所要求达到的目标:满足设计强度要求,抗裂性达到最优,且便于施工。混合料组成设计的基本原则是:结合料剂量合理、尽可能采用综合稳定以及集料应有一定级配。结合料剂量太低不能形成半刚性材料,剂量太高则刚度太大,容易脆裂。采用综合稳定时,水泥可提高早期强度,石灰可使刚度不太大,掺入一定的粉煤灰可以降低收缩系数。集料的级配以集料靠拢而不紧密为原则,其空隙让无机结合料填充,形成各自发挥优势的稳定结构。

由于无机稳定类材料种类很多,不可能作全面介绍,这里主要介绍常用的石灰、水泥稳定土的组成设计。其他类型的混合料设计可参照此方法。

4.3.1　设计依据与标准

稳定土设计,目前的依据有强度、耐久性,各种混合料的强度标准(7 天)建议值见表 4.8。关于耐久性标准,鉴于现行冻融试验方法所建立的试验条件与稳定层在路面结构中所能遇到的环境条件相比,更为恶劣。因此我国《公路路面基层施工技术规范》规定:混合料进行设计时,仅采用一个设计标准,即无侧限抗压强度。

表 4.8　无机结合稳定土抗压强度标准

稳定剂类型	结构层位	公路等级	
		二级和二级以下公路(MPa)	高速公路和一级公路(MPa)
水泥稳定类	基层	2.5~3	3~5
	底基层	1.5~2	1.5~2.5
石灰稳定类	基层	≥0.8	—
	底基层	0.5~0.7	≥0.8
二灰混合料	基层	0.6~0.8	0.8~1.1
	底基层	≥0.5	≥0.6

4.3.2 原材料试验

原材料试验主要包括基础材料和稳定剂性质试验。主要进行下列试验：

(1)颗粒分析。

(2)液限和塑性指数。

(3)相对密度。

(4)击实试验。

(5)压碎值。

(6)有机质含量(必要时做)。

(7)硫酸盐含量(必要时做)。

(8)稳定剂性质试验。

4.3.3 混合料配合比设计步骤

(1)选定不同的石灰或水泥剂量,制备同一种土样的混合料试件若干,规范建议剂量见表4.9、表4.10。

表4.9 初拟配合比时规范建议的水泥剂量

层 位	土 类	水泥剂量				
基层	中、粗粒土	3	4	5	6	7
	塑性指数小于12的细粒土	5	7	8	9	11
	其他细粒土	8	10	12	14	16
底基层	中、粗粒土	3	4	5	6	7
	塑性指数小于12的细粒土	4	5	6	7	9
	其他细粒土	6	8	9	10	12

表4.10 初拟配合比时规范建议的石灰剂量

层 位	土 类	石灰剂量				
基层	砂砾土和碎石土	3	4	5	6	7
	塑性指数小于12的黏性土	10	12	13	14	16
	塑性指数大于12的黏性土	5	7	9	11	13
底基层	塑性指数小于12的黏性土	8	10	11	12	14
	塑性指数大于12的黏性土	5	7	8	9	11

(2)确定各种混合料的最佳含水量和最大干(压实)密度,至少应做三个不同剂量混合料的击实试验,即最小剂量、中间剂量和最大剂量。

(3)按规定压实度分别计算不同石灰或水泥剂量的试件应有的干密度。

(4)按最佳含水量和计算得的干密度制备试件。进行强度试验时,作为平行试验的最少试件数量应不小于表4.11的规定。如试验结果的偏差系数大于表中规定的值,则应重做试验,并找出原因,加以解决;如不能降低偏差系数,则应增加试件数量。

表4.11 最少试件数量

偏差系数 / 试件数量 / 土类	<10%	10% ~15%	15% ~20%
细粒土	6	9	
中粒土	6	9	13
粗粒土		9	13

(5)试件在规定温度下保温养生6 d,浸水24 h后,按《公路工程无机结合料稳定材料试验规程》进行无侧限抗压强度试验。并计算试验结果的平均值和偏差系数。

(6)选定石灰或水泥的剂量。根据试验结果和强度标准,选定合适的石灰或水泥剂量。此剂量下试件室内试验结果的平均抗压强度应符合式(4.1)的要求:

$$\bar{R} \geqslant \frac{R_d}{1 - Z_a C_v} \tag{4.1}$$

式中:R_d——设计抗压强度(MPa);

C_v——试验结果的偏差系数(以小数计);

Z_a——保证率系数,高速公路和一级公路应取保证率95%,此时即$Z_a = 1.645$;一般公路应取保证率90%,即$Z_a = 1.282$。

(7)工地实际采用水泥剂量应比室内试验确定的剂量多0.5%～1.0%,采用集中厂拌法施工时,可只增加0.5%;采用路拌法施工时,宜增加1%。

(8)水泥的最小剂量应符合表4.12的规定。

表4.12　水泥的最小剂量

土类＼拌和方法	路拌法	集中厂拌法
中粒土和粗粒土	4%	3%
细粒土	5%	4%

(9)综合稳定土和其他无机稳定类材料的组成设计与上述步骤相同。

【例4.1】　某新建二级公路,因地处潮湿地带类型,选用石灰土作为底基层。设计强度要求7天龄期的饱水强度为0.7 MPa,试设计石灰剂量。

解:根据现场采集的土样筛分和试验得$W_L = 33.34\%$、$I_P = 12.31$,确定为中液限土。

通过击实试验求得石灰剂量分别为8%、10%、11%、12%、14%的最佳含水量及对应的最大干密度见表4.13。

表4.13　不同石灰剂量的最佳含水量和最大密度

石灰剂量(%)	最佳含水量(%)	最大干密度(g/cm^3)	石灰剂量(%)	最佳含水量(%)	最大干密度(g/cm^3)
8	10.91	1.839	12	12.56	1.848
10	11.38	1.85	14	13.35	1.818
11	11.84	1.854			

在按所求得的最佳含水量W_0、最大干密度ρ_d制备满足施工压实度的石灰剂量分别为8%、10%、11%、12%、14%的试件,每组6个,并按规范要求进行保湿养生6天,浸水1天,然后进行抗压试验,并将计算结果列于表4.14。

由表列计算结果知:当石灰剂量为11%时的平均抗压强度最高。故验算该组六个试件的相关情况,然后判断是否还要补做试件。

因为系二级公路,应取保证率95%,$Z_a = 1.645$;依据设计强度要求$R_d = 0.7$ MPa,代入式(4.1)得:

表4.14　不同石灰剂量的抗压强度

试件编号＼石灰剂量(%)	8	10	11	12	14
1	0.616	0.642	0.758	0.698	0.590
2	0.588	0.652	0.728	0.708	0.572
3	0.632	0.690	0.753	0.669	0.566

续表

试件编号 \ 石灰剂量(%)	8	10	11	12	14
4	0.626	0.672	0.782	0.656	0.618
5	0.590	0.664	0.747	0.693	0.607
6	0.568	0.624	0.769	0.632	0.584
平均值	0.603	0.657	0.756	0.676	0.589

表 4.15　水泥稳定碎石的力学特性指标与龄期的关系

力学参数(MPa)	28 d	90 d	180 d	28 d/180 d	90 d/180 d
R	4.49	5.57	6.33	0.71	0.88
E_p	2 093	3 097	3 872	0.54	0.80
σ_{sp}	0.413	0.634	0.813	0.51	0.78
E_{sp}	533	926	1 287	0.41	0.72

表 4.16　石灰粉煤灰稳定碎石的力学特性指标与龄期的关系

力学参数(MPa)	28 d	90 d	180 d	28 d/180 d	90 d/180 d
R	3.10	5.75	8.36	0.37	0.69
E_p	1 086	1 993	2 859	0.38	0.70
σ_{sp}	0.219	0.536	0.913	0.41	0.59
E_{sp}	359	960	1 720	0.37	0.56

结果表明,满足表4.15、表4.12及式(4.1)要求。故从强度选择,灰土的石灰剂量为11%。但剂量的选用,不能单纯追求高强度,还应全面考虑材料费用、施工成本和拌和机具等条件来最后确定。

计　划　单

<table>
<tr><td>学习领域</td><td colspan="4">路桥工程检测技术</td></tr>
<tr><td>学习情境</td><td colspan="2">路面基层工程检测</td><td>学　时</td><td>12</td></tr>
<tr><td>任　务</td><td colspan="2">路面基层、底基层材料组成设计</td><td>学　时</td><td>6</td></tr>
<tr><td>计划方式</td><td colspan="4">小组讨论、团结协作共同制订计划</td></tr>
<tr><td>序　号</td><td colspan="3">实施步骤</td><td>使用资源</td></tr>
<tr><td>1</td><td colspan="3"></td><td></td></tr>
<tr><td>2</td><td colspan="3"></td><td></td></tr>
<tr><td>3</td><td colspan="3"></td><td></td></tr>
<tr><td>4</td><td colspan="3"></td><td></td></tr>
<tr><td>5</td><td colspan="3"></td><td></td></tr>
<tr><td>6</td><td colspan="3"></td><td></td></tr>
<tr><td>7</td><td colspan="3"></td><td></td></tr>
<tr><td>8</td><td colspan="3"></td><td></td></tr>
<tr><td>9</td><td colspan="3"></td><td></td></tr>
<tr><td>制订计划说明</td><td colspan="4"></td></tr>
</table>

<table>
<tr><td rowspan="3">计划评价</td><td>班　级</td><td></td><td>第　组</td><td>组长签字</td><td></td></tr>
<tr><td>教师签字</td><td colspan="2"></td><td>日　期</td><td></td></tr>
<tr><td colspan="5">评语：</td></tr>
</table>

决　策　单

<table>
<tr><td>学习领域</td><td colspan="5">路桥工程检测技术</td></tr>
<tr><td>学习情境</td><td colspan="2">路面基层工程检测</td><td>学　时</td><td colspan="2">12</td></tr>
<tr><td>任　务</td><td colspan="2">路面基层、底基层材料组成设计</td><td>学　时</td><td colspan="2">6</td></tr>
<tr><td colspan="6">方案讨论</td></tr>
<tr><td rowspan="11">方案对比</td><td>组号</td><td>方案合理性</td><td>实施可操作性</td><td>安 全 性</td><td>综合评价</td></tr>
<tr><td>1</td><td></td><td></td><td></td><td></td></tr>
<tr><td>2</td><td></td><td></td><td></td><td></td></tr>
<tr><td>3</td><td></td><td></td><td></td><td></td></tr>
<tr><td>4</td><td></td><td></td><td></td><td></td></tr>
<tr><td>5</td><td></td><td></td><td></td><td></td></tr>
<tr><td>6</td><td></td><td></td><td></td><td></td></tr>
<tr><td>7</td><td></td><td></td><td></td><td></td></tr>
<tr><td>8</td><td></td><td></td><td></td><td></td></tr>
<tr><td>9</td><td></td><td></td><td></td><td></td></tr>
<tr><td>10</td><td></td><td></td><td></td><td></td></tr>
<tr><td>方案评价</td><td colspan="5">评语：</td></tr>
<tr><td>班　级</td><td></td><td>组长签字</td><td></td><td>教师签字</td><td>年　月　日</td></tr>
</table>

实 施 单

学习领域	路桥工程检测技术			
学习情境	路面基层工程检测		学 时	12
任 务	路面基层、底基层材料组成设计		学 时	6
实施方式	小组成员合作；动手实践			
序 号	实施步骤			使用资源
1				
2				
3				
4				
5				
6				
7				
8				
实施说明：				
班 级		第 组	组长签字	
教师签字			日 期	
评 语				

检 查 单

<table>
<tr><td>学习领域</td><td colspan="8">路桥工程检测技术</td></tr>
<tr><td>学习情境</td><td colspan="4">路面基层工程检测</td><td colspan="2">学 时</td><td colspan="2">12</td></tr>
<tr><td>任 务</td><td colspan="4">路面基层、底基层材料组成设计</td><td colspan="2">学 时</td><td colspan="2">6</td></tr>
<tr><td>序 号</td><td colspan="2">检查项目</td><td colspan="2">检查标准</td><td colspan="2">学生自查</td><td colspan="2">教师检查</td></tr>
<tr><td>1</td><td colspan="2"></td><td colspan="2"></td><td colspan="2"></td><td colspan="2"></td></tr>
<tr><td>2</td><td colspan="2"></td><td colspan="2"></td><td colspan="2"></td><td colspan="2"></td></tr>
<tr><td>3</td><td colspan="2"></td><td colspan="2"></td><td colspan="2"></td><td colspan="2"></td></tr>
<tr><td>4</td><td colspan="2"></td><td colspan="2"></td><td colspan="2"></td><td colspan="2"></td></tr>
<tr><td>5</td><td colspan="2"></td><td colspan="2"></td><td colspan="2"></td><td colspan="2"></td></tr>
<tr><td>6</td><td colspan="2"></td><td colspan="2"></td><td colspan="2"></td><td colspan="2"></td></tr>
<tr><td>7</td><td colspan="2"></td><td colspan="2"></td><td colspan="2"></td><td colspan="2"></td></tr>
<tr><td>8</td><td colspan="2"></td><td colspan="2"></td><td colspan="2"></td><td colspan="2"></td></tr>
<tr><td>9</td><td colspan="2"></td><td colspan="2"></td><td colspan="2"></td><td colspan="2"></td></tr>
<tr><td rowspan="3">检查评价</td><td>班 级</td><td colspan="2"></td><td colspan="2">第 组</td><td colspan="2">组长签字</td><td></td></tr>
<tr><td>教师签字</td><td colspan="2"></td><td colspan="2">日 期</td><td colspan="3"></td></tr>
<tr><td colspan="8">评语：</td></tr>
</table>

评 价 单

<table>
<tr><td>学习领域</td><td colspan="5">路桥工程检测技术</td></tr>
<tr><td>学习情境</td><td colspan="3">路面基层工程检测</td><td>学 时</td><td>12</td></tr>
<tr><td>任 务</td><td colspan="3">路面基层、底基层材料组成设计</td><td>学 时</td><td>6</td></tr>
<tr><td>评价类别</td><td>项 目</td><td>子 项 目</td><td>个人评价</td><td>组内互评</td><td>教师评价</td></tr>
<tr><td rowspan="7">专业能力</td><td rowspan="2">资讯
（10%）</td><td>搜集信息（5%）</td><td></td><td></td><td></td></tr>
<tr><td>引导问题回答（5%）</td><td></td><td></td><td></td></tr>
<tr><td>计划
（5%）</td><td></td><td></td><td></td><td></td></tr>
<tr><td>实施
（20%）</td><td></td><td></td><td></td><td></td></tr>
<tr><td>检查
（10%）</td><td></td><td></td><td></td><td></td></tr>
<tr><td>过程
（5%）</td><td></td><td></td><td></td><td></td></tr>
<tr><td>结果
（10%）</td><td></td><td></td><td></td><td></td></tr>
<tr><td rowspan="2">社会能力</td><td>团结协作
（10%）</td><td></td><td></td><td></td><td></td></tr>
<tr><td>敬业精神
（10%）</td><td></td><td></td><td></td><td></td></tr>
<tr><td rowspan="2">方法能力</td><td>计划能力
（10%）</td><td></td><td></td><td></td><td></td></tr>
<tr><td>决策能力
（10%）</td><td></td><td></td><td></td><td></td></tr>
<tr><td rowspan="3">评价评语</td><td>班 级</td><td></td><td>姓 名</td><td>学号</td><td>总评</td></tr>
<tr><td>教师签字</td><td></td><td>第 组</td><td>组长签字</td><td>日期</td></tr>
<tr><td colspan="5">评语：</td></tr>
</table>

作 业 单

学习领域	路桥工程检测技术		
学习情境	路面基层工程检测	学　时	12
任　务	路面基层、底基层材料组成设计	学　时	6
作业方式	资料查询，现场操作		
1	无机结合料稳定材料的标准击实试验与土的标准击实试验有何区别？		
2	无机结合料稳定土强度标准是什么？		
3	EDTA 标准曲线的标定方法是什么？		
4	施工过程路基工程检测内容有哪些？		
作业评价：			
班　级		第　组	组长签字	
教师签字		日　期	
教师评分			

任务5 路面基层工程现场试验检测

任 务 单

<table>
<tr><td>学习领域</td><td colspan="6">路桥工程检测技术</td></tr>
<tr><td>学习情境</td><td colspan="3">路面基层工程检测</td><td>工作任务</td><td colspan="2">路面基层工程现场试验检测</td></tr>
<tr><td>任务学时</td><td colspan="6">6学时</td></tr>
<tr><td colspan="7">布置任务</td></tr>
<tr><td>学习目标</td><td colspan="6">1. 掌握路面基层、底基层材料检测标准
2. 熟悉施工过程、竣工阶段路面基层工程试验检测内容
3. 能够熟练掌握施工各阶段试验检测方法
4. 能够按照操作规程的步骤进行熟练操作
5. 能够正确计算并填写试验数据
6. 能根据试验结果判定材料及工程施工质量的好坏,保质保量完成工程项目</td></tr>
<tr><td>任务描述</td><td colspan="6">根据已完成的配合比进行路面基层施工,现场检测压实度、无侧限抗压强度,根据路面基层检测标准,判定路面基层的施工质量情况。其工作如下:
1. 准备工作
熟悉工程施工图纸,按照设计高程,计算路面基层厚度,携带灌沙筒、标准砂等工具及笔、记录本到现场按频率进行检测。到基层拌和站取料做无侧限抗压强度试验。
2. 试验操作
按灌砂法操作,计算出路面基层土的密度;EDTA曲线标定;到拌和站取料后成型、养生、试压无侧限抗压强度。
3. 记录试验结果
试验时应记录:现场桩号、试坑位置、压实设备的类型、最佳组合方式;碾压遍数及碾压速度、工序;每层材料的松铺厚度、材料的含水率、EDTA曲线数值、无侧限抗压强度等。
4. 整理资料
认真填写试验地点、时间、试验人员、审核人员、规程号等,形成报告存档。</td></tr>
<tr><td rowspan="2">学时安排</td><td>资讯</td><td>计划</td><td>决策</td><td>实施</td><td>检查</td><td>评价</td></tr>
<tr><td>1学时</td><td>1学时</td><td>1学时</td><td>1学时</td><td>1学时</td><td>1学时</td></tr>
<tr><td>提供资料</td><td colspan="6">1. 路桥施工图纸
2. 公路工程相关试验规程
3. 公路工程相关施工规范、验收规范
4. 质检员岗位技术相关标准</td></tr>
<tr><td>对学生的要求</td><td colspan="6">1. 具备路桥工程检测技术基础知识
2. 具备路桥施工技术基础知识
3. 具备规范操作试验仪器设备、处理试验数据的基础知识
4. 具备读识路桥工程图、绘图的基础知识
5. 具备一定的自学能力、数据计算能力
6. 具备一定的沟通协调能力、语言表达能力
7. 具有团队合作的精神,以小组的形式完成工作任务
8. 严格遵守课堂纪律和工作纪律,不迟到,不早退,不旷课
9. 树立职业意识,按照企业的岗位职责要求自己</td></tr>
</table>

资 讯 单

<table>
<tr><td>学习领域</td><td colspan="4">路桥工程检测技术</td></tr>
<tr><td>学习情境</td><td>路面基层工程检测</td><td>工作任务</td><td colspan="2">路面基层工程现场试验检测</td></tr>
<tr><td>任务学时</td><td colspan="4">4 学时</td></tr>
<tr><td>资讯方式</td><td colspan="4">在图书馆、专业杂志、互联网及信息单上查询问题;咨询任课教师</td></tr>
<tr><td rowspan="8">资讯问题</td><td colspan="4">1. 路面基层材料主要由几种材料构成?</td></tr>
<tr><td colspan="4">2. 什么是无机结合料稳定土?</td></tr>
<tr><td colspan="4">3. 无机结合料稳定土强度标准是什么?</td></tr>
<tr><td colspan="4">4. 施工过程路基工程试验检测内容有哪些?</td></tr>
<tr><td colspan="4">5. 竣工验收阶段路基工程试验检测内容有哪些?</td></tr>
<tr><td colspan="4">6. 无侧限抗压强度试验步骤是什么?</td></tr>
<tr><td colspan="4">7. EDTA 标准曲线的标定方法是什么?</td></tr>
<tr><td colspan="4">8. 无机结合料稳定材料的标准击实试验与土的标准击实试验有何区别?</td></tr>
<tr><td>资讯要求</td><td colspan="4">1. 根据任务目标和任务描述正确理解完成任务需要的资讯内容
2. 按照上述资讯内容进行咨询
3. 写出资讯报告</td></tr>
<tr><td rowspan="3">资讯评价</td><td>班　级</td><td></td><td>学生姓名</td><td></td></tr>
<tr><td>教师签字</td><td></td><td>日　期</td><td></td></tr>
<tr><td colspan="4">评语:</td></tr>
</table>

信 息 单

5.1 路面基层、底基层的试验检测项目

施工准备阶段基层、底基层的试验检测项目包括：粒料的常规检测、水泥的常规检验、土的液塑限试验、石灰化学分析试验、EDTA 标准曲线、标准击实试验、无侧限抗压强度试验、无机结合料稳定材料的组成设计。

5.1.1 施工过程中路面基层、底基层的一般要求

1. 垫层

(1)承包人应在监理工程师验收合格的路基上铺筑垫层材料，未经监理工程师批准而在其上摊铺的材料，应由承包人自费清除。

(2)经过整平和整型，承包人应按试验路段所确认的压实工艺，在全宽范围内均匀地压实至重型击实最大密度的96% 以上。

(3)一个路段碾压完成以后，应按批准的方法做密实度试验。被检验的材料没有达到所需的密实度、稳定性，则承包人应重新碾压、整型及整修，所需费用由承包人自理。

(4)在已完成的垫层上每一作业段或不大于2 000 m^2 随机取样6次，按《公路路基路面现场测试规程》(JTG E60—2008)规定进行压实度试验，并按规定检验其他项目。所有试验结果，均报监理工程师审批。

2. 石灰稳定土底基层

(1)石灰稳定土施工的压实厚度，每层不小于100 mm，也不超过200 mm。

(2)取样和试验。石灰稳定土应在施工现场每天进行一次或每2 000 m^2 取样一次，并按《公路工程无机结合料稳定材料试验规程》(JTG E51—2009)标准方法进行混合料的含水率、石灰含量和无侧限抗压强度试验；在已完成的下承层上按《公路路基路面现场测试规程》(JTG E60—2008)规定进行压实度试验，每一作业段或不超过2 000 m^2 检查6次以上。所有试验结果，均报监理工程师审批。

3. 水泥稳定土底基层、基层

(1)混合料的最小压实用12～15 t 压路机碾压时，每层的压实厚度不应超过150 mm；用18～20 t 压路机碾压时，每层的压实厚度不应超过200 mm，每层最小压实厚度为100 mm。

(2)取样和试验。水泥稳定土应在施工现场每天进行一次或每2 000 m^2 取样一次，检查混合料的级配是否在规定的范围内；并按《公路工程无机结合料稳定材料试验规程》(JTG E51—2009)标准方法进行混合料的含水率、水泥含量和无侧限抗压强度试验；在已完成的铺筑层上按《公路路基路面现场测试规程》(JTG E60—2008)进行压实度试验，每一作业段或不超过2 000 m^2 检查6次以上。基层应取钻件(路面芯样)检验其整体性。水泥稳定基层的龄期达7～10天时，应能取出完整的钻件。对于所有试验结果，均报监理工程师审批。

4. 石灰粉煤灰稳定土底基层、基层

混合料压实，用12～15 t 三轮压路机碾压时，每层的压实厚度不应超过150 mm；用18～20 t 三轮压路机碾压时，每层的压实厚度不应超过200 mm；采用能量大的振动压路机碾压时，每层的压实厚度可以根据试验适当增加。压实厚度超过上述规定时，应分层铺筑，每层的最小压实厚度为100 mm，下层宜稍厚。

5. 级配碎(砾)石底基层、基层

(1)在已完成的底基层、基层上按规范的要求进行取样试验，所有试验结果均应报监理工程师审批。

(2)碎石层在最佳含水率时进行碾压，按重型击实试验法确定的压实度，底基层达到96% 以上，基层达到98% 以上。

5.1.2 施工过程中路面基层、底基层试验检测项目

施工过程中路面基层、底基层试验检测项目包括:原材料试验及基层、底基层现场施工质量控制。

1. 原材料试验

(1)土:颗粒分析、液塑限、含水率。

(2)石灰:钙镁含量测定。

(3)水泥:凝结时间、强度、安定性。

(4)粉煤灰:化学分析、细度、烧失量。

(5)碎石:筛分析、压碎值试验、表观密度、堆积密度、针片状含量。

以上原材料开工前均应进行全面试验,合格后方可开工。施工过程中按频率及材料变化及时检验。

2. 基层、底基层现场施工质量控制

(1)含水率测定;

(2)抗压强度测定;

(3)混合料含水率测定;

(4)压实度检测。

5.2 氧化钙和氧化镁含量测试

5.2.1 有效氧化钙的测试

1. 目的和适用范围

本方法适用于测定各种石灰的有效氧化钙含量。

2. 仪器设备

(1)筛子:0.15 mm,1 个。

(2)烘箱:50 ℃ ~250 ℃,1 台。

(3)干燥器:直径 25 cm,1 个。

(4)称量瓶:直径 30 mm × 50 mm,10 个。

(5)瓷研钵:直径 12 ~ 13 mm,1 个。

(6)分析天平:万分之一,1 台。

(7)架盘天平:感量 0.1 g,1 台。

(8)电炉:1 500 W,1 个。

(9)石棉网:20 cm × 20 cm,1 块。

(10)玻璃珠:直径 3 mm,1 袋(0.25 kg)。

(11)具塞三角瓶:250 ml,20 个。

(12)漏斗:短颈,3 个。

(13)塑料洗瓶:1 个。

(14)塑料桶:20 L,1 个。

(15)下口蒸馏水瓶:5 000 ml,1 个。

(16)三角瓶:300 ml,10 个。

(17)容量瓶:250 ml、1 000 ml,各 1 个。

(18)量筒:200 ml、100 ml、50 ml、5 ml,各 1 个。

(19)试剂瓶:250 ml、1 000 ml,各 5 个。

(20)塑料试剂瓶:1 L,1 个。

(21)烧杯:50 ml,5 个;250 ml(或 300 ml),10 个。

(22)棕色广口瓶:60 ml,4 个;250 ml,5 个。

(23)滴瓶:60 ml,3 个。

(24)酸滴定管:50 ml,2 支。

(25)滴定台及滴定管夹,各 1 套。

(26)大肚移液管:25 ml、50 ml,各 1 支。

(27)表面皿:7 cm,10 块。

(28)玻璃棒:8 mm×250 mm 及 4 mm×180 mm,各 10 支。

(29)试剂勺:5 个。

(30)吸水管:8 mm×150 mm,5 支。

(31)洗耳球:大、小各 1 个。

3. 试剂

(1)蔗糖(分析纯)。

(2)酚酞指示剂:称取 0.5 g 酚酞溶于 50 ml 95% 乙醇中。

(3)0.1% 甲基橙水溶液:称取 0.05 g 甲基橙溶于 50 ml 蒸馏水中。

(4)0.5N 盐酸标准溶液:将 42 ml 浓盐酸(相对密度 1.19)稀释至 1 L,按下述方法标定其当量浓度后备用。

称取 0.800~1.000 g(准确至 0.002 g)已在 180 ℃温度下烘干 2 h 的碳酸钠,置于 250 ml 三角瓶中,加 100 ml 水使其完全溶解;然后加入 2~3 滴 0.1% 甲基橙指示剂,用待标定的盐酸标准溶液滴定,至碳酸钠溶剂由黄色变为橙红色。将溶液加热至沸,并保持微沸 3 min,然后放在冷水中冷却至室温,如此时橙红色变为黄色,则再用盐酸标准溶液滴定,至溶液出现稳定橙红色时为止。

盐酸标准溶液的当量浓度按下式计算:

$$N = Q/V \times 0.053 \tag{5.1}$$

式中:N——盐酸标准溶液当量浓度,g/L;

Q——称取碳酸钠质量,g;

V——滴定时消耗盐酸标准溶液的体积,ml。

4. 准备试样

(1)生石灰试样:将生石灰样品打碎,使颗粒不大于 2 mm。拌和均匀后用四分法缩减至 200 g 左右,放在瓷研钵中研细,再经四分法缩减几次至剩下 20 g 左右。将研磨所得石灰样品通过 0.10 mm 的筛,从此细样中均匀挑取 10 余克,置于称量瓶中在 100 ℃烘干 1 h,贮于干燥器中,供试验用。

(2)消石灰试样:将消石灰样品用四分法缩减至 10 余克左右,如有大颗粒存在须在瓷研钵中磨细至无不均匀颗粒存在为止。置于称量瓶中在 105 ℃~110 ℃烘干 1 h,贮于干燥器中,供试验用。

5. 试验步骤

称取约 0.5 g(用减量法称准至 0.000 5 g)试样放入干燥的 250 ml 具塞三角瓶中,取 5 g 蔗糖覆盖在试样表面,投入干玻璃珠 15 粒,迅速加入新煮沸并已冷却的蒸馏水 50 ml,立即加塞振荡 15 min(如有试样结块或粘于瓶壁现象,则应重新取样),打开瓶塞,用水冲洗瓶塞及瓶壁,加入 2~3 滴酚酞指示剂,以 0.5N 盐酸标准溶液滴定(滴定速度以每秒 2~3 滴为宜),至溶液的粉红色显著消失并在 30 s 内不再复现即为终点。

6. 计算

有效氧化钙的百分含量(X_1)按下式计算:

$$X_1 = \frac{V \times N \times 0.028}{G} \times 100 \tag{5.2}$$

式中:V——滴定时消耗盐酸标准溶液的体积,ml;

0.028——氧化钙毫克当量;

G——试样质量,g;

N——盐酸标准溶液当量浓度。

7. 精密度或允许误差

对同一石灰样品至少应做两个试样和进行两次测定,并取两次结果的平均值代表最终结果。

5.2.2 氧化镁的测试

1. 目的和适用范围

本试验方法适用于测定各种石灰的总氧化镁含量。

2. 仪器设备

同有效氧化钙的测定。

3. 试剂

(1)1:10 盐酸:将 1 体积盐酸(相对密度 1.19)以 10 体积蒸馏水稀释。

(2)氢氧化铵—氯化铵缓冲溶液(pH = 10):将 67.5 g 氯化铵溶液于 300 ml 无二氧化碳蒸馏水中,加浓氢氧化铵(相对密度为 0.90)570 ml,然后用水稀释至 1 000 ml。

(3)酸性铬蓝 K—萘酚绿 B(1:2.5)混合指示剂:称取 0.3 g 酸性铬蓝 K 和 0.75 g 萘酚绿 B 与 50 g 已在 105 ℃温度下烘干的硝酸钾混合研细,保存于棕色广口瓶中。

(4)EDTA 二钠标准溶液:将 10 gEDTA 二钠溶于温热蒸馏水中,待全部溶解并冷却至室温后,用水稀释至 1 000 ml。

(5)氧化钙标准溶液:精确称取 1.784 8 g 在 105 ℃温度下烘干(2 h)的碳酸钙(优级纯),置于 250 ml 烧杯中,盖上表面皿。从杯嘴缓慢滴加 1:10 盐酸 100 ml,加热溶解,待溶液冷却后,移入 1 000 ml 的容量瓶中,用新煮沸冷却后的蒸馏水稀释至刻度摇匀,此溶液 1 ml 相当于 1 mg 氧化钙。

(6)20% 的氢氧化钠溶液:将 20 g 氢氧化钠溶于 80 ml 蒸馏水中。

(7)钙指示剂:将 0.2 g 钙试剂羟酸钠和 20 g 已在 105 ℃温度下烘干的硫酸钾混合研细,保存于棕色广口瓶中。

(8)10% 酒石酸钾钠溶液:将 10 g 酒石酸钾钠溶于 90 ml 蒸馏水中。

(9)三乙醇胺(1:2)溶液:将 1 体积三乙醇胺以 2 体积蒸馏水稀释摇匀。

4. EDTA 二钠标准溶液与氧化钙和氧化镁关系的标定

精确吸取 50 ml 氧化钙标准溶液放于 300 ml 三角瓶中,用水稀释至 100 ml 左右;加入钙指示剂 0.1 g,以 20% 氢氧化钠溶液调整溶液碱度到出现酒红色;再过量加 3 ~4 ml,以 EDTA 二钠标准液滴定,至溶液由酒红色变成纯蓝色为止。

EDTA 二钠标准溶液对氧化钙滴定度按式(5.3)计算:

$$T_{CaO} = CV_1/V_2 \tag{5.3}$$

式中:T_{CaO}——EDTA 二钠标准溶液对氧化钙的滴定度,即 1 ml EDTA 二钠标准溶液相当于氧化钙的毫克数;

C——1 ml 氧化钙标准溶液含有氧化钙的毫克数,等于 1;

V_1——吸取氧化钙标准溶液体积,ml;

V_2——消耗 EDTA 二钠标准溶液体积,ml。

EDTA 二钠标准溶液对氧化镁的滴定度(T_{MgO}),即 1 ml EDTA 二钠标准液相当于氧化镁的毫克数按式(5.4)计算:

$$T_{MgO} = T_{CaO} \times \frac{40.31}{56.08} = 0.72T_{CaO} \tag{5.4}$$

5. 试验步骤

称取约 0.5 g(准确至 0.000 5 g)试样,放入 250 ml 烧杯中,用水湿润,加 30 ml 1:10 盐酸,用表面皿盖住烧杯,加热近沸并保持微沸 8 ~10 min。用水把表面皿洗净,冷却后把烧杯内的沉淀及溶液移入 250 ml 容量瓶中,加水至刻度摇匀。待溶液沉淀后,用移液管吸取 25 ml 溶液,放入 250 ml 三角瓶中,加 50 ml 水稀释后,加酒石酸钾钠溶液 1 ml、三乙醇胺溶液 5 ml,再加入铵-铵缓冲溶液 10 ml、酸性铬蓝 K-萘酚绿 B 指示剂约 0.1 g。用 EDTA 二钠标准溶液滴定至溶液由酒红色变为纯蓝色时即为终点,记下耗用 EDTA 标准溶液体积 V_1。

再从同一容量瓶中用移液管吸取 25 ml 溶液,置于 300 ml 三角瓶中,加水 150 ml 稀释后,加三乙醇胺溶液 5 ml 及 20% 氢氧化钠溶液 5 ml，放入约 0.1 g 钙指示剂。用 EDTA 二钠标准溶液滴定，至溶液由酒红色变为纯蓝色即为终点，记下耗用 EDTA 二钠标准溶液体积 V_2。

6. 计算

氧化镁的百分含量(X_2)按下式计算：

$$X_2 = \frac{T_{MgO}(V_1 - V_2) \times 10}{G \times 1\ 000} \times 100 \tag{5.5}$$

式中：T_{MgO}——EDTA 二钠标准溶液对氧化镁的滴定度；

V_1——滴定钙、镁合量消耗 EDTA 二钠标准溶液体积，ml；

V_2——滴定钙消耗 EDTA 二钠标准溶液体积，ml；

10——总溶液对分取溶液的体积倍数；

G——试样质量，g。

7. 精密度或允许误差

对同一石灰样品至少应做两个试样和进行两次测定，取两次测定结果的平均值代表最终结果。

5.2.3　有效氧化钙和氧化镁合量的简易测试

1. 适用范围

本试验方法适用于氧化镁含量在 5% 以下的低镁石灰（氧化镁被水分解的作用缓慢，如果氧化镁含量高，到达滴定终点的时间很长，从而增加了与空气中二氧化碳的作用时间，影响测定结果）。

2. 仪器设备（图 5.1）

同有效氧化钙测定，除(11)、(17)中的 250 ml、(18)中的 100 ml 及 50 ml、(19)中的 250 ml，(20)、(21)、(22)、(25)、(27)项所列仪器之外。

图 5.1　测试用仪器设备

3. 试剂

(1)1N 盐酸标准液：取 83 ml(相对密度 1.19)浓盐酸以蒸馏水稀释至 1 000 ml，溶液当量浓度的标定与有效氧化钙的测定所述 0.5 N 盐酸溶液的标定方法相同，但无水碳酸钠的称量应为 1.5 ~ 2 g。

(2)1% 酚酞指示剂。

4. 试验步骤

迅速称取石灰试样 0.8 ~ 1.0 g(准确至 0.000 5 g)放入 300 ml 三角瓶中，加入 150 ml 新煮沸并已冷却的蒸馏水和 10 颗玻璃珠。瓶口上插一短颈漏斗，加热 5 min，但勿使其沸腾，迅速冷却。滴入酚酞指示剂 2 滴，在不断摇动下以盐酸标准液滴定，控制速度为每秒 2 ~ 3 滴，至粉红色完全消失，稍停，又出现红色，继续滴入盐酸。如此重复几次,直至 5 min 内不出现红色为止。如滴定过程持续半小时以上,则结果只能作参考。

5. 计算

$$(CaO + MgO)\% = \frac{V \times N \times 0.028}{G} \times 100 \tag{5.6}$$

式中:V——滴定消耗盐酸标准液的体积,ml;

N——盐酸标准液的当量浓度;

G——样品质量,g;

0.028——氧化钙的毫克当量,因氧化镁含量甚少,并且两者之毫克当量相差不大,故有效(CaO + MgO)%的毫克当量都以 CaO 的毫克当量计算。

6. 精密度或允许误差

对同一石灰样品至少应做两个试样和进行两次测定,并取两次测定结果的平均值代表最终结果。

5.3 水泥或石灰剂量测定

5.3.1 EDTA 滴定法

1. 目的和适用范围

(1)本试验方法适用于在工地快速测定水泥和石灰稳定土中水泥和石灰的剂量,并可用以检查拌和的均匀性。用于稳定的土可以是细粒土,也可以是中粒土和粗粒土。本方法不受水泥和石灰稳定土龄期(7 d 以内)的影响。工地水泥和石灰稳定土含水量的少量变化(±2%),实际上不影响测定结果。用本方法进行一次剂量测定,只需 10 min 左右。

(2)本方法也可以用来测定水泥和石灰稳定土中结合料的剂量。

2. 仪器设备

(1)滴定管(酸式)50 ml,1 支。

(2)滴定台,1 个。

(3)滴定管夹,1 个。

(4)大肚移液管:10 ml,10 支。

(5)锥形瓶(即三角瓶):200 ml,20 个。

(6)烧杯:2 000 ml(或 1 000 ml),1 只;300 ml,10 只。

(7)容量瓶:1 000 ml,1 个。

(8)搪瓷杯:容量大于 1 200 ml,10 只。

(9)不锈钢棒(或粗玻璃棒),10 根。

(10)量筒:100 ml 和 5 ml,各 1 只;50 ml,2 只。

(11)棕色广口瓶:60 ml,1 只(装钙红)。

(12)托盘天平:称 500 g、感量 0.5 g 和称量 100 g、感量 0.1 g,各 1 台。

(13)秒表,1 只。

(14)表面皿:直径 9 cm,10 个。

(15)研钵:直径 12 ~ 13 cm,1 个。

(16)土样筛:筛孔 2.0 mm 或 2.5 mm,1 个。

(17)洗耳球(1 两或 2 两),1 个。

(18)精密试纸:pH12 ~ pH14。

(19)聚乙烯桶:20 L,1 个(装蒸馏水);10 L,2 个(装氯化铵及 EDTA 二钠标准液);5 L,1 个(装氢氧化钠)。

(20)毛刷、去污粉、吸水管、塑料勺、特种铅笔、厘米纸。

(21)洗瓶(塑料)500 ml,1 只。

3. 试剂

(1)0.1 mol/m^3 乙二胺四乙酸二钠(简称 EDTA 二钠)标准液:准确称取 EDTA 二钠(分析纯)37.226 g,用微热的无二氧化碳蒸馏水溶解,待全部溶解并冷至室温后,定容至 1 000 ml。

(2)10% 氯化铵(NH_4Cl)溶液:将 500 g 氯化铵(分析纯或化学纯)放在 10 L 聚乙烯桶内,加蒸馏水 4 500 mL,充分振荡,使氯化铵完全溶解。也可以分批在 1 000 ml 的烧杯内配制,然后倒入塑料桶内摇匀。

(3)1.8% 氢氧化钠(内含三乙醇胺)溶液:用 100 g 架盘天平称 18 g 氢氧化钠(NaOH,分析纯),放入洁净干燥的 1 000 ml 烧杯中,加入 1 000 ml 蒸馏水使其全部溶解,待溶解冷至室温后,加入 2 ml 三乙醇胺(分析纯),搅拌均匀后储于塑料桶中。

(4)钙红指示剂:将 0.2 g 钙试剂羟酸钠(分子式 $C_{21}H_{13}O_7N_2SN_a$,分子量 460.39)与 20 g 预先在 105 ℃烘箱中烘 1 h 的硫酸钾混合,一起放入研钵中,研成极细粉末,储于棕色广口瓶中,以防吸潮。

4. 准备标准曲线

(1)取样:取工地用石灰和集料,风干后分别过 2.0 mm 或 2.5 mm 的筛,用烘干法或酒精燃烧法测其含水率(如为水泥可假定其含水量为 0%)。

(2)混合料组成的计算。

$$干料质量=\frac{湿料质量}{(1+含水量)} \tag{5.7}$$

计算步骤:

①求干混合料质量 $=\dfrac{300\ g}{(1+最佳含水量)}$

②干土质量 = 干混合料质量/[1 + 石灰(或水泥)剂量]

③干石灰(或水泥)质量 = 干混合料质量 − 干土质量

④湿土质量 = 干土质量 × (1 + 土的风干含水率)

⑤湿石灰质量 = 干石灰 × (1 + 石灰的风干含水率)

⑥石灰土中应加入的水 = 300g − 湿土质量 − 湿石灰质量

(3)准备 5 种试样,每种 2 个样品(以水泥集料为例),如下:

1 种:称 2 份 300 g 集料分别放在 2 个搪瓷杯内,集料的含水量应等于工地预期达到的最佳含水量(如为细粒土,则每份的质量可以减为 100 g)。集料中所加的水应与工地所用的水相同(300 g 为湿质量)。

2 种:准备 2 份水泥剂量为 2% 的水泥土混合料试样,每份均重 300 g,并分别放在 2 个搪瓷杯内。水泥土混合料的最佳含水量应等于工地预期达到的最佳含水量。混合料中所加的水应与工地所用的水相同。

3 种、4 种、5 种:各准备 2 份水泥剂量分别为 4%、6%、8% 的水泥土混合料试样(在此,准备标准曲线的水泥剂量为:0%、2%、4%、6% 和 8%,实际工作中应使工地实际所用水泥或石灰的剂量位于准备标准曲线时所用剂量的中间),每份均重 300 g,并分别放在 6 个搪瓷杯内,其他要求同 1 种。

(4)取一个盛有试样的搪瓷杯,在杯内加 600 ml 10% 氯化铵溶剂(当仅用 100 g 混合料时,只需200 ml 10% 氯化铵溶液),用不锈钢搅拌棒充分搅拌 3 min(每分钟搅 110 ~ 120 次)。如水泥(或石灰)土混合料中的土是细粒土,则也可以用 1 000 ml 具塞三角瓶代替搪瓷杯,手握三角瓶(瓶口向上)用力振荡 3 min(每分钟 120 次 ±5 次),以代替搅拌棒搅拌。放置沉淀 4 min[如 4 min 后得到的是混浊悬浮液,则应增加放置沉淀时间,直到出现澄清悬浮液为止,并记录所需的时间,以后所有该种水泥(或石灰)土混合料的试验,均应以同一时间为准],然后将上部清液转移到 300 ml 烧杯内,搅匀,加盖表面皿待测。

(5)用移液管吸取上层(液面下 1 ~ 2 cm)悬浮液 10.0 ml 放入 200 ml 的三角瓶内,用量筒量取500 ml 1.8% 的氢氧化钠(内含三乙醇胺)倒入三角瓶中,此时溶液 pH 值为 12.5 ~ 13.0(可用 pH12 ~ 14 精密试纸检验),然后加入钙红指示剂(体积约为黄豆大小),摇匀,溶剂呈玫瑰红色。用 EDTA 二钠标准液滴定到纯蓝色为终点,记录 EDTA 二钠的耗量(以 ml 计,读至 0.1 ml)。

(6)对其他几个搪瓷杯中的试样,用同样的方法进行试验,并记录各自 EDTA 二钠的耗量。

(7)以同一水泥或石灰剂量混合料消耗EDTA二钠毫升数的平均值为纵坐标,以水泥或石灰剂量(%)为横坐标制图。两者的关系应是一根顺滑的曲线,如图5.2所示。如素集料或水泥或石灰改变,必须重做标准曲线。

5. 试验步骤

(1)选取有代表性的水泥土或石灰土混合料,称300 g放在搪瓷杯中,用搅拌棒将结块搅散,加600 ml 10%氯化铵溶液,然后如前述步骤那样进行试验。

(2)利用所绘制的标准曲线,根据所消耗的EDTA二钠毫升数,确定混合料中的水泥或石灰剂量(图5.2)。

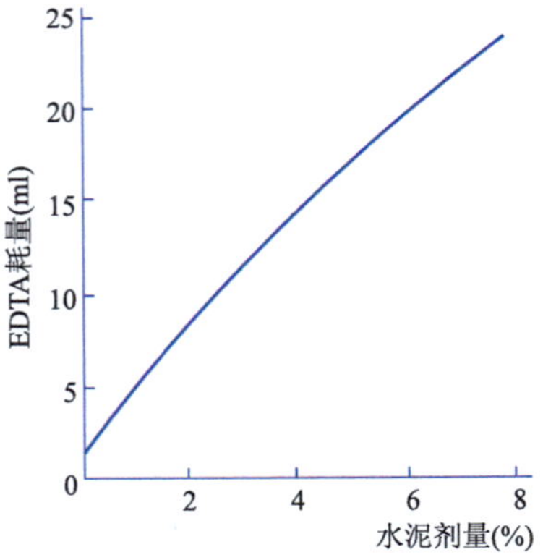

图5.2 标准曲线

6. 注意事项

(1)每个样品搅拌的时间、速度和方式应力求相同,以增加试验的精度。

(2)做标准曲线时,如工地实际水泥剂量较大,素集料和低剂量水泥的试样可以不做,而直接用较高的剂量做试验,但应有两种剂量大于实用剂量,以及两种剂量小于实用剂量。

(3)配制的氯化铵溶液最好当天用完,不要放置过久,以免影响试验的精度。

5.3.2 直读式测钙仪法

1. 目的和适用范围

本试验方法适用于测定新拌石灰土中石灰的剂量。

2. 仪器设备

(1)钙离子选择性电极(PVC薄膜),1支。

(2)饱和甘汞电极,232(或330)型,1支。

(3)直读式测钙仪,1台。

(4)架盘天平:感量0.1 g及0.5 g,各1台。

(5)量筒:1 000 ml、200 ml、50 ml,各1只。

(6)具塞三角瓶:1 000 ml,10个(或搪瓷杯10个);500 ml,4个。

(7)烧杯:2 000 ml,1个;300 ml,10个;50 ml,15个。

(8)容量瓶:1 000 ml,1个。

(9)塑料瓶(桶):10 L,2个;1 000 ml,3个;250 ml,2个。

(10)土壤筛:2 mm或2.5 mm筛孔,1个。

(11)大肚移液管:100 ml,1支。

(12)干燥器:1个。

(13)表面皿:直径90 mm,10个;直径50 mm,15个。

(14)计时器:1只。

(15)搅拌子:20只。

(16)电炉、石棉网,各1个。

(17)洗瓶:500 ml,1个。

(18)其他:吸水管,洗耳球,粗、细玻璃棒,试剂勺。

3. 制备溶液

(1)10%氯化铵溶液。将100 g氯化铵放入大烧杯中,加水(饮用水即可)900 ml,搅拌均匀后,存放于塑料桶内保存(注:配制体积,可根据待测样品数量确定)。

(2)10^{-1} mol/m^{3}氯化钙标准溶液。将分析纯碳酸钙($CaCO_3$)在180 ℃烘箱中烘2 h后,取出放入干燥器内冷却45 min。用万分之一天平或千分之一天平准确称取已冷却的碳酸钙10.009 g放入300 ml烧杯中,盖上表面皿。用少许蒸馏水润湿后，从杯口用吸水管沿杯壁逐滴滴入 1:5稀盐酸（18 ml 盐酸加 90 ml 蒸馏水）并轻摇杯子，使碳酸钙全部溶解。然后用洗瓶吹洗表面皿和杯壁，移至电炉上加热并保持微沸 5 min，以驱除二氧化碳。冷却后转移至1 000 ml 容量瓶中，用蒸馏水多次沿杯壁冲洗烧杯，将冲洗的水一并倒入容量瓶中。当蒸馏水加到约 950 ml 左右时，再用 20% 氢氧化钠调至中性，使 pH 值为 7。最后用蒸馏水稀释至刻度，反复摇匀，静置后倒入 1 000 ml 塑料瓶中备用。（注：装有各种溶液的塑料瓶（桶）均应贴上标签，写明浓度、溶液名称和配制日期）

(3) 10^{-2} mol/m^3 氯化钙标准溶液。用大肚移液管吸取 100 ml 10^{-1} mol/m^3 氯化钙标准溶液放入 1 000 ml 容量瓶中，加蒸馏水稀释到刻度后，充分摇匀，转入 1 000 ml 塑料瓶中备用。

(4) 10^{-3} mol/m^3 氯化钙标准溶液。用大肚移液管吸取 100 ml 10^{-2} mol/m^3 氯化钙标准溶液放入 1 000 ml 容量瓶中，加蒸馏水稀释到刻度，充分摇匀，转入 1 000 ml 塑料瓶中备用。

(5) 氯化钾饱和溶液。用感量为 0.1 g 的架盘天平称分析纯氯化钾（KCl）70 g，放入 300 ml 烧杯中，用量筒取 200 ml 蒸馏水倒入烧杯内，用玻璃棒充分搅动，溶液中应留有结晶（溶液呈过饱和状态），移入塑性瓶中备用。

(6) 20% 氢氧化钠溶液。用感量 0.1 g 的架盘天平迅速称取 40 g 分析纯氢氧化钠（NaOH）放入 300 ml 烧杯中，加入 160 ml 新煮沸并冷却的蒸馏水。用玻璃棒充分搅匀后，转入塑料瓶中备用（若用玻璃瓶装，瓶塞改用橡皮塞，避免因久放瓶塞打不开）。

4. 准备仪器和电极

(1) 钙电极：在测定的前一天，应将内参比电极从套管中取出，向管中滴入 10^{-1} mol/m^3 氯化钙标准溶液 15 滴左右，再将内参比电极装回管内。在每天进行测定之前，将钙电极有薄膜的一端放在 10^{-2} mol/m^3 氯化钙标准溶液中浸泡 2 h，使电极活化。使用前取出电极，用水冲洗并以软纸吸干电极上的水分。

(2) 甘汞电极：检查内液面是否与上部加液口平，若内液面低时，拔去加液口橡皮帽并用滴管添加氯化钾饱和溶液。测定时拔去上端加液口橡皮帽和下端橡皮帽，用水冲洗并以软纸吸干水分。

(3) 仪器：在测定前接通钙仪电源，使仪器预热 20 min。

5. 准备石灰土标准剂量浸提液

(1) 土样：将现场土通过孔径 2 mm 或 2.5 mm 的筛。

(2) 石灰：将现场所用石灰通过孔径 2 mm 或 2.5 mm 的筛后，贮入具塞的容器内备用。

(3) 测定土和石灰的风干含水量。

(4) 确定石灰土的最佳含水量。

(5) 计算 6%、14% 石灰土中石灰、土和水的质量。

(6) 石灰土标准剂量浸提液的制备。用准备好的土和石灰配制 6%、14% 的石灰土标准剂量浸提液供标定仪器用（注：可以根据设计剂量选择石灰土标准浸提液剂量的上限。如果剂量高时，标定所用剂量的上限可以是 16% 或 18% 等。此时标定仪器过程中调节旋钮应使之显示 16.0 或 18.0 等）。用感量为 0.1 g 和 0.5 g 的架盘天平按本条(5)中计算得的量分别称取准备好的土样和石灰，制备以上两种剂量的石灰土混合料各 300 g，分别放入 1 000 ml 具塞三角瓶（或搪瓷杯）中，混匀。用刻度吸管（或量筒）加入本条(5)中计算得的水量，再用量筒加入 10% 氯化铵溶液 600 ml（注：对于细粒土，也可以用 100 g 混合料。此时可将混合料放入 500 ml 具塞三角瓶中，并加 200 ml 10% 氯化铵溶液）。盖紧塞子用手振荡（或用不锈钢棒搅拌）2 min，保持每分钟 120 次 ±5 次，静止 4 min 后将上部清液倒入干燥、洁净的 500 ml 具塞三角瓶中，摇匀，瓶外加贴标签，供以后标定仪器时用。

当石灰品种、土质和水质相同时，制备的 6%、14% 石灰土标准剂量浸提液可供连续标定 10 天之用。

6. 标定仪器

将上述制备好的标准液分别倒出 25 ~ 30 ml 于干燥、洁净的 50 ml 烧杯中，各加入一只搅拌子。先将 6% 标准液放在直读式测钙仪上，待仪器开始搅拌后放入钙电极和甘汞电极，停止搅拌后，调整校正 I 旋钮，使之显示 6.0；采样读数结束。将电极提起，取下 6% 标准液，用水冲洗电极并用软纸吸干电极上的水。再将装有 14% 标准液的烧杯放在直读式测钙仪上，开始搅拌后，放入钙电极和甘汞电极。停止搅拌后，调整校正

Ⅱ旋钮，使之显示14.0。如此重复2~3次。每次用6%和14%标准液校正均能显示6.0和14.0时，仪器标定即完毕。

7. 试验步骤

(1)从施工现场同一位置取约1 000 g具有代表性的石灰土试样，经进一步拌匀之后，使其全部通过2 mm或2.5 mm筛孔。

(2)用感量0.5 g的架盘天平称取两份石灰土试样各300 g，并分别放入两个1 000 ml具塞三角瓶中，每个三角瓶中加10%氯化铵溶液600 ml。盖紧塞子用手振荡(或用不锈钢棒搅拌)2 min，保持每分钟120次±5次。静止4 min后将25~30 ml待测液倒入干燥、洁净的50 ml烧杯中。加入一只搅拌子并放在直读式测钙仪上，仪器开始搅拌后，放入钙电极和甘汞电极，待停止搅拌后，仪器显示的数值即为该样品的石灰剂量。再重复测试一次，取两次测试结果的平均值。

8. 注意事项

(1)在计算6%和14%混合料的组成时，应使混合料的最佳含水量与施工碾压时的最佳含水量相近。

(2)若土、石灰或水质有变化时，必须重新配制6%和14%(或16%、18%)石灰土标准剂量浸提液，并用它标定仪器。

(3)制备每个样品的浸提液时，搅拌的时间、速度和方式应力求相同。配制的氯化铵溶液当天用完，不宜放置过久。

(4)所用器具必须用水冲洗干净。

(5)每测完一个样品应用蒸馏水或自来水冲洗电极，并用软纸吸干后再测一个样品。

(6)若进行全天测试，午间休息时可将钙电极薄膜端浸泡在10^{-3} mol氯化钙标准溶液中，下午测定前不必进行活化。下午测定结束后应用水冲洗电极，并用软纸将水吸干，套上橡皮帽，然后挂起干放保存，次日用前再进行活化。

(7)在连续使用时，钙电极的内参比液应每周更换一次，以保证试验的稳定性。

5.4 无机结合料稳定土试验检测

5.4.1 无机结合料稳定土击实试验

1. 目的及适用范围

无机结合料在国外常称水硬性结合料，它主要指水泥、石灰、粉煤灰和石灰或水泥粉煤灰。所用术语水泥稳定土、石灰稳定土、石灰粉煤灰稳定土等都是总称。

水泥遇水就要开始水化作用，从加水拌和到进行击实试验间隔的时间愈长，水泥的水化作用和结硬程度就愈大。水化作用会影响水泥混合料所能达到的密实度，间隔时间愈长，影响愈大，所以，水泥不参与土与其他混合料的浸润过程，仅在击实前1 h内将其和已浸润过的料进行拌和。另外，含水的测试也应采用无机结合料稳定土的含水率测试法。

2. 试验方法

试验方法类型见表5.1，它和常规土击实试验略有不同。

表5.1 无机结合料稳定土击实试验方法类型

类别	锤的质量(kg)	锤击面直径(cm)	落高(cm)	试筒尺寸			锤击层数	每层锤击次数	平均单位击实功(J)	容许最大粒径(mm)
				内径(cm)	高(cm)	容积(cm^3)				
甲	4.5	5.0	45	10	12.7	997	5	27	2.687	25
乙	4.5	5.0	45	15.2	12.0	2 177	5	59	2.687	25
丙	4.5	5.0	50	15.2	12.0	2 177	3	98	2.677	40

试料的准备可参照常规土击实法进行。试件制备时，先将除水泥以外的设计料按比例称取并充分拌和

均匀。

按下式分别给要求达到含水量的试料配水。

$$Q_w=\left(\frac{Q_n}{1+0.01w_n}+\frac{Q_c}{1+0.01w_c}\right)\times 0.01w-\frac{Q_n}{1+0.01w_n}\times 0.01w_n-\frac{Q_c}{1+0.01w_c}\times 0.01w_c \tag{5.8}$$

式中：Q_w——混合料中应加的水量，g；

Q_n——混合料中素土（或集料）的质量，其原始含水率为 w_n，%；

Q_c——混合料中水泥或石灰的质量，g，其原始含水率为 w_c，%；

w——要求达到的混合料的含水率，%。

给试样配水后将其装入密封容器或塑料口袋内浸润备用。击实前 1 h 内将所需要的稳定剂水泥加至浸润后的试料中并且拌和均匀。

击实过程类似于普通土击实过程，击实后含水量应按无机结合料稳定土含水率的要求测定。资料整理过程也类同于普通土击实方法。

当试样中大于规定最大粒径的超尺寸颗粒的含量为 5% ~30% 时，按下式对试验所得最大干密度和最佳含水率进行校正：

$$\rho'_{dmax}=\rho_{dmax}(1-0.01P)+0.9\times 0.01PG'_{\alpha} \tag{5.9}$$

$$w'_0=w_0(1-0.01P)+0.01Pw_{\alpha} \tag{5.10}$$

式中：ρ'_{dmax}——校正后的最大干密度，g/cm^3；

ρ_{dmax}——试验所得的最大干密度 g/cm^3；

P——试样中超尺寸颗粒的百分率；

G'_{α}——超尺寸颗粒的毛体积相对密度；

w'_0——校正后的最佳含水率，%；

w_{α}——超尺寸颗粒的吸水量，%；

w_0——试验所得的最佳含水率，%。

3. 注意事项

（1）试验集料的最大粒径宜控制在 25 mm 以内，最大不得超过 40 mm（圆孔筛）。

（2）试料浸润时间：黏性土 12 ~24 h，粉性土 6 ~8 h，砂性土、砂砾土、红土砂砾、级配砂砾等 4 h 左右，含土很少的未筛分碎石、砂砾和砂等 2 h。

（3）试料浸润后才加水泥，并应在 1 h 内完成击实试验，拌和后超过 1 h 的试样，应予作废。石灰可与试料一起拌匀后浸润。

（4）试料不得重复使用。

（5）应做两次平行试验，两次试验最大干密度的差不应超过 0.05 g/cm^3（稳定细粒土）和 0.08 g/cm^3（稳定中粒土和粗粒土），最佳含水率的差不应超过 0.5%（最佳含水率小于 10%）和 1.0%（最佳含水率大于 10%）。

5.4.2　无侧限抗压强度试验方法

1. 目的和适用范围

本试验方法适用于测定无机结合料稳定土（包括稳定细粒土、中粒土和粗粒土）试件的无侧限抗压强度，有室内配合比设计试验及现场检测。本试验方法包括：按照预定干密度用静力压实法制备试件以及用锤击法制备试件，试件都是高：直径 =1:1的圆柱体。应该尽可能用静力压实法制备等干密度的试件。

室内配合比设计试验和现场检测两者在试料准备上是不同的，前者根据设计配合比称取试料并拌和，按要求制备试件；后者则在工地现场取拌和的混合料作试料，并按要求制备试件。

2. 取样频率

在现场按规定频率取样，按工地预定达到的压实度制备试件。试件数量每 2 000 m^2 或每工作班：无论稳定细粒土、中粒土或粗粒土，当多次试验结果的偏差系数 $C_v\leqslant 10\%$ 时，可为 6 个试件；$C_v=10\%\sim 15\%$ 时，可为 9 个试件；$C_v > 15\%$ 时，则需 13 个试件。

3. 仪器设备（图 5.3）

（1）圆孔筛：孔径 40 mm、25 mm（或 20 mm）及 5 mm 的筛各一个。

（2）试模：适用于下列不同土的试模尺寸为：

细粒土（最大粒径不超过 10 mm）：试模的直径 × 高 = 50 mm × 50 mm

中粒土（最大粒径不超过 25 mm）：试模的直径 × 高 = 100 mm × 100 mm

粗粒土（最大粒径不超过 40 mm）：试模的直径 × 高 = 150 mm × 150 mm

（3）脱模器。

（4）反力框架：规格为 400 kN 以上。

（5）液压千斤顶（200 ~ 1 000 kN）。

（6）击锤和导管：击锤的底面直径 50 mm，总质量 4.5 kg，击锤在导管内的总行程为 450 mm。

（7）密封湿气箱或湿气池：放在保持恒温的小房间内。

（8）水槽：深度应大于试件高度 50 mm。

（9）路面材料强度试验仪或其他合适的压力机，但后者的规格应不大于 200 kN。

（10）天平：感量 0.01 g。

（11）台秤：称量 10 kg，感量 5 g。

（12）量筒、拌和工具、漏斗、大小铝盒、烘箱等。

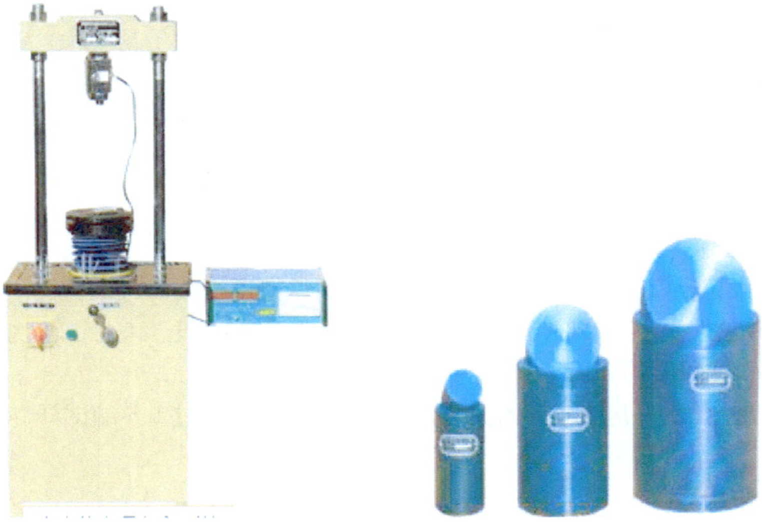

图 5.3 仪器设备

4. 试验准备

（1）试料准备。将具有代表性的风干试料（必要时，也可以在 50 ℃烘箱内烘干）用木锤和木碾捣碎，但应避免破碎粒料的原粒径。将土过筛并进行分类，如试料为粗粒土，则除去大于 40 mm 的颗粒备用；如试料为中粒土，则除去大于 25 mm 或 20 mm 的颗粒备用；如试料为细粒土，则除去大于 10 mm 的颗粒备用。

在预定做试验的前一天，取有代表性的试料测定其风干含水率。对于细粒土，试样应不少于 100 g；对于粒径小于 25 mm 的中粒土，试样应不少于 1 000 g；对于粒径小于 40 mm 的粗粒土，试样的质量应不少于 2 000 g。

（2）按《公路工程无机结合料稳定材料试验规程》（JTG E51—2009）确定无机结合料混合料的最佳含水量和最大干密度。

（3）配制混合料（图 5.4）。

①对于同一无机结合料剂量的混合料，需要制备相同状态的试件数量（即平行试验的数量）与土类及操

作的仔细程度有关。对于无机结合料稳定细粒土，至少应该制 6 个试件；对于无机结合料稳定中粒土和粗粒土，至少分别应该制 9 个和 13 个试件。

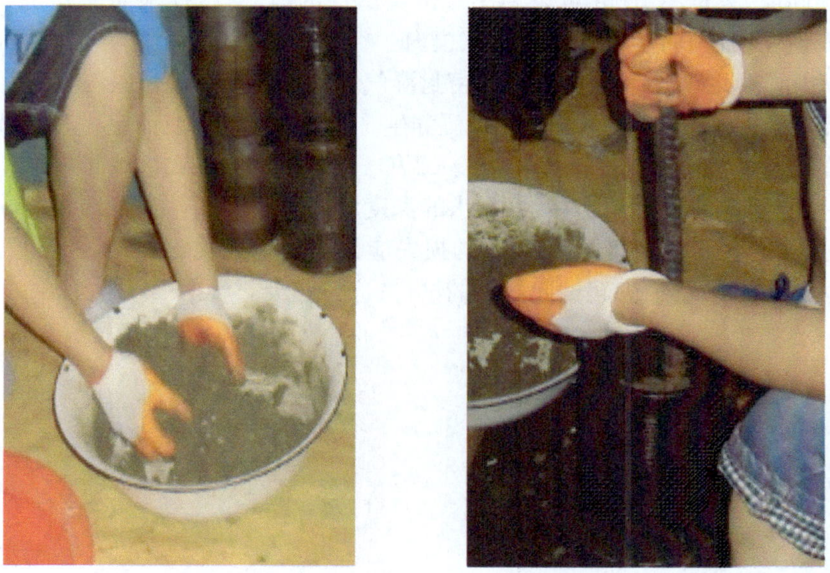

图 5.4　配制混合料

②称取一定数量的风干土并计算干土的质量，其数量随试件大小而变。对于 50 mm×50 mm 的试件，1 个试件约需干土 180～210 g；对于 100 mm×100 mm 的试件，1 个试件约需干土 1 700～1 900 g；对于 150 mm×150 mm 的试件，1 个试件约需干土 5 700～6 000 g。

对于细粒土，可以一次称取 6 个试件的土；对于中粒土，可以一次称取 3 个试件的土；对于粗粒土，一次只称取一个试件的土。

③将称好的土放在长方盘（约 400 mm×600 mm×70 mm）内。向土中加水，对于细粒土（特别是黏性土）使其含水率较最佳含水率小 3%，对于中粒土和粗粒土可按最佳含水率加水。将土和水拌和均匀后放在密闭容器内浸润备用。如为石灰稳定土和水泥、石灰综合稳定土，可将石灰和土一起拌匀后进行浸润。

浸润时间：黏性土 12～24 h；粉性土 6～8 h；砂性土、砂砾土、红土砂砾、级配砂砾等可以缩短到 4 h 左右；含土很少的未筛分碎石、砂砾及砂可以缩短到 2 h。

④在浸润过的试料中，加入预定数量的水泥或石灰（水泥或石灰剂量按干土即干集料质量的百分率计）并拌和均匀。在拌和过程中，应将预留的 3% 的水（对于细粒土）加入土中，使混合料的含水率达到最佳含水率。拌和均匀的加有水泥的混合料应在 1 h 内按下述方法制成试件，超过 1 h 的混合料应该作废。其他结合料稳定土的混合料虽不受此限，但也应尽快制成试件。

(4) 按预定的干密度制件。用反力框架和液压千斤顶制件。制备一个预定干密度的试件，需要的稳定土混合料数量 m_1(g) 可按下式计算：

$$m_1 = \rho_d V(1 + w) \tag{5.11}$$

式中：V——试模的体积，cm^3；

w——稳定土混合料的含水率，%；

ρ_d——稳定土试件的干密度，g/cm^3。

将试模的下压柱放入试模的下部，但外露 2 cm 左右。将称量的规定数量的稳定土混合料 m_1(g) 分 2～3 次灌入试模中（利用漏斗），每次灌入后用夯棒轻轻均匀插实。如制的是 50 mm×50 mm 的小试件，则可以将混合料一次倒入试模中，然后将上压柱放入试模内，应使上压柱也外露 2 cm 左右（即上下压柱露出试模外的部分应该相等）。

将整个试模（边同上下压柱）放到反力框架内的千斤顶上（千斤顶下应放一扁球座），加压直到上下压柱都压入试模为止。维持压力 1 min，解除压力后，取下试模，拿去上压柱，并放到脱模器上将试件顶出（利用千斤顶和下压柱)。称试件的质量 m_2,小试件准确到 1 g;中试件准确到 2 g;大试件准确到 5 g。然后用游标卡尺量试件的高度 h,准确到 0.1 mm。

用击锤制件步骤同前,只是用击锤(可以利用做击实试件的锤,但压柱顶面需要垫一块牛皮或胶皮,以保护锤面和压柱顶面不受损伤)将上下压柱打入试模内。

养生试件从试模内脱出并称量后,应立即放到密封湿气箱和恒温室内进行保温保湿养生。但中试件和大试件应先用塑料薄膜包覆,有条件时,可采用蜡封保湿养生。养生时间视需要而定,作为工地控制,通常都只取 7 d。整个养生期间的温度,在北方地区应保持 20 ℃ ±2 ℃,在南方地区应保持 25 ℃ ±2 ℃。(图 5.5)

养生期的最后一天,应该将试件浸泡在水中,水的深度应使水面在试件顶上约 2.5 cm。在浸泡水中前,应再次称试件的质量 m_3。在养生期间,试件质量的损失应该符合下列规定:小试件不超过 1 g;中试件不超过 4 g;大试件不超过 10 g。质量损失超过此规定的试件,应该作废。(图 5.6)

图 5.5　试件养生室养生

图 5.6　将试件浸泡在水中

5. 无侧限抗压强度试验

(1)将已浸水一昼夜的试件从水中取出,用软的旧布吸试件表面的可见自由水,并称试件的质量 m_4。(图 5.7)

图 5.7　无侧限抗压实验

(2)用游标卡尺量试件的高度 h_1,准确到 0.1 mm。

(3)将试件放到路面材料强度试验仪的升降台上(台上先放一扁球座),进行抗压试验。试验过程中,应使试件的形变等速增加,并保持速率约为 1 mm/min。记录试件破坏时的最大压力 P(N)。

(4)从试件内部取有代表性的样品(经过打破)测定其含水率 w_1。

6. 计算

(1)试件无侧限抗压强度 R_c 的计算。

对于小试件:
$$R_c = \frac{P}{A} = 0.000\ 51P(\text{MPa}) \tag{5.12}$$

对于中试件:
$$R_c = \frac{P}{A} = 0.000\ 127P(\text{MPa}) \tag{5.13}$$

对于大试件：

$$R_c=\frac{P}{A}=0.000\,057P(\text{MPa}) \tag{5.14}$$

式中：P——试件破坏时的最大压力，N；

A——试件的截面积，$A=\frac{\pi}{4}D^2$；

D——试件的直径，mm。

（2）精密度或允许误差。若干次平行试验的偏差系数 C_v（%）应符合下列规定：小试件，不大于 10%；中试件，不大于 15%；大试件，不大于 20%。

7. 强度评定

如为现场检测，需按下述方法对无侧限抗压强度进行评定。

（1）评定路段试样的平均强度$\overline{R_c}$应满足下列要求。

$$\overline{R_c}\geqslant R_d/(1-Z_aC_v) \tag{5.15}$$

式中：R_d——设计抗压强度，MPa；

C_v——试验结果的偏差系数（以小数计）；

Z_a——标准正态分布表中随保证率而变的系数，高速公路、一级公路：保证率 95%，$Z_a=1.645$；其他公路：保证率 90%，$Z_a=1.282$。

（2）评定路段内无机结合料稳定材料强度评为合格时得满分，不合格时得零分。

8. 报告

报告应包括以下内容：

（1）材料的颗粒组成；

（2）水泥的种类和标号或石灰的等级；

（3）确定最佳含水率时的结合料用量以及最佳含水率（%）和最大干密度（g/cm^3）；

（4）水泥或石灰剂量（%）或石灰（或水泥）、粉煤灰和集料的比例；

（5）试件干密度（准确到 0.01 g/cm^3）或压实度；

（6）吸水量以及测抗压强度时的含水率（%）；

（7）抗压强度：小于 2.0 MPa 时，采用两位小数，并用偶数表示；大于 2.0 MPa 时，采用 1 位小数；

（8）若干个试验结果的最小值和最大值、平均值$\overline{R_c}$、标准差 S、偏差系数 C_v和 95% 概率的值 $R_{c0.95}$（$=\overline{R_c}-1.645S$）。

计 划 单

<table>
<tr><td>学习领域</td><td colspan="6">路桥工程检测技术</td></tr>
<tr><td>学习情境</td><td colspan="3">路面基层工程检测</td><td>学　时</td><td colspan="2">12</td></tr>
<tr><td>任　务</td><td colspan="3">路面基层工程现场试验检测</td><td>学　时</td><td colspan="2">6</td></tr>
<tr><td>计划方式</td><td colspan="6">小组讨论、团结协作共同制订计划</td></tr>
<tr><td>序　号</td><td colspan="5">实施步骤</td><td>使用资源</td></tr>
<tr><td>1</td><td colspan="5"></td><td></td></tr>
<tr><td>2</td><td colspan="5"></td><td></td></tr>
<tr><td>3</td><td colspan="5"></td><td></td></tr>
<tr><td>4</td><td colspan="5"></td><td></td></tr>
<tr><td>5</td><td colspan="5"></td><td></td></tr>
<tr><td>6</td><td colspan="5"></td><td></td></tr>
<tr><td>7</td><td colspan="5"></td><td></td></tr>
<tr><td>8</td><td colspan="5"></td><td></td></tr>
<tr><td>9</td><td colspan="5"></td><td></td></tr>
<tr><td>制订计划说明</td><td colspan="6"></td></tr>
<tr><td rowspan="3">计划评价</td><td>班　级</td><td></td><td>第　组</td><td>组长签字</td><td colspan="2"></td></tr>
<tr><td>教师签字</td><td colspan="2"></td><td>日　期</td><td colspan="2"></td></tr>
<tr><td colspan="6">评语：</td></tr>
</table>

决　策　单

<table>
<tr><td>学习领域</td><td colspan="5">路桥工程检测技术</td></tr>
<tr><td>学习情境</td><td colspan="3">路面基层工程检测</td><td>学　时</td><td>12</td></tr>
<tr><td>任　务</td><td colspan="3">路面基层工程现场试验检测</td><td>学　时</td><td>6</td></tr>
<tr><td colspan="6">方案讨论</td></tr>
<tr><td rowspan="11">方案对比</td><td>组号</td><td>方案合理性</td><td>实施可操作性</td><td>安全性</td><td>综合评价</td></tr>
<tr><td>1</td><td></td><td></td><td></td><td></td></tr>
<tr><td>2</td><td></td><td></td><td></td><td></td></tr>
<tr><td>3</td><td></td><td></td><td></td><td></td></tr>
<tr><td>4</td><td></td><td></td><td></td><td></td></tr>
<tr><td>5</td><td></td><td></td><td></td><td></td></tr>
<tr><td>6</td><td></td><td></td><td></td><td></td></tr>
<tr><td>7</td><td></td><td></td><td></td><td></td></tr>
<tr><td>8</td><td></td><td></td><td></td><td></td></tr>
<tr><td>9</td><td></td><td></td><td></td><td></td></tr>
<tr><td>10</td><td></td><td></td><td></td><td></td></tr>
<tr><td>方案评价</td><td colspan="5">评语：</td></tr>
</table>

班　级		组长签字		教师签字		年　月　日

实 施 单

<table>
<tr><td>学习领域</td><td colspan="3">路桥工程检测技术</td></tr>
<tr><td>学习情境</td><td>路面基层工程检测</td><td>学　时</td><td>12</td></tr>
<tr><td>任　务</td><td>路面基层工程现场试验检测</td><td>学　时</td><td>6</td></tr>
<tr><td>实施方式</td><td colspan="3">小组成员合作;动手实践</td></tr>
<tr><td>序　号</td><td colspan="2">实施步骤</td><td>使用资源</td></tr>
<tr><td>1</td><td colspan="2"></td><td></td></tr>
<tr><td>2</td><td colspan="2"></td><td></td></tr>
<tr><td>3</td><td colspan="2"></td><td></td></tr>
<tr><td>4</td><td colspan="2"></td><td></td></tr>
<tr><td>5</td><td colspan="2"></td><td></td></tr>
<tr><td>6</td><td colspan="2"></td><td></td></tr>
<tr><td>7</td><td colspan="2"></td><td></td></tr>
<tr><td>8</td><td colspan="2"></td><td></td></tr>
<tr><td colspan="4">实施说明:</td></tr>
</table>

<table>
<tr><td>班　级</td><td></td><td>第　组</td><td>组长签字</td><td></td></tr>
<tr><td>教师签字</td><td colspan="2"></td><td>日　期</td><td></td></tr>
<tr><td>评　语</td><td colspan="4"></td></tr>
</table>

检　查　单

学习领域	路桥工程检测技术			
学习情境	路面基层工程检测		学　　时	12
任　　务	路面基层工程现场试验检测		学　　时	6
序　　号	检查项目	检查标准	学生自查	教师检查
1				
2				
3				
4				
5				
6				
7				
8				
9				

检查评价					
	班　　级		第　　组	组长签字	
	教师签字		日　　期		
	评语：				

评 价 单

<table>
<tr><td>学习领域</td><td colspan="8">路桥工程检测技术</td></tr>
<tr><td>学习情境</td><td colspan="4">路面基层工程检测</td><td colspan="2">学 时</td><td colspan="2">12</td></tr>
<tr><td>任 务</td><td colspan="4">路面基层工程现场试验检测</td><td colspan="2">学 时</td><td colspan="2">6</td></tr>
<tr><td>评价类别</td><td>项 目</td><td colspan="2">子 项 目</td><td>个人评价</td><td colspan="2">组内互评</td><td colspan="2">教师评价</td></tr>
<tr><td rowspan="7">专业能力</td><td rowspan="2">资讯
（10%）</td><td colspan="2">搜集信息（5%）</td><td></td><td colspan="2"></td><td colspan="2"></td></tr>
<tr><td colspan="2">引导问题回答（5%）</td><td></td><td colspan="2"></td><td colspan="2"></td></tr>
<tr><td>计划
（5%）</td><td colspan="2"></td><td></td><td colspan="2"></td><td colspan="2"></td></tr>
<tr><td>实施
（20%）</td><td colspan="2"></td><td></td><td colspan="2"></td><td colspan="2"></td></tr>
<tr><td>检查
（10%）</td><td colspan="2"></td><td></td><td colspan="2"></td><td colspan="2"></td></tr>
<tr><td>过程
（5%）</td><td colspan="2"></td><td></td><td colspan="2"></td><td colspan="2"></td></tr>
<tr><td>结果
（10%）</td><td colspan="2"></td><td></td><td colspan="2"></td><td colspan="2"></td></tr>
<tr><td rowspan="2">社会能力</td><td>团结协作
（10%）</td><td colspan="2"></td><td></td><td colspan="2"></td><td colspan="2"></td></tr>
<tr><td>敬业精神
（10%）</td><td colspan="2"></td><td></td><td colspan="2"></td><td colspan="2"></td></tr>
<tr><td rowspan="2">方法能力</td><td>计划能力
（10%）</td><td colspan="2"></td><td></td><td colspan="2"></td><td colspan="2"></td></tr>
<tr><td>决策能力
（10%）</td><td colspan="2"></td><td></td><td colspan="2"></td><td colspan="2"></td></tr>
<tr><td rowspan="3">评价评语</td><td>班 级</td><td></td><td>姓 名</td><td></td><td>学号</td><td></td><td>总评</td><td></td></tr>
<tr><td>教师签字</td><td></td><td>第 组</td><td>组长签字</td><td colspan="2"></td><td>日期</td><td></td></tr>
<tr><td colspan="8">评语：</td></tr>
</table>

试验仪器及所用材料清单

学习领域	路桥工程检测技术				
学习情境	路面基层工程检测				
任　务	路面基层工程现场试验检测				
项　目	序　号	名　称	数　量	型　号	作　用
所用仪器					
所用材料					
所用工具					

评价评语							
	班　级		姓　名		学号		总评
	教师签字		第　组	组长签字		日期	
	评语：						

作 业 单

学习领域	路桥工程检测技术		
学习情境	路面基层工程检测	学　时	12
任　务	路面基层工程现场试验检测	学　时	6
作业方式	资料查询，现场操作		
1	无机结合料稳定材料的标准击实试验与土的标准击实试验有何区别？		
2	无机结合料稳定土强度标准是什么？		
3	EDTA 标准曲线的标定方法是什么？		
4	施工过程路基工程检测内容有哪些？		
作业评价：			

班　级		第　组	组长签字	
教师签字			日　期	
教师评分				

教学反馈单

学习领域	路桥工程检测技术			
学习情境	路面基层工程检测	学时		12
序　　号	调查内容	是	否	理由陈述
1	你是否喜欢这种上课方式?			
2	与传统教学方式比较你认为这种方式学到的知识更适用吗?			
3	你是否学会了如何进行资讯?			
4	计划和决策感到困难吗?			
5	你认为学习情境对你将来的学习和工作有帮助吗?			
6	通过本学习情境的学习,今后遇到实际的问题你可以解决吗?			
7	本情境的知识和技能你都学会了吗?			
8	喜欢你的任课教师吗?			
9	通过几天来的工作和学习,你对自己的表现是否满意?			
10	你对小组成员之间的合作是否满意?			
11	你认为本情境的学习内容是否全面?			
你的意见对改进教学非常重要,请写出你的建议和意见。				
被调查人签名		调查时间		

学习情境三

路面面层工程检测

学习指南

学习目标

学生在教师的讲解和指导下，明确任务的目标和实施中的要素，通过学习热拌沥青混合料面层和水泥混凝土面层的技术要求、路面层的结构类型、施工各阶段试验检测方法，掌握路面面层工程检测内容，能够借助工具软件，设计文件及相关资料找到完成任务所需的工具、材料、方法，能够完成“路面面层工程原材料试验检测”、“混凝土路面工程配合比设计”和“路面面层工程现场试验检测”三项工作的内容报告，要求在学习过程中培养和锻炼职业素质，掌握路面面层工程检测基本技能。

工作任务

1. 路面面层工程原材料试验检测
2. 混凝土路面工程配合比设计
3. 路面面层工程现场试验检测

学习情境的描述

根据路面面层工程检测内容特点，选取“路面面层工程原材料试验检测”、“混凝土路面工程配合比设计”和“路面面层工程现场试验检测”三个工作任务作为载体，使学生通过真实的工程训练掌握路面面层工程检测基本知识。学习的内容与组织如下：掌握热拌沥青混合料面层和水泥混凝土面层的技术要求、路面层的结构类型、施工各阶段试验检测方法，通过对路面面层原材料试验检测、混凝土路面工程配合比设计、现场检测进行训练，掌握路面面层工程检测基本要点。根据工程图纸，借助设计文件及相关资料找到完成任务所需的工具、材料、方法，能够完成“路面面层工程原材料试验检测”、“混凝土路面工程配合比设计”和“路面面层工程现场试验检测”工作任务的技术方案报告，使学生能够掌握路面面层工程检测技术。

任务6　路面面层工程原材料试验检测

任　务　单

<table>
<tr><td>学习领域</td><td colspan="6">路桥工程检测技术</td></tr>
<tr><td>学习情境</td><td colspan="2">路面面层工程检测</td><td colspan="2">工作任务</td><td colspan="2">路面面层工程原材料试验检测</td></tr>
<tr><td>任务学时</td><td colspan="6">10学时</td></tr>
<tr><td colspan="7">布 置 任 务</td></tr>
<tr><td>学习目标</td><td colspan="6">1. 了解路面工程的技术要求
2. 了解高速公路路面层的结构类型
3. 能够熟练掌握施工各阶段原材料试验检测方法
4. 能够按照操作规程的步骤进行熟练操作
5. 能够正确计算并填写试验数据
6. 能根据试验结果判定材料及工程施工质量的好坏，保质保量完成工程项目</td></tr>
<tr><td>任务描述</td><td colspan="6">路面面层工程开工前，施工单位试验室的首要任务是对路面面层工程原材料进行试验检测，选择合格材料以保证施工的进度和质量。其工作如下：
1. 准备工作
熟悉工程施工图纸，掌握设计意图后，携带取料设备、装料袋、本、笔等到取料场取料，并将取料位置、料的状态记录下来，以备核实。将取回的材料分类备用。
2. 试验操作
将沥青按操作规程进行“沥青三大指标”试验，矿料按操作规程进行筛分、含泥量和泥块含量、压碎值、针片状含量、密度、洛杉矶磨耗、黏附性试验等。（水泥及水泥混凝土见任务9）
3. 试验结果分析
得到的数据与工程施工图纸、施工技术规范、设计规范进行对照，判定该路面面层工程原材料质量，确定土的施工控制参数。
4. 整理资料
认真填写试验地点、时间、试验人员、审核人员、规程号等，形成报告存档。</td></tr>
<tr><td rowspan="2">学时安排</td><td>资讯</td><td>计划</td><td>决策</td><td>实施</td><td>检查</td><td>评价</td></tr>
<tr><td>2学时</td><td>1学时</td><td>1学时</td><td>4学时</td><td>1学时</td><td>1学时</td></tr>
<tr><td>提供资料</td><td colspan="6">1. 路桥施工图纸
2. 公路工程相关试验规程
3. 公路工程相关施工规范、设计规范、验收规范
4. 质检员岗位技术相关标准</td></tr>
<tr><td>对学生的要求</td><td colspan="6">1. 具备路桥工程检测技术基础知识
2. 具备路桥施工技术基础知识
3. 具备规范操作试验仪器设备、处理试验数据的基础知识
4. 具备读识路桥工程图、绘图的基础知识
5. 具备一定的自学能力、数据计算能力
6. 具备一定的沟通协调能力、语言表达能力
7. 具有团队合作的精神，以小组的形式完成工作任务
8. 严格遵守课堂纪律和工作纪律，不迟到，不早退，不旷课
9. 树立职业意识，按照企业的岗位职责要求自己</td></tr>
</table>

资 讯 单

<table>
<tr><td>学习领域</td><td colspan="4">路桥工程检测技术</td></tr>
<tr><td>学习情境</td><td colspan="2">路面面层工程检测</td><td>工作任务</td><td>路面面层工程原材料试验检测</td></tr>
<tr><td>任务学时</td><td colspan="4">10 学时</td></tr>
<tr><td>资讯方式</td><td colspan="4">在图书馆、专业杂志、互联网及信息单上查询问题;咨询任课教师</td></tr>
<tr><td rowspan="8">资讯问题</td><td colspan="4">1. 沥青的三大指标是什么?</td></tr>
<tr><td colspan="4">2. 沥青的三大指标的试验目的、试验方法是什么?</td></tr>
<tr><td colspan="4">3. 沥青用矿料的级配范围有几种?</td></tr>
<tr><td colspan="4">4. 做沥青的三大指标试验时注意事项分别是什么?</td></tr>
<tr><td colspan="4">5. 水泥混凝土用碎石和沥青混凝土筛分有什么不同?</td></tr>
<tr><td colspan="4">6. 沥青黏附性试验方法是什么?</td></tr>
<tr><td colspan="4">7. 沥青针入度是划分沥青标号的依据吗?</td></tr>
<tr><td colspan="4">8. 沥青用混凝土当中碎石的针片状颗粒含量试验方法是什么?</td></tr>
<tr><td>资讯要求</td><td colspan="4">1. 根据任务目标和任务描述正确理解完成任务需要的资讯内容
2. 按照上述资讯内容进行咨询
3. 写出资讯报告</td></tr>
<tr><td rowspan="3">资讯评价</td><td>班　级</td><td></td><td>学生姓名</td><td></td></tr>
<tr><td>教师签字</td><td></td><td>日　期</td><td></td></tr>
<tr><td colspan="4">评语:</td></tr>
</table>

信　息　单

6.1 沥青三大指标试验检测

6.1.1 沥青三大指标试验检测

1. 沥青针入度试验

(1)试验目的。通过针入度的测定不仅能够掌握不同沥青的黏稠性及进行沥青标号的划分,而且可以用来描述沥青的温度敏感性——针入度指数。针入度指数可在 15 ℃、25 ℃、30 ℃等多个温度条件下测定。若 30 ℃时的针入度值过大,可采用 5 ℃代替。当量软化点 T_{800}是相当于沥青针入度为 800 时的温度,用以评价沥青的高温稳定性。当量脆点 $T_{1.2}$相当于沥青针入度为 1.2 时的温度,用以评价沥青的低温抗裂性能。

(2)试验仪器与材料(图 6.1)。

①针入度仪:凡能保证针和针连杆在无明显摩擦下垂直运动,并能指示针贯入深度准确至 0.1 mm 的仪器均可使用。针和针连杆组合件总质量为 50 g ±0.05 g,另附 50 g ±0.05 g 砝码一只,试验时总质量为100 g ±0.05 g。当采用其他试验条件时,应在试验结果中注明。仪器设有放置平底玻璃保温皿的平台,并有调节水平的装置,针连杆应与平台相垂直。仪器设有针连杆制动按钮,使针连杆可自由下落。针连杆易于装拆,以便检查其质量。仪器还设有可自由转动与调节距离的悬臂,其端部有一面小镜或聚光灯泡,借以观察针尖与试样表面接触情况。当为自动针入度仪时,各项要求与此项相同,温度采用温度传感器测定,针入度值采用位移计测定,并能自动显示或记录,且应对自动装置的准确性经常校验。为提高测试精密度,不同温度的针入度试验宜采用自动针入度仪进行。

②标准针:由硬化回火的不锈钢制成,洛氏硬度 HRC =54 ~60,表面粗糙度 R_a =0.2 ~0.3 μm,针及针杆总质量 2.5 g ±0.05 g,针杆上应打印有号码标志,针应设有固定用装置盒(筒),以免碰撞针尖,每根针必须附有计量部门的检验单,并定期进行检验。

③盛样皿:金属制,平底圆柱形。小盛样皿的内径为 55 mm,深 35 mm(适用于针入度小于 200 个单位的试样);大盛样皿的内径为 70 mm,深 45 mm(适用于针入度为 200 ~350 个单位的试样);对针入度大于 350 的试样需使用特殊盛样皿,其深度不小于 60 mm,试样体积不小于 125 ml。

④恒温水槽:容量不少于 10 L,控温的准确度为 0.1 ℃。水槽中应设有一带孔的搁架,位于水面下不得小于 100 mm,距水槽底不得小于 50 mm 处。

⑤平底玻璃皿:容量不少于 1 L,深度不小于 80 mm,内设有一不锈钢三脚支架,能使盛样皿稳定。

⑥温度计:0 ~50 ℃,分度为 0.1 ℃。

⑦秒表:分度 0.1 s。

⑧盛样皿盖:平板玻璃,直径不小于盛样皿开口尺寸。

⑨溶剂:三氯乙烯等。

⑩其他:电炉或砂浴、石棉网、金属锅或瓷柄坩锅等。

(3)试验方法与步骤。

①将试样注入盛样皿中,试样高度应超过预计针入度值 10 mm。盖上盛样皿,以防落入灰尘。盛有试样的盛样皿在 15 ℃ ~30 ℃室温中冷却 1 ~1.5 h(小盛样皿)、1.5 ~2 h(大盛样皿)或 2 ~2.5 h(特殊盛样皿)后移入保持规定试验温度(±0.1 ℃)的恒温水槽中 1 ~1.5 h(小盛样皿)、1.5 ~2 h(大试样皿)或 2 ~2.5 h(特殊盛样皿)。

调整针入度仪使之水平。检查针连杆和导轨,以确认无水和其他外来物,无明显摩擦。用三氯乙烯或其他溶剂清洗标准针,并擦干。将标准针插入针连杆,用螺丝固紧。按试验条件, 加上附加砝码。

②将盛有试样的平底玻璃皿置于针入度仪的平台上,慢慢放下针连杆,用适当位置的反光镜或灯光反

射观察，使针尖恰好与试样表面接触。拉下刻度盘的拉杆，使之与针连杆顶端轻轻接触，调节刻度盘或深度指示器的指针指示为零。开动秒表，当秒表指针正指向 5 s 的瞬间，用手紧压针入度仪按钮，使标准针自动下落贯入试样，经规定时间，停压按钮使针停止移动(当采用自动针入度仪时，计时与标准针贯入试样同时开始，至 5 s 时自动停止)。

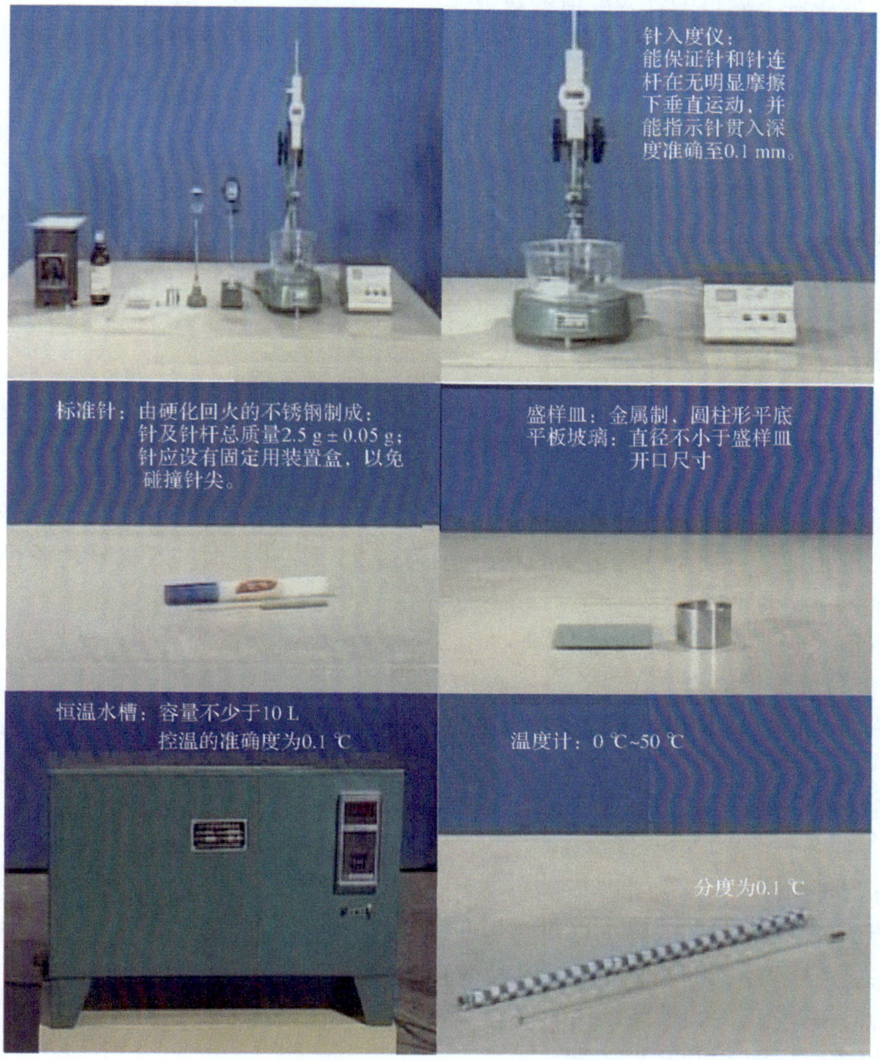

图 6.1　沥青针入度试验仪器

③压下刻度盘拉杆与针连杆顶端接触，读取刻度盘指针或位移指示器的读数，准确至 0.5 mm。同一试样平行试验至少 3 次，各测试点之间及与盛样皿边缘的距离不应小于 10 mm。每次试验后应将盛有盛样皿的平底玻璃皿放入恒温水槽，使平底玻璃皿中的水温保持试验温度。每次试验应换一根干净的标准针或将标准针取下用蘸有三氯乙烯溶剂的棉花或布揩净，再用于棉花或布擦干。

④测定针入度指数 PI 时，按同样的方法分别在 15 ℃、25 ℃、30 ℃(或 5 ℃)三个温度条件下，分别测定沥青的针入度。

(4)试验结果确定和计算。(表 6.1)

①同一试样 3 次平行试验结果的最大值和最小值之差在下列允许偏差范围内时，计算 3 次试验结果的平均值。并取至整数作为针入度试验结果，单位为 0.1 mm。3 次测定针入度值相差不应大于表 6.1 中的数值，若相差超过表中数值，试验应重做。

表 6.1　针入度允许最大差值

针入度(0.1 m)	允许差值(0.1 mm)
0～49	2
50～149	4
150～249	12
250～500	20

②沥青针入度指数和当量软化点、当量脆点的计算。

a. 由3个以上的温度针入度按一元一次方程直线回归法，求取针入度—温度感应性指数 A。

$$\lg P = A \times T + K \tag{6.1}$$

式中：A——针入度对温度的感应性系数，即由式(6.1)回归得到的斜率；

$\lg P$——不同温度条件下测得的针入度值的对数；

T——试验温度，℃；

K——由式(6.1)回归得到的截距。

由回归求得的 A 计算针入度指数，并记为PI。

$$\mathrm{PI} = \frac{20 - 500A}{1 + 50A} \tag{6.2}$$

b. 沥青的当量软化点 T_{800} 计算。

$$T_{800} = \frac{\lg 800 - K}{A} = \frac{2.903\,1 - K}{A} \tag{6.3}$$

c. 沥青的当量脆点 $T_{1.2}$ 计算。

$$T_{1.2} = \frac{\lg 1.2 - K}{A} = \frac{0.079\,2 - K}{A} \tag{6.4}$$

(5)注意事项。

①针入度试验的三项关键性条件分别是温度、测试时间和针的质量，如这三项试验条件控制不准，将严重影响试验结果的准确性。三项条件最常见的状态是：温度25 ℃、测试时间5 s、针的质量100 g，所以针入度常用P25 ℃，100 g，5 s表示。

②测定针入度值大于200的沥青试样时，至少用3支标准针，每次试验后将针留在试样中，直至3次平行试验完成后，才能将标准针取出。

③当试验结果小于50(0.1 mm)时，重复性试验的允许差为2(0.1 mm)，复现性试验的允许差为4(0.1 mm)；当试验结果等于或大于50(0.1 mm)时，重复性试验的允许差为平均值的4%，复现性试验的允许差为平均值的8%。

2. 沥青软化点试验(环球法)

(1)试验目的。沥青材料是一种非晶质高分子材料，由液态凝结为固态或由固态熔化为液态，没有敏锐的固化点和液化点，通常采用条件的硬化点和滴落点来表示。沥青材料在硬化点至滴落点之间的温度阶段时，是一种滞流状态。工程中，为保证沥青不因温度升高而产生流动，取液化点与固化点之间温度间隔的87.21%作为软化点。软化点的数值随采用的仪器不同而异，我国现行规范试验采用环球法。

(2)试验仪器与材料(图6.2)

①软化点试验仪：由若干附件组成，钢球——直径9.53 mm，质量3.5 g±0.05 g；试样环——由黄铜或不锈钢等制成；钢球定位环——由黄铜或不锈钢制成。

②金属支架：由两个主杆和三层平行的金属板组成。上层为一圆盘，直径略大于烧杯直径，中间有一圆孔，用以插放温度计。中层板上有两个孔，各放置金属环，中间有一小孔可支持温度计的测温端部。一侧立杆距环上面51 mm处刻有水高标记。环下面距下层底板为25.4 mm，而底板距烧杯底不小于12.7 mm，也不得大于19 mm。三层金属板和两个主杆由两螺母固定在一起。

③耐热玻璃烧杯：容量800~1 000 ml，直径不小于86 mm，高不小于120 mm。

④温度计：0 ℃~80 ℃分度值为0.5 ℃。

⑤环夹：由薄钢条制成，用以夹持金属环，以便刮平表面。

⑥装有温度调节器的电炉或其他加热炉具(液化石油气、天然气等)：最好采用带有振荡搅拌器的加热电炉，振荡子置于烧杯底部。

⑦试样底板：金属板(表面粗糙度 $R_a = 0.8\ \mu m$)或玻璃板。

⑧恒温水槽：控温的准确度为0.5 ℃。

⑨平直刮刀。

⑩甘油滑石粉隔离剂(甘油与滑石粉的质量比为2:1)。

⑪新煮沸并经冷却至5 ℃的蒸馏水。

⑫其他:石棉网。

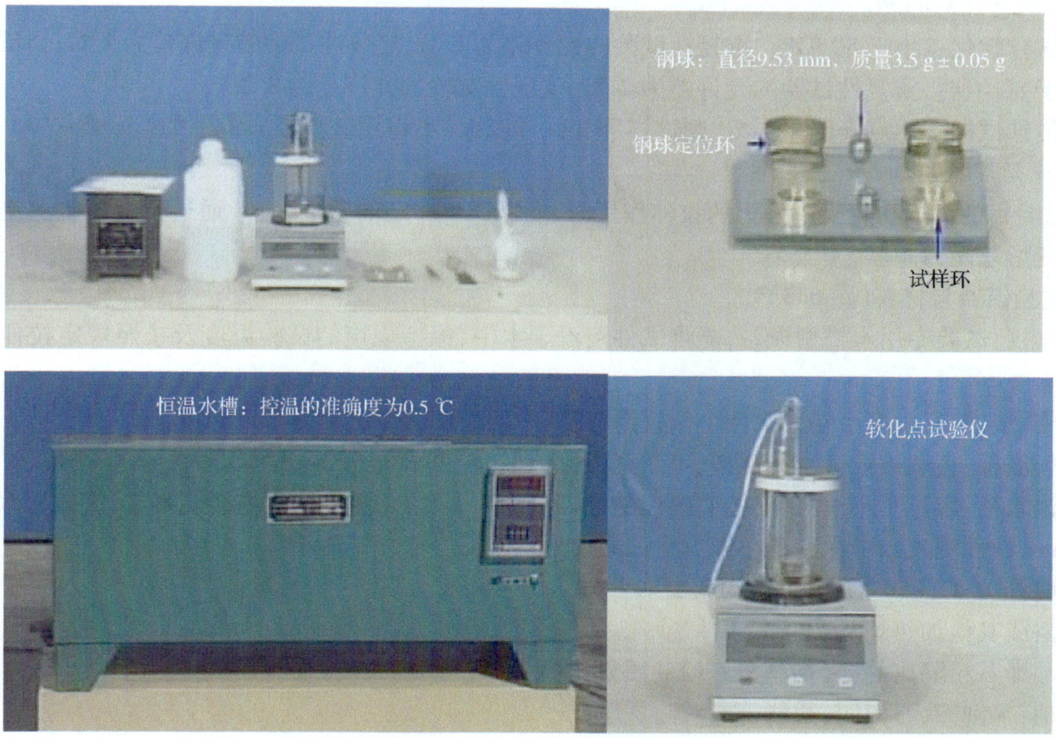

图 6.2 沥青软化点(环球法)试验仪器

(3)试验方法与步骤。

①将试样环置于涂有甘油滑石粉隔离剂的试样底板上。将准备好的沥青试样徐徐注入试样环内至略高出环面为宜。试样在室温冷却30 min后,用环夹夹着试样环,用热刮刀刮除环面上超出的部分,务必使沥青试样与环面齐平。

②实际试验操作时,根据沥青实际软化点的高低采用两种不同方式进行。

试验一:软化点在80 ℃以下的沥青

a. 将装有试样的试样环连同试样底板置于5 ℃ ±0.5 ℃的恒温水槽中至少15 min,同时将金属支架、钢球、钢球定位环亦置于相同水槽中。

b. 烧杯内注入新煮沸并冷却至5 ℃的蒸馏水,水面略低于立杆上的深度标记。

c. 从恒温水槽中取出盛有试样的试样环放置在支架中层板的圆孔中,套上定位环;然后将整个环架放入烧杯中,调整水面至深度标记,并保持水温为5 ℃ ±0.5 ℃。环架上任何部分不得附有气泡。将温度计由上层板中心孔垂直插入,使端部测温头底部与试样环下面齐平。

d. 将盛有水和环架的烧杯移至放有石棉网的加热炉具上,然后将钢球放在定位环中间的试样中央,立即开动振荡搅拌器,使水微微振荡,并开始加热,使杯中水温在3 min内调节至每分钟上升5 ℃ ±0.5 ℃。在加热过程中,应记录每分钟上升的温度值,如温度上升速度超出此范围,则试验应重做。

e. 试样受热软化逐渐开始下坠,至与下层底板表面接触时,立即读取温度,准确至0.5 ℃。

试验二:软化点在80 ℃以上的沥青

a. 将装有试样的试样环连同试样底板置于装有32 ℃ ±1 ℃甘油的恒温容器中至少15 min,同时将金属支架、钢球、钢球定位环等亦置于甘油中。

b. 在烧杯内注入预先加热至32 ℃的甘油,其液面略低于立杆上的深度标记,并将盛有甘油和环架的烧杯移至放有石棉网的加热炉具上,然后将钢球放在定位环中间的试样中央开始试验。

c. 按上述相同的升温方法进行加热测定，最终测出试样坠落接触底板时的温度，准确至1 ℃。

(4)试验结果。同一试样平行试验两次，当两次测定值的差值符合重复性试验精密度要求时，取其平均值作为软化点试验结果，准确至0.5 ℃。

(5)说明与注意问题。

①当试样软化点小于80 ℃时，重复性试验的允许差为1 ℃，复现性试验的允许差为4 ℃；当试样软化点等于或大于80 ℃时，重复性试验的允许差为2 ℃，复现性试验的允许差为8 ℃。

②如估计试样软化点高于120 ℃，则试样环和试样底板(不得用玻璃板)均应预热至80～100 ℃。

3. *沥青延度试验*

(1)试验目的。当沥青受到外力的拉伸作用时，能够产生一定的塑性变形，通过延度试验测定沥青能承受的塑性变形总能力。

(2)试验仪器与材料(图6.3)。

①延度仪：试验专用水槽型设备，能将试件浸没于水中，保持规定的试验温度及按照规定拉伸速度进行拉伸试验。

②试模：黄铜制，由两个端模和两个侧模组成，其中两个侧模在试验时可以卸掉。

③试模底板：玻璃板或磨光的铜板、不锈钢板(表面粗糙度 $R_a=0.2\ \mu m$)。

④恒温水槽：容量不小于10 L，控制温度的准确度为0.1 ℃，水槽中应设有带孔搁架，搁架距水槽底不得小于50 mm，试件浸入水中深度不小于100 mm。

⑤温度计：0 ℃～50 ℃，分度值为0.1 ℃。

⑥砂浴或其他加热炉具。

⑦甘油滑石粉隔离剂(甘油与滑石粉的质量比为2:1)。

⑧其他：平刮刀、石棉网、酒精、食盐等。

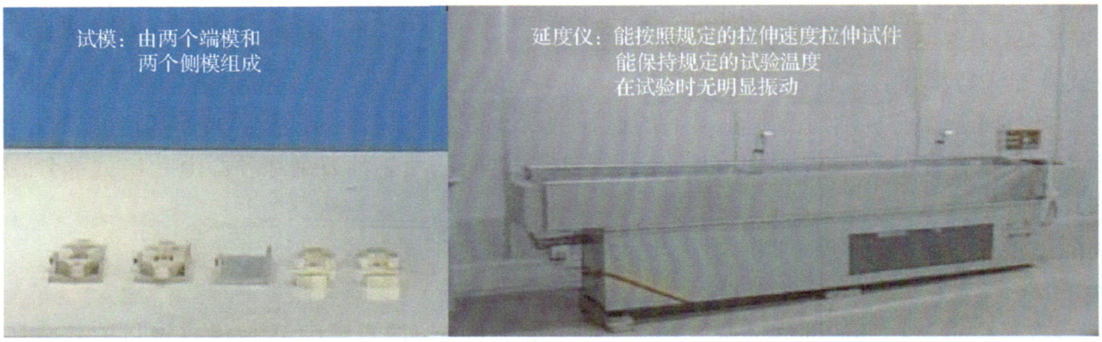

图6.3　沥青延度试验仪器

(3)试验方法与步骤。

①将隔离剂拌和均匀，涂于清洁干燥的试模底板和两个侧模的内侧表面，并将试模在试模底板上装妥。

②将准备好的沥青试样仔细自试模的一端向另一端往返数次缓缓注入模中，最后略高出试模，灌模时应注意勿使气泡混入。试件在室温中冷却30～40 min，然后置于规定试验温度±0.1 ℃的恒温水槽中，保持30 min后取出，用热刮刀刮除高出试模的沥青，使沥青表面与试模面齐平。沥青的刮平应自试模的中间刮向两端，且表面应刮平滑。将试模连同底板再浸入规定试验温度的水槽中1～1.5 h。

③检查延度仪延伸度是否符合规定要求，然后移动滑板使其指针正对标尺的零点。将延度仪注水，并保温达试验温度±0.5 ℃。将保温后的试件连同底板移入延度仪的水槽中，然后将盛有试样的试模自玻璃板或不锈钢板上取下，将试模两端的孔分别套在滑板及槽端固定板的金属柱上，并取下侧模。水面距试件表面应不小于25 mm。

④开动延度仪，并注意观察试样的延伸情况。此时应注意，在试验过程中，水温应始终保持在试验温度规定范围内，且仪器不得有振动，水面不得有晃动。当水槽采用循环水时，应暂时中断循环，停止水流。在

试验中,如发现沥青细丝浮于水面或沉入槽底时,则应在水中加入酒精或食盐,调整水的密度与沥青试样的密度相近后,重新试验。

⑤试件拉断时,读取指针所指标尺上的读数,以 cm 表示。在正常情况下,试件延伸时应成锥尖状,拉断时实际断面接近于零。如不能得到这种结果,则应在报告中注明。

(4)试验结果。同一试样,每次平行试验不少于 3 个试件,如 3 个测定结果均大于 100 cm,试验结果应记作“ >100 cm”;特殊需要也可分别记录实测值。如 3 个测定结果中,有一个以上的测定值小于 100 cm,若最大值或最小值与平均值之差满足重复性试验精密度要求,则取 3 个测定结果的平均值的整数作为延度试验结果,若平均值大于 100 cm,记作“ >100 cm”;若最大值或最小值与平均值之差不符合重复性试验精密度要求时,试验应重新进行。

(5)说明与注意问题。

①当试验结果小于 100 cm 时,重复性试验的允许差为平均值的 20% ,复现性试验的允许差为平均值的 30% 。

②沥青延度的试验温度与拉伸速率可根据要求采用,通常采用的试验温度有 25 ℃、15 ℃、10 ℃或 5 ℃等,重交通道路石油沥青延度试验时的温度一般为 15 ℃,中、轻交通道路石油沥青延度试验时的温度一般为 25 ℃。拉伸速度一般为(5 ±0. 25)cm/min;而低温采用(1 ±0. 05)cm/min 的拉伸速度时,应在报告中注明。

③隔离剂的使用是为了防止沥青粘在底板或侧模上,隔离剂原有的调配比例偏稀,易从侧模上流淌下去,起不到防粘连作用。可不必拘泥原有比例,调配的原则是既能起到有效的防粘连作用,又不会因偏稠而减薄沥青试件的有效尺寸。

6.1.2　道路液体石油沥青的技术标准

道路用液体石油沥青的技术要求:按液体沥青的凝固速度而分为快凝、中凝、慢凝三个等级,快凝的液体石油沥青又划分为三个标号。除黏度外,对蒸馏的馏分及残留物性质、闪点和含水分等提出相应的要求。技术要求见表 6. 2。

表 6. 2　道路石油沥青技术要求

<table>
<tr><td>指标</td><td>等级</td><td>160 号</td><td>130 号</td><td colspan="3">110 号</td><td colspan="5">90 号</td><td colspan="5">70 号⑤</td><td>50 号⑤</td><td>30 号</td></tr>
<tr><td>适用的气候分区①</td><td></td><td>注④</td><td>注④</td><td>2-1</td><td>2-2</td><td>2-3</td><td>1-1</td><td>1-2</td><td>1-3</td><td>2-2</td><td>2-3</td><td>1-3</td><td>1-4</td><td>2-2</td><td>2-3</td><td>2-4</td><td>1-4</td><td>注⑥</td></tr>
<tr><td>针入度(25 ℃,100 g,5 s)(0. 1 mm)</td><td></td><td>140 ~ 200</td><td>120 ~ 140</td><td colspan="3">100 ~ 120</td><td colspan="5">80 ~ 100</td><td colspan="5">60 ~ 80</td><td>40 ~ 60</td><td>20 ~ 40</td></tr>
<tr><td rowspan="2">针入度指数 P. I. ②,③</td><td>A</td><td colspan="17">-1. 5 ~ +1. 0</td></tr>
<tr><td>B</td><td colspan="17">-1. 8 ~ +1. 0</td></tr>
<tr><td rowspan="3">软化点(R&B)(℃)不小于</td><td>A</td><td>38</td><td>40</td><td colspan="3">43</td><td colspan="3">45</td><td colspan="2">44</td><td colspan="2">46</td><td colspan="3">45</td><td>49</td><td>55</td></tr>
<tr><td>B</td><td>36</td><td>39</td><td colspan="3">42</td><td colspan="3">43</td><td colspan="2">42</td><td colspan="2">44</td><td colspan="3">43</td><td>46</td><td>53</td></tr>
<tr><td>C</td><td>35</td><td>37</td><td colspan="3">41</td><td colspan="5">42</td><td colspan="5">43</td><td>45</td><td>50</td></tr>
<tr><td>60 ℃动力黏度(Pa · s)不小于</td><td>A</td><td>—</td><td>60</td><td colspan="3">120</td><td colspan="3">160</td><td colspan="2">140</td><td colspan="2">180</td><td colspan="3">160</td><td>200</td><td>260</td></tr>
<tr><td rowspan="2">10 ℃延度③(cm)不小于</td><td>A</td><td>50</td><td>50</td><td colspan="3">40</td><td>45</td><td>30</td><td>20</td><td>30</td><td>20</td><td>0</td><td>5</td><td>5</td><td>0</td><td>5</td><td>15</td><td>—</td></tr>
<tr><td>B</td><td>30</td><td>30</td><td colspan="3">30</td><td>30</td><td>20</td><td>15</td><td>20</td><td>15</td><td>5</td><td>0</td><td>0</td><td>5</td><td>0</td><td>20</td><td>—</td></tr>
<tr><td rowspan="2">15 ℃延度(cm)不小于</td><td>A、B</td><td colspan="17"></td></tr>
<tr><td>C</td><td>80</td><td>80</td><td colspan="3">60</td><td colspan="5">50</td><td colspan="5">40</td><td>40</td><td>40</td></tr>
<tr><td>闪点(COC)(℃)不小于</td><td></td><td colspan="5">230</td><td colspan="12">260</td></tr>
<tr><td rowspan="3">含蜡量(蒸馏法)(%)不大于</td><td>A</td><td colspan="17">2. 2</td></tr>
<tr><td>B</td><td colspan="17">3. 0</td></tr>
<tr><td>C</td><td colspan="17">4. 5</td></tr>
</table>

续表

指标	等级	160 号	130 号	110 号	90 号	70 号[⑤]	50 号[⑤]	30 号
溶解度(%)不小于		99.5						
15 ℃密度(g/cm³)		实测记录						
薄膜加热试验(旋转薄膜加热功当量试验)后								
质量变化(%)不大于	±0.8							
残留针入度比(%)不小于	A	48	54	55	57	61	63	65
	B	45	50	52	54	58	60	62
	C	40	45	48	50	54	58	60
10 ℃残留延度(cm)不小于	A	12	12	10	8	6	2	—
	B	10	10	8	6	4	2	—
15 ℃残留延度(cm)不小于	C	40	36	30	20	15	10	—

注:①试验方法按照现行《公路工程沥青及沥青混合料试验规程》(JTG E20—2011)规定的方法执行。用于仲裁试验时,求取针入度指数 P. I. 的 5 个温度与针入度相关系数不得小于 0.997。

②经建设单位同意,表中的针入度指数 P. I.、60 ℃动力黏度、10 ℃延度作为选择性指标;也可作为施工质量检验指标。

③30 号沥青仅适用于沥青稳定基层。130 号和 160 号沥青除寒冷地区可直接在中低级公路上直接应用外,通常用于乳化沥青、稀释沥青、改性沥青的基质沥青。

④70 号沥青可根据需要,要求供应商提供针入度范围为 60~70 或 70~80 的沥青,50 号沥青可要求提供针入度范围为 40~50 或 50~60 的沥青。

⑤老化试验以 TFOT 为准,也可以 RTFOT 代替。

表 6.3 道路液体石油沥青技术要求

试验项目		快凝		中凝						慢凝						试验方法
		AL(R)-1	AL(R)-2	AL(M)-1	AL(M)-2	AL(M)-3	AL(M)-4	AL(M)-5	AL(M)-6	AL(S)-1	AL(S)-2	AL(S)-3	AL(S)-4	AL(S)-5	AL(S)-6	
黏度(a)	$C_{25.5}$	<20	—	<20	—	—	—	—	—	<20	—	—	—	—	—	T0621
	$C_{60.5}$	—	5~15	—	5~15	16~25	26~40	41~100	101~200	—	5~15	16~25	26~40	41~100	101~200	
蒸馏(体积)(%)	225 ℃前	>20	>15	<10	<7	<3	<2	0	0	—	—	—	—	—	—	T0632
	315 ℃前	>35	>30	<35	<25	<17	<14	<8	<5	—	—	—	—	—	—	
	360 ℃前	>45	>35	<50	<35	<30	<25	<20	<15	<40	<35	<25	<20	<15	<5	
蒸馏后残留物性质	针入度(25 ℃,100 g,5 s)(1/10 mm)	60~200	60~200	100~300	100~300	100~300	100~300	100~300	100~300	—	—	—	—	—	—	T0604
	延度 25 ℃(cm)大于	60	60	60	60	60	60	60	60	—	—	—	—	—	—	T0605
	浮漂度(50 ℃)(s)	—	—	—	—	—	—	—	—	<20	>20	>30	>40	>45	>45	T0631
闪点(TOC)(℃)大于		30	30	65	65	65	65	65	65	70	70	100	100	120	120	T0633
含水量(%),不大于		0.2	0.2	0.2	0.2	0.2	0.2	0.2	0.2	2.0	2.0	2.0	2.0	2.0	2.0	T0612

6.2　矿料筛分试验检测

6.2.1　细集料的筛分试验

1. 目的

测定细集料(天然砂、人工砂、石屑)的颗粒级配及粗细程度。对水泥混凝土用细集料可采用干筛法,如果需要也可采用水洗法筛分;对沥青混合料及基层用细集料必须用水洗法筛分(注:当细集料中含有粗集料时,可参照此方法用水洗法筛分,但需特别注意保护标准筛筛面不遭损坏)。

2. 主要仪器设备

标准筛(孔径(方孔筛)为9.50 mm、4.75 mm、2.36 mm、1.18 mm、600 μm、300 μm、150 μm各一只),并附有筛底和筛盖;鼓风烘箱(能使温度控制在(105 ±5 ℃);天平(称量1 000 g,感量1 g);容器:要求淘洗试样时,保持试样不溅出(深度大于250 mm);摇筛机;搪瓷盘;毛刷等(图6.4)。

图6.4　细集料标准筛

3. 试验准备

根据样品中最大粒径的大小,选用适宜的标准筛,通常为9.5 mm筛(水泥混凝土用天然砂)或4.75 mm筛(沥青路面及基层用天然砂、石屑、机制砂等)筛除其中的超粒径材料然后将样品在潮湿状态下充分拌匀,用分料器法或四分法缩分至每份小少于550 g的试样两份,在105 ±5 ℃的烘箱中烘干至恒重,冷却至室温后备用。

4. 干筛法试验步骤

(1)按标准规定方法取样约1 100 g,放在烘箱中于(105 ±5)℃下烘干至恒量,待冷却至室温后,筛除大于9.50 mm的颗粒(并算出其筛余百分率),分为大致相等的两份备用。恒量是指试样在烘干1 ~3 h的情况下,其前后质量之差不大于该项试验所要求的精度。

(2)称取试样500 g,精确至1 g。将试样倒入按孔径大小从上到下组合的套筛(附筛底)上,然后进行筛分。

(3)将套筛置于摇筛机上,摇10 min;取下套筛,按筛孔大小顺序再逐个用手筛,筛至每分钟通过量小于试样总量0.1%为止。通过的试样并入下一号筛中,并和下一号筛中的试样一起过筛。这样顺序进行,直到各号筛全部筛完为止。

(4)称出各号筛的筛余量,精确至1 g。试样在各号筛上的筛余量不得超过按下式计算的量:

$$G = A \cdot d^{\frac{1}{2}}/200 \tag{6.5}$$

式中:G——在一个筛上的筛余量,g;

A——筛面面积,mm^2;

d——筛孔尺寸,mm。

超过时应按下列方法之一处理：

①将该粒级试样分成少于按式(6.5)计算出的量，分别筛分，并以筛余量之和作为该号筛的筛余量。

②将该粒级及以下各粒级的筛余混合均匀，称出其质量，精确至1 g。再用四分法缩分为大致相等的两份。计算该粒级及以下各粒级的分计筛余量时，应根据缩分比例进行修正。

5. 试验结果评定

(1)计算分计筛余百分率：各筛的筛余量与试样总量之比，计算精确至0.1%。

(2)计算累计筛余百分率：各号筛的筛余百分率加上各号筛以上各筛余百分率之和，精确至0.1%。筛分后，如每号筛的筛余量与筛底的剩余量之和同试样质量之差超过1%时，须重新试验。

(3)砂的细度模数按下式计算(精确至0.01)：

水泥混凝土用天然砂：

$$M_x = \frac{(A_2 + A_3 + A_4 + A_5 + A_6) - 5A_1}{100 - A_1} \tag{6.6}$$

式中：M_x——细度模数；

A_1、A_2、A_3、A_4、A_5、A_6——分别为4.75 mm、2.36 mm、1.18 mm、600 μm、300 μm、150 μm筛的累计筛余百分率。

(4)累计筛余百分率取每次试验结果的算术平均值，精确至1%。细度模数取两次试验结果的算术平均值，精确至0.1；如两次试验的细度模数之差超过0.20时，须重做试验。

6. 水洗法试验步骤

(1)准确称取烘干试样约500 g(ml)，准确至0.5 g。

(2)将试样置一洁净容器中，加入足够数量的洁净水，将集料全部淹没。

(3)用搅棒充分搅动集料，将集料表面洗涤干净，使细粉悬浮在水中，但不得有集料从水中溅出。

(4)用1.18 mm筛及0.075 mm筛组成套筛，仔细将容器中混有细粉的悬浮液徐徐倒出，经过套筛流入另一容器中，但不得将集料倒出(注：不可直接倒至0.075 mm筛上，以免集料掉出损坏筛面)。

(5)重复步骤(2)~(4)，直至倒出的水洁净且小于0.075 mm的颗粒全部倒出。

(6)将容器中的集料倒入搪瓷盘中，用少量水冲洗，使容器上沾附的集料颗粒全部进入搪瓷盘中，将筛子反扣过来，用少量的水将筛上集料冲入搪瓷盘中。操作过程中不得有集料散失。

(7)将搪瓷盘连同集料一起置105±5 ℃烘箱中烘干至恒重，称取干燥集料试样的总质量(m_2)。准确至0.1%。m_1与m_2之差即为通过0.075 mm筛部分。

(8)将全部要求筛孔组成套筛(但不需0.075 mm筛)，将已经洗去小于0.075 mm部分的干燥集料置于套筛上(通常为4.75 mm筛)，将套筛装入摇筛机，摇筛10 min，然后取出套筛，再按筛孔大小顺序，从最大的筛号开始，在清洁的浅盘上逐个进行手筛，直至每分钟的筛出量不超过筛上剩余量的0.1%时为止，将筛出通过的颗粒并入下一号筛，然后和下一号筛中的试样一起过筛，这样顺序进行，直至各号筛全部筛完为止(注：如为含有粗集料的集料混合料，套筛筛孔根据需要选择)。

(9)称量各筛筛余试样的质量，精确至0.5 g。所有各筛的分计筛余量和底盘中剩余量的总质量与筛分前后试样总量m_2的差值不得超过后者的1%。

7. 计算

(1)计算分计筛余百分率。各号筛的分计筛余百分率为各号筛上的筛余量除以试样总量(m_1)的百分率，精确至0.1%。对沥青路面细集料而言，0.15 mm筛下部分即为0.075 mm的分计筛余，由4.2.7测得的m_1与m_2之差即为小于0.075 mm的筛底部分。

(2)计算累计筛余百分率。各号筛的累计筛余百分率为该号筛及大于该号筛的各号筛的分计筛余百分率之和，准确至0.1%。

(3)计算质量通过百分率。各号筛的质量通过百分率等于100减去该号筛的累计筛余百分率，准确至0.1%。

(4)根据各筛的累计筛余百分率或通过百分率，绘制级配曲线。

（5）天然砂的细度模数按式（6.7）计算，精确至0.01。

沥青混凝土用：

$$M_x = \frac{(A_2 + A_3 + A_4 + A_5 + A_6) - 5A_1}{100} \tag{6.7}$$

式中：M_x——砂的细度模数；其他同干筛法。

（6）直进行两次平行试验，以试验结果的算术平均值作为测定值。如两次试验所得的细度模数之差大于0.2，应重新进行试验。

6.2.2　细集料的堆积密度及空隙率试验

1. 试验目的

测定砂在自然状态下的堆积密度和紧装密度，并以此计算出砂的空隙率。

2. 试验仪器

（1）金属制圆形容量筒：内径108 mm，净高109 mm，容积为1 L。

（2）漏斗及漏斗架：其漏斗口可开、合，且漏斗口高度可调整。

（3）烘箱：控制温度要求在105 ℃ ±5 ℃。

（4）其他：小勺、直尺、浅盘等。

3. 试验内容

（1）取有代表性的砂样5 kg，在105 ℃ ±5 ℃的烘箱中烘至恒重，取出冷却，大致分成两份。

（2）容量筒容积校正：将温度为25 ℃ ±5 ℃的洁净水装满容量筒，用一块大小适宜的玻璃板沿筒口滑移，紧贴水面盖在筒上，确保玻璃板与水面之间无气泡。擦干筒外壁水分，在台秤上称出质量（m_3），用下式计算容量筒体积（mL或cm^3）。

$$V = m' - m'_0 \tag{6.8}$$

式中：V——容量筒体积，ml或cm^3；

m'——容量筒、玻璃板和水的总质量，g；

m'_0——容量筒加玻璃板的质量，g。

（3）将砂样装入漏斗中，打开底部活动门，使砂流入容量筒中；也可采用小勺向容量筒中直接加砂样，但两种填砂方式都要求离容量筒口距离为50 mm左右。砂样装满之后，用直尺将多余的部分沿筒口中心线向两个相反方向刮平，随后称取筒和砂样的总质量（m_1）。

（4）另取砂样一份，分两层装入容量筒。每装完一层，在筒底垫一根10 mm直径的钢筋，左右交替颠击地面各25下。注意，两次钢筋的摆放应呈相互垂直方向。装填完成并颠实后，适当填加砂样超出筒口，然后用直尺将多余的部分沿筒口中心线向两个相反方向刮平，称出筒和砂样的总质量（m_2）。

（5）每次试验内容平行两次。

4. 试验结果计算

堆积密度通过下式计算：

$$\rho = \frac{m_1 - m_0}{V} \tag{6.9}$$

式中：ρ——砂的堆积密度，g/cm^3；

m_1——容量筒和砂在堆积状态时的总质量，g；

m_0——容量筒的质量，g；

V——容量筒容积，cm^3。

紧装密度通过下式计算：

$$\rho' = \frac{m_2 - m}{V} \tag{6.10}$$

式中：m_2——容量筒和砂在紧装状态时的总质量，g；

ρ'——砂的紧装密度，g/cm^3；

其他符号意义同上。

砂的空隙率通过下式计算：

$$V_v = \left(1 - \frac{\rho}{\rho'_s}\right) \times 100\% \tag{6.11}$$

式中：V_v——砂的空隙率，%；

ρ——砂的堆积或紧装密度，g/cm³；

ρ'_s——砂的表观密度，g/cm³。

5. 说明与注意问题

(1)堆积密度试验进行装填时，要控制好填砂高度，并且试验过程中避免碰撞容量筒，以免影响砂的实际装填效果。

(2)容量筒体积校正时要测量水温，并进行水温对密度的修正。

6.2.3 细集料的视密度试验

1. 主要仪器设备(图6.5)

密度瓶(500 ml)、托盘电子天平、干燥器、浅盘、铝制料勺、温度计、烘箱、烧杯等。

2. 试样制备

将650 g左右的试样在温度为(105 ±5) ℃的烘箱中烘干至恒重，并在干燥器内冷却至室温待用。

图6.5 主要仪器设备

3. 试验步骤

(1)称取烘干的试样300 g(m_0，精确至1 g)，装入盛有半瓶冷开水的密度瓶中，摇转密度瓶，使试样在水中充分搅动，以排除气泡，塞紧瓶塞，静置24 h左右。

(2)静置后用滴管小心加水至500 ml处，再塞紧瓶塞，擦干瓶外水分，称取其质量m_1(精确至1 g)。

(3)倒出瓶中的水和试样，将瓶的内外表面洗净。再向瓶内注入与前面水温相差不超过2 ℃的冷开水至瓶颈刻度处，塞紧瓶塞，擦干瓶外水分，称取其质量m_2。

(4)试验结果评定。按下式计算砂的视密度ρ_{0s}(精确至0.01 g/cm³)

$$\rho_{0s} = \left[\frac{m_0}{m_0 + m_2 - m_1} - \alpha_t\right] \times \rho_w \tag{6.12}$$

式中：ρ_{0s}——砂的视密度，g/cm³；

m_0——试样的烘干质量，g；

m_1——试样、水及容量瓶的总质量；

m_2——水及容量瓶的总质量，g；

ρ_w——水的密度，g/cm³；

α_t——考虑称量时的水温对水相对密度影响的修正系数，见表6.4。

按规定，视密度应平行测定两次，并以两次结果的算术平均值作为测定结果，如两次测定结果的差值大于0.02 g/cm^3时，应重新取样测定。

表6.4　不同水温下砂的对水相对密度的修正系数

水温(℃)	15	16	17	18	19	20	21	22	23	24	25
α_t	0.002	0.003	0.003	0.004	0.004	0.005	0.005	0.006	0.007	0.007	0.008

6.2.4　细集料含泥量试验(筛洗法)

1. 试验目的

本试验测定细集料中粒径小于0.075 mm的尘屑、淤泥和黏土的含量。筛洗法不适用于含矿物成为较多的机制砂、石屑等细集料。

2. 试验要点

(1)将试样四分法缩至约1 000 g，放入烘箱(温度105 ℃±5 ℃)中烘至恒温。称约400 g(m_0)的试样两份。

(2)取一份试样置于筒中，注入饮用水，使水面高出砂面约200 mm，拌匀后浸泡24 h。然后用手在水中淘洗试样，使尘屑、淤泥和黏土与砂粒分离，并使之悬浮水中，将混浊液倒入1.25 mm至0.075 mm的套筛上，滤去小于0.075 mm的颗粒。整个试验中应避免砂粒丢失。试验中不得直接将试样放在0.075 mm筛上用水冲洗或者将试样放在0.075 mm筛上在水中淘洗，以免将小于0.075 mm的砂颗粒当作“泥”冲走。

(3)再次加水于筒中，重复上述步骤，直至筒内砂样洗出的水清澈为止。

(4)用水冲洗剩留在1.18 mm和0.075 mm筛上的细粒，并将0.075 mm筛放在水中来回摇动，充分清除小于0.075 mm的颗粒。将两筛上筛余颗粒和筒中已洗净的试样一样放入烘箱(温度105 ℃±5 ℃)中烘至恒温，称取试样干质量(m_1)。

(5)砂的含泥量按下式计算，准确至0.1%。

$$Q_N = \frac{m_0 - m_1}{m_0} \times 100\% \tag{6.13}$$

式中：Q_N——砂的含泥量，%；

m_0——试验前试样烘干质量，g；

m_1——试验后的试样烘干质量，g。

(6)以上两个试样试验结果的算术平均值作为测定值。两次结果的差值超过0.5%时，重新取样试验。

6.2.5　细集料泥块含量试验

1. 试验目的

本试验测定水泥混凝土用砂中粒径大于1.18 mm的泥块含量。集料中含黏土颗粒超标，会影响集料与水泥石的黏附，松散的泥土颗粒增大了集料的表面积，会增加混凝土需水量，特别是黏土颗粒体积不稳定，干燥时收缩，潮湿时膨胀，对混凝土有很大破坏性。

2. 试验要点

(1)将试样四分法缩至2 500 g放入烘箱(温度105 ℃±5 ℃)中烘干至恒重。过1.18 mm筛，取筛上砂约400 g分成两份。取一份约200 g(m_1)置于容器中，注入洁净水，使水面至少超出砂面约200 mm，充分拌匀后浸泡24 h，用手在水中捻碎泥块，再把试样放在0.6 mm筛上用水淘洗至水清澈为止。

(2)从筛中取出筛余下来的试样，放入烘箱(温度105 ℃±5 ℃)中烘干至恒重，冷却并称量(m_2)。

(3)泥块含量按下式计算，准确至0.1%。

$$Q_k = \frac{m_1 - m_2}{m_1} \times 100\% \tag{6.14}$$

式中：Q_k——砂中大于1.25 mm的泥块含泥量，%；

m_1 ——试验前存留在 1.25 mm 筛上试样的烘干质量，g；

m_2 ——试验后的试样烘干质量，g。

(4)以两次平行试验结果的算术平均值作为测定值，两次结果差值超过 0.4%，重新取样试验。

6.2.6 粗集料筛分试验

1. 目的

测定粗集料的颗粒级规格，以便于选择优质粗集料，达到节约水泥和提高混凝土强度的目的，同时为使用集料和混凝土配合比设计提供依据。

2. 主要仪器设备

方孔筛（孔径规格有：2.36 mm、4.75 mm、9.50 mm、16.0 mm、19.0 mm、26.5 mm、31.5 mm、37.5 mm、53.0 mm、63.0 mm、75.0 mm、90.0 mm 各一只）、托盘、台秤、烘箱、容器、浅盘等。如图 6.6、图 6.7。

图 6.6　细集料标准筛

图 6.7　表观密度试验仪器

3. 试样制备

从取回的试样中用四分法缩取不少于表 6.5 规定的试样数量，经烘干或风干后备用（所余试样做表观密度、堆积密度试验）。

表 6.5　粗集料筛分试验取样数量

最大粒径(mm)	9.5	16.0	19.0	26.5	31.5	37.5	63.0	75.0
试样质量(kg)，≥	1.9	3.2	3.8	5.0	6.3	7.5	12.6	16.0

4. 试验方法与步骤

(1)按试验规定取样。

(2)按试样的粒径选用一套筛，按孔径由大到小顺序叠置于干净、平整的地面或铁盘上，然后将试样倒入上层筛中，用手摇动 5 min。

(3)按孔径由大到小顺序取下各筛，分别于洁净的铁盘上摇筛，直至每分钟通过量不超过试样总量的 0.1% 为止，通过的颗粒并入下一筛中，顺序进行，直到各号筛全部筛完为止。当试样粒径大于 20 mm，筛分时，允许用手拨动试样颗粒，使其通过筛孔。

(4)称取各筛上的筛余量，精确到试样总量的 0.1%。在筛上的所有分计筛余量和筛底剩余的总和与筛分前的试样总量相比，相差不得超过 1%。否则，须重做试验。

5. 试验结果评定

(1)分计筛余百分率：各号筛余量除以试样总质量的百分数（精确到 0.1%）。

(2)累计筛余百分率：该号筛上分计筛余百分率与大于该号筛的各号筛上的分计筛余百分率之总和（精确至 1%）。

粗集料各号筛上的累计筛余量累计筛余百分率应满足国家规定的粗集料颗粒级配范围要求。

6.2.7　粗集料密度试验——表观密度试验

1. 概述

(1)试验目的。本试验方法通过测定粗集料的表观密度、表干密度、毛体积密度,为计算空隙率和混合料配合比设计提供依据。

(2)定义。

①表观密度(视密度):材料单位体积(包含材料实体及不吸水的闭口孔隙,但不包含能吸水的开口孔隙)的烘干质量。

②表干密度:材料单位体积(包含材料实体、开口及闭口孔隙)的表干质量(即饱和面干状态,包括实体质量和吸入开口孔隙中的水质量)。

③毛体积密度:材料单位体积(包含材料实体、开口及闭口孔隙)的烘干质量。

④吸水率:吸入集料开口孔隙中的水质量与集料实体质量之比。

测定方法有网篮法和容量瓶法,下面介绍网篮法。

2. 主要仪器设备

(1)天平或浸水天平:可悬挂吊篮,称量应满足试样数最要求,感量不大于最大称量的 0.05% 。(如图 6.7)

(2)吊篮:耐锈蚀材料制成,直径和高度约为 150 mm。四周及底部用 1 ~2 mm 筛网编制或具有密集的孔眼。

(3)溢流水槽、烘箱、4.75 mm 方孔筛等。

3. 试验步骤

(1)将取来的试样用 4.75 mm 方孔筛过筛,用四分法缩至要求的质量,取两份,并将每份试样放在水中浸泡,洗净备用。

(2)取一份试样装入搪瓷盘中,并注水使水面至少高出试样 2 cm,轻轻搅拌颗粒,使附着颗粒上的气泡逸出,浸水 24 h。

(3)将吊篮挂在天平的吊钩上,浸入溢流水槽中,向溢流水槽中注水,水面高度至水槽的溢流孔为止,将天平调零。调节水温在 15 ℃ ~25 ℃范围内,将试样移入吊篮中。溢流水槽中的水面高度由溢流孔控制,维持不变。称取集料的水中质量(m_u)。

(4)提起吊篮,将试样倒入浅搪瓷盘中,或直接将试样倒在拧干的湿毛巾上。稍倾斜搪瓷盘,用毛巾吸走漏出的自由水,用拧干的湿毛巾轻轻擦干颗粒的表面水,至表面看不到发亮的水迹,即为饱和面干状态。当颗粒尺寸较大时,可逐颗擦干。注意拧湿毛巾时不要拧得太干,擦颗粒的表面水时,既要将表面水擦掉,又要防止将颗粒内部的水吸出,整个过程中不得有颗粒丢失。

(5)称取在饱和面干状态下试样的表干质量(m_f)。

(6)将试样置于浅盘中,放入 105 ℃ ±5 ℃的烘箱中烘干至恒重。称取室温下试样的烘干质量(m_a)。

(7)计算 ($\rho_a \cdot \rho_s \cdot \rho_b$) 准确至小数点后 3 位,$W_x$ 准确至 0.01% 。

$$\rho = \frac{m_a}{m_a - m_u} \times \rho_T \text{ 或 } \rho_a = \left(\frac{m_a}{m_d - m_u} - a_T\right) \times \rho_w \tag{6.15}$$

$$\rho_s = \frac{m_f}{m_f - m_w} \times \rho_T \text{ 或 } \rho_s = \left(\frac{m_f}{m_f - m_w} - a_T\right) \times \rho_w \tag{6.16}$$

$$\rho_b = \frac{m_a}{m_f - m_w} \times \rho_T \text{ 或 } \rho_b = \left(\frac{m_a}{m_f - m_w} - a_T\right) \times \rho_w \tag{6.17}$$

$$W_x = \frac{m_f - m_a}{m_a} \times 100\ \% \tag{6.18}$$

式中:ρ_a ——粗集料的表观密度,g/cm^3;

ρ_s ——粗集料的表干密度,g/cm^3;

ρ_b ——粗集料的毛体积密度,g/cm³;
W_x ——粗集料的吸水率,%;
m_a ——粗集料的烘干质量,g;
m_f ——粗集料的表干质量,g;
m_w ——粗集料的水中质量,g;
ρ_T ——试验温度 T 时水的密度;
a_T ——试验温度 T 时水温修正系数;
ρ_w ——水在 4 ℃时的密度,取 1 g/cm³。

(8)对同一规格集料平行试验两次,取平均值作为试验结果。对表观密度、表干密度、毛体积密度,两次结果之差不得大于 0.02 g/cm³;对吸水率不得大于 0.2%,否则重新取样试验。

6.2.8 粗集料堆积密度及空隙率试验

1. 试验目的

通过测定粗集料不同堆积状态下的密度,包括堆积密度、振实密度和捣实密度,以确定粗集料的空隙率。

2. 仪器设备(图 6.8)

(1)天平或台秤:感量不大于称量的 0.1%。

(2)容量筒:筒的容积选择应随集料公称最大粒径的增加而增加,适用于水泥混凝土集料测定的容量筒要求。

(3)烘箱:能控温在 105 ℃ ±5 ℃。

(4)振动台:频率为(3 000 ±200)次/min,负荷下的振幅为 0.05 mm,空载时振幅为 0.5 mm。

(5)捣棒:直径 16 mm,长 600 mm,一端为圆头的钢棒。

(6)铁锹。

图 6.8 容量筒与天平

3. 试验方法和步骤

(1)自然堆积密度试验。取一份待测试样,在平整的水泥混凝土地上(或铁板上)用铁锹拌和均匀后,利用铁锹铲起试样,以自由落入的方式装入适宜的容量筒中,要求铁锹下沿离容量筒上口的距离在 50 mm 左右。容量筒装满后,除去超出筒口的颗粒,并以合适的颗粒填入凹隙,保证顶面凸出部分和凹陷部分的体积大致相同,称取试样和容量筒的总质量(m_2)。

(2)振实密度试验。

①人工振实操作:将试样分三层装入容量筒,每装完一层,在筒底垫一根直径 25 mm 的圆钢筋,按住筒左右颠击地面各 25 下。注意各层颠击时,要将钢筋放置的方向掉转 90°,最后一层装填完成后,将多余超出筒口的颗粒用钢筋在筒口边沿以滚动的方式除去,并用合适的颗粒填入凹隙,保证顶面凸出部分和凹陷部分的体积大致相同,称取试样和容量筒的总质量(m_3)。

②机械振实操作:将试样一次装满容量筒,然后将容量筒固定在振动台上,启动电源,振动 2 ~ 3 min 后将容量筒取下。补加试样超出筒口,再用钢筋沿筒口边沿以滚动的方式刮去高出筒口的颗粒,并用合适的

颗粒填入凹隙，保证顶面凸出部分和凹陷部分的体积大致相同，称取试样和容量筒的总质量(m_3)。

(3)捣实密度试验。将试样分三次装入容积适宜的容量筒，每层高度约占筒高的1/3，并在每层用金属捣棒由边沿至中心均匀插捣25次，插捣深度约达到下层表面。最后一层捣实刮平后与筒口齐平，目测估计表面凸出部分和凹陷部分的体积大致相同，称取试样和容量筒的总质量(m_4)。

(4)容量筒容积标定。称出空容量筒的质量(m_1)，将水装满容量筒，擦干筒外壁水分，再称量水与容量筒的总质量(m_w)。测定水温，按照不同水温条件下温度修正系数对容量筒的容积做校正。

4. 试验结果计算

(1)容量筒容积按下式计算：

$$V = \frac{m_w - m_1}{\rho_w} \tag{6.19}$$

式中：V——容量筒容积，L；

m_w——容量筒与水的总质量，kg；

m_1——容量筒质量，kg；

ρ_w——试验温度为T时水的密度，按照粗集料密度试验内容中，不同水温时水的密度表来选用，g/cm^3。

(2)堆积密度、振实密度、捣实密度计算公式：

$$\rho_i = \frac{m_i - m_1}{V} \tag{6.20}$$

式中：ρ_i——分别代表堆积密度、振实密度、捣实密度，kg/L或g/cm^3；

m_i——分别代表松散堆积状态下、振实状态下和捣实状态下所装集料和容量筒的总质量m_2、m_3和m_4，kg；

m_1——容量筒质量，kg；

V——容量筒容积，L。

(3)粗集料的空隙率计算公式：

$$V_v = \left(1 - \frac{\rho}{\rho_a}\right) \times 100\% \tag{6.21}$$

式中：V_v——粗集料的空隙率，%；

ρ_a——粗集料的表观密度，g/cm^3；

ρ——振实密度，g/cm^3。

(4)捣实状态下粗集料骨架(通常指4.75 mm粒径以上的部分)的间隙率计算公式：

$$VCA_{DRC} = \left(1 - \frac{\rho}{\rho_b}\right) \times 100\% \tag{6.22}$$

式中：VCA_{DRC}——捣实状态下，粗集料骨架间隙率，%；

ρ_b——粗集料毛体积密度，g/cm^3；

ρ——捣实密度，g/cm^3。

6.2.9　粗集料针片状颗粒含量试验——规准仪法(水泥混凝土用)

1. 试验目的

本试验是测定水泥混凝土用的粒径大于4.75 mm的粗集料的针状及片状颗粒总含量，用来评价集料的形状和抗压碎能力，以评定其在工程中的使用性。如果含量超标会使集料空隙增大，密实度降低，影响混合料的工作性和降低混凝土强度及耐久性等。

颗粒长度大于该粒级上限与下限粒径平均值的2.4倍者，为针状颗粒；颗粒厚度小于该粒级上限与下限粒径平均值的0.4倍者，为片状颗粒。

2. 主要仪器设备

(1)水泥混凝土集料针、片状规准仪。(图6.9)

(2)天平:感量不大于称量值的0.1%。

(3)台秤:称量10 kg,称量10 g。

3. 试验步骤

(1)四分法将干燥的试样缩至规定的质量,称量(m_0)。然后过4.75 mm、9.5 mm、16 mm、19 mm、26.5 mm、31.5 mm和37.5 mm的方孔筛,将试样分成不同粒级。

(2)按规定的粒级用规准仪逐粒进行鉴定,凡颗粒长度大于针状规准仪(图6.9)上相应间距者为针状颗粒;厚度小于片状规准仪上相应孔宽者为片状颗粒。称量各粒级针、片状颗粒总量(m_1)。

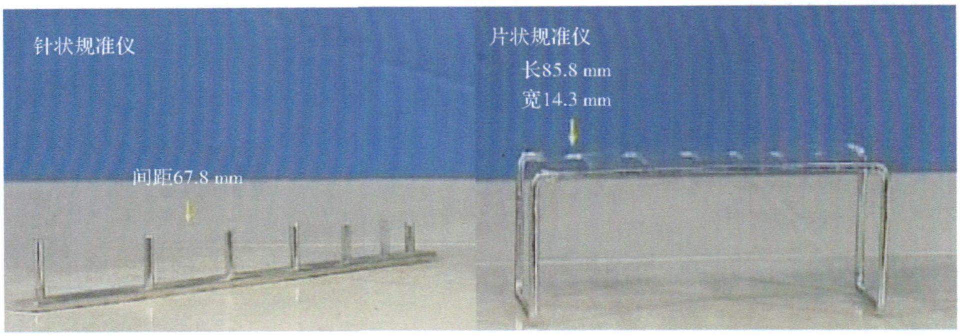

图6.9 规准仪

(3)针、片状含量按式(6.23)计算,准确至0.1%。

$$Q_e = \frac{m_1}{m_0} \times 100\,\% \tag{6.23}$$

式中:Q_e——试样的针片状颗粒含量,%;

m_1——试样中所含针片状颗粒的总质量,g;

m_0——试样总质量,g。

6.2.10 游标卡尺法(沥青混凝土用)

1. 目的与适用范围

本方法适用于测定粗集料的针状及片状颗粒含量,以百分率计。本方法测定的针片状颗粒,是指用游标卡尺测定的粗集料颗粒的最大长度(或宽度)方向与最小厚度(或直径)方向的尺寸之比大于3倍的颗粒。有特殊要求采用其他比例时,应在试验报告中注明。测定的粗集料中针片状颗粒的含量,可用于评价集料的形状和抗压碎能力,以评定石料生产厂的生产水平及该材料在工程中的适用性。

2. 仪具与材料

(1)标准筛:方孔筛4.75 mm。

(2)游标卡尺:精密度为0.1 mm。

(3)天平:感量不大于1 g。

3. 试验步骤

(1)采集粗集料试样。

(2)按分料器法或四分法选取1 kg左右的试样。对每一种规格的粗集料,应按照不同的公称粒径,分别取样检验。

(3)用4.75 mm标准筛将试样过筛,取筛上部分供试验用,称取试样的总质量m_o,准确至1 g,试样数量应不少于800 g,并不少于100颗。

注:对2.36~4.75 mm级粗集料,由于卡尺量取有困难,故一般不作测定。

(4)将试样平摊于桌面上,首先用目测挑出接近立方体的颗粒,剩下可能属于针状(细长)和片状(扁平)的颗粒。

(5)将欲测量的颗粒放在桌面上成一稳定的状态,颗粒平面方向的最大长度为L,侧面厚度的最大尺寸为t,颗粒最大宽度为w_0。($t < w < L$),用卡尺逐颗测量石料的L及t,将$L/t > 3$的颗粒(即最大长度方向与最大厚度方向的尺寸之比大于3的颗粒)分别挑出作为针、片状颗粒。称取针、片状颗粒的质量 m_1,准确至1 g。

6.2.11 粗集料压碎值试验

1. 试验目的

本试验测定碎石或砾石抵抗压碎的能力,间接评价其强度。为保证混凝土强度,粗集料必须具备足够的强度。碎石或砾石的强度可用岩块强度(边长50 mm的立方体或高和直径为50 mm的圆柱体试件)和压碎指标两种方法检验。

2. 试验要点

(1)将风干的试样筛去9.5 mm以下及19 mm以上的颗粒,用针、片状规准仪剔除试样(粒级为9.5～16 mm、16～19 mm)中的针、片状颗粒,备3份,每份约3 kg。

(2)取1份试样,分两层装入压碎筒(图6.10)内,每装完一层,在筒底放一根圆钢筋,左右颠击地面各25下,第二层颠击后,试样高度约100 mm。

(3)将试样放在试验机上,在3～5 min内加荷到200 kN,稳定5 s,再卸荷,到出筒中试样并称其质量 m_0。用2.36 mm方孔筛筛除被压碎的细粒,称筛余试样质量(m_1)。

图6.10 压碎筒

压碎值按式(6.24)计算,准确至0.1%。

$$Q_a = \frac{m_1}{m_0} \times 100\% \tag{6.24}$$

式中:Q_a——压碎值,%;

m_1——式样的质量,g;

m_0——试验后筛余的试样质量,g。

以三次平均试验结果的算术平均值作为测定值。

6.2.12 粗集料含泥量及泥块含量试验

1. 试验目的

本试验测定碎石或砾石中粒径小于0.075 mm的尘屑、淤泥和黏土的含量及5 mm以上泥块颗粒含量。

2. 仪具与材料

台秤:感量不大于称量的0.1%。

烘箱:能控温105 ℃ ±5 ℃。

标准筛:孔径为1.25 mm、0.075 mm(用水泥混凝土集料)或1.18 mm、0.075 mm(用于沥青路面集料)的方孔筛各1只;测泥块含量时,则用2.5 mm及5 mm的圆孔筛各1只。

容器:容器约10 L的桶或搪瓷盘。

浅盘、毛刷等。

3. 试样准备

将试样四分法缩至规定的数量,放入烘箱(温度105 ℃ ±5 ℃)中烘至恒重。冷却至室温后分成两份备用。

4. 试验步骤

(1)含泥量试验步骤。

①称取一份试样(m_0)置于容器中,注入饮用水,浸泡24 h,然后用手在水中淘洗试样,使尘屑、淤泥和黏土与较粗颗粒分开,并使之悬浮水中,缓缓将浑浊液倒入1.25 mm(或1.18 mm)及0.075 mm的套筛上,滤去小于0.075 mm的颗粒。验前筛子的两面先用水湿润,在整个实验过程中,应注意避免大于0.075 mm的颗粒丢失。

②再次加水于筒中，重复上述步骤，直至洗出的水清澈为止。

③用水冲洗剩留在筛上的颗粒，并将 0. 075 mm 筛放在水中来回摇动，充分清除小于 0. 075 mm 的颗粒。将两筛上筛余颗粒和容器中已洗净的试样一并放入浅盘，置于烘箱（温度 105 ℃ ±5 ℃）中烘至恒温，取出冷却至室温后，称取试样干质量（m_1）。

（2）泥块含量试验步骤。

①取试样一份。

②用 5 mm 圆孔筛将试样过筛，称出筛去 5 mm 以下颗粒后的试样质量（m_2）。

③将试样在容器中摊平，加水使水面高出试样表面，24 h 后将水放掉，用手碾压泥块，然后将试块放在 2. 5 mm 筛上冲洗，直至洗出的水清澈为止。

④小心地取出 2. 5 mm 筛上的试样，置于温度为 105 ℃ ±5 ℃的烘箱中烘至恒重，取出冷却至室温后称量（m_3）。

⑤碎石或砾石的含泥量按下式计算，准确至 0. 1% 。

$$Q_N = \frac{m_0 - m_1}{m_0} \times 100\% \tag{6.25}$$

式中：Q_N ——砂的含泥量，%；

m_0 ——试验前试样烘干质量，g；

m_1 ——试验后的试样烘干质量，g。

以两次试验的算术平均值作为测定值，两次结果的差值超过 0. 2% 时，应重新取样进行试验。对沥青路面用集料，此含泥量记为小于 0. 075 mm 颗粒含量。

⑥碎石或砾石中黏土泥块含量按下式计算，准确至 0. 1% 。

$$Q_k = \frac{m_2 - m_3}{m_2} \times 100\% \tag{6.26}$$

式中：Q_k ——碎石或砾石中黏土泥块含量，%；

m_2 ——5 mm 筛筛余量，g；

m_3 ——试验后烘干试样质量，g。

以两个试样两次试验结果的算术平均值为测定值，两次结果的差值超过 0. 1% 时，应重新取样进行试验。

6. 3 沥青混合料试验检测

6. 3. 1 沥青混合料组成材料的技术要求

沥青混合料的技术性质决定于组成材料的性质、组成配合的比例和混合料的制备工艺等因素。组成材料的质量是首先需要关注的问题。

1. 沥青材料

沥青路面采用的沥青标号，宜按照公路等级、气候条件、交通条件、路面类型、在结构层中的层位及受力特点、施工方法等，结合当地的使用经验确定。《公路沥青路面施工技术规范》（JTG F40—2004）规定，沥青标号根据道路所属的气候分区可查道路石油沥青技术要求选用。

对高速公路、一级公路，夏季温度高、高温持续时间长、重载交通、山区及丘陵区上坡路段、服务区、停车场等行车速度慢的路段，尤其是汽车荷载剪应力大的层次，宜采用稠度大、60 ℃黏度大的沥青，也可提高高温气候分区的温度水平选用沥青等级；对冬季寒冷的地区或交通量小的公路、旅游公路宜选用稠度小、低温延度大的沥青；对温度日温差、年温差大的地区宜选用针入度指数大的沥青。当高温要求与低温要求发生矛盾时应优先考虑高温性能的要求。

当缺乏所需标号的沥青时，可采用不同标号的沥青掺配，但掺配后的技术指标应符合道路石油沥青技术要求。

2. 粗集料

沥青混合料用粗集料包括碎石、破碎砾石、筛选砾石、钢渣、矿渣等，但高速公路和一级公路不得使用筛选砾石和矿渣。

粗集料应该洁净、干燥、表面粗糙，质量应符合表6.6的规定。当单一规格集料的质量指标达不到表中要求，而按照集料配合比计算的质量指标符合要求时，工程上允许使用。对受热易变质的集料，宜采用经拌和机烘干后的集料进行检验。

表6.6　沥青混合料用粗集料质量技术要求

指　标	单位	高速公路及一级公路		其他等级公路	试验方法
		表面层	其他层次		
石料压碎值，不大于	%	26	28	30	T0316
洛杉矶磨耗损失，不大于	%	28	30	35	T0317
表观相对密度，不小于	—	2.60	2.50	2.45	T0304
吸水率，不大于	%	2.0	3.0	3.0	T0304
坚固性，不大于	%	12	12	—	T0314
针、片状颗粒含量（混合料），不大于	%	15	18	20	T0312
其中粒径大于9.5 mm，不大于	%	12	15	—	
其中粒径小于9.5 mm，不大于	%	18	20	—	
水洗法<0.075 mm颗粒含量，不大于	%	1	1	1	T0310
软石含量，不大于	%	3	5	5	T0320

注：①坚固性试验根据需要进行。

②用于高速公路、一级公路时，多孔玄武岩的视密度可放宽至2.45 t/m^3，吸水率可放宽至3%，但必须得到建设单位的批准，且不得用于SMA路面。

③对S14即3～5规格的粗集料，针、片状颗粒含量可不予要求，小于0.075 mm含量可放宽到3%。

粗集料的粒径规格应符合表6.7的要求。

表6.7　沥青混合料用粗集料规格

规格	公称粒径（mm）	通过下列筛孔（mm）的质量百分率（%）												
		106	75	63	53	37.5	31.5	26.5	19.0	13.2	9.5	4.75	2.36	0.6
S1	40～75	100	90～100	—	—	0～15	—	0～5						
S2	40～60		100	90～100	—	0～15	—	0～5						
S3	30～60		100	90～100	—	—	0～15	—	0～5					
S4	25～50			100	90～100	—	—	0～15	—	0～5				
S5	20～40				100	90～100	—	—	0～15	—	0～5			
S6	15～30					100	90～100	—	—	0～15	—	0～5		
S7	10～30					100	90～100	—	—	—	0～15	0～5		
S8	10～25						100	90～100	—	0～15	—	0～5		
S9	10～20							100	90～100	—	0～15	0～5		
S10	10～15								100	90～100	0～15	0～5		
S11	5～15								100	90～100	40～70	0～15	0～5	
S12	5～10									100	90～100	0～15	0～5	
S13	3～10									100	90～100	40～70	0～20	0～5
S14	3～5										100	90～100	0～15	0～3

高速公路、一级公路沥青路面的表面层(或磨耗层)的粗集料的磨光值应符合表10.6的要求。除SMA、OGFC路面外,允许在硬质粗集料中掺加部分较小粒径的磨光值达不到要求的粗集料,其最大掺加比例由磨光值试验确定。

粗集料与沥青的黏附性应符合表6.8的要求,当使用不符合要求的粗集料时,宜掺加消石灰、水泥或用饱和石灰水处理后使用,必要时可同时在沥青中掺加耐热、耐水、长期性能好的抗剥落剂,也可采用改性沥青的措施,使沥青混合料的水稳定性检验达到要求。

表6.8 粗集料与沥青的黏附性、磨光值的技术要求

雨量气候区	1(潮湿区)	2(湿润区)	3(半干区)	4(干旱区)
年降雨量(mm)	>1 000	1 000~500	500~250	<250
粗集料的磨光值PSV,不小于高速公路、一级公路表面层	42	40	38	36
粗集料与沥青的黏附性,不小于高速公路、一级公路表面层	5	4	4	3
高速公路、一级公路的其他层次及其他等级公路的各个层次	4	4	3	3

3. 细集料

沥青路面的细集料包括天然砂、机制砂、石屑。

细集料应洁净、干燥、无风化、无杂质,并有适当的颗粒级配,其质量应符合表6.9的规定。细集料的洁净程度,天然砂以小于0.075 mm含量的百分数表示,石屑和机制砂以砂当量(适用于0~4.75 mm)或亚甲蓝值(适用于0~2.36 mm或0~0.15 mm)表示。

表6.9 沥青混合料用细集料质量要求

项　目	单位	高速公路、一级公路	其他等级公路	试验方法
表现相对密度,不小于	—	2.50	2.45	T0328
坚固性(大于0.3 mm部分),不大于	%	12	—	T0340
含泥量(小于0.075 mm的含量),不大于	%	3	5	T0333
砂当量,不小于	%	60	50	T0334
亚甲蓝值,不大于	g/kg	25	—	T0349
棱角性(流动时间),不小于	s	30	—	T0345

天然砂可采用河砂或海砂,通常宜采用粗、中砂,其规格应符合表6.10的规定。热拌密级配沥青混合料中天然砂的用量通常不宜超过集料总量的20%,SMA和OGFC混合料不宜使用天然砂。

表6.10 沥青混合料用天然砂规格

筛孔尺寸(mm)	通过各筛孔的质量百分率(%)		
	粗砂	中砂	细砂
9.5	100	100	100
4.75	90~100	90~100	90~100
2.36	65~95	75~90	85~100
1.18	35~65	50~90	75~100
0.6	15~30	30~60	60~84
0.3	5~20	8~30	15~45
0.15	0~10	0~10	0~10
0.075	0~5	0~5	0~5

石屑是采石场破碎石料通过4.75 mm或2.36 mm的筛下部分,其规格应符合表6.11的要求。机制砂是由制砂机生产的细集料,其级配应符合S16的要求。

表 6.11 沥青混合料用机制砂或石屑规格

规格	粒径（mm）	通过下筛孔（方孔筛）的质量百分率（%）							
		9.5	4.75	2.36	1.18	0.6	0.3	0.15	0.075
S15	0~5	100	90	60~90	40~75	20~55	7~40	2~20	0~10
S16	0~3	—	100	80	50~80	25~60	8~45	0~25	0~15

4. 填料

沥青混合料的矿粉必须采用石灰岩或岩浆岩中的强基性岩石等憎水性石料经磨细得到的矿粉，原石料中的泥土杂质应除净。矿粉应干净、洁净，能自由地从矿粉仓流出，其质量应符合表 6.12 的要求。

表 6.12 沥青混合料用矿粉质量技术要求

指 标	单位	高速公路、一级公路	其他等级公路	试验方法
表观密度，不小于	t/m^3	2.50	2.45	T0352
含水量，不大于	%	1	1	T0103 烘干法
粒度范围 <0.6 mm <0.15 mm <0.075 mm	% % %	100 90~100 75~100	100 90~100 70~100	T0351
外观	—	无团粒结块		—
亲水系数	—	<1		T0353
塑性指数	—	<4		T0354
加热安定性	—	实测记录		T0355

拌和机的粉尘也可作为矿粉的一部分回收使用。但每盘用量不得超过填料总量 25%，掺有粉尘填料的塑性指数不得大于 4%。

粉煤灰作为填料使用时，用量不得超过填料总量的 50%，粉煤灰的烧失量应小于 12%，与矿粉混合后的塑性指数应小于 4%。高速公路、一级公路的沥青面层不宜采用粉煤灰做填料。

6.3.2 沥青混合料试件制作方法（击实法）

1. 试验目的

(1)本方法适用于标准击实法制作沥青混合料试件，以供试验室进行沥青混合料物理力学性质试验使用。

(2)标准击实法适用于马歇尔试验、间接抗拉试验（劈裂法）等所使用的 ϕ 101.6 mm×63.5 mm 圆柱体试件的成型。

(3)沥青混合料试件制作时的矿料规格及试件数量应符合如下规定：

①沥青混合料配合比设计及在试验室人工配制沥青混合料制作试件时，试件直径不小于集料公称最大粒径的 4 倍，厚度不小于集料公称最大粒径的 1~1.5 倍。对直径 101.6 mm 的试件。集料公称最大粒径不大于 26.5 mm。对集料大于 26.5 mm 的粗粒式沥青混合料，其大于 26.5 mm 的集料应用等量的 13.2~26.5 mm集料代替（代替法）。试验室成型的一组试件的数量不得小于 4 个，必要时需增加至 5~6 个。

②用在拌和厂及施工现场采集的拌和沥青混合料成品试样制作直径 101.6 mm 的试件时，按下列规定选用不同的方法及试件数量：

a. 当集料公称最大粒径小于或等于 26.5 mm 时，可直接取样（直接法）。一组试件的数量通常为 4 个。

b. 当集料最大公称粒径大于 26.5 mm，但不大于 31.5 mm 时，宜将大于 26.5 mm 的集料随后使用（过筛法），一组试件数量仍为 4 个，如采用直接法，一组试件数量应增加至 6 个。

c. 当集料公称最大粒径大于 31.5 mm 时，必须用过筛法。过筛的筛孔为 26.5 mm。一组试件仍为 4 个。

2. 试验仪器(图6.11)

(1)标准击实仪:由击实锤、直径98.5 mm平圆形压实头及带手柄的导向棒组成。用人工或机械压实锤举起,从(457.2 ±1.5) mm高度沿导向棒自由下落击实,标准击实锤质量为(4 536 ±9) g。

(2)标准击实台:用以固定试模,由青冈栎、松或其他干密度为0.67 ~0.77 g/cm^{3}的硬木制成,置于200 mm×200 mm×457 mm的硬木墩上。人工击实或机械击实均必须有此标准击实台。

自动击实仪是将标准击实锤及标准击实台安装一体,并用电力驱动使击实锤连续击实试件且可自动记数的设备,击实速度为(60 ±5)次/min,公转速度40 ~50 r/min。

(3)试验室用沥青混合料拌和机:能保证拌和温度并充分拌和均匀,可控制拌和时间,容量小于10 L。搅拌叶自转速度70 ~80 r/min,公转速度40 ~50 r/min。

(4)脱模器:电动或手动,可无破损地推出圆柱体试件,备有标准圆柱体试件尺寸的推出环。

(5)试模:由高碳钢或工具钢制成,每组包括内径(101.6 ±0.2) mm,高87 mm的圆柱形金属筒、底座(直径约120.6 mm)和套筒(内径101.6 mm,高70 mm)各1个。

(6)烘箱:大、中型各一台,装有温度调节器。

(7)天平或电子秤:用于称量矿料的,感量不大于0.5 g;用于称量沥青的,感量不大于0.1 g。

(8)沥青运动黏度测定设备:毛细管黏度计、赛波特重油黏度计或布洛克菲尔德黏度计。

(9)插刀或大螺丝刀。

(10)温度计:分度值为1 ℃。宜采用有金属插杆的热电偶温度计,金属插杆的长度不小于300 mm,量程0 ℃ ~300 ℃,数字显示或度盘指针的分度值为0.1 ℃,且有留置读数功能。

(11)其他:电炉或煤气炉、沥青熔化锅、拌和铲、标准筛、滤纸(或普通纸)、胶布、卡尺、秒表、粉笔、棉纱等。

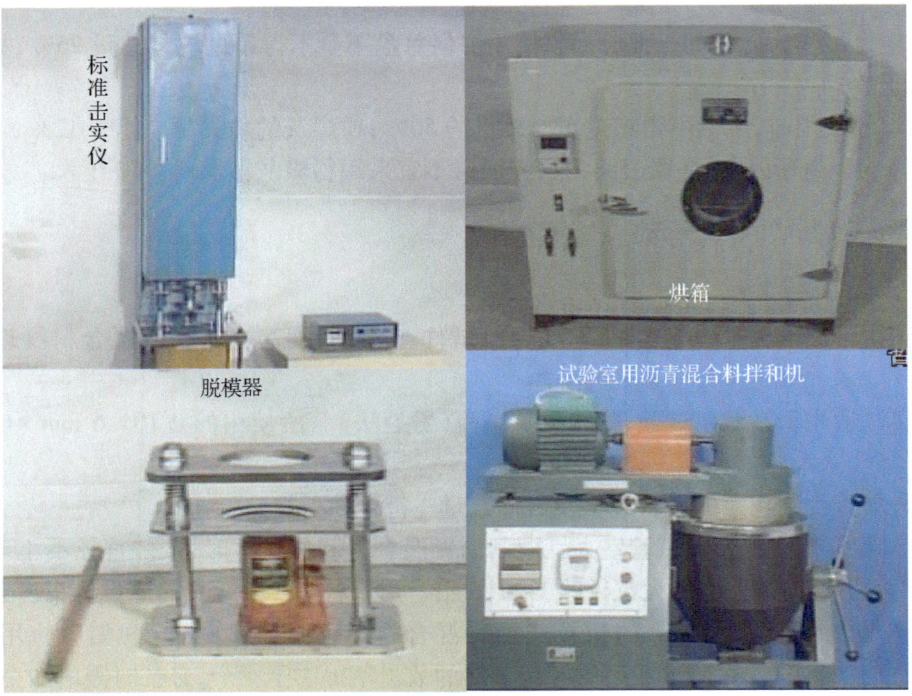

图6.11 击实法试验仪器

3. 试验步骤

(1)准备工作。

①确定制作沥青混合料试件的拌和与压实温度。

a. 按规范规定测定沥青的黏度,绘制黏温曲线。按要求确定适宜于沥青混合料拌和及压实的温度。

b. 当缺乏沥青黏度测定条件时,试件的拌和与压实温度可按规定选用,并根据沥青品种和标号作适当调整。针入度小、稠度大的沥青取高限，针入度大、稠度小的沥青取低限，一般取中值。对改性沥青，应根据改性剂的品种和用量，适当提高混合料的拌和和压实温度，对大部分聚合物改性沥青，需要在基质沥青的基础上提高 15 ℃ ~30 ℃左右，掺加纤维时，尚需再提高 10 ℃左右。

c. 常温沥青混合料的拌和及压实在常温下进行。

②试样采集。

按《公路工程沥青及沥青混合料试验规程》(JTG E20—2011)中在拌和场或施工现场采集沥青混合料试样。将试样置于烘箱中或加热的砂浴上保温，在混合料中插入温度计测量温度，待混合料温度符合要求后成型。需要适当拌和时可倒入已加热的小型沥青混合料拌和机中适当拌和，时间不超过 1 min。但不得用铁锅在电炉或明火上加热炒拌。

③在试验室人工配置沥青混合料时，材料准备按下列步骤进行。

a. 将各种规格的矿料置(105 ±5) ℃的烘箱中烘干至恒重(一般不小于 4 ~6 h)。根据需要，粗集料可先用水冲洗干净后烘干。也可将粗细集料过筛后用水冲洗再烘干备用。

b. 按规定试验方法分别测定不同粒径规格粗、细集料及其填料(矿粉)的各种密度，按《公路工程沥青及沥青混合料试验规程》(JTG E20—2011)中的 T0603 测定沥青的密度。

c. 将烘干的粗细集料，按每个试件设计级配要求称其质量，在一个金属盘中混合均匀，矿粉单独加热，置烘箱中预热至沥青拌和温度以上约 15 ℃(采用石油沥青时通常为163 ℃，采用改性沥青时通常需180 ℃)备用。当采用替代法时，对粗集料中粒径大于 26. 5 mm 的部分，以 13. 2 ~26. 5 mm 粗集料等量代替。常温沥青混合料的矿料不应加热。

d. 将按《公路工程沥青及沥青混合料试验规程》(JTG E20—2011)中 T0601 采集的沥青试样，用恒温烘箱或砂浴、电热套融化加热至规定的沥青混合料拌和温度备用，但不得超过 175 ℃。当不得已采用燃气炉或电炉直接加热进行脱水时，必须使用石棉垫隔开。

此外，用沾有少许黄油的棉纱擦拭试模、套筒及击实座等，置 100 ℃左右的烘箱中加热 1 h 备用。常温沥青混合料用试模不加热。

(2)拌制沥青混合料。

①黏稠石油沥青或煤沥青混合料。

a. 将沥青混合料拌和机预热至拌和温度以上 10 ℃左右备用(对试验室试验研究、配合比设计及采用机械拌和施工的工程，严禁用人工炒拌法热拌沥青混合料)。

b. 每个试件预热的粗细集料置于拌和机中，用小铲子适当混合，然后再加入需要数量的已加热至拌和温度的沥青(如沥青已称量在一专用容器内时，可在倒掉沥青后用一部分热矿粉将沾在容器壁上的沥青擦拭一起倒入拌和锅中)，开动拌和机，一边搅拌一边将拌和叶片插入混合料中拌和 1 ~1. 5 min，然后暂停拌和，加入单独加热的矿粉，继续拌和至均匀为止，并使沥青混合料保持在要求的拌和温度范围内。标准的总拌和时间为 3 min。

②液体石油沥青混合料。

将每组(或每个)试件的矿料置于已加热至 55 ℃ ~100 ℃沥青混合料拌和机中，注入要求数量的液体沥青，并将混合料边加热边拌和，使液体沥青中的溶剂挥发至 50% 以下，拌和时间应事先试拌决定。

③乳化沥青混合料。

将每个试件的粗细集料置于沥青混合料拌和机(不加热，也可用人工炒拌)中，注入计算的用水量(阴离子乳化沥青不加水)后，拌和均匀并使矿料表面完全湿润，再注入设计的沥青乳液用量，在 1 min 内使混合料拌匀，然后加入矿粉后迅速搅拌，使混合料拌成褐色为止。

(3)试件成型。

①马歇尔标准击实法的成型步骤。

a. 将拌好的沥青混合料均匀称取一个试件所需的用量(标准马歇尔试件约为 1 200 g)。当已知沥青混合料的密度时，可根据试件的标准尺寸计算并乘以 1. 03 得到要求的混合料数量。当一次拌和几个试件时，宜将其倒入经预热的金属盘中，用小铲适当地拌和均匀分成几份，分别取用。在试件制作过程中，为防止混合料温度下降,应连盘放在烘箱中保温。

b. 从烘箱中取出预热的试模及套筒,用沾有少许黄油的棉纱擦拭套筒、底座及击实锤底面,将试模装在底座上,垫一张圆形的吸油性小的纸,按四分法从四个方向用小铲将混合料铲入试模中,用插刀或大螺丝刀沿周边插捣 15 次,中间 10 次,插捣后将沥青混合料表面整平成凸圆弧面。

c. 插入温度计,至混合料中心附近,测量混合料温度。

d. 待混合料温度符合要求的压实温度后,将试模连同底座一起放在击实台上固定,在装好的混合料上面垫一张吸油性小的圆纸,再将装入击实锤及导向棒的压实头插入试模中,然后开启电动机或人工将击实锤从 457 mm 的高度自由落下击实规定的次数(75、50 或 35 次)。

e. 试件击实一面后,取下套筒,将试模掉头,装上套筒然后用同样的方法和次数击实另一面。

乳化沥青混合料试件在两面击实后,将一组试件在室温下横向放置 24 h,另一组试件置于温度为(105 ±5) ℃的烘箱中养生 24 h,并将养生试件取出后立即两面锤击各 25 次。

f. 试件击实结束后,立即用镊子取掉上、下面的纸,用卡尺量取试件离试模上口的高度并由此计算试件的高度。如高度不符和要求时,试件应作废,并按式(6.27)调整试件的混合料质量,以保证高度符合 63.5 mm ±1.3 mm(标准试件)的要求。

$$\text{调整混合料质量}=\frac{\text{要求试件高度}\times\text{原用混合料质量}}{\text{所得试件的高度}} \tag{6.27}$$

②卸去套筒和底座,将装有试件的试模横向放置冷却至室温后(不小于 12 h),置脱模机上脱去试件。依据《公路工程沥青及沥青混合料试验规程》(JTG E20—2011)中 T0709 作现场马歇尔指标检验的试件,在施工质量检验过程中如急需试验,允许采用电风扇吹 1 h 或浸水冷却 3 min 以上的方法脱模,但浸水脱模法不能用于测量密度、空隙率等各项物理指标。

③将试件置于干燥洁净的平面上,供试验用。

6.3.3 压实沥青混合料密度试验(表干法)

1. 目的与适用范围

(1)表干法适用于测定吸水率不大于 2% 的各种沥青混合料试件,包括 Ⅰ 型或较密实的 Ⅱ 型沥青混凝土、抗滑表层混合料、沥青玛蹄脂碎石混合料(SMA)试件的毛体积相对密度或毛体积密度。

(2)本方法测定的毛体积密度适用于计算沥青混合料试件的空隙率、矿料间隙率等各项体积指标。

2. 仪器设备(图 6.12)

(1)浸水天平或电子秤。当最大称量在 3 kg 以下时,感量不大于 0.1 g;最大称量 3 kg 以上时,感量不大于 0.5 g;最大称量 10 kg 以上时,感量 5 g。应有测量水中质量的挂钩。

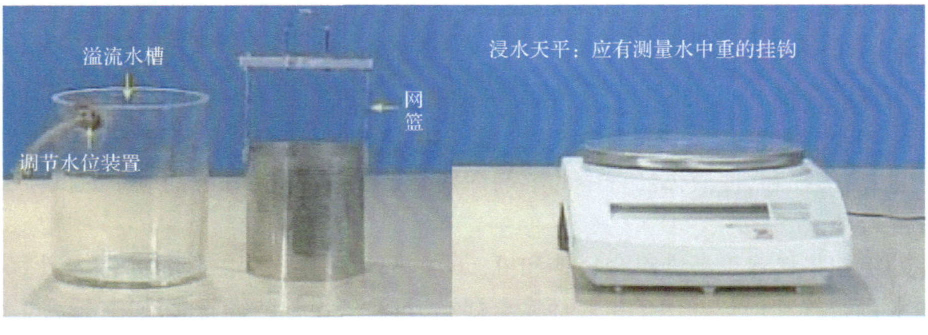

图 6.12 表干法仪器设备

(2)网篮。

(3)溢流水槽。如图 6.12 所示,使用洁净水,有水位溢流装置,保持试件和网篮浸入水中后的水位一定。

(4)试件悬吊装置。天平下方悬吊网篮及试件的装置,吊线应采用不吸水的细尼龙线绳,并有足够的长度,对轮碾成型机成型的板块状试件可用铁丝悬挂。

(5)秒表。

(6)毛巾。

(7)电风扇或烘箱。

3. 试验步骤

(1)选择适宜的浸水天平或电子秤,最大称量应不小于试件质量的 1.25 倍,且不大于试件质量的 5 倍。

(2)除去试件表面的浮粒,称取干燥试件的空中质量(m_a),根据选择的天平的感量读数,准确至 0.1 g、0.5 g 或 5 g。

(3)挂上网篮,浸入溢流水箱中,调节水位,将天平调平或复零,把试件置于网篮中(注意不要晃动水)浸水中 3 ~ 5 min,称取水中质量(m_w)。若天平读数持续变化,不能很快达到稳定,说明试件吸水较严重,不适用于此法测定,应改用蜡封法测定。

(4)从水中取出试件,用洁净柔软的拧干湿毛巾轻轻擦去试件的表面水(不得吸走空隙内的水),称取试件的表干质量(m_f)。

(5)对从路上钻取的非干燥试件可先称取水中质量(m_w),然后用电风扇将试件吹干至恒量(一般不少于 12 h,当不需进行其他试验时,也可用 60 ℃ ±5 ℃烘箱烘干至恒重),再称取空气中质量(m_a)。

4. 结果整理

(1)计算试件的吸水率,取 1 位小数。

试件的吸水率即试件吸水体积占沥青混合料毛体积的百分率,按式(6.28)计算。

$$S_a = \frac{m_f - m_a}{m_f - m_w} \times 100 \tag{6.28}$$

式中:S_a——试件的吸水率,%;

m_a——干燥试件的空中质量,g;

m_w——试件的水中质量,g;

m_f——试件的表干质量,g。

(2)计算试件的毛体积相对密度和毛体积密度,取 3 位小数。

当试件的吸水率符合 $S_a<2\%$ 要求时,试件的毛体积相对密度和毛体积密度按式(6.29)及式(6.30)计算,当吸水率 $S_a>2\%$ 要求时,应改用蜡封法测定。

$$\gamma_f = \frac{m_a}{m_f - m_w} \tag{6.29}$$

$$\rho_f = \frac{m_a}{m_f - m_w} \cdot \rho_w \tag{6.30}$$

式中:γ_f——用表干法测定的试件毛体积相对密度,无量纲;

ρ_f——用表干法测定的试件毛体积密度,g/cm^3;

ρ_w——常温水的密度,约取 1 g/cm^3。

(3)试件的空隙率按式(6.31)计算,取 1 位小数。

$$VV = \left(1 - \frac{\gamma_f}{\gamma_t}\right) \times 100 \tag{6.31}$$

式中:VV——试件的空隙率,%;

γ_t——沥青混合料理论最大相对密度,当实测理论最大相对密度有困难时,也可采用按式(6.31)或式(6.32)计算的理论最大相对密度;

γ_f——试件的毛体积相对密度,用表干法测定;当试件吸水率 $S_a>2\%$ 时,由蜡封法或体积法测定;当按规定容许采用水中重法测定时,也可用表观相对密度 γ_a 代替。

(4)计算试件的理论最大相对密度或理论最大密度,取 3 位小数。

①当已知试件油石比时,试件的理论最大相对密度可按式(6.32)计算。

$$\gamma_t = \frac{100 + P_a}{\frac{P_1}{\gamma_1} + \frac{P_2}{\gamma_2} + \cdots + \frac{P_n}{\gamma_n} + \frac{P_a}{\gamma_a}} \tag{6.32}$$

式中： γ_t——理论最大相对密度，无量纲；

P_a——油石比，%；

γ_a——沥青的相对密度，25 ℃/25 ℃；

P_1、…、P_n——各种矿料占矿料总质量的百分率，%；

γ_1、…、γ_n——各种矿料对水的相对密度，对粗集料，宜采用与沥青混合料同一种相对密度，即混合料采用表干法、蜡封法或体积法测定的毛体积相对密度时，粗集料也采用毛体积相对密度，当混合料采用水中重法测定的表观相对密度代替时，粗集料也采用表观相对密度，对细集料（砂、石屑）和矿粉均采用表观相对密度，矿料的相对密度按《公路工程集料试验规程》规定的方法测定。

②当已知试件的沥青含量时，试件的理论最大相对密度按式(6.33)计算。

$$\gamma_t = \frac{100}{\frac{P'_1}{\gamma_1} + \frac{P'_2}{\gamma_2} + \cdots + \frac{P'_n}{\gamma_n} + \frac{P_b}{\gamma_b}} \tag{6.33}$$

式中：P'_1、P'_2…、P'_n——各种矿料占沥青混合料总质量的百分率，%；

P_b——沥青含量，%。

③试件的理论最大密度按式(6.34)计算。

$$\rho_t = \gamma_t \cdot \rho_w \tag{6.34}$$

式中：ρ_t——理论最大密度，g/cm^3。

(5)试件中沥青的体积百分率可按式(6.35)或式(6.36)计算，取1位小数。

$$VA = \frac{P_b \cdot \gamma_f}{\gamma_a} \tag{6.35}$$

$$VA = \frac{100 \times P_a \cdot \gamma_f}{(100 + P_a) \cdot \gamma_a} \tag{6.36}$$

式中：VA——沥青混合料试件的沥青体积百分率，%。

(6)试件中的矿料间隙率，可按式(6.37)或式(6.38)计算，式(6.37)适用于空隙率按计算的理论最大相对密度计算的情况；式(6.38)适用于空隙率按实测的理论最大相对密度计算的情况，取1位小数。

$$VMA = VA + VV \tag{6.37}$$

$$VMA = \left(1 - \frac{\gamma_f}{\gamma_{sb}} \cdot P_s\right) \times 100 \tag{6.38}$$

式中：VMA——沥青混合料试件的矿料间隙率，%；

P_s——沥青混合料中各种矿料占沥青混合料总质量的百分率之和，即 $\sum P'_i$，%；

γ_{sb}——全部矿料的水的平均相对密度，按式(6.39)计算。

$$\gamma_{sb} = \frac{100}{\frac{P_1}{\gamma_1} + \frac{P_2}{\gamma_2} + \cdots + \frac{P_n}{\gamma_n}} \tag{6.39}$$

(7)试件的沥青饱和度按式(6.40)计算，取1位小数。

$$VFA = \frac{VA}{VA + VV} \times 100 \tag{6.40}$$

式中：VFA——沥青混合料试件的沥青饱和度，%。

(8)试件中的粗集料骨架间隙率可按式(6.41)计算，取1位小数。

$$VCA_{mix} = \left(1 - \frac{\gamma_f}{\gamma_{ca}} \cdot P_{ca}\right) \times 100 \tag{6.41}$$

式中：VCA_{mix}——沥青混合料中粗集料骨架之外的体积(通常指小于4.75 mm 的粗细集料、矿粉、沥青及空隙)占总体积的比例,%；

P_{ca}——沥青混合料中粗集料的比例(由计算,为矿料级配中4.75 mm 筛余量,即100 减去4.75 mm 通过率之差),%；

γ_{ca}——矿料中所有粗集料颗粒部分对水的合成毛体积相对密度,按式(6.42)计算。

$$\gamma_{ca}=\frac{P_{1c}+P_{2c}+\cdots+P_{nc}}{\dfrac{P_{1c}}{\gamma_{1c}}+\dfrac{P_{2c}}{\gamma_{2c}}+\cdots+\dfrac{P_{nc}}{\gamma_{nc}}} \tag{6.42}$$

式中：P_{1c}、P_{2c}…、P_{nc}——各种粗集料在矿料配合比中的比例,%；

γ_{1c}、γ_{2c}…、γ_{nc}——相应的各种粗集料对水的毛体积相对密度。

应在试验报告中注明沥青混合料的类型及采用的测定密度的方法。

6.3.4 沥青混合料马歇尔稳定度试验

1. 目的与适用范围

用于马歇尔稳定度试验和浸水马歇尔稳定度试验,以进行沥青混合料的配合比设计或沥青路面施工质量检验。浸水马歇尔稳定度试验(根据需要,也可进行真空饱水马歇尔试验)供检验沥青混合料受水损害时抗剥落的能力时使用,通过测试其水稳定性检验配合比设计的可行性。

2. 试验仪器与材料(图6.13)

(1)沥青混合料马歇尔试验仪:对用于高速公路和一级公路的沥青混合料宜采用自动马歇尔试验仪,用计算机或X-Y记录仪记录荷载—位移曲线,并具有自动测定荷载与试件垂直变形的传感器、位移计,能自动显示或打印试验结果。对直径63.5 m的标准马歇尔试件,试验仪的最大荷载不小于25 kN,读数准确度为100 N,加载速率应能保持(50±5)mm/min,钢球直径为16 mm,上下压头的曲率半径为50.8 mm;当采用直径152.4 mm大型马歇尔试件时,试验仪的最大荷载不得小于50 kN,读数准确度为100 N,上下压头的曲率内径为152.4 mm±0.2 mm,上下压头的间距为19.0 5mm±0.1 mm。

(2)恒温水槽:控温准确度为1 ℃,深度不小于150 mm。

(3)真空饱水容器:包括真空泵及真空干燥器。

(4)烘箱。

(5)天平:感量不大于0.1 g。

(6)温度计:分度值为1 ℃。

(7)卡尺。

(8)其他:棉纱、黄油。

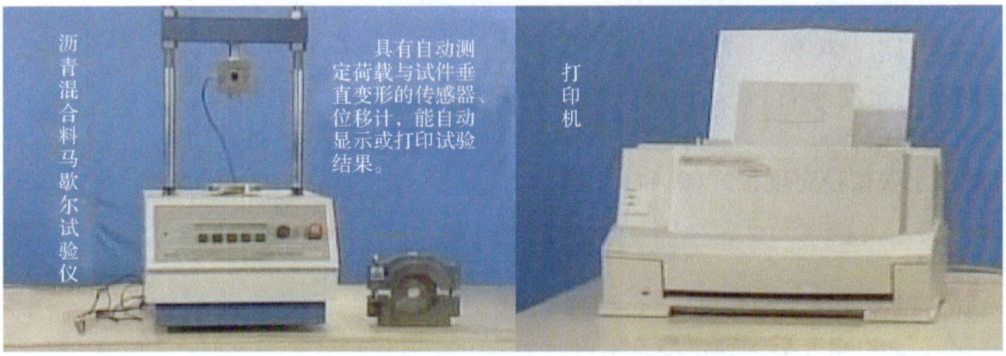

图6.13 马歇尔稳定度试验仪器

3. 试验操作方法和步骤

(1)准备工作

①制备符合要求的马歇尔试件,一组试件的数量最少不得少于4个。

②量测试件的直径及高度：用卡尺测量试件中部的直径，用马歇尔试件高度测定器或用卡尺在十字对称的 4 个方向量测离试件边缘 10 m 处的高度，准确至 0.1 m，并以其平均值作为试件的高度。如试件高度不符合 63.5 mm ±1.3 mm 或 95.3 mm ±2.5 mm 要求或两侧高度差大于 2 mm 时，此试件应作废。

③将恒温水槽调节至要求的试验温度，对黏稠石油沥青或烘箱养生过的乳化沥青混合料为 60 ℃ ± 1 ℃。

④将马歇尔试验仪的上下压头放入水槽或烘箱中达到同样温度。将上下压头从水槽或烘箱中取出擦拭干净表面。为使上下压头滑动自如，可在下压头的导棒上涂少量黄油。再将试件取出置于下压头上，盖上上压头，然后装在加载设备上。在上压头的球座上放妥钢球。并对准荷载测定装置的压头。

(2)试验步骤。

①将试件置于已达规定温度的恒温水槽中保温，保温时间对标准马歇尔试件需 30 ~40 min，对大型马歇尔试件需 45 ~60 min。试件之间应有间隔，底下应垫起，离容器底部不小于 5 cm。

②当采用自动马歇尔试验仪时，将自动马歇尔试验仪的压力传感器、位移传感器与计算机或 X-Y 记录仪正确连接，调整好适宜的放大比例。调整好计算机程序或将 X-Y 记录仪的记录笔对准原点。(当采用压力环和流值计时，将流值计安装在导棒上，使导向套管轻轻地压住上压头，同时将流值计读数调零。调整压力环中百分表，对零。)

③启动加载设备，使试件承受荷载，加载速度为(50 ±5)mm/min。计算机或 X-Y 记录仪自动记录传感器压力和试件变形曲线，并将数据自动存入计算机。

④当试验荷载达到最大值的瞬间，取下流值计，同时读取压力环中百分表读数及流值计的流值读数。

(3)浸水马歇尔试验方法。浸水马歇尔试验方法与标准马歇尔试验方法的不同之处在于，试件在已达规定温度恒温水槽中的保温时间为 48 h，其余均与标准马歇尔试验方法相同。

4. 试验结果计算

(1)试件的稳定度及流值。

①当采用自动马歇尔试验仪时，将计算机采集的数据绘制成压力和试件变形曲线，或由 X-Y 记录仪自动记录的荷载—变形曲线，在切线方向延长曲线与横坐标相交于 O_1，将 O_1 作为修正原点，从 O_1 起量取相应于荷载最大值时的变形作为流值(FL)，以 mm 计，精确至 0.1 mm。最大荷载即为稳定度(MS)，以 kN 计，精确至 0.01 kN。

②采用压力环和流值计测定时，根据压力环标定曲线，将压力环中百分表的读数换算为荷载值，或者由荷载测定装置读取的最大值即为试件的稳定度(MS)，以 kN 记，精确至 0.01 kN。由流值计及位移传感器测定装置读取的试件垂直变形，即为试件的流值(FL)，以 mm 计，精确至 0.1 mm。

(2)试件的马歇尔模数按式(6.43)计算。

$$T=\frac{\mathrm{MS}}{\mathrm{FL}} \tag{6.43}$$

式中：T——试件的马歇尔模数；

MS——试件的稳定度，kN；

FL——试件的流值，mm。

(3)试件的浸水残留稳定度按式(6.44)计算。

$$\mathrm{MS}_0=\frac{\mathrm{MS}_1}{\mathrm{MS}}\times 100\% \tag{6.44}$$

式中：MS_0——试件的浸水残留稳定度；

MS——试件浸水 48 h 后的稳定度，kN。

5. 注意事项

(1)从恒温水槽中取出试件至测出最大荷载值的时间，不得超过 30 s。

(2)当一组测定值中某个测定值与平均值之差大于标准差的 k 倍时，该测定值应予舍弃，并以其余测定值的平均值作为试验结果。当试件数目 n 为 3、4、5、6 个时，k 值分别为 1.15、1.46、1.47、1.82。

（3）采用自动马歇尔试验时，试验结果应附上荷载—变形曲线原件或自动打印结果，并报告马歇尔稳定度、流值、马歇尔模数，以及试件尺寸、试件的密度、空隙率、沥青用量、沥青体积百分率、沥青饱和度、矿料间隙率等各项物理指标。

6.3.5　沥青混合料中沥青含量试验（离心分离法）

1. 目的与适用范围

（1）本方法采用离心分离法测定黏稠石油沥青拌制的沥青混合料中沥青含量（或油石比）。

（2）本方法适用于热拌热铺沥青混合料路面施工时的沥青用量检测，以评定拌和厂产品质量。此法也适用于旧路调查时检测沥青混合料的沥青用量，用此法抽提的沥青溶液可用于回收沥青，以评定沥青的老化性质。

2. 仪器设备（图6.14）

（1）离心抽提仪：由试样容器及转速不小于3 000 r/min的离心分离器组成，分离器备有滤液出口。容器盖与容器之间用耐油的圆环形滤纸密封。滤液通过滤纸排出后从出口流出收入回收瓶中，仪器必须安放稳固并有排风装置。

（2）圆环形滤纸。

（3）回收瓶：容量1 700 ml以上。

（4）压力过滤装置。

（5）天平：感量不大于0.01 g、1 mg的天平各一台。

（6）量筒：最小分度1 ml。

（7）电烘箱：装有温度自动调节器。

（8）三氯乙烯：工业用。

（9）碳酸铵饱和溶液：供燃烧法测定滤纸中的矿粉含量用。

（10）其他：小铲，金属盘，大烧杯等。

3. 试验准备

（1）按沥青混合料取样方法，在拌和厂从运料卡车采取沥青混合料试样，放在金属盘中适当拌和，待温度稍下降至100 ℃以下时，用大烧杯取混合料试样质量1 000～1 500 g（粗粒式沥青混合料用高限，细粒式用低限，中粒式用中限），准确至0.1 g。

（2）如果试样是路上用钻机法或切割法取得的，应用电风扇吹风使其完全干燥，置微波炉或烘箱中适当加热后成松散状态取样，但不得用锤击以防集料破碎。

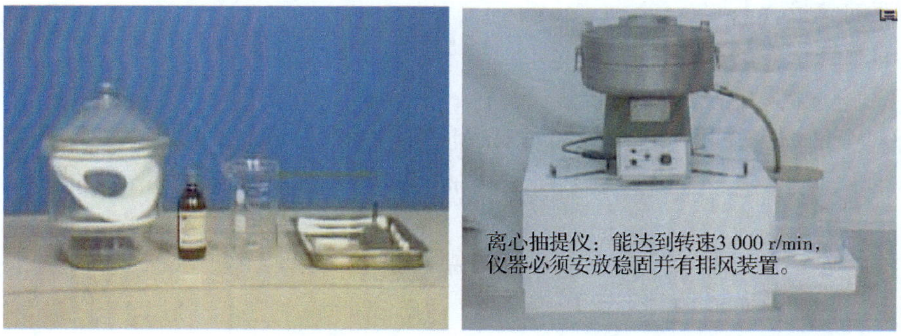

图6.14　仪器设备

4. 试验步骤

（1）向装有试样的烧杯中注入三氯乙烯溶剂，将试样浸没，浸泡30 min，用玻璃棒适当搅动混合料，使沥青充分溶解。

（2）将混合料及溶液倒入离心分离器，用少量溶剂将烧杯及玻璃棒上的粘附物全部洗入分离容器中。

（3）称取洁净的圆环形滤纸质量，准确至0.01 g。注意，滤纸不宜多次反复使用，有破损者不能使用，有石粉粘附时应用毛刷清除干净。

(4)将滤纸垫在分离器边缘上,加盖紧固,在分离器出口处放上回收瓶,上口应注意密封,防止流出液成雾状散失。

(5)开动离心机,转速逐渐增至 3 000 r/min,沥青溶液通过排出口注入回收瓶中,待流出停止后停机。

(6)从上盖的孔中加入新溶剂,数量大体相同,稍停 3 ~ 5 min 后,重复上述操作,如此数次直到流出的抽提液成清澈的淡黄色为止。

(7)卸下上盖,取下圆环形滤纸,在通风橱或室内空气中蒸发干燥,然后放入 105 ℃ ±5 ℃的烘箱中干燥,称取质量,其增量部分(m_2)为矿粉的一部分。

(8)将容器中的集料仔细取出,在通风橱或室内空气中蒸发后放入 105 ℃ ±5 ℃烘箱中烘干(一般需 4 h),然后放入大干燥器中冷却至室温,称取集料质量(m_1)。

(9)用压力过滤器过滤回收瓶中的沥青溶液,由滤纸的增量(m_3)得出泄漏入滤液中矿粉,如无压力过滤器时,也可用燃烧法测定。

(10)用燃烧法测定抽提液中矿粉质量的步骤如下:

①将回收瓶中的抽提液倒入量筒中,准确定量至毫升(V_a)。

②充分搅匀抽提液,取出 10 ml(V_b)放入坩埚中,在热浴上适当加热使溶液试样呈暗黑色后,置高温炉(500 ℃ ~600 ℃)中烧成残渣,取出坩埚冷却。

③向坩埚中按每 1 g 残渣 5 ml 的用量比例,注入碳酸铵饱和溶液,静置 1 h,放入 105 ℃ ±5 ℃烘箱中干燥。

④取出放在干燥器中冷却,称取残渣质量(m_4),准确至 1 mg。

5. 结果整理

(1)沥青混合料中矿料的总质量按式(6.45)计算。

$$m_a = m_1 + m_2 + m_3 \tag{6.45}$$

式中:m_a——沥青混合料中矿料部分的总质量,g;

m_1——容器中留下的集料干燥质量,g;

m_2——圆环形滤纸在试验前后的增量,g;

m_3——泄漏入抽提液中的矿粉质量,g。

用燃烧法时可按式(6.46)计算。

$$m_3 = m_4 \cdot \frac{V_a}{V_b} \tag{6.46}$$

式中:V_a——抽提液的总量,ml;

V_b——取出的燃烧干燥的抽提液数量,ml;

m_4——坩埚中燃烧干燥的残渣质量,g。

(2)沥青混合料中的沥青含量按式(6.48)计算,油石比按式(6.47)计算。

$$P_b = \frac{m - m_a}{m} \tag{6.47}$$

$$P_a = \frac{m - m_a}{m_a} \tag{6.48}$$

式中:m——沥青混合料的总质量,g;

P_b——沥青混合料的沥青含量,%;

P_a——沥青混合料的油石比,%。

6. 试验记录

同一沥青混合料试样至少平行试验两次,取平均值作为试验结果。两次试验结果的差值应小于 0.3%,当大于 0.3% 但小于 0.5% 时,应补充平行试验一次,以 3 次试验的平均值作为试验结果,3 次试验的最大值与最小值之差不得大于 0.5%。

6.3.6　沥青混合料车辙试验

1. 目的与适用范围

(1)本试验适用于测定沥青混合料的高温抗车辙能力,供沥青混合料配合比设计的高温稳定性检验使用。

(2)车辙试验的试验温度与轮压可根据有关规定和需要选用,非经注明,试验温度为 60 ℃,轮压为 0.7 MPa。根据需要,如在寒冷地区也可采用45 ℃,在高温条件下采用70 ℃等,但应在报告中注明。计算动稳定度的时间原则上为试验开始后 45～60 min 之间。

(3)本方法适用于用轮碾成型机碾压成型的长 300 mm、宽 300 mm、厚 50 mm 的板块状试件,也适用于现场切割制作的长 300 mm、宽 300 mm、厚 50 mm 的板块状试件。根据需要,试件的厚度也可采用 40 mm。

2. 仪器设备

(1)车辙试验机。主要由下列部分组成:

①试件台:可牢固地安装两种宽度(300 mm 及 150 mm)的规定尺寸试件的试模。

②试验轮:橡胶制的实心轮胎,外径 200 mm,轮宽 50 mm,橡胶层厚 15 mm。橡胶硬度(国际标准硬度)20 ℃时为 84 ±4,60 ℃时为 78 ±2。试验轮行走距离为 230 mm ±10 mm,往返碾压速度为(42 ±1)次/mm(21 次往返/min)。允许采用曲柄连杆驱动试验台运动(试验轮不移动)或链驱动试验轮运动(试验台不动)的任一种方式。

注:轮胎橡胶硬度应注意检验,不符合要求者应及时更换。

③加载装置:使试验轮与试件的接触压强在 60 ℃时为 0.7 MPa ±0.05 MPa,施加的总荷重为 780 N 左右,根据需要可以调整。

④试模:钢板制成,由底板及侧板组成,试模内侧尺寸长为 300 mm,宽为 300 mm,厚为 50 mm(试验室制作),亦可固定 150 mm 宽的现场切制试件。

⑤变形测量装置:自动检测车辙变形并记录曲线的装置,通常用 LVDT、电测百分表或非接触位移计。

⑥温度检测装置:自动检测并记录试件表面及恒温室内温度的温度传感器、温度计,精密度 0.5 ℃。

(2)恒温室:车辙试验机必须整机安放在恒温室内,装有加热器、气流循环装置及自动温度控制设备,能保持恒温室温度 60 ℃ ±1 ℃(试件内部温度 60 ℃ ±0.5 ℃),根据需要亦可为其他需要的温度。用于保温试件并进行试验。温度应能自动连续记录。

(3)台秤:称量 15 kg,感量不大于 5 g。

3. 试验准备

(1)试验轮接地压强测定:测定在 60 ℃时进行,在试验台上放置一块 50 mm 厚的钢板,其上铺一张毫米方格纸,上铺一张新写的复写纸,以规定的 700 N 荷载后试验轮静压复写纸,即可在方格纸上得出轮压面积,并由此求得接地压强。当压强不符合 0.7 MPa ±0.05 MPa 时,荷载应予以适当调整。

(2)用轮碾成型法制作车辙试验试块。在试验室或工地制备成型的车辙试件,其标准尺寸为 300 mm × 300 mm ×50 mm,也可从路面切割得到 300 mm ×150 mm ×50 mm 的试件。

当直接在拌和厂取拌和好的沥青混合料样品制作试件检验生产配合比设计或混合料生产质量时,必须将混合料装入保温桶中,在温度下降至成型温度之前迅速送达试验室制作试件;如果温度稍有不足,可放在烘箱中稍加热(时间不超过 30 min)后使用。也可直接在现场用手动碾或压路机碾压成型试件,但不得将混合料放冷却后二次加热重塑制作试件。重塑制作的试验结果仅供参考,不得用于评定配合比设计检验是否合格。

(3)如需要,将试件脱模按规程规定的方法测定密度及空隙率等各项物理指标。如经水浸,应用电扇将其吹干,然后再装回原试模中。

(4)试件成型后,连同试模一起在常温条件下放置的时间不得少于 12 h。对聚合物改性沥青混合料,放置的时间以 48 h 为宜,使聚合物改性沥青充分固化后方可进行车辙试验,但室温放置时间也不得长于一周

(注:为使试件与试模紧密接触应记住四边的方向位置不变)。

4. 试验步骤

(1)将试件连同试模一起,置于已达到试验温度 60 ℃ ±1 ℃的恒温室中,保温不少于 5 h,也不得多于 24 h。在试件的试验轮不行走的部位上,粘贴一个热电偶温度计(也可在试件制作时预先将热电偶导线埋入试件一角),控制试件温度稳定在 60 ℃ ±0.5 ℃。

(2)将试件连同试模移置于车辙试验机的试验台上,试验轮在试件的中央部位,其行走方向须与试件的碾压或行车方向一致。开动车辙变形自动记录仪,然后启动试验机,使试验轮往返行走,时间约 1 h,或最大变形达到 25 mm 时为止。试验时,记录仪自动记录变形曲线及试件温度。

注:对 300 mm 宽且试验时变形较小的试件,也可对一块试件在两侧 1/3 位置上进行两次试验取其平均值。

5. 计算

(1)取 45 min(t_1)及 60 min(t_2)时的车辙变形 d_1及 d_2,准确至 0.01 mm。

当变形过大,在未到 60 min 变形已达 25 mm 时,则以达到 25 mm(d_2)时的时间为 t_2,将其前 15 min 为 t_1,此时的变形记为 d_1。

(2)沥青混合料试件的动稳定度按式(6.49)计算。

$$DS=\frac{(t_2-t_1)\cdot N}{d_2-d_1}\cdot C_1\cdot C_2 \tag{6.49}$$

式中:DS——沥青混合料的动稳定度,次/mm;

d_1——对应于时间 t_1的变形量,mm;

d_2——对应于时间 t_2的变形量,mm;

C_1——试验机类型修正系数,曲柄连杆驱动试件的变速行走方式为 1.0,链驱动试验轮等速方式的修正系数为 1.5;

C_2——试件系数,试验室制备宽为 300 mm 的试件系数为 1.0,从路面切割宽为 150 m 的试件系数为 0.8;

N——试验轮往返碾压速度,通常为 42 次/min。

6. 报告

(1)同一沥青混合料或同一路段的路面,至少平行试验 3 个试件,当 3 个试件动稳定度变异系数小于 20% 时,取其平均值作为试验结果。变异系数大于 20% 时应分析原因,并追加试验。如计算动稳定度值大于 6 000 次/mm 时,记作:>6 000 次/mm。

(2)试验报告应注明试验温度、试验接地压强、试件密度、空隙率及试件制作方法等。

7. 精密度或允许差

重复性试验动稳定度变异系数的允许差为 20% 。

计　划　单

<table>
<tr><td>学习领域</td><td colspan="4">路桥工程检测技术</td></tr>
<tr><td>学习情境</td><td colspan="2">路面面层工程检测</td><td>学　　时</td><td>28</td></tr>
<tr><td>任　　务</td><td colspan="2">路面面层工程原材料试验检测</td><td>学　　时</td><td>10</td></tr>
<tr><td>计划方式</td><td colspan="4">小组讨论、团结协作共同制订计划</td></tr>
<tr><td>序　　号</td><td colspan="3">实施步骤</td><td>使用资源</td></tr>
<tr><td>1</td><td colspan="3"></td><td></td></tr>
<tr><td>2</td><td colspan="3"></td><td></td></tr>
<tr><td>3</td><td colspan="3"></td><td></td></tr>
<tr><td>4</td><td colspan="3"></td><td></td></tr>
<tr><td>5</td><td colspan="3"></td><td></td></tr>
<tr><td>6</td><td colspan="3"></td><td></td></tr>
<tr><td>7</td><td colspan="3"></td><td></td></tr>
<tr><td>8</td><td colspan="3"></td><td></td></tr>
<tr><td>9</td><td colspan="3"></td><td></td></tr>
<tr><td>制订计划
说明</td><td colspan="4"></td></tr>
<tr><td rowspan="3">计划评价</td><td>班　　级</td><td></td><td>第　　组</td><td>组长签字</td></tr>
<tr><td>教师签字</td><td></td><td>日　　期</td><td></td></tr>
<tr><td colspan="4">评语：</td></tr>
</table>

决　策　单

学习领域	路桥工程检测技术				
学习情境	路面面层工程检测			学　时	28
任　务	路面面层工程原材料试验检测			学　时	10
方案讨论					
方案对比	组号	方案合理性	实施可操作性	安 全 性	综合评价
	1				
	2				
	3				
	4				
	5				
	6				
	7				
	8				
	9				
	10				
方案评价	评语：				

班　级		组长签字		教师签字		年　月　日

实　施　单

<table>
<tr><td>学习领域</td><td colspan="5">路桥工程检测技术</td></tr>
<tr><td>学习情境</td><td colspan="2">路面面层工程检测</td><td>学　　时</td><td colspan="2">28</td></tr>
<tr><td>任　　务</td><td colspan="2">路面面层工程原材料试验检测</td><td>学　　时</td><td colspan="2">10</td></tr>
<tr><td>实施方式</td><td colspan="5">小组成员合作;动手实践</td></tr>
<tr><td>序　　号</td><td colspan="3">实施步骤</td><td colspan="2">使用资源</td></tr>
<tr><td>1</td><td colspan="3"></td><td colspan="2"></td></tr>
<tr><td>2</td><td colspan="3"></td><td colspan="2"></td></tr>
<tr><td>3</td><td colspan="3"></td><td colspan="2"></td></tr>
<tr><td>4</td><td colspan="3"></td><td colspan="2"></td></tr>
<tr><td>5</td><td colspan="3"></td><td colspan="2"></td></tr>
<tr><td>6</td><td colspan="3"></td><td colspan="2"></td></tr>
<tr><td>7</td><td colspan="3"></td><td colspan="2"></td></tr>
<tr><td>8</td><td colspan="3"></td><td colspan="2"></td></tr>
<tr><td colspan="6">实施说明:</td></tr>
<tr><td>班　　级</td><td></td><td>第　　组</td><td colspan="2">组长签字</td><td></td></tr>
<tr><td>教师签字</td><td colspan="2"></td><td colspan="2">日　　期</td><td></td></tr>
<tr><td>评　　语</td><td colspan="5"></td></tr>
</table>

检 查 单

<table>
<tr><td>学习领域</td><td colspan="4">路桥工程检测技术</td></tr>
<tr><td>学习情境</td><td colspan="2">路面面层工程检测</td><td>学　　时</td><td>28</td></tr>
<tr><td>任　　务</td><td colspan="2">路面面层工程原材料试验检测</td><td>学　　时</td><td>10</td></tr>
<tr><td>序　　号</td><td>检查项目</td><td>检查标准</td><td>学生自查</td><td>教师检查</td></tr>
<tr><td>1</td><td></td><td></td><td></td><td></td></tr>
<tr><td>2</td><td></td><td></td><td></td><td></td></tr>
<tr><td>3</td><td></td><td></td><td></td><td></td></tr>
<tr><td>4</td><td></td><td></td><td></td><td></td></tr>
<tr><td>5</td><td></td><td></td><td></td><td></td></tr>
<tr><td>6</td><td></td><td></td><td></td><td></td></tr>
<tr><td>7</td><td></td><td></td><td></td><td></td></tr>
<tr><td>8</td><td></td><td></td><td></td><td></td></tr>
<tr><td>9</td><td></td><td></td><td></td><td></td></tr>
<tr><td rowspan="3">检查评价</td><td>班　　级</td><td></td><td>第　　组</td><td>组长签字</td><td></td></tr>
<tr><td>教师签字</td><td></td><td>日　　期</td><td colspan="2"></td></tr>
<tr><td colspan="5">评语：</td></tr>
</table>

评　价　单

<table>
<tr><td>学习领域</td><td colspan="8">路桥工程检测技术</td></tr>
<tr><td>学习情境</td><td colspan="4">路面面层工程检测</td><td colspan="2">学　　时</td><td colspan="2">28</td></tr>
<tr><td>任　　务</td><td colspan="4">路面面层工程原材料试验检测</td><td colspan="2">学　　时</td><td colspan="2">10</td></tr>
<tr><td>评价类别</td><td>项　　目</td><td colspan="2">子 项 目</td><td>个人评价</td><td colspan="2">组内互评</td><td colspan="2">教师评价</td></tr>
<tr><td rowspan="7">专业能力</td><td rowspan="2">资讯
（10%）</td><td colspan="2">搜集信息（5%）</td><td></td><td colspan="2"></td><td colspan="2"></td></tr>
<tr><td colspan="2">引导问题回答（5%）</td><td></td><td colspan="2"></td><td colspan="2"></td></tr>
<tr><td>计划
（5%）</td><td colspan="2"></td><td></td><td colspan="2"></td><td colspan="2"></td></tr>
<tr><td>实施
（20%）</td><td colspan="2"></td><td></td><td colspan="2"></td><td colspan="2"></td></tr>
<tr><td>检查
（10%）</td><td colspan="2"></td><td></td><td colspan="2"></td><td colspan="2"></td></tr>
<tr><td>过程
（5%）</td><td colspan="2"></td><td></td><td colspan="2"></td><td colspan="2"></td></tr>
<tr><td>结果
（10%）</td><td colspan="2"></td><td></td><td colspan="2"></td><td colspan="2"></td></tr>
<tr><td rowspan="2">社会能力</td><td>团结协作
（10%）</td><td colspan="2"></td><td></td><td colspan="2"></td><td colspan="2"></td></tr>
<tr><td>敬业精神
（10%）</td><td colspan="2"></td><td></td><td colspan="2"></td><td colspan="2"></td></tr>
<tr><td rowspan="2">方法能力</td><td>计划能力
（10%）</td><td colspan="2"></td><td></td><td colspan="2"></td><td colspan="2"></td></tr>
<tr><td>决策能力
（10%）</td><td colspan="2"></td><td></td><td colspan="2"></td><td colspan="2"></td></tr>
<tr><td rowspan="3">评价评语</td><td>班　　级</td><td></td><td>姓　　名</td><td></td><td>学号</td><td></td><td>总评</td><td></td></tr>
<tr><td>教师签字</td><td></td><td>第　　组</td><td>组长签字</td><td colspan="2"></td><td>日期</td><td></td></tr>
<tr><td colspan="8">评语：</td></tr>
</table>

试验仪器及所用材料清单

学习领域	路桥工程检测技术				
学习情境	路面面层工程检测				
任　　务	路面面层工程原材料试验检测				
项　　目	序　　号	名　　称	数　　量	型　　号	作　　用
所用仪器					
所用材料					
所用工具					

评价评语								
	班　　级		姓　　名		学号		总评	
	教师签字		第　　组	组长签字			日期	
	评语：							

作　业　单

学习领域	路桥工程检测技术		
学习情境	路面面层工程检测	学　时	28
任　务	路面面层工程原材料试验检测	学　时	10
作业方式	资料查询，现场操作		
1	粗细集料的检测指标有哪些？		
2	针入度、软化点、延度这三大指标的单位分别是什么？		
3	碎石压碎值试验方法是什么？		
4	碎石的含泥量和泥块含量有什么不同？		
作业评价：			
班　级		第　组	组长签字
教师签字		日　期	
教师评分			

任务7 混凝土路面工程配合比设计

任 务 单

<table>
<tr><td>学习领域</td><td colspan="6">路桥工程检测技术</td></tr>
<tr><td>学习情境</td><td colspan="2">路面面层工程检测</td><td>工作任务</td><td colspan="3">混凝土路面工程配合比设计</td></tr>
<tr><td>任务学时</td><td colspan="6">8 学时</td></tr>
<tr><td colspan="7">布 置 任 务</td></tr>
<tr><td>学习目标</td><td colspan="6">1. 了解高速公路路面层的结构类型
2. 掌握水泥混凝土面层的技术要求
3. 掌握沥青混凝土面层的技术要求
4. 能够按照操作规程的步骤进行熟练操作
5. 能够正确计算并填写试验数据
6. 能根据试验结果判定材料及工程施工质量的好坏,保质保量完成工程项目</td></tr>
<tr><td>任务描述</td><td colspan="6">资料一:试设计某高速公路路面用水泥混凝土配合比。交通等级为中等,设计弯拉强度($f_{cf,k}$) =5.0 MP;要求施工坍落度 H=10~30 mm;水泥、砂、碎石、水、外加剂等组成材料通过试验进行测试。
资料二:试设计某高速公路沥青混凝土路面用沥青混合料配合比。结构层位:三层式沥青混凝土上面层;气候条件:最低月平均气温 -8 ℃;沥青为重交通 AH-110,技术性能均符合要求。矿质材料及沥青等组成材料通过试验进行测试。其工作如下:
1. 准备工作
按照高速公路路面用水泥混凝土配合比要求,将原材料准备齐全,检查水泥、砂、石,沥青、矿料状态,确定质量完好备用。
2. 配合比计算
通过代入公式计算、查表,得出计算配合比。试验室调整已计算出的配合比,得出生产配合比,提供给拌和站。
3. 整理资料
认真填写试验地点、时间、试验人员、审核人员、规程号等,形成报告存档。</td></tr>
<tr><td rowspan="2">学时安排</td><td>资讯</td><td>计划</td><td>决策</td><td>实施</td><td>检查</td><td>评价</td></tr>
<tr><td>2 学时</td><td>1 学时</td><td>1 学时</td><td>2 学时</td><td>1 学时</td><td>1 学时</td></tr>
<tr><td>提供资料</td><td colspan="6">1. 路桥施工图纸
2. 公路工程相关试验规程
3. 公路工程相关施工规范、验收规范
4. 质检员岗位技术相关标准</td></tr>
<tr><td>对学生的要求</td><td colspan="6">1. 具备路桥工程检测技术基础知识
2. 具备路桥施工技术基础知识
3. 具备规范操作试验仪器设备、处理试验数据的基础知识
4. 具备读识路桥工程图、绘图的基础知识
5. 具备一定的自学能力、数据计算能力
6. 具备一定的沟通协调能力、语言表达能力
7. 具有团队合作的精神,以小组的形式完成工作任务
8. 严格遵守课堂纪律和工作纪律,不迟到,不早退,不旷课
9. 树立职业意识,按照企业的岗位职责要求自己</td></tr>
</table>

资　讯　单

学习领域	路桥工程检测技术		
学习情境	路面面层工程检测	**工作任务**	混凝土路面工程配合比设计
任务学时	8 学时		
资讯方式	在图书馆、专业杂志、互联网及信息单上查询问题;咨询任课教师		
资讯问题	1. 水泥混凝土路面技术要求是什么?		
	2. 水泥混凝土坍落度测试方法是什么?		
	3. 滑模摊铺机前拌和物最佳工作性及允许范围是什么?		
	4. 热拌沥青混合料配合比设计方法分哪几个阶段?		
	5. 水泥混凝土路面工程配合比设计步骤是什么?		
	6. 矿料级配不合格,如何来调整?		
	7. 水泥混凝土路面配制混凝土时坍落度控制范围是什么?		
	8. 热拌沥青混合料面层与水泥混凝土路面检测项目分别是哪几项?		
资讯要求	1. 根据任务目标和任务描述正确理解完成任务需要的资讯内容 2. 按照上述资讯内容进行咨询 3. 写出资讯报告		
资讯评价	**班　级**		**学生姓名**
	教师签字		**日　期**
	评语:		

信 息 单

7.1 普通混凝土配合比设计

7.1.1 普通混凝土配合比设计

普通混凝土配合比设计适用于滑模摊铺机、轨道摊铺机、三辊轴机组及小型机具四种施工方式。

普通混凝土路面的配合比设计在兼顾经济性的同时应满足下列三项技术要求：

1. 弯拉强度

(1)各交通等级路面板的28天设计弯拉强度标准值f_r应符合《公路水泥混凝土路面设计规范》(JTG D40—2011)的规定。

(2)应按式(7.1)计算配制28天弯拉强度的均值。

$$f_c = \frac{F_r}{1 - 1.04C_v} + ts \tag{7.1}$$

式中：f_c——配制28天弯拉强度的均值，MPa；

F_r——设计弯拉强度标准值，MPa；

s——弯拉强度试验样本的标准差，MPa；

t——保证率系数，应按表7.1确定；

C_v——弯拉强度变异系数，应按统计数据在表7.2的规定范围内取值；在无统计数据时，弯拉强度变异系数应按设计取值；如果施工配制弯拉强度超出设计给定的弯拉强度变异系数上限，则必须改进机械装备和提高施工控制水平。

表7.1 保证率系数 t

公路技术等级	判别概率 p	样本数 n（组）				
		3	6	9	15	20
高速公路	0.05	1.36	0.79	0.61	0.45	0.39
一级公路	0.10	0.95	0.59	0.46	0.35	0.30
二级公路	0.15	0.72	0.46	0.37	0.28	0.24
三、四级公路	0.20	0.56	0.37	0.29	0.22	0.19

表7.2 各级公路混凝土路面弯拉强度变异系数

公路技术等级	高速公路	一级公路		二级公路	三、四级公路	
混凝土弯拉强度变异水平等级	低	低	中	中	中	高
弯拉强度变异系数 C_v 允许变化范围	0.05~0.10	0.05~0.10	0.10~0.15	0.10~0.15	0.10~0.15	0.15~0.20

2. 工作性

(1)滑模摊铺机前拌和物最佳工作性及允许范围应符合表7.3的规定。

表 7.3 混凝土路面滑模摊铺最佳工作性及允许范围

指标 界限	坍 落 度 S_L(mm)		振动黏度系数 η(N·s/m^2)
	卵石混凝土	碎石混凝土	
最佳工作性	20~40	25~50	200~500
允许波动范围	5~55	10~65	100~600

注:①滑模摊铺机适宜的摊铺速度应控制在 0.5~2.0 m/min 之间。

②本表适用于设超铺角的滑模摊铺机;对不设超铺角的滑模摊铺机,最佳振动黏度系数 250~600 N·s/m^2;最佳坍落度卵石为 10~40 mm,碎石为 10~30 mm。

③滑模摊铺时的最大单位用水量卵石混凝土不宜大于 155 kg/m^3;碎石混凝土不宜大 160 kg/m^3。

(2)轨道摊铺机、三辊轴机组、小型机具摊铺的路面混凝土坍落度及最大单位用水量,应满足表 7.4 的规定。

表 7.4 不同路面施工方式混凝土坍落度及最大单位用水量

摊铺方式	轨道摊铺机摊铺		三辊轴机组摊铺		小型机具摊铺	
出机坍落度(mm)	40~60		30~50		10~40	
摊铺坍落度(mm)	20~40		10~30		0~20	
最大单位用水量(kg/m^3)	碎石 156	卵石 153	碎石 153	卵石 148	碎石 150	卵石 145

注:①表中的最大单位用水量系采用中砂、粗细集料为风干状态的取值,采用细砂时,应使用减水率较大的(高效)减水剂。

②使用碎卵石时,最大单位用水量可取碎石与卵石中值。

3. 耐久性

(1)根据当地路面无抗冻性、有抗冻性或有抗盐冻性要求及混凝土最大公称粒径,路面混凝土含气量宜符合表 7.5 的规定。

表 7.5 路面混凝土含气量及允许偏差(%)

最大公称粒径(mm)	无抗冻性要求	有抗冻性要求	有抗盐冻要求
19.0	4.0±1.0	5.0±0.5	6.0±0.5
26.5	3.5±1.0	4.5±05	5.5±0.5
31.5	3.5±1.0	4.0±0.5	5.0±0.5

(2)各交通等级路面混凝土满足耐久性要求的最大水灰(胶)比和最小单位水泥用量应符合表 7.6 的规定。最大单位水泥用量不宜大于 400 kg/m^{3}时;掺粉煤灰时,最大单位胶材总量不宜大于 420 kg/m^3。

表 7.6 混凝土满足耐久性要求的最大水灰(胶)比和最小单位水泥用量

公路技术等级		高速公路、一级公路	二级公路	三、四级公路
最大水灰(胶)比		0.44	0.46	0.48
抗冰冻要求最大水灰(胶)比		0.42	0.44	0.46
抗盐冻要求最大水灰(胶)比		0.40	0.42	0.44
最小单位水泥用量(kg/m^3)	42.5 级	300	300	290
	32.5 级	310	310	305
抗冰(盐)冻时最小单位水泥用量(kg/m^3)	42.5 级	320	320	315
	32.5 级	330	330	325
掺粉煤灰时最小单位水泥用量(kg/m^3)	42.5 级	260	260	255
	32.5 级	280	270	265

续表

公路技术等级	高速公路、一级公路	二级公路	三、四级公路
抗冰(盐)冻掺粉煤炭最小单位水泥用量(42.5 级水泥)(kg/m³)	280	270	265

注:①掺粉煤灰,并有抗冰(盐)冻性要求时,不得使用 32.5 级水泥;
②水灰(胶)比计算以砂石料的自然风干状态计(砂含水量≤1.0%;石子含水量≤0.5%);
③处在除冰盐、海风、酸雨或硫酸盐等腐蚀性环境中、或在大纵坡等加减速车道上的混凝土,最大水灰(胶)比可比表中数值降低 0.01~0.02。

(3)严寒地区路面混凝土抗冻标号不宜小于 F250,寒冷地区不宜小于 F200。

(4)在海风、酸雨、除冰盐或硫酸盐等腐蚀环境影响范围内的混凝土路面和桥面,在使用硅酸盐水泥时,应掺加粉煤灰、磨细矿渣或硅灰掺合料,不宜单独使用硅酸盐水泥,可使用矿渣水泥或普通水泥。

7.1.2 外加剂的使用要求

(1)高温施工时,混凝土拌和物的初凝时间不得小于 3 h,否则应采取缓凝或保塑措施;低温施工时,终凝时间不得大于 10 h,否则应采取必要的促凝或早强措施。

(2)外加剂的掺量应由混凝土试配试验确定。引气剂的适宜掺量可由搅拌机口的拌和物含气量进行控制。实际路面和桥面引气混凝土的抗冰冻、抗盐冻耐久性,宜采用本规范规定的钻芯法测定,测定位置:路面为表面和表面下 50 mm;桥面为表面和表面下 30 mm;测得的上下两个表面的最大平均气泡间距系数不宜超过表 7.7 的规定。

表 7.7 混凝土路面和桥面最大平均气泡间距系数(μm)

环境		高速公路、一级公路	其他公路
严寒地区	冰冻	275	300
	盐冻	225	250
寒冷地区	冰冻	325	350
	盐冻	275	300

(表头斜线:公路技术等级/环境)

(3)引气剂与减水剂或高效减水剂等其他外加剂复配在同一水溶液中时,应保证其共溶性,防止外加剂溶液发生絮凝现象。如产生絮凝现象,应分别稀释、分别加入。

7.1.3 配合比参数的计算要求

1. 水灰(胶)比的计算和确定

(1)根据粗集料的类型,水灰比可分别按下列统计公式计算:

碎石或碎卵石混凝土:

$$\frac{W}{C}=\frac{1.5684}{f_c+1.0097-0.3595f_s} \tag{7.2}$$

卵石混凝土:

$$\frac{W}{C}=\frac{1.2618}{f_c+1.5492-0.4709f_s} \tag{7.3}$$

式中:$\frac{W}{C}$——水灰比;

f_s——水泥实测 28 d 抗折强度,MPa。

(2)掺用粉煤灰时,应计入超量取代法中代替水泥的那一部分粉煤灰用量(代替砂的超量部分不计入),用水胶比$\frac{W}{C+F}$代替水灰比$\frac{W}{C}$。

(3)应在满足弯拉强度计算值和耐久性(表 7.6)两者要求的水灰(胶)比中取小值。

2. 砂率

应根据砂的细度模数和粗集料种类查表 7.8 取值。在软做抗滑槽时,砂率在表 7.8 基础上可增大 1%~2%。

表 7.8　砂的细度模数与最优砂率关系

砂细度模数		2.2～2.5	2.5～2.8	2.8～3.1	3.1～3.4	3.4～3.7
砂率 S_P(%)	碎石	30～34	32～36	34～38	36～40	38～42
	卵石	28～32	30～34	32～36	34～38	36～40

注:碎卵石可在碎石和卵石混凝土之间内插取值。

3. 计算用水量

根据粗集料种类和表 7.3、表 7.4 中适宜的坍落度,分别按下列经验式计算单位用水量(砂石料以自然风干状态计):

碎石
$$W_o = 104.97 + 0.309S_L + 11.27\frac{C}{W} + 0.61S_P \tag{7.4}$$

卵石
$$W_o = 86.89 + 0.370S_L + 11.24\frac{C}{W} + 1.00S_P \tag{7.5}$$

式中:W_o——不掺外加剂与掺合料混凝土的单位用水量,kg/m^3;

S_L——坍落度,mm;

S_P——砂率,%;

$\frac{C}{W}$——灰水比,水灰比之倒数。

掺外加剂的混凝土单位用水量应按下式计算:

$$W_{ow} = W_o\left(1 - \frac{\beta}{100}\right) \tag{7.6}$$

式中:W_{ow}——掺外加剂混凝土的单位用水量,kg/m^3;

β——所用外加剂剂量的实测减水率,%。

单位用水量应取计算值和表 7.3 或表 7.4 的规定值两者中的小值。若实际单位用水量仅掺引气剂不满足所取数值,则应掺用引气(高效)减水剂,三、四级公路也可采用真空脱水工艺。

4. 计算水泥用量

单位水泥用量应由式(7.7)计算,并取计算值与表 7.6 规定值两者中的大值。

$$C_o = \left(\frac{C}{W}\right)W_o \tag{7.7}$$

式中:C_o——单位水泥用量,kg/m^3。

5. 砂石料用量计算

砂石料用量可按密度法或体积法计算。按密度法计算时,混凝土单位质量可取 2 400～2 450 kg;按体积法计算时,应计入设计含气量。采用超量取代法掺用粉煤灰时,超量部分应代替砂,并折减用砂量。经计算得到的配合比,应验算单位粗集料填充体积率,且不宜小于 70%。

重要路面、桥面工程应采用正交试验法进行配合比优选。

7.1.4　采用真空脱水工艺

可采用比经验式(7.4,7.5)计算值略大的单位用水量,但在真空脱水后,扣除每立方米混凝土实际吸除的水量,剩余单位用水量和剩余水灰(胶)比分别不宜超过表 7.4 最大单位用水量和表 7.6 最大水灰(胶)比的规定。

7.1.5　路面混凝土掺用粉煤灰

其配合比计算应按超量取代法进行。粉煤灰掺量应根据水泥中原有的掺合料数量和混凝土弯拉强度、耐磨性等要求由试验确定。Ⅰ,Ⅱ级粉煤灰的超量系数可按表 7.9 初选。代替水泥的粉煤灰掺量:Ⅰ型硅酸盐水泥宜≤30%;Ⅱ型硅酸盐水泥宜≤25%;道路水泥宜≤20%;普通水泥宜≤15%;矿渣水泥不得掺粉煤灰。

表 7.9　粉煤灰超量取代系数

粉煤灰等级	Ⅰ	Ⅱ	Ⅲ
超量取代系数 k	1.1～1.4	1.3～1.7	1.5～2.0

7.2　沥青混合料配合比设计

热拌沥青混合料配合比设计，应通过目标配合比设计、生产配合比设计及生产配合比验证三个阶段，确定沥青混合料的材料品种及配合比、矿料级配、最佳沥青用量。

7.2.1　矿质混合料的配合组成设计

矿质混合料的配合组成设计通常是根据规范推荐的级配范围，来选配一个具有足够密实度，并有较高内摩阻力的矿质混合料。其基本步骤如下。

1. 确定沥青混合料类型

沥青混合料的类型，根据道路等级、路面类型及所处的结构层位，参照《公路沥青路面设计规范》按表 7.10选定。

表 7.10　沥青混合料类型适用性

层位	开级配	半开级配	密实型沥青混合料				最大粒径(mm)
			断级配型		粗级配型	细级配型	
空隙率(%)	>15	8～15	3～5	3～4	3～6(8)	3～6	
抗滑磨耗层	OGFC-10 OGFC-13		UTAC-10 UTAC-13	SMA-10 SMA-13			13 16
表面层		AM-13		SMA-13	DCG-13 SUP-13	DFG-13	16
		AM-16		SMA-16	DCG-16	DFG-16	19
中面层		AM-20	FAC-20	SMA-20	DCG-20 SUP-19	DFG-20	26.5
下面层					DCG-25	DFG-25	31.5
基层	ATPB-25	AM-25			LSM-25		31.5
	ATPB-30	AM-30			LSM-30		37.5
底基层	ATPS-35	AM-35			LSM-35		53.0

注：OGFC——排水式沥青磨耗层；UTAC——抗滑磨耗层；SMA——沥青玛蹄脂碎石混合料；AM——沥青碎石混合料；DCG——密实粗级配；SUP——Superpave 混合料；DFG——密实细级配；FAC——高沥青含量沥青混凝土混合料；ATPB——排水式沥青碎石基层；LSM——大粒径沥青碎石混合料。

2. 确定工程设计的级配范围

密级配沥青混合料，宜根据公路等级、气候及交通条件按表 7.11 选择粗型(C 型)或细型(F 型)混合料。对夏季温度高、高温持续时间长，重载交通多的路段，宜选用粗型密级配沥青混合料(AC-C 型)，并取较高的设计空隙率。对冬季温度低、且低温持续时间长的地区，或者重载交通较少的路段，宜选用细型密级配沥青混合料(AC-F 型)，并取较低的设计空隙率。

表 7.11　粗型和细型密级配沥青混凝土的关键性筛孔通过率

混合料类型	公称最大粒径(mm)	用以分类的关键性筛孔(mm)	粗型密级配		细型密级配	
			名称	关键性筛孔通过率(%)	名称	关键性筛孔通过率(%)
AC-25	26.5	4.75	AC-25C	<40	AC-25F	>40

续表

混合料类型	公称最大粒径(mm)	用以分类的关键性筛孔(mm)	粗型密级配		细型密级配	
			名称	关键性筛孔通过率(%)	名称	关键性筛孔通过率(%)
AC-20	19	4.75	AC-20C	<45	AC-20F	>45
AC-16	16	2.36	AC-16C	<38	AC-16F	>38
AC-13	13.2	2.36	AC-13C	<40	AC-13F	>40
AC-10	9.5	2.36	AC-10C	<45	AC-10F	>45

密级配沥青混合料的设计级配,宜在表7.12规定的级配范围内,根据公路等级、工程特性、气候条件、交通条件、材料品种等因素,通过对条件大体相当的工程使用情况进行调查研究后调整确定,必要时允许超出规范级配范围。经确定的工程设计级配范围是配合比设计的依据,不得随意变更。

表7.12 密级配沥青混凝土混合料矿料级配范围

级配类型		通过下列筛孔(mm)的质量百分率(%)												
		31.5	26.5	19	16	13.2	9.5	4.75	2.36	1.18	0.6	0.3	0.15	0.075
粗粒式	AC-25	100	90~100	75~90	65~83	57~76	45~65	24~52	16~42	12~33	8~24	5~17	4~13	3~7
中粒式	AC-20		100	90~100	78~92	62~80	50~72	26~56	16~44	12~33	8~24	5~17	4~13	3~7
	AC-16			100	90~100	76~92	60~80	34~62	20~48	13~36	9~26	7~18	5~14	4~8
细粒式	AC-13				100	90~100	68~85	38~68	24~50	15~38	10~28	7~20	5~15	4~8
	AC-10					100	90~100	45~75	30~58	20~44	13~32	9~23	6~16	4~8
砂粒式	AC-5						100	90~100	55~75	35~55	20~40	12~28	7~18	5~10

调整工程设计级配范围宜遵循下列原则:

(1)要确保高温抗车辙能力,同时兼顾低温抗裂性能的需要。配合比设计时宜适当减少公称最大粒径附近的粗集料用量,减少0.6 mm以下部分细粉的用量,使中等粒径集料较多,形成S形级配曲线,并取中等或偏高水平的设计空隙率。

(2)确定各层的工程设计级配范围时,应考虑不同层位的功能需要,经组合设计的沥青路面应能满足耐久、稳定、密水、抗滑等要求。

(3)根据公路等级和施工设备的控制水平,确定的工程设计级配范围应比规范级配范围窄,其中4.75 mm和2.36 mm通过率的上下限差值宜小于12%。

(4)沥青混合料的配合比设计,应充分考虑施工性能,使沥青混合料容易摊铺和压实,避免造成严重的离析。

3. 材料选择与准备

按气候和交通条件选择合适的各种材料,经现场取样检验,其质量应符合规定的技术要求。当单一规格的集料某项指标不合格,但不同粒径规格的材料按级配组成的集料混合料指标能符合规范要求时,允许使用。

4. 矿料配合比设计

高速公路和一级公路沥青路面矿料配合比设计,宜借助电子计算机的电子表格,用试配法进行,见表7.13。

表7.13 矿料级配设计计算表

筛孔(mm)	10~20 mm(%)	5~10 mm(%)	3~5 mm(%)	石屑(%)	黄砂(%)	矿粉(%)	消石灰(%)	合成级配(%)	工程设计级配范围(%)		
									中限	下限	上限
16	100	100	100	100	100	100	100	100.0	100	100	100

续表

筛孔(mm)	10～20 mm(%)	5～10 mm(%)	3～5 mm(%)	石屑(%)	黄砂(%)	矿粉(%)	消石灰(%)	合成级配(%)	工程设计级配范围(%)		
									中限	下限	上限
13.2	88.6	100	100	100	100	100	100	96.7	95	90	100
9.5	16.6	99.7	100	100	100	100	100	76.6	70	60	80
4.75	0.4	8.7	94.9	100	100	100	100	47.7	41.5	30	53
2.36	0.3	0.7	3.7	97.2	87.9	100	100	30.6	30	20	40
1.18	0.3	0.7	0.5	67.8	62.2	100	100	22.8	22.5	15	30
0.6	0.3	0.7	0.5	40.5	46.4	100	100	17.2	16.5	10	23
0.3	0.3	0.7	0.5	30.2	3.7	99.8	99.2	9.5	12.5	7	18
0.15	0.3	0.7	0.5	20.6	3.1	96.2	97.6	8.1	8.5	5	12
0.075	0.2	0.6	0.3	4.2	1.9	84.7	95.6	5.5	6	4	8
配合比	28	26	14	12	15	3.3	1.7	100.0	—	—	—

矿料级配曲线采用泰勒曲线的标准画法绘制，纵坐标为普通坐标，横坐标按 $x = d_i^{0.45}$ 计算见表7.14。以原点与通过集料最大粒径100%的点的连线作为沥青混合料的最大密度线。

表7.14　泰勒曲线的横坐标

d_i	0.075	0.15	0.3	0.6	1.18	2.36	4.75	9.5
$x = d_i^{0.45}$	0.312	0.426	0.582	0.795	1.077	1.472	2.016	2.754
d_i	13.2	16	19	26.5	31.5	37.5	53	63
$x = d_i^{0.45}$	3.193	3.482	3.762	4.370	4.723	5.109	5.969	6.452

对高速公路和一级公路，宜在工程设计级配范围内计算1～3组粗细不同的配合比，绘制设计级配曲线，分别位于工程设计级配范围的上方、中值及下方。设计合成级配不得有太多的锯齿形交错，且在0.3～0.6 mm范围内不出现“驼峰”。当反复调整不能满足时，宜更换材料设计。

根据当地的实践经验选择适宜的沥青用量，分别制作几组级配的马歇尔试件，测定VMA，初选一组满足或接近设计要求的级配作为设计级配。

图7.1为矿料级配曲线示例。

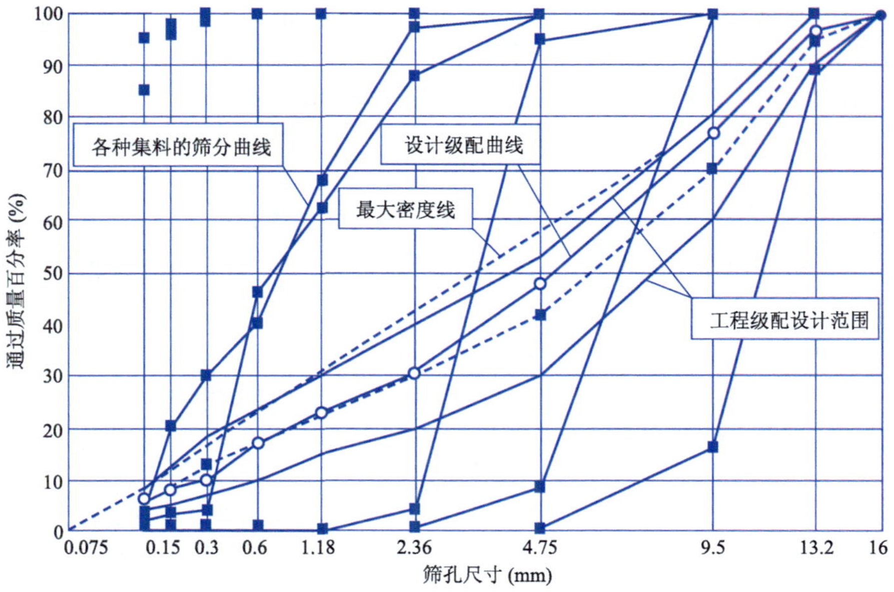

图7.1　矿料级配曲线示例

7.2.2　确定沥青混合料的最佳沥青用量

沥青混合料的最佳沥青用量(简称 OAC),按《公路沥青路面施工技术规范》(JTG F40—2004)中规定,以马歇尔试验方法为标准的设计方法,同时也允许采用其他设计方法。当采用其他设计方法时,应按马歇尔设计方法进行检验。马歇尔试验法确定沥青最佳用量按下列步骤进行:

1. 制备试件

(1)确定试件的制作温度。沥青混合料试件的制作温度宜通过在 135 ℃及 175 ℃条件下测定的黏度-温度曲线按表 7.15 的规定确定,并与施工实际温度一致,普通沥青混合料如缺乏黏温曲线时可参照表 7.16 执行,改性沥青混合料的成型温度在此基础上再提高 10 ℃ ~20 ℃。

表 7.15　确定沥青混合料拌和及压实温度的适宜温度

黏　度	适宜于拌和的沥青混合料黏度	适宜于压实的沥青混合料黏度	测定方法
表观黏度	(0.17 ±0.02)Pa · s	(0.28 ±0.03)Pa · s	T0625
运动黏度	(170 ±20)mm^2/s	(280 ±30)mm^2/s	T0619
赛波特黏度	(85 ±10)s	(140 ±15)s	T0623

表 7.16　热拌普通沥青混合料试件的制作温度(℃)

施工工序	石油沥青的标号				
	50 号	70 号	90 号	110 号	130 号
沥青加热温度	160 ~170	155 ~165	150 ~160	145 ~155	140 ~150
矿料加热温度	集料加热温度比沥青温度高 10 ~30(填料不加热)				
沥青混合料拌和温度	150 ~170	145 ~165	140 ~160	135 ~155	130 ~150
试件击实成型温度	140 ~160	135 ~155	130 ~150	125 ~145	120 ~140

(2)确定沥青用量范围。

①按式(7.8)计算矿质混合料的合成毛体积相对密度 γ_{sb}。

$$\gamma_{sb}=\frac{100}{\dfrac{P_1}{\gamma_1}+\dfrac{P_2}{\gamma_2}+\cdots+\dfrac{P_n}{\gamma_n}} \tag{7.8}$$

式中:P_1、P_2、…、P_n——各种矿料成分的配合比,其和为 100;

γ_1、γ_2、…、γ_n——各种矿料相应的毛体积相对密度,粗集料按 T0304 方法测定,机制砂及石屑可按 T0330 方法测定,也可以用筛出的 2.36 ~4.75 mm 部分的毛体积相对密度代替,矿粉(含消石灰、水泥)以表观相对密度代替。

②按式(7.9)或式(7.10)欲估沥青内混合料的适宜的油石比 P_a或沥青用量 P_b。

$$P_a=\frac{P_{a1}\cdot\gamma_{sb1}}{\gamma_{sb}} \tag{7.9}$$

$$P_b=\frac{P_a}{100+\gamma_{sb}}\times 100 \tag{7.10}$$

式中:P_a——预估的最佳油石比(与矿料总量的百分比),%;

P_b——预估的最佳沥青用量(占混合料总量的百分数),%;

P_{a1}——已建类似工程沥青混合料的标准油石比,%;

γ_{sb}——集料的合成毛体积相对密度;

γ_{sb1}——已建类似工程集料的合成毛体积相对密度。

③确定矿料的有效相对密度。对非改性沥青混合料,宜以预估的最佳油石比拌和2组的混合料,采用真空法实测最大相对密度,取平均值。然后由式(7.11)反算合成矿料的有效相对密度 γ_{se}。

$$\gamma_{se}=\frac{100-P_b}{\dfrac{100}{\gamma_t}-\dfrac{P_b}{\gamma_b}} \tag{7.11}$$

式中:γ_{se}——合成矿料的有效相对密度;

P_b——试验采用的沥青用量(占混合料总量的百分数),%;

γ_t——试验沥青用量条件下实测得到的最大相对密度,无量纲;

γ_b——沥青的相对密度(25 ℃/25 ℃),无量纲。

④以预估的油石比为中值,按一定间隔(对密级配沥青混合料通常为0.5%,对沥青碎石混合料可适当缩小间隔为0.3%~0.4%),取5个或5个以上不同的油石比分别成马歇尔试件。例如预估油石比为4.8%,可选3.8%、4.3%、4.8%、5.3%、5.8%等。

2. 测定物理指标

(1)测定压实沥青混合料试件的毛体积相对密度 γ_f 和吸水率(取平均值)。

(2)确定沥青混合料的最大理论相对密度。

对非改性的普通沥青混合料,在成型马歇尔试件的同时,用真空法实测各组沥青混合料的最大理论相对密度 γ_{ti}。当只对其中一组油石比测定最大理论相对密度时,也可按式(7.12)或式(7.13)计算其他不同油石比时的最大理论相对密度 γ_{ti}。

$$\gamma_{ti}=\frac{100+P_{ai}}{\dfrac{100}{\gamma_{se}}+\dfrac{P_{ai}}{\gamma_b}} \tag{7.12}$$

$$\gamma_{ti}=\frac{100}{\dfrac{P_{si}}{\gamma_{se}}+\dfrac{P_{bi}}{\gamma_b}} \tag{7.13}$$

式中:γ_{ti}——相对于计算沥青用量 P_{bi} 时,沥青混合料的最大理论相对密度,无量纲;

P_{ai}——所计算的沥青混合料中的油石比,%;

P_{bi}——所计算的沥青混合料的沥青用量,$P_{bi}=P_{ai}/(1+P_{ai})$,%;

P_{si}——所计算的沥青混合料的矿料含量,$P_{si}=100-P_{bt}$,%;

γ_{se}——矿料的有效相对密度,无量纲;

γ_b——沥青的相对密度(25 ℃/25 ℃),无量纲。

3. 体积组成分析

按式(7.14)~式(7.16)计算沥青混合料试件的空隙率、矿料间隙率VMA、有效沥青的饱和度VFA等体积指标,进行体积组成分析。

$$VV=\left(1-\frac{\gamma_f}{\gamma_t}\right)\times 100 \tag{7.14}$$

$$VMA=\left(1-\frac{\gamma_f}{\gamma_{sb}}\times P_s\right)\times 100 \tag{7.15}$$

$$VFA=\frac{VMA-VV}{VMA}\times 100 \tag{7.16}$$

式中:VV——试件的空隙率,%;

VMA——试件的矿料间隙率,%;

VFA——试件的有效沥青饱和度(有效沥青含量占VMA的体积比例),%;

γ_f——试件的毛体积相对密度,无量纲;

γ_t——沥青混合料的最大理论相对密度,无量纲;

P_s——各种矿料占沥青混合料总质量的百分率之和，即 $P_s = 100 - P_b(\%)$；

γ_{sb}——矿质混合料的合成毛体积相对密度。

4. 测定力学指标

进行马歇尔试验，测定马歇尔稳定度和流值。

5. 马歇尔试验结果分析

(1)绘制沥青用量与物理力学指标关系图。以油石比或沥青用量为横坐标，以毛体积密度、空隙率、有效沥青饱和度(VFA)、矿料间隙率(VMA)、稳定度和流值为纵坐标，将试验结果点入图中，连成光滑的曲线。确定均符合规范规定的沥青混合料技术标准的沥青用量范围 $OAC_{min} \sim OAC_{max}$。

选择的沥青用量范围必须涵盖设计空隙率的全部范围，并尽可能涵盖沥青饱和度的要求范围，同时使密度及稳定度曲线出现峰值。如果没有涵盖设计空隙率的全部范围，试验必须扩大沥青用量范围重新进行。

(2)根据试验曲线走势确定最佳沥青用量 OAC_1。

①在曲线图上求取相应于密度最大值、稳定度最大值、目标空隙率(或中值)、沥青饱和度范围的沥青用量 a_1、a_2、a_3、a_4，按式(7.17)取平均值作为 OAC_1。即

$$OAC_1 = (a_1 + a_2 + a_3 + a_4)/4 \tag{7.17}$$

②如果在所选择的沥青用量范围未能涵盖沥青饱和度的要求范围，按式(7.18)求取3者的平均值作为 OAC_1。即

$$OAC_1 = (a_1 + a_2 + a_3)/3 \tag{7.18}$$

③对所选择试验的沥青用量范围，密度或稳定度没有出现峰值(最大值经常在曲线的两端)时，可直接以目标空隙率所对应的沥青用量 a_3 作为 OAC_1，但 OAC_1 必须介于 $OAC_{min} \sim OAC_{max}$ 的范围内，否则应重新进行配合比设计。

(3)确定最佳沥青用量 OAC_2。以各项指标均符合沥青混合料技术标准(不含 VMA)的沥青用量范围 $OAC_{min} \sim OAC_{max}$ 的中值作为 OAC_2。即

$$OAC_2 = (OAC_{min} + OAC_{max})/2 \tag{7.19}$$

(4)确定计算的最佳沥青用量 OAC。通常情况下取 OAC_1 及 OAC_2 的中值作为计算的最佳沥青用量 OAC。

$$OAC = (OAC_1 + OAC_2)/2 \tag{7.20}$$

按式(7.20)计算的最佳沥青用量 OAC，从图 7.2 中得出所对应的空隙率和 VMA 值，检验是否能满足关于最小 VMA 值的要求。OAC 宜位于 VMA 凹形曲线最小值的贫油一侧。当空隙率不是整数时，最小 VMA 按内插法确定，并将其画入图 7.2 中。

检查图 7.1 中相应于此 OAC 的各项指标是否均符合马歇尔试验技术标准。

(5)根据实践经验和公路等级、气候条件、交通情况，调整确定最佳沥青用量 OAC。

①调查当地各项条件相接近的工程的沥青用量及使用效果，论证适宜的最佳沥青用量。检查计算得到的最佳沥青用量是否相近，如相差甚远，应查明原因，必要时重新调查级配，进行配合比设计。

②对炎热地区公路以及高速公路、一级公路的重载交通路段，山区公路的长大坡度路段，预计有可能产生较大车辙时，宜在空隙率符合要求的范围内将计算的最佳沥青用量减小 0.1% ~0.5% 作为设计沥青用量。此时，除空隙率外的其他指标可能会超出马歇尔试验配合比设计技术标准，配合比设计报告或设计文件必须予以说明。但配合比设计报告必须要求采用重型轮胎压路机和振动压路机组合等方式加强碾压，以使施工后路面的空隙达到未调整前的原最佳沥青用量时的水平，且渗水系数符合要求。如果试验路段试拌试铺达不到此要求时，宜调整所减小的沥青用量的幅度。

③对寒区道路、旅游道路、交通量很少的公路，最佳沥青用量可以在 OAC 的基础上增加 0.1% ~0.3%，以适当减小设计空隙率，但不得降低压实度要求。

(6)检验最佳沥青用量时的粉胶比和有效沥青膜厚度。

①按式(7.21)及式(7.22)计算沥青结合料被集料吸收的比例及有效沥青含量。

$$P_{ba}=\frac{\gamma_{se}-\gamma_b}{\gamma_{se}\cdot\gamma_{sb}}\cdot\gamma_b\times100 \tag{7.21}$$

$$P_{be}=P_b-\frac{P_{ba}}{100}\cdot P_s \tag{7.22}$$

式中：P_{ba}——沥青混合料中被集料吸收的沥青结合料的比例，%；

P_{be}——沥青混合料中的有效沥青用量，%；

γ_{se}——集料的有效相对密度，无量纲；

γ_{sb}——材料的合成毛体积相对密度，无量纲；

γ_b——沥青的相对密度(25 ℃/25 ℃)，无量纲；

P_b——沥青含量，%；

P_s——各种矿料占沥青混合料总质量的百分率之和，即 $P_s=100-P_b$，%。

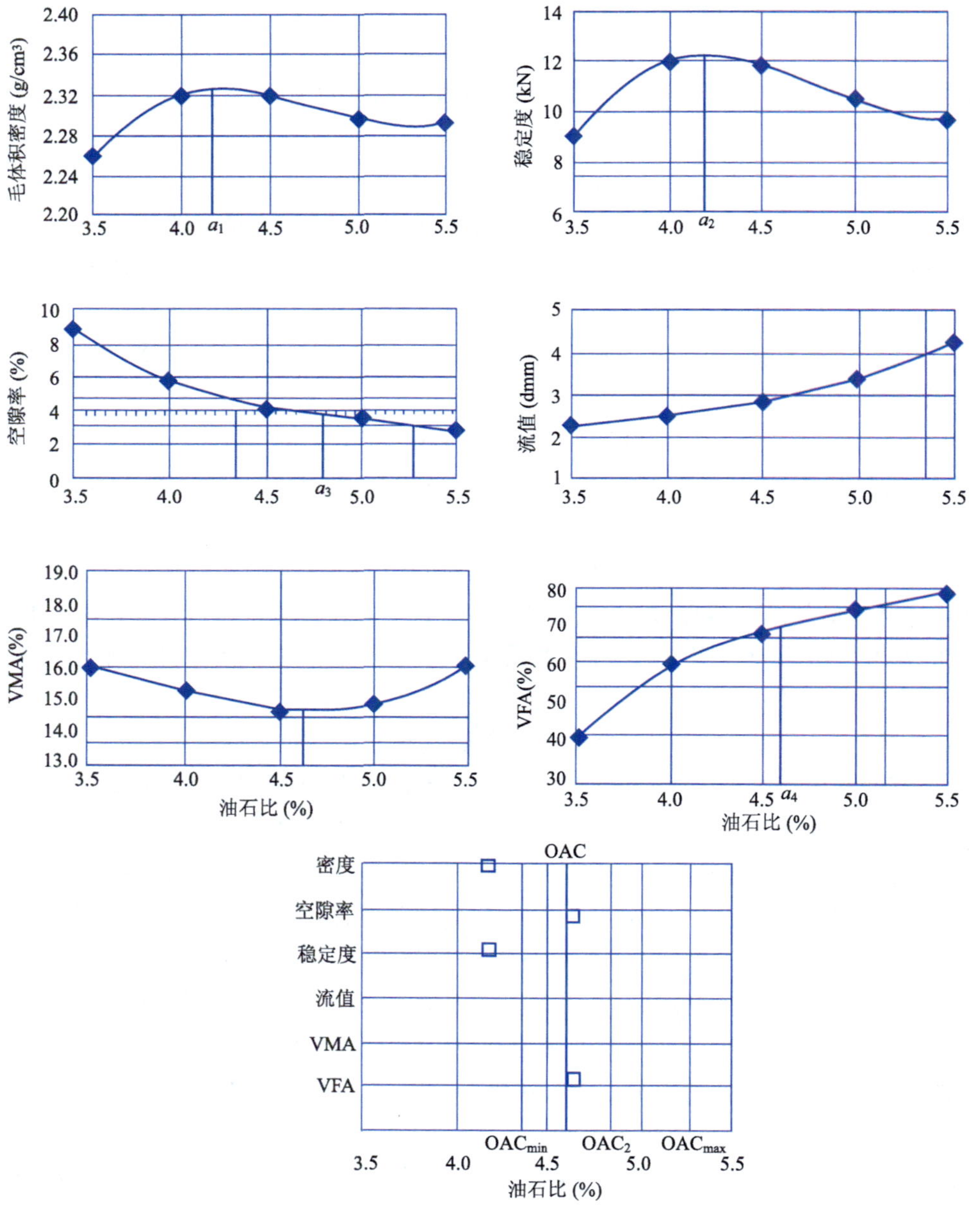

图 7.2　马歇尔试验结果示例

如果需要，可按式(7.23)及式(7.24)计算有效沥青的体积百分率 V_b 及矿料的体积百分率 V_s。

$$V_b = \frac{\gamma_f \cdot P_{be}}{\gamma_b} \tag{7.23}$$

$$V_s = 100 - (V_{be} + VV) \tag{7.24}$$

②检验最佳沥青用量时的粉胶比和有效沥青膜厚度。

a. 按式(7.25)计算沥青混合料的粉胶比，宜符合0.6～1.6的要求。对常用的公称最大粒径为13.2～19 mm的密级配沥青混合料，粉胶比宜控制在0.8～1.2范围内。

$$FB = \frac{P_{0.075}}{P_{be}} \tag{7.25}$$

式中：FB——粉胶比，沥青混合料的矿料中0.075 mm通过率与有效沥青含量的比值，无量纲；

$P_{0.075}$——矿料级配中0.075 mm的通过率(水洗法)，%；

P_{be}——有效沥青含量，%。

b. 按式(7.26)的方法计算集料的比表面积，按式(7.27)估算沥青混合料的沥青膜有效厚度。根据国外资料，通常情况下连续密级配沥青混合料有效厚度宜不小于6 μm，密实式沥青碎石混合料的有效厚度宜不小于5 μm。各种集料粒径的表面积系数按表7.17采用。

$$SA = \sum (P_i \cdot FA_i) \tag{7.26}$$

$$DA = \frac{P_{be}}{\gamma_b \cdot SA} \times 10 \tag{7.27}$$

式中：SA——集料的比表面积，m^2/kg；

P_i——各种粒径的通过百分率，%；

FA_i——相应于各种粒径的集料的表面积系数，见表7.17中所列；

DA——沥青膜有效厚度，μm；

P_{be}——有效沥青含量，%；

γ_b——沥青的相对密度(25 ℃/25 ℃)，无量纲。

表7.17　集料的表面积系数计算示例

筛孔尺寸(mm)	19	16	13.2	9.5	4.75	2.36	1.18	0.6	0.3	0.15	0.075	集料比表面积总和 SA(m^2/kg)
表面积系数 FA_i	0.004 1	—	—	—	0.004 1	0.008 2	0.016 4	0.028 7	0.061 4	0.122 9	0.327 7	
通过百分率 P_i(%)	100	92	85	76	60	42	32	23	16	12	6	
比表面 $FA_i \times P_i$ (m^2/kg)	0.41	—	—	—	0.25	0.34	0.52	0.66	0.98	1.47	1.97	6.60

7.2.3　配合比设计检验

对用于高速公路和一级公路的公称最大粒径等于或小于19 mm的密级配沥青混合料(AC)，SMA、OGFC混合料，需在配合比设计的基础上按规范要求进行各种使用性能的检验，不符合要求的沥青混合料，必须更换材料或重新进行配合比设计。配合比设计检验按计算确定的设计最佳沥青用量在标准条件下进行，若按照根据实践经验和公路等级、气候条件、交通情况调整确定的最佳沥青用量，或者改变试验条件时，各项技术要求均应适当调整。

(1)高温稳定性检验。按规定方法进行车辙试验，动稳定度应符合表7.18的要求。

对公称最大粒径大于19 mm的密级配沥青混凝土或沥青稳定碎石混合料，由于车辙试件尺寸不能适用，不宜按此方法进行车辙试验和弯曲试验。如需要检验可加厚试件厚度或采用大型马歇尔试件。

表 7.18　沥青混合料车辙试验动稳定度技术要求

气候条件与技术指标	相应于下列气候分区所要求的动稳定度(次/mm)									试验方法
7 月平均最高气温(℃)及气候分区	>30				20~30				<20	
	1. 夏炎热区				2. 夏热区				3. 夏凉区	
	1-1	1-2	1-3	1-4	2-1	2-2	2-3	2-4	3-2	
普通沥青混合料,不小于	800		1 000		600	800			600	T0719
改性沥青混合料,不小于	2 400		2 800		2 000	2 400			1 800	
SMA 混合料 非改性,不小于	1 500									
SMA 混合料 改性,不小于	3 000									
OGFC 混合料	1 500(一般交通路段)、3 000(重交通路段)									

注:①如果其他月份的平均气温高于 7 月时,可使用该月平均最高气温。

②在特殊情况下,如钢桥面铺装、重载车特别多或纵坡较大的长距离上坡路段、厂矿专用道路,可酌情提高动稳定度的要求。

③对因气候寒冷确需使用针入度很大的沥青(如大于 100),动稳定度难以达到要求,或因采用石灰岩等不很坚硬的石料,改性沥青混合料的动稳定度难以达到要求等特殊情况,可酌情降低要求。

④为满足炎热地区及重载车要求,在配合比设计时采取减少最佳沥青用量的技术措施时,可适当提高试验温度或增加试验荷载进行试验,同时增加试件的碾压成型密度和施工压实度要求。

⑤车辙试验不得采用重复加热的混合料,试验必须检验其密度是否符合试验规程的要求。

⑥如需要对公称最大粒径等于和大于 26.5 mm 的混合料进行车辙试验,可适当增加试件的厚度,但不宜作为评定合格与否的依据。

(2)水稳定性检验。按规定的试验方法进行浸水马歇尔试验和冻融劈裂试验,残留稳定度及残留强度比必须同时符合表 7.19 的要求。达不到要求时应采取抗剥落措施,调整最佳沥青用量后再次试验。

①浸水马歇尔试验。将试件分两组:一组在 60 ℃水浴中保养 30~40 min 后测其马歇尔稳定度 MS_0;另一组在 60 ℃水浴中保养 48 h 后测其马歇尔稳定度 MS_1。其残留稳定度按式(7.28)计算。

表 7.19　沥青混合料水稳定性检验技术要求

气候条件与技术指标	相应于下列气候分区的技术要求(%)				试验方法
年降雨量(mm)及气候分区	>1 000	500~1 000	250~500	<250	
	1. 潮湿区	2. 湿润区	3. 半干区	4. 干旱区	
浸水马歇尔试验残留稳定度(%),不小于					
普通沥青混合料	80		75		T0709
改性沥青混合料	85		80		
SMA 混合料 普通沥青	75				
SMA 混合料 改性沥青	80				
冻融劈裂试验的残留强度比(%),不小于					
普通沥青混合料	75		70		T0729
改性沥青混合料	80		75		
SMA 混合料 普通沥青	75				
SMA 混合料 改性沥青	80				

$$MS_0 = \frac{MS_1}{MS} \times 100 \tag{7.28}$$

式中:MS_0——试件的浸水残留稳定度,%;

MS_1——试件浸水 48 h 后的稳定度,kN。

②冻融劈裂试验。将双面各击实 50 次的马歇尔试件分两组:一组在 25 ℃水浴中浸泡 2 h 后测其劈裂抗拉强度 R_{T1};另一组先真空泡水,在 98.3~98.7 kPa 真空条件下浸水 15 min,然后恢复常压,在水中放置 0.5 h,再在 −18 ℃冰箱中置放 16 h,而后放到 60 ℃水浴中恒温 24 h,再放到 25 ℃水中浸泡 2 h 后测其劈裂

抗拉强度 R_{T2}；其残留强度比按式(7.29)计算：

$$TSR=(R_{T2}/R_{T1})\times 100 \tag{7.29}$$

(3)低温抗裂性能的检验。宜对密级配沥青混合料在温度 −10 ℃、加载速率 50 mm/min 的条件下进行低温弯曲试验，测定破坏强度、破坏应变、破坏劲度模量，并根据应力应变曲线的形状，综合评价沥青混合料的低温抗裂性能。其中沥青混合料的破坏应变宜不小于表 7.20 的要求。

(4)渗水系数检验。宜利用轮碾机成型的车辙试验试件，脱模架起进行渗水试验，并符合表 7.21 的要求。

表 7.20　沥青混合料低温弯曲试验破坏应变技术要求

<table>
<tr><td>气候条件与技术指标</td><td colspan="9">相应于下列气候分区所要求的破坏应变(με)</td><td rowspan="4">试验方法</td></tr>
<tr><td rowspan="3">年极端最低气温(℃)
及气候分区</td><td colspan="2">< −37.0</td><td colspan="3">−21.5 ~ −37.0</td><td colspan="2">−9.0 ~ −21.5</td><td colspan="2">> −9.0</td></tr>
<tr><td colspan="2">1. 冬严寒区</td><td colspan="3">2. 冬寒区</td><td colspan="2">3. 冬冷区</td><td colspan="2">4. 冬温区</td></tr>
<tr><td>1−1</td><td>2−1</td><td>1−2</td><td>2−2</td><td>3−2</td><td>1−3</td><td>2−3</td><td>1−4</td><td>2−4</td></tr>
<tr><td>普通沥青混合料，不小于</td><td colspan="2">2 600</td><td colspan="3">2 300</td><td colspan="4">2 000</td><td rowspan="2">T0715</td></tr>
<tr><td>改性沥青混合料，不小于</td><td colspan="2">3 000</td><td colspan="3">2 800</td><td colspan="4">2 500</td></tr>
</table>

表 7.21　沥青混合料试件渗水系数技术要求

<table>
<tr><td>级 配 类 型</td><td>渗水系数要求(ml/min)</td><td rowspan="2">试 验 方 法</td></tr>
<tr><td>密级配沥青混凝土，不大于</td><td>120</td></tr>
<tr><td>SMA 混合料，不大于</td><td>80</td><td rowspan="2">T730</td></tr>
<tr><td>OGFC 混合料，不小于</td><td>实测</td></tr>
</table>

(5)钢渣活性检验。对使用钢渣作为集料的沥青混合料，应按规定的试验方法进行活性和膨胀性试验，钢渣沥青混凝土的膨胀量不得超过 1.5%。

(6)配合比设计检验。根据需要，可以改变试验条件进行配合比设计检验，如按调整后的最佳沥青用量、变化最佳沥青用量 OAC ±0.3%、提高试验温度、加大试验荷载、采用现场压实密度进行车辙试验，在施工后的残余空隙率(如 7% ~8%)的条件下进行水稳定性试验和渗水试验等，但不宜用规范规定的技术要求进行合格评定。

7.2.4　配合比设计报告

配合比设计报告应包括工程设计级配范围选择说明、材料品种选择与原材料质量试验结果、矿料级配、最佳沥青用量，以及各项体积指标、配合比设计检验结果等。试验报告的矿料级配曲线应按规定的方法绘制。

应当按实践经验和公路等级、气候条件、交通情况调整的沥青用量作为最佳沥青用量，宜报告不同沥青用量条件下的各项试验结果，并提出对施工压实工艺的技术要求。

计 划 单

<table>
<tr><td>学习领域</td><td colspan="3">路桥工程检测技术</td></tr>
<tr><td>学习情境</td><td>路面面层工程检测</td><td>学　时</td><td>28</td></tr>
<tr><td>任　务</td><td>混凝土路面工程配合比设计</td><td>学　时</td><td>8</td></tr>
<tr><td>计划方式</td><td colspan="3">小组讨论、团结协作共同制订计划</td></tr>
<tr><td>序　号</td><td colspan="2">实施步骤</td><td>使用资源</td></tr>
<tr><td>1</td><td colspan="2"></td><td></td></tr>
<tr><td>2</td><td colspan="2"></td><td></td></tr>
<tr><td>3</td><td colspan="2"></td><td></td></tr>
<tr><td>4</td><td colspan="2"></td><td></td></tr>
<tr><td>5</td><td colspan="2"></td><td></td></tr>
<tr><td>6</td><td colspan="2"></td><td></td></tr>
<tr><td>7</td><td colspan="2"></td><td></td></tr>
<tr><td>8</td><td colspan="2"></td><td></td></tr>
<tr><td>9</td><td colspan="2"></td><td></td></tr>
<tr><td>制订计划说明</td><td colspan="3"></td></tr>
</table>

<table>
<tr><td rowspan="3">计划评价</td><td>班　级</td><td></td><td>第　组</td><td>组长签字</td><td></td></tr>
<tr><td>教师签字</td><td colspan="2"></td><td>日　期</td><td></td></tr>
<tr><td colspan="5">评语：</td></tr>
</table>

决　策　单

<table>
<tr><td>学习领域</td><td colspan="5">路桥工程检测技术</td></tr>
<tr><td>学习情境</td><td colspan="3">路面面层工程检测</td><td>学　时</td><td>28</td></tr>
<tr><td>任　务</td><td colspan="3">混凝土路面工程配合比设计</td><td>学　时</td><td>8</td></tr>
<tr><td colspan="6">方案讨论</td></tr>
<tr><td rowspan="11">方案对比</td><td>组号</td><td>方案合理性</td><td>实施可操作性</td><td>安 全 性</td><td>综合评价</td></tr>
<tr><td>1</td><td></td><td></td><td></td><td></td></tr>
<tr><td>2</td><td></td><td></td><td></td><td></td></tr>
<tr><td>3</td><td></td><td></td><td></td><td></td></tr>
<tr><td>4</td><td></td><td></td><td></td><td></td></tr>
<tr><td>5</td><td></td><td></td><td></td><td></td></tr>
<tr><td>6</td><td></td><td></td><td></td><td></td></tr>
<tr><td>7</td><td></td><td></td><td></td><td></td></tr>
<tr><td>8</td><td></td><td></td><td></td><td></td></tr>
<tr><td>9</td><td></td><td></td><td></td><td></td></tr>
<tr><td>10</td><td></td><td></td><td></td><td></td></tr>
<tr><td>方案评价</td><td colspan="5">评语：</td></tr>
</table>

班　级		组长签字		教师签字		年　月　日

实 施 单

学习领域	路桥工程检测技术		
学习情境	路面面层工程检测	学　时	28
任　务	混凝土路面工程配合比设计	学　时	8
实施方式	小组成员合作;动手实践		
序　号	实施步骤		使用资源
1			
2			
3			
4			
5			
6			
7			
8			
实施说明:			
班　级		第　组	组长签字	
教师签字		日　期	
评　语			

检 查 单

学习领域	路桥工程检测技术					
学习情境	路面面层工程检测			学 时	28	
任 务	混凝土路面工程配合比设计			学 时	8	
序 号	检查项目		检查标准	学生自查	教师检查	
1						
2						
3						
4						
5						
6						
7						
8						
9						
检查评价	班 级		第 组		组长签字	
	教师签字		日 期			
	评语：					

评 价 单

<table>
<tr><td>学习领域</td><td colspan="8">路桥工程检测技术</td></tr>
<tr><td>学习情境</td><td colspan="4">路面面层工程检测</td><td colspan="2">学　时</td><td colspan="2">28</td></tr>
<tr><td>任　务</td><td colspan="4">混凝土路面工程配合比设计</td><td colspan="2">学　时</td><td colspan="2">8</td></tr>
<tr><td>评价类别</td><td>项　目</td><td colspan="2">子 项 目</td><td>个人评价</td><td colspan="2">组内互评</td><td colspan="2">教师评价</td></tr>
<tr><td rowspan="7">专业能力</td><td rowspan="2">资讯
（10%）</td><td colspan="2">搜集信息（5%）</td><td></td><td colspan="2"></td><td colspan="2"></td></tr>
<tr><td colspan="2">引导问题回答（5%）</td><td></td><td colspan="2"></td><td colspan="2"></td></tr>
<tr><td>计划
（5%）</td><td colspan="2"></td><td></td><td colspan="2"></td><td colspan="2"></td></tr>
<tr><td>实施
（20%）</td><td colspan="2"></td><td></td><td colspan="2"></td><td colspan="2"></td></tr>
<tr><td>检查
（10%）</td><td colspan="2"></td><td></td><td colspan="2"></td><td colspan="2"></td></tr>
<tr><td>过程
（5%）</td><td colspan="2"></td><td></td><td colspan="2"></td><td colspan="2"></td></tr>
<tr><td>结果
（10%）</td><td colspan="2"></td><td></td><td colspan="2"></td><td colspan="2"></td></tr>
<tr><td rowspan="2">社会能力</td><td>团结协作
（10%）</td><td colspan="2"></td><td></td><td colspan="2"></td><td colspan="2"></td></tr>
<tr><td>敬业精神
（10%）</td><td colspan="2"></td><td></td><td colspan="2"></td><td colspan="2"></td></tr>
<tr><td rowspan="2">方法能力</td><td>计划能力
（10%）</td><td colspan="2"></td><td></td><td colspan="2"></td><td colspan="2"></td></tr>
<tr><td>决策能力
（10%）</td><td colspan="2"></td><td></td><td colspan="2"></td><td colspan="2"></td></tr>
<tr><td rowspan="3">评价评语</td><td>班　级</td><td></td><td>姓　名</td><td></td><td>学号</td><td></td><td>总评</td><td></td></tr>
<tr><td>教师签字</td><td></td><td>第　组</td><td>组长签字</td><td colspan="2"></td><td>日期</td><td></td></tr>
<tr><td colspan="8">评语：</td></tr>
</table>

作　业　单

<table>
<tr><td>学习领域</td><td colspan="5">路桥工程检测技术</td></tr>
<tr><td>学习情境</td><td colspan="2">路面面层工程检测</td><td>学　　时</td><td colspan="2">28</td></tr>
<tr><td>任　　务</td><td colspan="2">混凝土路面工程配合比设计</td><td>学　　时</td><td colspan="2">8</td></tr>
<tr><td>作业方式</td><td colspan="5">资料查询，现场操作</td></tr>
<tr><td>1</td><td colspan="5">水泥混凝土路面配合比设计步骤是什么？</td></tr>
<tr><td colspan="6"></td></tr>
<tr><td>2</td><td colspan="5">写出水灰比计算公式。</td></tr>
<tr><td colspan="6"></td></tr>
<tr><td>3</td><td colspan="5">沥青混凝土路面配合比设计步骤是什么？</td></tr>
<tr><td colspan="6"></td></tr>
<tr><td>4</td><td colspan="5">如何进行矿料级配？</td></tr>
<tr><td colspan="6"></td></tr>
<tr><td colspan="6">作业评价：</td></tr>
<tr><td>班　　级</td><td></td><td>第　　组</td><td colspan="2">组长签字</td><td></td></tr>
<tr><td>教师签字</td><td colspan="3"></td><td>日　　期</td><td></td></tr>
<tr><td>教师评分</td><td colspan="5"></td></tr>
</table>

任务8 路面面层工程现场试验检测

任 务 单

学习领域	路桥工程检测技术				
学习情境	路面面层工程检测		工作任务	路面面层工程现场试验检测	
任务学时	10学时				
布 置 任 务					
学习目标	1. 了解路面工程的技术要求 2. 了解高速公路路面层的结构类型 3. 掌握热拌沥青混合料面层和水泥混凝土面层的技术要求 4. 能够熟练掌握施工各阶段试验检测方法 5. 能够按照操作规程的步骤进行熟练操作 6. 能够正确计算并填写试验数据 7. 能根据试验结果判定材料及工程施工质量的好坏，保质保量完成工程项目				
任务描述	根据已完成的配合比进行路面面层施工，现场检测路面抗滑性能、摩擦系数测定、路面渗水性能测定，根据路面面层检测标准，判定路面面层的施工质量情况。其工作如下： 1. 准备工作 熟悉工程施工图纸及路面验收规范，携带手工铺砂仪、渗水仪、摆式摩擦仪等工具及笔、记录本到现场按频率进行检测。 2. 试验操作 按照手工铺砂法、沥青路面渗水试验方法、摆式仪法进行操作。 3. 记录试验结果 试验时应记录：现场桩号、路面类型、结构层次、路面温度及试验数据等。 4. 整理资料 认真填写试验地点、时间、试验人员、审核人员、规程号等，形成报告存档。				
学时安排	资讯	计划	决策	实施	检查	评价
	2学时	1学时	1学时	4学时	1学时	1学时
提供资料	1. 路桥施工图纸 2. 公路工程相关试验规程 3. 公路工程相关施工规范、验收规范 4. 质检员岗位技术相关标准				
对学生的要求	1. 具备路桥工程检测技术基础知识 2. 具备路桥施工技术基础知识 3. 具备规范操作试验仪器设备、处理试验数据的基础知识 4. 具备读识路桥工程图、绘图的基础知识 5. 具备一定的自学能力、数据计算能力 6. 具备一定的沟通协调能力、语言表达能力 7. 具有团队合作的精神，以小组的形式完成工作任务 8. 严格遵守课堂纪律和工作纪律，不迟到，不早退，不旷课 9. 树立职业意识，按照企业的岗位职责要求自己				

资　讯　单

<table>
<tr><td>学习领域</td><td colspan="4">路桥工程检测技术</td></tr>
<tr><td>学习情境</td><td colspan="2">路面面层工程检测</td><td>工作任务</td><td>路面面层工程现场试验检测</td></tr>
<tr><td>任务学时</td><td colspan="4">10 学时</td></tr>
<tr><td>资讯方式</td><td colspan="4">在图书馆、专业杂志、互联网及信息单上查询问题;咨询任课教师</td></tr>
<tr><td rowspan="8">资讯问题</td><td colspan="4">1. 热拌沥青混合料面层技术要求是什么?</td></tr>
<tr><td colspan="4">2. 热拌沥青混合料面层与水泥混凝土路面检测项目分别是哪几项?</td></tr>
<tr><td colspan="4">3. 沥青混合料马歇尔稳定度试件高度是如何要求的?</td></tr>
<tr><td colspan="4">4. 沥青混合料试验方法是什么?</td></tr>
<tr><td colspan="4">5. 路面平整度的检测有几种方法?</td></tr>
<tr><td colspan="4">6. 手工铺砂法的试验目的、试验仪器、试验步骤是什么?</td></tr>
<tr><td colspan="4">7. 摆式摩擦仪的操作方法是什么?</td></tr>
<tr><td colspan="4">8. 什么是摆式摩擦仪的滑动长度?</td></tr>
<tr><td>资讯要求</td><td colspan="4">1. 根据任务目标和任务描述正确理解完成任务需要的资讯内容
2. 按照上述资讯内容进行咨询
3. 写出资讯报告</td></tr>
<tr><td rowspan="3">资讯评价</td><td>班　　级</td><td></td><td>学生姓名</td><td></td></tr>
<tr><td>教师签字</td><td></td><td>日　　期</td><td></td></tr>
<tr><td colspan="4">评语:</td></tr>
</table>

信　息　单

8.1　路面平整度的检测

路面平整度是评定路面使用质量、施工质量及现有路面破坏程度的重要指标之一。它直接关系到行车安全性、舒适性以及营运经济性,并影响着路面使用年限。

路面平整度的检测设备分为断面类及反应类两大类,断面类检测设备是测定路面表面凹凸情况的一种仪器,如最常用的 3 m 直尺及连续式平整度仪。国际平整度指数便是以此为基准建立的,这是平整度最基本的指标;反应类检测设备是测定由于路面凹凸不平引起车辆颠簸的情况,这是司机和乘客直接感受到的平整度指标。因此,它实际上是舒适性能指标。最常用的是车载式颠簸累积仪。现已有更新的自动测试设备,如纵断面分析仪、路面平整度数据采集系统测定车等,几种常见的平整度测定方法是 3 m 直尺测定法、连续式平整度仪测定法、车载式颠簸累积仪法、激光路面平整度仪法。后两种属于路面平整度的检测新技术。

水泥混凝土路面和沥青路面平整度检测设备的比较见表 8.1;有关规范对路基、面层、基层、底基层的平整度的要求见表 8.2。

表 8.1　平整度测试方法比较

方　法	特　点	技术指标
3 m 直尺法	设备简单,结果直观,间断测试,工作效率低,反应凹凸程度	最大间隙 h(mm)
连续式平整度仪法	设备较复杂,连续测试,工作效率高,反应凹凸程度	标准差 σ(mm)
颠簸累积仪	设备复杂,工作效率高,连续测试,反应舒适性	单向累计值 VBI(cm/km)

表 8.2　路基、面层、基层、底基层的平整度要求

结构类型	规定值或允许偏差						检查方法与频率
	3 m 直尺:最大间隙(mm)				平整度仪:标准偏差(mm)		
	高速、一级公路		其他公路		高速、一级公路	其他公路	
	基层	底基层	基层	底基层			
土方路基	15		20				每 200 m 测 4 处 × 3 尺
石方路基	20		30				
水泥混凝土面层			5.0		1.5(2.0)	2.5(4.2)	3 m 直尺每 200 m 测 2 处 × 10 尺(水泥混凝土面层为半幅车道板带);平整度仪:全线每车道连续按每 100 m 计算 σ 或 IRI
沥青混凝土面层			5.0		1.2(2.0)	2.5(4.2)	
沥青碎石面层			5.0		1.2(2.5)	2.5(4.2)	
沥青贯入式面层			8.0			3.5(5.8)	
沥青表面处治面层			10.0			4.5(7.5)	
水泥稳定土粒料基层、底基层	8.0	12	12.0	15			
石灰土基层、底基层		12	12	15			
石灰、粉煤灰稳定粒料基层、底基层		12	12	15			
级配碎石基层、底基层	8.0	12	12.0	15			
填隙碎石基层、底基层		12	12.0	15			

图 8.1 ~ 图 8.7 分别为平整度检测常用仪器及示意图。

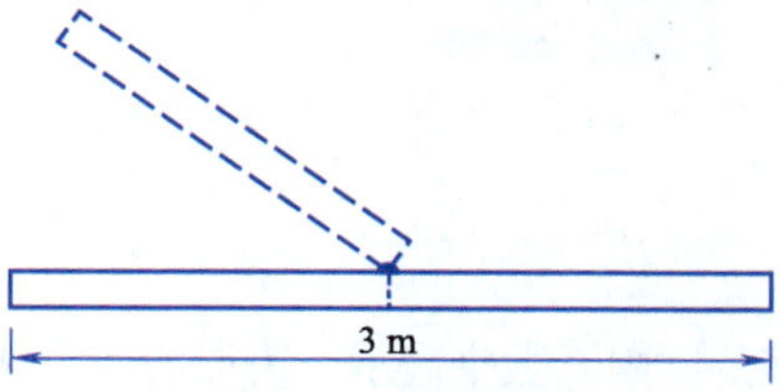

图 8.1　3 m 直尺

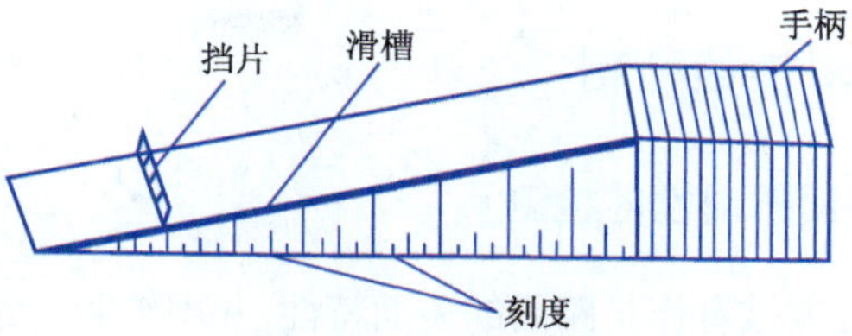

图 8.2　塞尺示意图

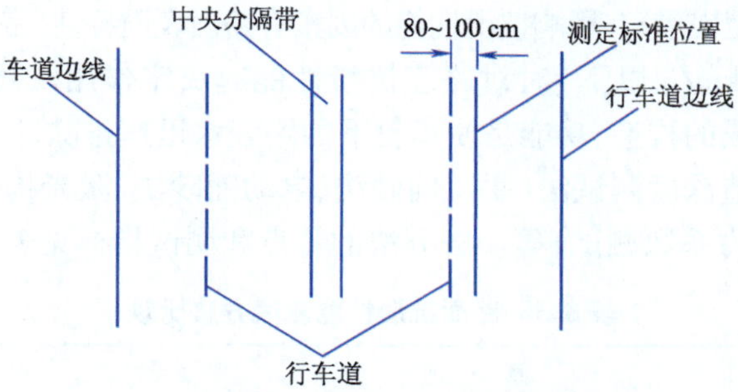

图 8.3　测点位置示意图

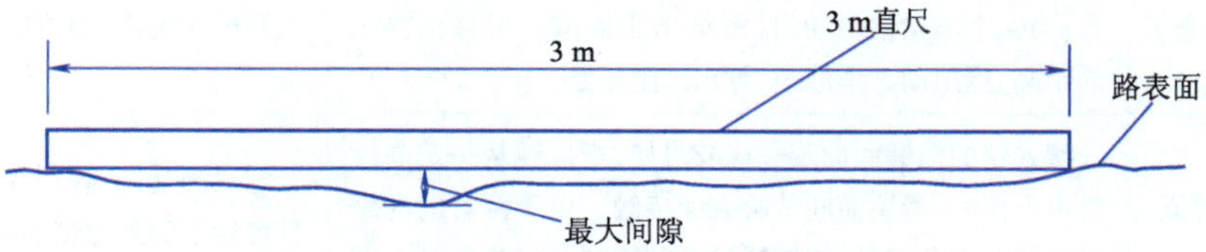

图 8.4　3 m 直尺测平整度示意图

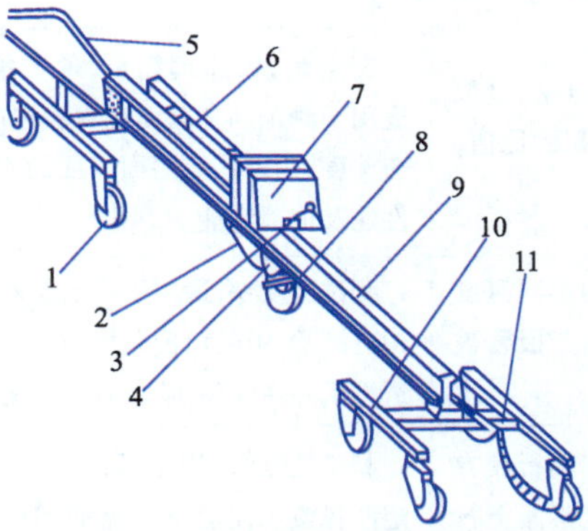

1—脚轮;2—拉簧;3—离合器;4—测架;5—牵引架;6—前架;
7—纵断面绘图仪;8—测定轮;9—纵梁;10—后梁;11—横梁

图 8.5　连续式平整度仪示意图

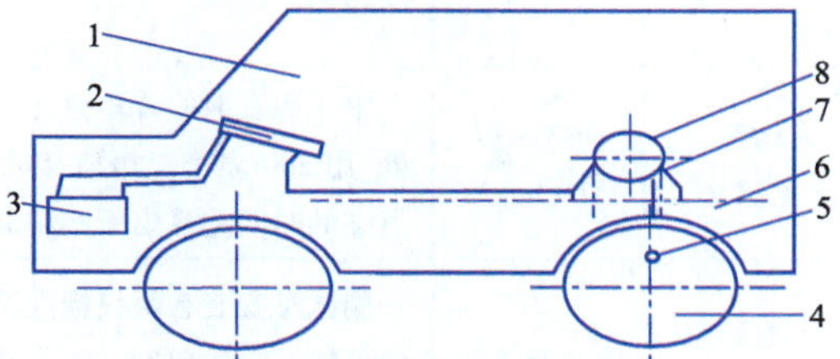

1—测试车;2—数据处理器;3—电瓶;4—后桥;
5—挂钩;6—底板;7—钢丝绳;8—颠簸累积仪传感器

图 8.6　车载式颠簸累积仪

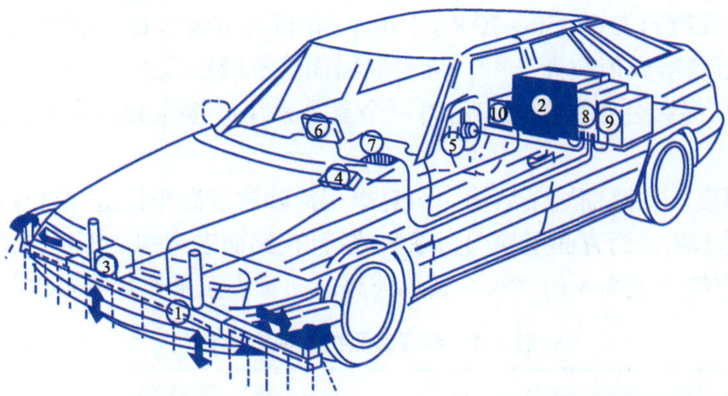

1—激光传感器;2—激光盒;3—陀螺盒;4—测量束控制台;5—距离测量器;
6—计算机屏幕;7—计算机键盘;8—计算机;9—计算机存储器;10—电源

图 8.7　激光平整度仪示意图

以上几种常见的平整度测定方法详细内容见《公路路基路面现场测试规程》。

8.2 路面抗滑性能检测

8.2.1 路面抗滑性能检测

通常抗滑性能被看作是路面的表面特性，并用轮胎与路面间的摩阻系数来表示。表面特性包括路表面细观构造（路表面细构造是指集料表面的粗糙度，它随车轮的反复磨耗而逐渐被磨光，通常用石料磨光值PSV表征抗磨光的性能）和宏观构造（用构造深度表示）。影响抗滑性能的因素有路面表面特性、路面潮湿程度和行车速度。

细观构造在低速（30～50 km/h以下）时对路表抗滑性能起决定作用。而高速时起主要作用的是粗构造，它是由路表外露集料间形成的构造，功能是使车轮下的路表水迅速排除，以免形成水膜。

抗滑性能测试方法有：构造深度测试法（手工铺砂法、电动铺砂法、激光构造深度仪法）、摆式仪法、制动距离法和偏转轮拖车法（横向力系数测试）等。各方法的特点和测试指标见表8.3。

表8.3 路面抗滑性能测试方法比较

测试方法	测试指标	原　　理	特点及适用范围
制动距离法	摩阻系数f	以一定速度在潮湿路面上行驶的4轮小客车或轻货车，当4个车轮被制动时，测试出车辆减速滑移到停止的距离，运用动力学原理，算出摩阻系数	测试速度快，必须中断交通
摆式仪法	摩阻摆值（BPN）	摆式仪的摆锤底面装一橡胶滑块，当摆锤从一定高度自由下摆时，滑块面同试验表面接触。由于两者间的摩阻而损耗部分能量，使摆锤只能回摆到一定高度。表面摩阻力越大，回摆高度越小（即摆值越大）	定点测量，原理简单，不仅可以用于室内，而且可用于野外测试沥青路面及水泥混凝土路面的抗滑值
手工铺砂法 电动铺砂法	构造深度TD（mm）	将已知体积的砂摊铺在所要测试路表的测点上，量取摊平覆盖的面积。砂的体积与所覆盖平均面积的比值，即为构造深度	定点测量，原理简单，便于携带，结果直观。适用于测定沥青路面及水泥混凝土路面表面构造深度，用以评定路面表面的宏观粗糙度、排水性能及抗滑性能
激光构造深度测试法	构造深度TD（mm）	中子源发射的许多束光线，照射到路表面的不同深度处，用200多个二极管接收返回的光束，利用二极管被点亮的时间差算出所测路面的构造深度	测试速度快，适用于测定沥青路面干燥表面的构造深度，用以评价路面抗滑及排水能力，但不适用于许多坑槽、显著不平整或裂缝过多的路段
摩阻系数测定车测定路面横向系数	横向力系数SFC	测试车安装有两只标准试验轮胎，它们对车辆行驶方向偏转一定的角度。汽车以一定速度在潮湿路面上行驶时，试验轮胎受到侧向摩阻作用。此摩阻力除以试验轮上的载重，即为横向力系数	测试速度快，用于标准的摩阻系数测试车测定沥青或水泥混凝土路面的横向力系数，结果作为竣工验收或使用期评定路面抗滑能力的依据

《公路沥青路面设计规范》（JTG D50—2006）中规定：在设计高速公路、一级公路的沥青路面面层时，应选用抗滑、耐磨石料，其石料磨光值应大于42。沥青路面面层抗滑性能指标有：

（1）摩阻系数。高速、一级公路宜在竣工后第一个夏季采用摩擦系数测定车，以（50±1）km/h的车速测定横向力系数SFC。

（2）路面宏观构造深度。在路面竣工后第一个夏季用铺砂法或激光构造深度仪测定。

（3）一般于第一个夏季测定沥青面层横向力系数或摆值、路面宏观构造深度。

沥青路面抗滑性能应符合表8.4的要求。其他公路的沥青表面未作具体要求。

表8.4 沥青路面抗滑性能标准

公路等级	竣工验收值		
	横向力系数SFC	摆值（BPN）	构造深度TD（mm）
高速、一级公路	≥54	≥45	≥0.55

水泥混凝土路面抗滑标准用构造深度表示，即高速、一级公路的构造深度(TD)为0.8 mm；其他公路的构造深度(TD)为0.6 mm。

路面抗滑性能检测方法较多，本情境仅介绍几种常见的检测方法。

1. 路面构造深度检测方法一：手工铺砂法

(1)试验检测目的。路面的宏观构造深度是指一定面积的路表面凹凸不平的开口孔隙的平均深度。它是影响抗滑性能的重要因素之一。本方法适用于测定沥青路面及水泥混凝土路面表面构造深度，用以评定路面的宏观粗糙度，路面表面的排水性能及抗滑性能。构造深度的检测频率按每200 m一处。

(2)仪器与材料。

①人工铺砂仪。人工铺砂仪由量砂筒、推平板组成。

a. 量砂筒：一端是封闭的，内径20 mm，外径26 mm，总高90 mm，容积为(25 ±0.15)ml。可通过称量砂筒中水的质量来确定其容积 V，并调整其高度，使其容积符合高度要求，如图8.8所示。

b. 推平板：推平板应为木制或铝制，直径50 mm，底面粘一层厚1.5 mm的橡胶片，上面有一圆把手，如图8.9所示。

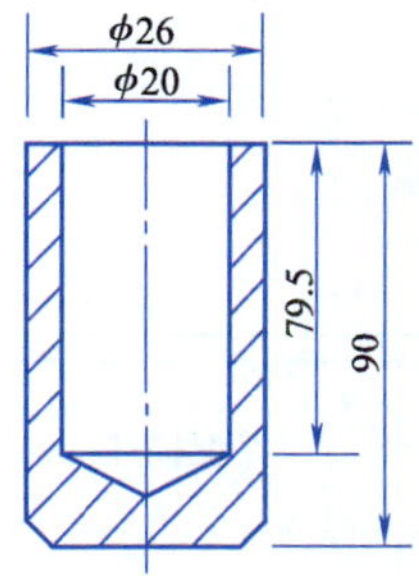

图8.8 量砂筒(单位：mm)

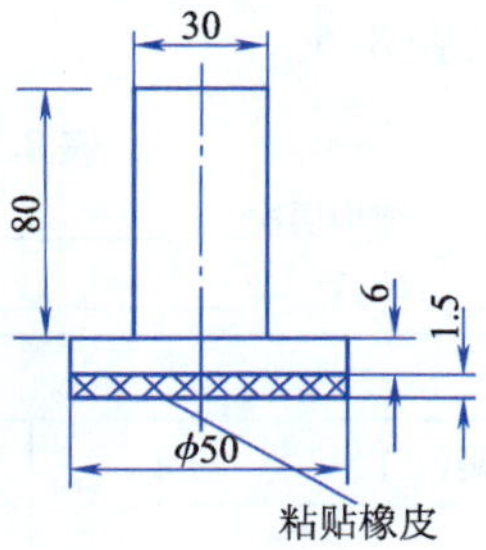

图8.9 推平板(单位：mm)

c. 刮平尺：可用30 cm钢板尺代替。

②量砂。量砂即足够数量的干燥洁净的匀质砂，粒径0.15 ~0.3 mm。

③量尺。量尺即钢板尺、钢卷尺，或采用专门的构造深度尺。

④其他。包括装砂容器、小铲、扫帚或毛刷、挡风板等。(如图8.10、图8.11)

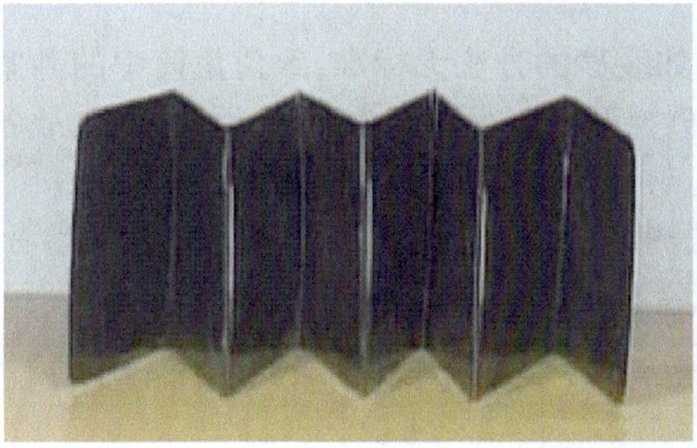

图8.10 挡风板

图8.11 人工铺砂仪

(3)方法与步骤。

①准备工作。

a. 量砂准备：将洁净的细砂晾干、过筛，取0.15 ~0.3 mm的砂置于适当的容器中备用。量砂只能在路面上使用一次，不宜重复使用。回收砂必须经干燥、过筛处理后方可使用。

b. 确定测点：对测试路段按随机取样选点的方法，决定测点所在横断面位置。测点应选在行车道的轮迹带上，距路面边缘不应小于1 m。

②测试步骤。

a. 用扫帚或毛刷子将测点附近的路面清扫干净，面积不小于30 cm ×30 cm。

b. 用小铲装砂,沿筒向圆筒中注满砂,手提圆筒上方,在硬质路上轻轻叩打 3 次,使砂密实,补足砂面,用钢尺一次刮平。注意不可直接用量筒装砂,以免影响量砂密度的均匀性。

c. 将砂倒在路面上,用底面粘有橡胶片的推平板由里向外重复做摊铺运动。稍稍用力将砂细心地尽可能地向外摊开,使砂填入凹凸不平的路表面孔隙中。尽可能将砂摊成圆形,并不得在表面上留有浮动的余砂。注意摊铺时不可用力过大或向外推挤。

d. 用钢板尺测量所构成圆的两个垂直方向的直径,取其平均值,准确至 5 mm。

e. 按上述方法,同一处平行测定不少于 3 次,3 个测点均位于轮迹带上,测点间距 3 ~5 m。该处的测定位置以中间测点的位置表示。

路面表面构造深度测定点结果按下式计算:

$$TD = \frac{1\ 000V}{\pi D^2/4} = \frac{31\ 831}{D^2} \tag{8.1}$$

式中:TD——路面构造深度,mm;

V——砂的体积,25 cm^3;

D——摊平砂的平均直径,mm。

试验记录格式见表 8.5。

表 8.5 手工铺砂路面构造深度试验记录

工程名称__________ 结构层次__________ 路段桩号__________

检 验 者__________ 计 算 者__________ 校 核 者__________ 检验日期__________________

<table>
<tr><td colspan="2">测试地点</td><td colspan="4">构造深度 TD(mm)</td><td rowspan="2">路况描述</td><td rowspan="2">备注</td></tr>
<tr><td>桩号</td><td>横距(m)</td><td>1</td><td>2</td><td>3</td><td>平均值</td></tr>
<tr><td></td><td></td><td></td><td></td><td></td><td></td><td></td><td></td></tr>
</table>

测点数		规定值		平均值		标准差		变异系数		合格率	

当平均值小于 0. 2 mm 时,试验结果以“ <0. 2 mm”表示。同时还要计算每个评定路段路面构造深度的平均值、标准差、变异系数等。

一般来说,手工铺砂法误差较大,其原因很多,例如装砂的方法无标准,致使量筒中的砂紧密程度不一样,影响砂量;还有摊砂用摊平板无标准,更主要的是砂摊开到多大程度为止,无明确规定,故各人掌握不一样。为了克服手工铺砂法掌握不统一、测量不准的缺点,可采用电动铺砂法和激光法。

表 8. 6 为某公路中粒式沥青混凝土路面用铺砂法测定路面构造深度的原始记录,仅供参考。

表 8. 6 原始记录

<table>
<tr><td>桩 号</td><td>编号</td><td>砂体积 V(cm^3)</td><td>摊平砂平均直径 D(mm)</td><td>构造深度 TD(mm)</td><td>平均值(mm)</td><td>备 注</td></tr>
<tr><td rowspan="3">K0 +290 ~ +400</td><td>1</td><td>25</td><td>200</td><td>0. 8</td><td rowspan="3">0. 8</td><td rowspan="9">匝道 2</td></tr>
<tr><td>2</td><td>25</td><td>205</td><td>0. 8</td></tr>
<tr><td>3</td><td>25</td><td>195</td><td>0. 8</td></tr>
<tr><td rowspan="3">K0 +400 ~ +550</td><td>1</td><td>25</td><td>210</td><td>0. 7</td><td rowspan="3">0. 8</td></tr>
<tr><td>2</td><td>25</td><td>195</td><td>0. 8</td></tr>
<tr><td>3</td><td>25</td><td>205</td><td>0. 8</td></tr>
<tr><td rowspan="3">K0 +550 ~ +650</td><td>1</td><td>25</td><td>200</td><td>0. 8</td><td rowspan="3">0. 8</td></tr>
<tr><td>2</td><td>25</td><td>195</td><td>0. 8</td></tr>
<tr><td>3</td><td>25</td><td>210</td><td>0. 7</td></tr>
</table>

2. 路面构造深度检测方法二：电动铺砂法

（1）试验检测目的。本方法适用于测定沥青路面及水泥混凝土路面表面构造深度，用以评定路面表面的宏观粗糙度及路面表面的排水性能和抗滑性能。

（2）检测器具及材料。

①电动铺砂仪。利用可充电直流电源，将量砂通过砂漏铺设成宽度 5 cm、厚度均匀一致的器具，如图 8.12所示。

②量砂。足够数量的干燥洁净的匀质砂，粒径为 0.15 ~ 0.3 mm。

③标准量筒。容积 50 ml。

④玻璃板。面积大于铺砂器，厚 5 mm。

⑤其他。直尺、扫帚、毛刷等。

（3）准备工作。

①量砂准备。取洁净的细砂晾干，过筛。取 0.15 ~ 0.3 mm的砂置于适当的容器中备用。已在路面上使用过的砂若回收重复使用时，应重新过筛并晾干。

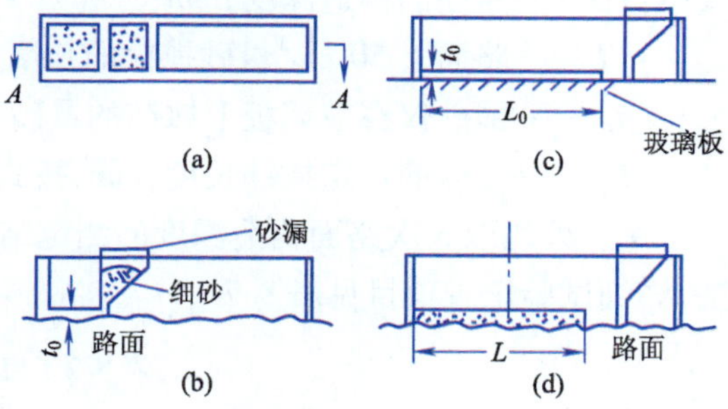

图 8.12　电动铺砂示意图

②确定测点。对测试路段按随机取样选点的方法，决定测点所在的横断面的位置。测点应选在行车道的轮迹带上，距路边缘不小于 1 m。

③电动铺砂器标定。

a. 将铺砂器平放在玻璃板上，将砂漏移至铺砂器端部。

b. 使灌砂漏斗口和量筒大致齐平，通过漏斗向量筒中缓缓注入准备好的量砂至高出量筒成尖顶状，用直尺沿筒口一次刮平，其容积为 50 ml。

c. 使漏斗口与铺砂器砂漏斗上口大致齐平。将砂通过漏斗均匀倒入砂漏，漏斗前后移动，使砂的表面大致齐平，但不得用任何其他工具刮动砂。

d. 开动电动机，使砂漏向另一端缓缓运动，量砂沿砂漏底部成图 8.13 所示的宽度为 B（5 cm）的带状，待砂全部漏完后停止。

e. 按图 8.13 由 L_1（砂漏底部铺成宽度为 5 cm 带状时的摊铺长度）及 L_2（砂全部漏完后停止时的摊铺长度）的平均值决定量砂的摊铺长度 L_0，准确至 1 mm。

$$L_0 = (L_1 + L_2)/2 \tag{8.2}$$

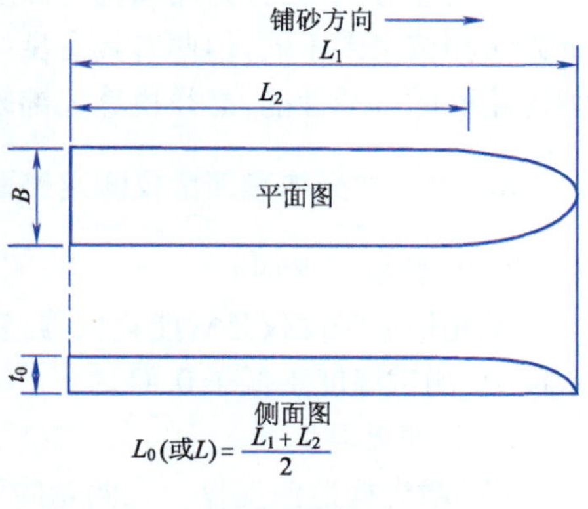

图 8.13　摊铺长度 L_0 的确定

f. 重复标定 3 次，取平均值决定 L_0，准确至 1 mm。标定应在每次测试前进行，用同一种量砂，由承担测试的同一试验员进行。

铺砂仪在玻璃板上摊铺的量砂厚度 t_0（mm）为：

$$t_0 = \frac{V}{BL_0} \times 1\,000 = \frac{1\,000}{L_0} \tag{8.3}$$

式中：V——量砂体积，50 cm^3；

B——铺砂仪铺砂宽度，50 mm。

④测试步骤。

a. 将测试地点用毛刷刷净，面积大于铺砂仪。

b. 将铺砂仪沿道路纵向平稳地放在路面上，将砂漏移至端部。

c. 按电动铺砂器标定时第 2 步至第 5 步，在测试地点摊铺 50 cm^3 量砂，按图 8.13 方法量取摊铺长度 L_1 及 L_2，计算摊铺长度 L 和摊铺厚度 t，准确至 1 mm。

$$L = (L_1 + L_2)/2 \tag{8.4}$$

$$t = 1\,000/L \tag{8.5}$$

按以上方法，同一处平行测定不少于 3 次，3 个测点均位于轮迹上，测点间距 3 ~ 5 m。该处的测定位置以中间测点的位置表示。

路面构造深度按式(8.6)计算：

$$TD = t - t_0 = 1\ 000/L - 1\ 000/L_0 = \frac{L - L_0}{L \times L_0} \times 1\ 000 \tag{8.6}$$

式中：TD——路面的构造深度，mm；

L——路面上 50 cm^3 量砂摊铺的长度，mm；

t_0——铺砂仪在玻璃板上摊铺的量砂厚度，mm；

L_0——量砂的标定摊铺长度，mm，按式(8.2)计算。

每一处均取 3 次路面构造深度的测定结果平均值作为试验结果，准确至 0.1 mm。其他要求同手工铺砂法，详细试验记录项目见表 8.7。

表 8.7　电动铺砂法路面构造深度测试记录

工程名称________ 结构层次________ 路段桩号________

检 验 者________ 计 算 者________ 校 核 者________ 检验日期________

测试地点		L_0(mm)	t_0(mm)	L_1(mm)	L_2(mm)	L(mm)	TD(mm)	平均值 TD(mm)
桩号	横距(m)							

测点数		规定值		平均值		标准差		变异系数		合格率	

应当注意，我国公路路面构造深度以铺砂法为标准测试方法。利用激光构造深度仪测出的构造深度与铺砂法测试结果不同，但两者具有良好的相关关系。因此激光构造深度仪所测出的构造深度不能直接用来评定路面的抗滑性能，必须换算成铺砂法的构造深度后，才能判断路面抗滑性能是否满足要求。

8.2.2　激光构造深度仪测定路面构造深度

1. 试验检测目的

激光构造深度仪是智能化仪器，它适用于测定沥青路面干燥表面的构造深度，用以评价路面抗滑及排水能力，测试温度不低于 0 ℃。

2. 检测器具

(1)激光构造深度仪。在两轮的手推小车上装有光电测试设备、打印机及仪器操作装置，如图 8.14 所示。最大测量范围为 20 mm，精度 0.01 mm。

(2)其他：扫帚、打气筒、充电器、打印纸、色带、标志板、小红旗等。

3. 准备工作

(1)检查仪器是否正常。

(2)检查电池电压，如不充足应予以充电，充电时间宜为 12 ~ 15 h。

(3)检查轮胎压力，应符合(0.07 ±0.01) MPa 的要求，保持轮胎顶面的清洁，无沥青及泥块等粘附物。

(4)安装打印纸及色带。

(5)选择测定路段,测定位置应位于行车带轮迹上。

(6)将所测定的路段用扫帚清扫干净,做好起、终点标记。

(7)打开手柄的钥匙开关,接通电路,操作控制器和指示器开始工作。仪器将自动打出程序目录,并进行自检,正常仪器在检验后即打印显示“READY”(准备好)字样,然后根据程序目录,选择程序进行下一步工作。如果仪器连续显示“FAILED”(失败)字样,应参照仪器说明书进行维修。

4. 试验步骤

(1)将激光构造深度仪置于待测工作状态(READY),仪器备有下列四个程序:①校准程序(CALIBRATION)或厂家调试程序;②大孔隙或粗糙度大的路面测量程序(TEXTUREHRA);③一般路面程序(TEXTURE);④传感器校核程序(SENSORCHECK)。

正式测量时应首先使用传感器校核程序在待测路面上进行传感器检测校核,其峰值数(百分数)应分布在112 ~144 范围内。如果峰值分布明显过高或过低,则表示轮胎气压不正常、已严重磨损或粘满了沥青材料。

(2)根据被测路面状况,选择一般路面测量程序或大孔隙粗糙度大的路面测量程序进行测量。

(3)以稳定的速度推车行驶进行测定,仪器按每一个计算区间打印出该段构造深度的平均值。标准的计算区间长度为 100 m,根据需要也可为 10 m 或 50 m。激光构造深度仪的行驶速度不得小于 3 km/h,也不得大于 10 km/h,适宜的行驶速度为 3 ~5 km/h。

5. 报告

将仪器测试时按计算区间打印出的数据纸带注上路名及公里桩号标记作为原始记录,并报告每一个评定路段的平均构造深度、标准差、变异系数。

同一计算区间平行测定 2 次,重复性误差绝对值不大于 0.02 mm。

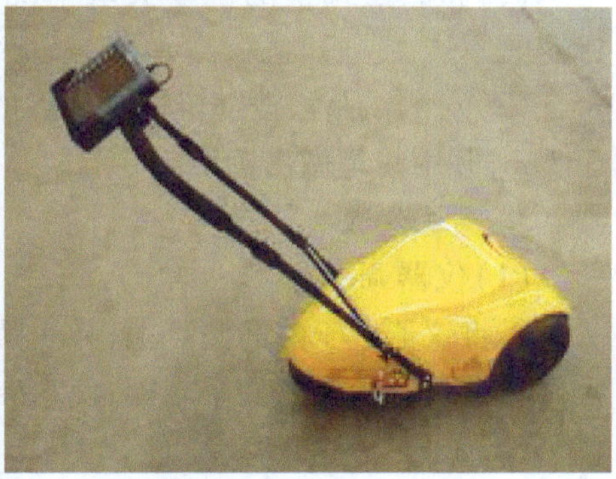

图 8.14 激光构造深度仪

8.3 路面摩擦系数测定

路面摩擦系数的测定可采用摆式仪法,摆式仪法的测试指标是摆值 F_B,以 BPN 为单位。路面的抗滑摆值是指标准的手提式摆式摩阻系数测定仪(摆式仪)测定路面在潮湿条件下对摆的摩擦阻力的一个指标。

摆式仪属于轻便型测量仪器,它具有结构简单、操作方便、数据稳定的优点。但它毕竟是一种比照试验法,其试验条件与路面实际行车条件没有直接关系,故有一定的局限性。本方法适用于测定沥青路面及水泥混凝土路面的抗滑值,用以评定路面在潮湿状态下的抗滑能力。摆式仪构造如图 8.15 所示。

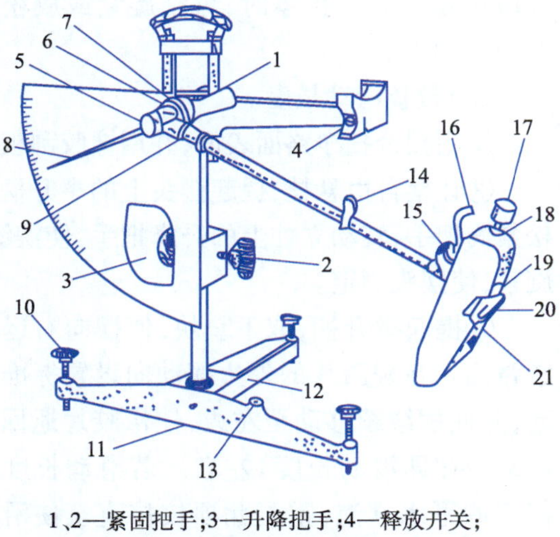

1、2—紧固把手;3—升降把手;4—释放开关;
5—转向节螺盖;6—调节螺母;7—针簧片或毡板;
8—指针;9—连接螺母;10—调平螺栓;
11—底座;12—垫块;13—水准泡;14—卡环;
15—定位螺钉;16—举升柄;17—平衡锤;
18—并紧螺母;19—滑溜块;20—橡胶片;21—止滑螺钉

图 8.15 摆式仪构造图

1. 检测器具及材料(图 8.16)

(1)摆式仪。

(2)橡胶片。尺寸为 6.35 mm ×25.4 mm ×76.2 mm,橡胶质量符合规定要求。

(3)标准量尺,其长为 126 mm。

(4)洒水壶。

(5)橡胶刮板。

(6)路面温度计,其分度不大于 1 ℃。

(7)其他,包括皮尺或钢卷尺、扫帚、粉笔等。

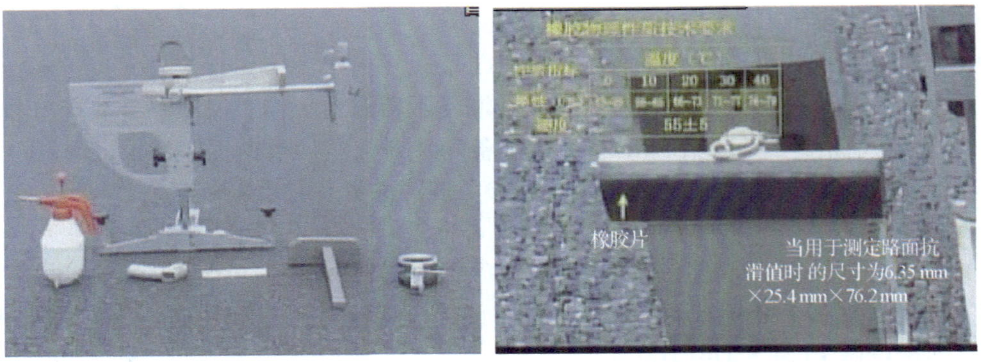

图 8.16　检测器具

2. 准备工作

(1)检查摆式仪的调零灵敏情况,并定期进行仪器的标定。当用于路面工程检查验收时,必须重新标定。

(2)对测试路段按随机取样选点的方法选定测点。测点应选在行车道的轮迹带上,距路面边缘不应小于 1 m,并用粉笔做出标记。

3. 测试步骤

(1)仪器调平。

①将仪器置于路面测点上,并使摆的摆动方向与行车方向一致。

②转动底板上的调平螺栓,使水准泡居中。

(2)调零。

①放松上、下两个紧固把手,转动升降把手使摆升高,并能自由摆动,然后旋紧紧固把手。

②将摆向右运动,按下安装于悬臂上的释放开关,使摆上的卡环进入开关槽,放开释放开关,摆即处于水平释放位置,并把指针抬至与摆杆平行处。

③按下释放开关,使摆向左带动指针摆动,当摆达到最高位置下落时,用左手将摆杆接住,此时指针应指零。若不指零时,可稍旋紧或放松摆的调节螺母,重复本项操作,直至指针指零。调零允许误差为 ± lBPN。

(3)校核滑动长度。

①用扫帚扫净路面表面,并用橡胶刮板清除摆动范围内路面上松散粒料。

②让摆自由悬挂,提起摆头上的举升柄,将底座上垫块置于定位螺丝下面,使摆头上滑溜块升高。并放松紧固把手,转动立柱上的升降把手,使摆缓缓下降。当滑溜块上的橡胶片刚刚接触路面时,即将紧固把手旋紧,使摆头固定。

③提起举升柄,取下垫块,使摆向右运动,然后,手提举升柄使摆向左运动,直至橡胶片的边缘刚刚接触路面。在橡胶片的外边摆动向设置标准量尺,尺的一端正对该点。再用手提起升柄。使滑溜块向上抬起,并使摆继续移动至左边,使橡胶片返回落下再一次接触路面。橡胶片两次同路面接触点的距离应在 126 mm(即滑动长度)左右。若滑动长度不符合标准时,用升高或降低仪器底正面的调平螺丝来校正。但需调平水准泡,重复此项校核直至使滑动长度符合要求,而后将摆和指针置于水平位置。应注意在校核滑动长度时,以橡胶片长边刚刚接触路面为准,不可借摆的力量向前滑动,以免标定的滑动长度过长。

④用喷壶的水浇洒试验路面,并用橡胶刮板刮除表面泥浆杂质。

⑤再次洒水,并按下释放开关,使摆在路面滑过,指针即可指示出路面的摆值。但第一次测定不作记录。当摆杆回落时,用左手接住摆,右手提起举升柄使滑块升高,将摆向右运动,并使摆杆和指针重新置于水平释放位置。

⑥重复⑤的操作测定 5 次,并读取每次测定的摆值,单位为 BPN。5 次数值中最大值与最小值的差值不

得大于 3 BPN。如差数大于 3 BPN，应检查产生的原因，并再次重复上述各项操作直至符合规定为止。取 5 次测定的平均值作为每个测点路面的抗滑值(即摆值 F_B)，取整数。以 BPN 为单位。

⑦在测点位置上用路表温度计测记潮湿路面的温度，准确至 1 ℃。按以上方法，同一处平行测定不于 3 次，3 个测点均位于轮迹带上。测点间距 3 ~ 5 m。该处的测点位置以中间测点的位置表示。每一处均取 3 次测定结果的平均值作为试验结果，准确至 1 BPN。

(4)抗滑值的温度修正。当路面温度为 T(℃)时测得的摆值为 F_{BT}，必须按下式换算成标准温度 20 ℃ 的摆值 F_{B20}：

$$F_{B20} = F_{BT} + \Delta F \tag{8.7}$$

式中：F_{B20}——换算成标准温度 20 ℃ 的摆值，BPN；

F_{BT}——路面温度 T 时测得的摆值，BPN；

T——测定的路表潮湿状态下的温度，℃；

ΔF——温度修正值，按表 8.8 采用(非表列温度时，采用内插法求)。

表 8.8　温度修正值

温度 T(℃)	0	5	10	15	20	25	30	35	40
温度修正值 ΔF	-6	-4	-3	-1	0	+2	+3	+5	+7

(5)检测报告(表 8.9)。

①测试日期，测点位置，天气情况，洒水后潮湿路面的温度，并描述路面类型、外观、结构类型等。

②列表逐点报告路面抗滑值的测定值 F_{BT}，经温度修正后的 F_{B20} 及 3 次测定的平均值。

③每一个评定路段(不小于 5 个测点)路面抗滑值的平均值、标准值、变异系数。

④精度要求是同一个测点，重复 5 次测定的差值不大于 3 BPN。

表 8.10 为某公路中粒式沥青混凝土路面用摆式仪测定抗滑值的原始记录，仅供参考。

表 8.9　路面摩擦系数检测记录

工程名称＿＿＿＿＿　路面类型＿＿＿＿＿　路段桩号＿＿＿＿＿　检查日期＿＿＿＿＿

检 验 者＿＿＿＿＿　计 算 者＿＿＿＿＿　校 核 者＿＿＿＿＿　路面温度＿＿＿＿＿

测点位置		测点序号	路况描述	摆值(BPN)						测点摆值(BPN)	修正后摆值(BPN)
桩号	横距(m)			1	2	3	4	5	平均值		
测点数		规定值(BPN)		平均值(BPN)		标准差		变异系数(%)		合格率(%)	

表 8.10 原始记录表

桩 号	编号	摆 值 (BPN)			温度修正值	平均值	备 注
左幅 K0 +425	1	44	43	47	2	47.2	检测温度:25 ℃;中粒式
		46	45	46			
	2	47	45	48	2	48.8	
		47	46	48			
	3	47	49	46	2	49.2	
		46	47	48			
左幅 K1 +275	1	45	47	46	2	48.3	
		45	48	47			
	2	49	47	43	2	47.8	
		43	45	48			
	3	45	48	48	2	48.5	
		46	45	47			
左幅 K2 +520	1	47	49	46	2	49.2	
		48	46	47			
	2	48	45	48	2	48.5	
		47	45	46			
	3	48	47	45	2	48.5	
		47	46	46			

8.4 钻孔取芯法测定混凝土强度

钻芯取样法检验混凝土强度指从混凝土结构物中钻取芯祥和检查芯样,测定混凝土的劈裂抗拉强度或抗压强度,作为评定结构的主要品质指标。但是由于结构或构件部位的条件、所处位置及受力状态的影响,钻取芯样的数量通常比较少,在一定程度上可作为抽检混凝土强度、均匀性和内部缺陷的指标。由于它对结构混凝土造成局部损伤,因此是一个半破损的现场检测手段。

利用钻芯法检测混凝土抗压强度,无需进行某种物理量与强度之间的换算,普遍认为它是一种直观、可靠和准确的方法,但由于在检测时总是对结构混凝土造成局部损伤,而且成本较高,因此大量取芯往往受到一定限制。近年来,国内外都主张把钻芯法与其他非破损检测方法综合使用,一方面利用非破损法可以大量测试而不损伤结构,另一方面又可利用钻芯法提高非破损测强的精度,使二者相辅相成。

(1)用钻芯法检测混凝土的强度、裂缝、接缝、分层、孔洞或离析等缺陷,具有直观、精度高等特点,但也有一定的局限性。

①钻芯时结构造成局部损伤,因而对钻芯位置的选择及钻芯数量等均有一定限制,而且它所代表的区域也是有限的。

②钻芯机及芯样加工配套机具与非破损测试仪器相比,比较笨重,移动不方便,测试成本较高。如图 8.17、图 8.18 所示。

③钻芯后的孔洞要修补,尤其当钻断钢筋时,更增加了修补工作的困难。

在正常生产情况下,混凝土结构应按《水泥混凝土路面施工及验收规范》(GBJ 97—87)的要求,制作立方体标准养护试块进行混凝土强度评定和验收。

(2)钻取芯样检测其强度,并作为处理混凝土质量事故的主要技术依据,只有在下列情况下才可以进行。

①对立方体试块的抗压强度产生怀疑。试块强度很高,而结构混凝土的外观质量很差;试块强度较低而结构混凝土外观质量较好;或者因为试块形状、尺寸、养护等不符合要求,而影响了试验结果的准确性。

②混凝土结构因水泥、砂石质量较差或因施工、养护不良发生质量事故。

③检测部位的表层与内部的质量有明显差异,或者在使用期限间遭受冻害的混凝土均可采用钻芯法测其强度。

④使用多年的老混凝土结构,如需加固或因工艺流程的改变荷载发生了变化,需要了解某些部位的混凝土强度。

⑤对施工有特殊要求的结构和构件,如路面测厚等。

图 8.17 钻芯取样机

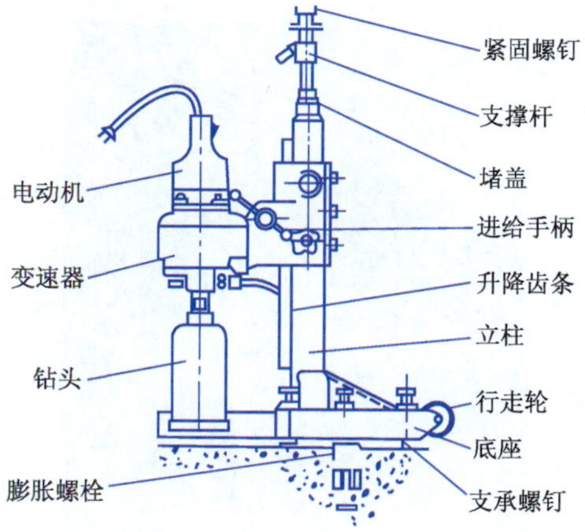

图 8.18 钻芯取样机示意图

具体方法详见《公路路基路面现场测试规程》(JTG E60—2008)。

8.5 沥青路面渗水试验检测

1. 目的和适用范围

本方法适用于用路面渗水仪测定沥青路面的渗水系数。

2. 仪具与材料

本试验需要下列仪具与材料:

(1)路面渗水仪:开关及尺寸,上部盛水量筒 600 ml 处有粗标线,下方通过直径 10 mm 的细管与底座相接,内径 150 mm,外径 165 mm,仪器附压重铁圈两个,每个质量约 5 kg,内径 160 mm。

(2)水筒及大漏斗。

(3)秒表。

(4)密封材料:玻璃腻子、油灰或橡皮泥 。

(5)其他:水、红墨水、粉笔、扫帚等。

3. 方法与步骤

(1)准备工作。

①在测试路段的行车道路面上,用随机取样方法选测试位置,每一个检测路段应测定 5 个测点,用扫帚清扫表面,并用粉笔划上测试标记。

②在洁净的水桶内滴入几点红墨水,使水成淡红色。

③装路面渗水仪。

(2)试验步骤。

①将清扫后的路面用粉笔按测试仪器底座大小划好圆圈记号如图 8.19 所示。

②在路面上沿底座圆圈涂一薄层密封材料,边涂边用手压紧如图 8.20 所示,使密封材料嵌满缝隙且牢固地贴在路面上,密封料圈的内径与底座内径相同,约 150 mm,将组合好的渗水试验仪底座用力压在路面密封材料上,再加上压重铁圈压住仪器底座,以防压力水从底座与路面间流出。

③关闭细管下方的开关,向仪器的上方量筒中流入淡红色的水至满,总量为 600 ml。

④迅速将开关全部打开，水开始从细管下部流出，待水面下降 100 ml 时，立即开启秒表，每间隔 60 s，读记仪器管的刻度一次，至水面下降 500 ml 时为止，测试过程中，如水从底座与密封材料间渗出，说明底座与路面密封不好，应移至附近干燥路面处重新操作。如水面下降速度很慢，从水面下降至 100 ml 开始，测试得 3 min 的渗水量即可停止。若试验时水下降至一定程度后基本保持不动，说明路面基本不透水或根本不透水，则在报告中注明。

⑤按以上步骤在同 1 个检测路段选择 5 个测点测定渗水系数，取其平均值，作为检测结果。

图 8.19　用粉笔划好圆圈

图 8.20　涂密封材料

4. 计算

沥青路面的渗水系数按式(8.8)计算，计算时以水面从 100 ml 下降至 500 ml 所需的时间为标准，若渗水时间过长，亦可采用 3 min 通过的水量计算：

$$C_W = (V_2 - V_1)/(t_2 - t_1) \times 60 \tag{8.8}$$

式中：C_W——路面渗水系数，ml/min；

V_1——第一次读数时的水量，ml，通常为 100 mL；

V_2——第二次读数时的水量，ml，通常为 500 mL；

t_1——第一次读数时的时间，s；

t_2——第二次读数时的时间，s。

5. 报告

列表逐点报告每个检测路段各个测点的渗水系数，及 5 个测点的平均值、标准差、变异系数。若路面不透水，则在报告中注明为 0。

8.6 混凝土抗折强度

1. 试验目的

抗折强度是水泥混凝土路面设计的重要指标。本试验规定了测定混凝土抗折强度的方法，以提供设计参数。

2. 试验仪器(图 8.21)

(1)混凝土搅拌机：自由式或强制式，应附有产品品质保证文件。

(2)拌和用铁板、铁锹、镘刀、小铲。

(3)磅秤：称量 100 kg，感量 50 g。

(4)天平：称量 2 000 g，感量 1 g。

(5)量筒：1 000 ml 和 200 ml 各一个。

(6)试验机：采用 50 ~ 300 kN 抗折试验机或万能试验机。抗折试验机装置由双点加荷压头和活动支座组成，活动支座采用球形接触，其中一半为一个钢球支撑，另一半为两个钢球支撑。加荷压头的两个压点也为球形接触,其中一点为单球形接触,与双球支座上下对应,另一点为双球接触,与单球接触支座上下对应。

(7)抗折强度试模:尺寸为 150 mm×150 mm×550 mm。

(8)标准养护室温度在(20±2)℃,相对湿度在 95% 以上。

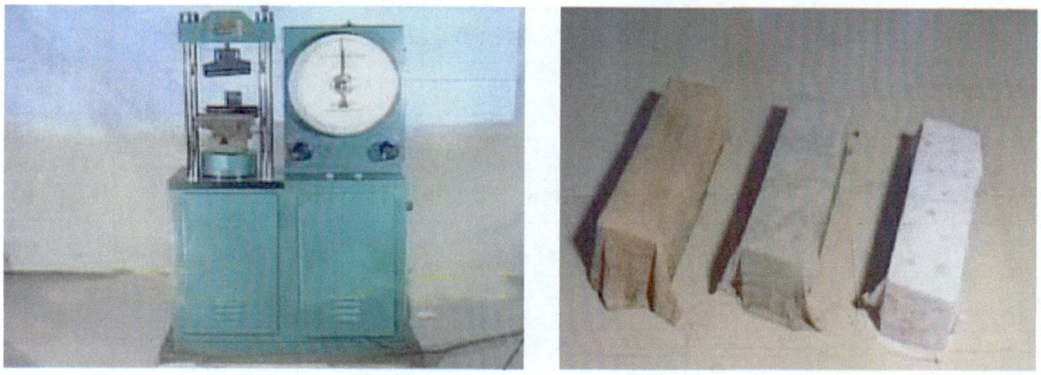

图 8.21 抗折试验机及试模件

3. 试验步骤(机械拌和)

(1)使用拌和机前,应先用少量砂浆进行涮膛,其水灰比及砂灰比与正式混凝土配合比相同。

(2)按规定称好各种原料,往拌和机内依次加入石子、砂、水泥,加料时间不宜超过 2 min。开动机器将材料拌和均匀,将水徐徐加入,待水全部加入后,继续拌和约 2 min。将拌和物倾出在铁板上,再经人工翻拌 1~2 min,务使拌和物均匀一致。

(3)将试模擦净,边模与底模接触处涂抹干黄油,防止漏浆。将试模紧密结合,试模内均匀涂抹一层机油。将拌和好的混凝土拌和物分两层装入试模,装入高度约为总高度 1/2,每层插捣 100 次,按螺旋线由边缘到中心均匀进行。刮除多余混凝土,用镘刀抹平表面,擦净试模边缘多余混凝土。试件成型后,在室温 15 ℃~25 ℃,相对湿度大于 50% 的情况下,静放 1~2 天,然后拆模并对试件进行外观检查并编号。

(4)将试件放入水槽中进行养护,水温应 17 ℃~23 ℃。若用其他方法养护,须在报告中说明养护方法。

(5)到达试验龄期时,从标准养护室中取出试件,检查试件,若试件中部 1/3 长度内有峰窝,则该试件作废。在试件表面画出支点及加荷位置,距端部分别为 50 mm、200 mm、300 mm、500 mm。

(6)调整两个可移动的支座,使试件与试验机下压头中心距离为 225 mm,并旋紧两支座。将试件放在支座上,几何对准后,缓缓加一初荷载,约 1 kN。后以 0.5~0.7 MPa/s 的加荷速度连续加荷,试件破坏时,记录最大荷载。

4. 试验结果与数据整理

抗折强度计算公式为

$$f_{cf}=FL/(bh^2) \tag{8.9}$$

式中:f_{cf}——抗折强度,MPa;

F——极限荷载,N;

L——支座间距,450 mm;

b——试件宽度,150 mm;抗折强度,MPa;

h——试件高度,150 mm。

若断面位于加荷点外侧,试验结果无效,该组结果作废。

本试验以 3 个试件的算术平均值为测定值。如果任一个测值与中值的差值超过中值的 15% 时,测值中与中值的差值均超过规定值时,该组试验结果无效。

5. 试验中注意的问题

(1)试件从养护水槽取出后应尽量快擦干试件表面水分进行试验,以免试件内部的湿度发生显著变化。

(2)试验前准确地在试件表面划出支点位置及加荷位置。

计 划 单

<table>
<tr><td>学习领域</td><td colspan="5">路桥工程检测技术</td></tr>
<tr><td>学习情境</td><td colspan="3">路面面层工程检测</td><td>学　　时</td><td>28</td></tr>
<tr><td>任　　务</td><td colspan="3">路面面层工程现场试验检测</td><td>学　　时</td><td>10</td></tr>
<tr><td>计划方式</td><td colspan="5">小组讨论、团结协作共同制订计划</td></tr>
<tr><td>序　　号</td><td colspan="4">实施步骤</td><td>使用资源</td></tr>
<tr><td>1</td><td colspan="4"></td><td></td></tr>
<tr><td>2</td><td colspan="4"></td><td></td></tr>
<tr><td>3</td><td colspan="4"></td><td></td></tr>
<tr><td>4</td><td colspan="4"></td><td></td></tr>
<tr><td>5</td><td colspan="4"></td><td></td></tr>
<tr><td>6</td><td colspan="4"></td><td></td></tr>
<tr><td>7</td><td colspan="4"></td><td></td></tr>
<tr><td>8</td><td colspan="4"></td><td></td></tr>
<tr><td>9</td><td colspan="4"></td><td></td></tr>
<tr><td>制订计划说明</td><td colspan="5"></td></tr>
<tr><td rowspan="3">计划评价</td><td>班　　级</td><td></td><td>第　　组</td><td>组长签字</td><td></td></tr>
<tr><td>教师签字</td><td colspan="2"></td><td>日　　期</td><td></td></tr>
<tr><td colspan="5">评语：</td></tr>
</table>

决　策　单

<table>
<tr><td>学习领域</td><td colspan="5">路桥工程检测技术</td></tr>
<tr><td>学习情境</td><td colspan="3">路面面层工程检测</td><td>学　时</td><td>28</td></tr>
<tr><td>任　务</td><td colspan="3">路面面层工程现场试验检测</td><td>学　时</td><td>10</td></tr>
<tr><td colspan="6">方案讨论</td></tr>
<tr><td rowspan="11">方案对比</td><td>组号</td><td>方案合理性</td><td>实施可操作性</td><td>安 全 性</td><td>综合评价</td></tr>
<tr><td>1</td><td></td><td></td><td></td><td></td></tr>
<tr><td>2</td><td></td><td></td><td></td><td></td></tr>
<tr><td>3</td><td></td><td></td><td></td><td></td></tr>
<tr><td>4</td><td></td><td></td><td></td><td></td></tr>
<tr><td>5</td><td></td><td></td><td></td><td></td></tr>
<tr><td>6</td><td></td><td></td><td></td><td></td></tr>
<tr><td>7</td><td></td><td></td><td></td><td></td></tr>
<tr><td>8</td><td></td><td></td><td></td><td></td></tr>
<tr><td>9</td><td></td><td></td><td></td><td></td></tr>
<tr><td>10</td><td></td><td></td><td></td><td></td></tr>
<tr><td>方案评价</td><td colspan="5">评语：</td></tr>
</table>

班　级		组长签字		教师签字		年　月　日

实 施 单

<table>
<tr><td>学习领域</td><td colspan="3">路桥工程检测技术</td></tr>
<tr><td>学习情境</td><td>路面面层工程检测</td><td>学 时</td><td>28</td></tr>
<tr><td>任 务</td><td>路面面层工程现场试验检测</td><td>学 时</td><td>10</td></tr>
<tr><td>实施方式</td><td colspan="3">小组成员合作;动手实践</td></tr>
<tr><td>序 号</td><td colspan="2">实施步骤</td><td>使用资源</td></tr>
<tr><td>1</td><td colspan="2"></td><td></td></tr>
<tr><td>2</td><td colspan="2"></td><td></td></tr>
<tr><td>3</td><td colspan="2"></td><td></td></tr>
<tr><td>4</td><td colspan="2"></td><td></td></tr>
<tr><td>5</td><td colspan="2"></td><td></td></tr>
<tr><td>6</td><td colspan="2"></td><td></td></tr>
<tr><td>7</td><td colspan="2"></td><td></td></tr>
<tr><td>8</td><td colspan="2"></td><td></td></tr>
<tr><td colspan="4">实施说明:</td></tr>
</table>

<table>
<tr><td>班 级</td><td></td><td>第 组</td><td>组长签字</td><td></td></tr>
<tr><td>教师签字</td><td colspan="2"></td><td>日 期</td><td></td></tr>
<tr><td>评 语</td><td colspan="4"></td></tr>
</table>

检　查　单

<table>
<tr><td>学习领域</td><td colspan="4">路桥工程检测技术</td></tr>
<tr><td>学习情境</td><td colspan="2">路面面层工程检测</td><td>学　时</td><td>28</td></tr>
<tr><td>任　务</td><td colspan="2">路面面层工程现场试验检测</td><td>学　时</td><td>10</td></tr>
<tr><td>序　号</td><td>检查项目</td><td>检查标准</td><td>学生自查</td><td>教师检查</td></tr>
<tr><td>1</td><td></td><td></td><td></td><td></td></tr>
<tr><td>2</td><td></td><td></td><td></td><td></td></tr>
<tr><td>3</td><td></td><td></td><td></td><td></td></tr>
<tr><td>4</td><td></td><td></td><td></td><td></td></tr>
<tr><td>5</td><td></td><td></td><td></td><td></td></tr>
<tr><td>6</td><td></td><td></td><td></td><td></td></tr>
<tr><td>7</td><td></td><td></td><td></td><td></td></tr>
<tr><td>8</td><td></td><td></td><td></td><td></td></tr>
<tr><td>9</td><td></td><td></td><td></td><td></td></tr>
<tr><td rowspan="3">检查评价</td><td>班　级</td><td></td><td>第　组</td><td>组长签字</td></tr>
<tr><td>教师签字</td><td></td><td>日　期</td><td></td></tr>
<tr><td colspan="4">评语：</td></tr>
</table>

评 价 单

<table>
<tr><td>学习领域</td><td colspan="8">路桥工程检测技术</td></tr>
<tr><td>学习情境</td><td colspan="4">路面面层工程检测</td><td colspan="2">学　　时</td><td colspan="2">28</td></tr>
<tr><td>任　　务</td><td colspan="4">路面面层工程现场试验检测</td><td colspan="2">学　　时</td><td colspan="2">10</td></tr>
<tr><td>评价类别</td><td>项　　目</td><td colspan="2">子 项 目</td><td>个人评价</td><td colspan="2">组内互评</td><td colspan="2">教师评价</td></tr>
<tr><td rowspan="7">专业能力</td><td rowspan="2">资讯
（10%）</td><td colspan="2">搜集信息（5%）</td><td></td><td colspan="2"></td><td colspan="2"></td></tr>
<tr><td colspan="2">引导问题回答（5%）</td><td></td><td colspan="2"></td><td colspan="2"></td></tr>
<tr><td>计划
（5%）</td><td colspan="2"></td><td></td><td colspan="2"></td><td colspan="2"></td></tr>
<tr><td>实施
（20%）</td><td colspan="2"></td><td></td><td colspan="2"></td><td colspan="2"></td></tr>
<tr><td>检查
（10%）</td><td colspan="2"></td><td></td><td colspan="2"></td><td colspan="2"></td></tr>
<tr><td>过程
（5%）</td><td colspan="2"></td><td></td><td colspan="2"></td><td colspan="2"></td></tr>
<tr><td>结果
（10%）</td><td colspan="2"></td><td></td><td colspan="2"></td><td colspan="2"></td></tr>
<tr><td rowspan="2">社会能力</td><td>团结协作
（10%）</td><td colspan="2"></td><td></td><td colspan="2"></td><td colspan="2"></td></tr>
<tr><td>敬业精神
（10%）</td><td colspan="2"></td><td></td><td colspan="2"></td><td colspan="2"></td></tr>
<tr><td rowspan="2">方法能力</td><td>计划能力
（10%）</td><td colspan="2"></td><td></td><td colspan="2"></td><td colspan="2"></td></tr>
<tr><td>决策能力
（10%）</td><td colspan="2"></td><td></td><td colspan="2"></td><td colspan="2"></td></tr>
<tr><td rowspan="3">评价评语</td><td>班　　级</td><td></td><td>姓　　名</td><td></td><td>学号</td><td></td><td>总评</td><td></td></tr>
<tr><td>教师签字</td><td></td><td>第　　组</td><td>组长签字</td><td colspan="2"></td><td>日期</td><td></td></tr>
<tr><td colspan="8">评语：</td></tr>
</table>

试验仪器及所用材料清单

<table>
<tr><td>学习领域</td><td colspan="8">路桥工程检测技术</td></tr>
<tr><td>学习情境</td><td colspan="8">路面面层工程检测</td></tr>
<tr><td>任　务</td><td colspan="8">路面面层工程现场试验检测</td></tr>
<tr><td>项　目</td><td>序　号</td><td colspan="2">名　称</td><td>数　量</td><td colspan="2">型　号</td><td colspan="2">作　用</td></tr>
<tr><td rowspan="12">所用仪器</td><td></td><td colspan="2"></td><td></td><td colspan="2"></td><td colspan="2"></td></tr>
<tr><td></td><td colspan="2"></td><td></td><td colspan="2"></td><td colspan="2"></td></tr>
<tr><td></td><td colspan="2"></td><td></td><td colspan="2"></td><td colspan="2"></td></tr>
<tr><td></td><td colspan="2"></td><td></td><td colspan="2"></td><td colspan="2"></td></tr>
<tr><td></td><td colspan="2"></td><td></td><td colspan="2"></td><td colspan="2"></td></tr>
<tr><td></td><td colspan="2"></td><td></td><td colspan="2"></td><td colspan="2"></td></tr>
<tr><td></td><td colspan="2"></td><td></td><td colspan="2"></td><td colspan="2"></td></tr>
<tr><td></td><td colspan="2"></td><td></td><td colspan="2"></td><td colspan="2"></td></tr>
<tr><td></td><td colspan="2"></td><td></td><td colspan="2"></td><td colspan="2"></td></tr>
<tr><td></td><td colspan="2"></td><td></td><td colspan="2"></td><td colspan="2"></td></tr>
<tr><td></td><td colspan="2"></td><td></td><td colspan="2"></td><td colspan="2"></td></tr>
<tr><td></td><td colspan="2"></td><td></td><td colspan="2"></td><td colspan="2"></td></tr>
<tr><td rowspan="4">所用材料</td><td></td><td colspan="2"></td><td></td><td colspan="2"></td><td colspan="2"></td></tr>
<tr><td></td><td colspan="2"></td><td></td><td colspan="2"></td><td colspan="2"></td></tr>
<tr><td></td><td colspan="2"></td><td></td><td colspan="2"></td><td colspan="2"></td></tr>
<tr><td></td><td colspan="2"></td><td></td><td colspan="2"></td><td colspan="2"></td></tr>
<tr><td rowspan="4">所用工具</td><td></td><td colspan="2"></td><td></td><td colspan="2"></td><td colspan="2"></td></tr>
<tr><td></td><td colspan="2"></td><td></td><td colspan="2"></td><td colspan="2"></td></tr>
<tr><td></td><td colspan="2"></td><td></td><td colspan="2"></td><td colspan="2"></td></tr>
<tr><td></td><td colspan="2"></td><td></td><td colspan="2"></td><td colspan="2"></td></tr>
<tr><td rowspan="3">评价评语</td><td>班　级</td><td></td><td>姓　名</td><td></td><td>学号</td><td></td><td>总评</td><td></td></tr>
<tr><td>教师签字</td><td></td><td>第　组</td><td>组长签字</td><td colspan="2"></td><td>日期</td><td></td></tr>
<tr><td colspan="8">评语：</td></tr>
</table>

作 业 单

<table>
<tr><td>学习领域</td><td colspan="3">路桥工程检测技术</td></tr>
<tr><td>学习情境</td><td>路面面层工程检测</td><td>学　时</td><td>28</td></tr>
<tr><td>任　务</td><td>路面面层工程现场试验检测</td><td>学时</td><td>10</td></tr>
<tr><td>作业方式</td><td colspan="3">资料查询，现场操作</td></tr>
<tr><td>1</td><td colspan="3">取芯机使用时注意事项是什么？</td></tr>
<tr><td colspan="4"></td></tr>
<tr><td>2</td><td colspan="3">路面表面构造深度计算公式是什么？</td></tr>
<tr><td colspan="4"></td></tr>
<tr><td>3</td><td colspan="3">平整度仪使用方法是什么？</td></tr>
<tr><td colspan="4"></td></tr>
<tr><td>4</td><td colspan="3">摆式摩擦仪的操作方法是什么？</td></tr>
<tr><td colspan="4"></td></tr>
<tr><td colspan="4">作业评价：</td></tr>
</table>

<table>
<tr><td>班　级</td><td></td><td>第　组</td><td>组长签字</td><td></td></tr>
<tr><td>教师签字</td><td colspan="2"></td><td>日　期</td><td></td></tr>
<tr><td>教师评分</td><td colspan="4"></td></tr>
</table>

教学反馈单

学习领域	路桥工程检测技术			
学习情境	路面面层工程检测	学时		28
序号	调查内容	是	否	理由陈述
1	你是否喜欢这种上课方式？			
2	与传统教学方式比较你认为这种方式学到的知识更适用吗？			
3	你是否学会了如何进行资讯？			
4	计划和决策感到困难吗？			
5	你认为学习情境对你将来的学习和工作有帮助吗？			
6	通过本学习情境的学习，今后遇到实际的问题你可以解决吗？			
7	本情境的知识和技能你都学会了吗？			
8	喜欢你的任课教师吗？			
9	通过几天来的工作和学习，你对自己的表现是否满意？			
10	你对小组成员之间的合作是否满意？			
11	你认为本情境学习内容是否全面？（请在下面回答）			
你的意见对改进教学非常重要，请写出你的建议和意见。				
被调查人签名		调查时间		

学习情境四

桥涵及浆砌工程检测

学习指南

学习目标

学生在教师的讲解和指导下，明确任务的目标和实施中的要素，通过学习桥梁和涵洞的结构类型、桥涵工程材料的技术要求、施工各阶段试验检测方法，掌握桥涵及浆砌工程检测内容，能够借助工具软件，设计文件及相关资料找到完成任务所需的工具、材料、方法，能够完成“桥涵及浆砌工程原材料试验检测”、“桥涵及浆砌工程配合比设计”和“桥涵及浆砌工程现场试验检测”三项工作的内容报告，要求在学习过程中培养和锻炼职业素质，掌握桥涵及浆砌工程检测基本技能。

工作任务

1. 桥涵及浆砌工程原材料试验检测
2. 桥涵及浆砌工程配合比设计
3. 桥涵及浆砌工程现场试验检测

学习情境的描述

根据桥涵及浆砌工程检测内容特点，选取“桥涵及浆砌工程原材料试验检测”、“桥涵及浆砌工程配合比设计”和“桥涵及浆砌工程现场试验检测”三个工作任务作为载体，使学生通过真实的工程训练掌握桥涵及浆砌工程检测基本知识。学习的内容与组织如下：掌握桥梁和涵洞的结构类型、桥涵工程材料的技术要求、施工各阶段试验检测方法，通过对桥涵原材料试验检测、桥涵及浆砌工程配合比设计、现场检测进行训练，掌握桥涵及浆砌工程检测基本要点。根据工程图纸，借助设计文件及相关资料找到完成任务所需的工具、材料、方法，能够完成“桥涵及浆砌工程原材料试验检测”、“桥涵及浆砌工程配合比设计”和“桥涵及浆砌工程现场试验检测”工作任务的技术方案报告，使学生能够掌握桥涵及浆砌工程检测技术。

任务9　桥涵及浆砌工程原材料试验检测

任　务　单

<table>
<tr><td>学习领域</td><td colspan="6">路桥工程检测技术</td></tr>
<tr><td>学习情境</td><td colspan="2">桥涵及浆砌工程检测</td><td colspan="2">工作任务</td><td colspan="2">桥涵及浆砌工程原材料试验检测</td></tr>
<tr><td>任务学时</td><td colspan="6">6 学时</td></tr>
<tr><td colspan="7">布 置 任 务</td></tr>
<tr><td>学习目标</td><td colspan="6">1. 了解桥梁和涵洞的结构类型
2. 掌握桥涵工程材料的技术要求
3. 能够熟练掌握施工各阶段试验检测方法
4. 能够按照操作规程的步骤进行熟练操作
5. 能够正确计算并填写试验数据
6. 能根据试验结果判定材料及工程施工质量的好坏，保质保量完成工程项目</td></tr>
<tr><td>任务描述</td><td colspan="6">桥涵及浆砌工程开工前，施工单位试验室的首要任务是对桥涵及浆砌工程原材料进行试验检测。确定土的施工控制参数，以保证施工进度和质量。其工作如下：
1. 准备工作
熟悉工程施工图纸，掌握设计意图后，携带取料设备、装料袋、本、笔等到取料场取料，并将取料位置、料的状态记录下来，以备核实。将取回的材料分类备用。
2. 试验操作
将水泥按操作规程进行水泥常规试验，骨料按操作规程进行筛分、含泥量和泥块含量、压碎值、针片状含量、密度试验等。
3. 试验结果分析
得到的数据与工程施工图纸、施工技术规范、设计规范进行对照，判定该桥涵及浆砌工程原材料质量，确定土的施工控制参数。
4. 整理资料
认真填写试验地点、时间、试验人员、审核人员、规程号等，形成报告存档。</td></tr>
<tr><td rowspan="2">学时安排</td><td>资讯</td><td>计划</td><td>决策</td><td>实施</td><td>检查</td><td>评价</td></tr>
<tr><td>1 学时</td><td>1 学时</td><td>1 学时</td><td>1 学时</td><td>1 学时</td><td>1 学时</td></tr>
<tr><td>提供资料</td><td colspan="6">1. 路桥施工图纸
2. 公路工程相关试验规程
3. 公路工程相关施工规范、验收规范
4. 质检员岗位技术相关标准</td></tr>
<tr><td>对学生的要求</td><td colspan="6">1. 具备路桥工程检测技术基础知识
2. 具备路桥施工技术基础知识
3. 具备规范操作试验仪器设备、处理试验数据的基础知识
4. 具备读识路桥工程图、绘图的基础知识
5. 具备一定的自学能力、数据计算能力
6. 具备一定的沟通协调能力、语言表达能力
7. 具有团队合作的精神，以小组的形式完成工作任务
8. 严格遵守课堂纪律和工作纪律，不迟到，不早退，不旷课
9. 树立职业意识，按照企业的岗位职责要求自己</td></tr>
</table>

资 讯 单

学习领域	路桥工程检测技术		
学习情境	桥涵及浆砌工程检测	工作任务	桥涵及浆砌工程原材料试验检测
任务学时	6 学时		
资讯方式	在图书馆、专业杂志、互联网及信息单上查询问题；咨询任课教师		
资讯问题	1. 桥涵工程的试验检测内容包括哪些？ 2. 细集料常规试验检测方法与粗集料常规试验检测方法有什么区别？ 3. 细集料的筛分试验的试验目的、试验仪器、试验步骤是什么？ 4. 水泥常规试验的试验目的、试验仪器、试验步骤是什么？ 5. 粗、细集料的含泥量和泥块含量试验目的、试验仪器、试验步骤是什么？ 6. 钢筋试验、焊接钢筋试验的试验目的、试验仪器、试验步骤是什么？ 7. 混凝土抗压强度试验的试验目的、试验仪器、试验步骤是什么？ 8. 钢筋拉伸性能检验的三个指标是什么？		
资讯要求	1. 根据任务目标和任务描述正确理解完成任务需要的资讯内容 2. 按照上述资讯内容进行咨询 3. 写出资讯报告		
资讯评价	班　　级		学生姓名
	教师签字		日　　期
	评语：		

信 息 单

9.1 水泥常规试验检测

1. 水泥试验的一般规定

(1)以同一水泥厂、同期到达、同品种、同强度等级的水泥为一个取样单位。散装水泥一批的总量不得超过500 t,袋装水泥一批的总量不得超过200 t。取样应有代表性,可连续取,也可从20个以上不同部位取等量样品,总量至少12 kg。

(2)试样应充分拌匀。记录通过0.9 mm方孔筛筛余物百分数及其性质。

(3)试验用水必须是洁净的淡水。

(4)试验室温度控制在(20±2)℃,相对湿度应大于50%。养护箱温度为(20±1)℃,相对湿度应大于90%。

(5)试验用的水泥、标准砂、拌和用水、试模及其他试验用具的温度应与试验室温度相同。

2. 水泥细度检验

(1)试验目的。水泥的物理力学性质(凝结时间、收缩、强度等)都与细度有关,因此,必须进行细度测定,以此作为评定水泥质量的依据之一。

水泥细度检验方法按《水泥细度检验方法(80 μm筛筛析法)》(GB 1345—2005)规定,有负压筛法、水筛法。在没有负压筛析仪和水筛的情况下,允许用手工干筛法测定。

(2)主要仪器设备。

①试验筛。由圆形筛框和筛网组成(筛网孔边长为80 μm),分负压筛和水筛两种。其结构尺寸如图9.1和图9.2所示。负压筛应附有透明筛盖,筛盖与筛上口应有良好的密封性,筛网应紧绷在筛框上,筛网和筛框接触处,应用防水胶密封,防止水泥嵌入。

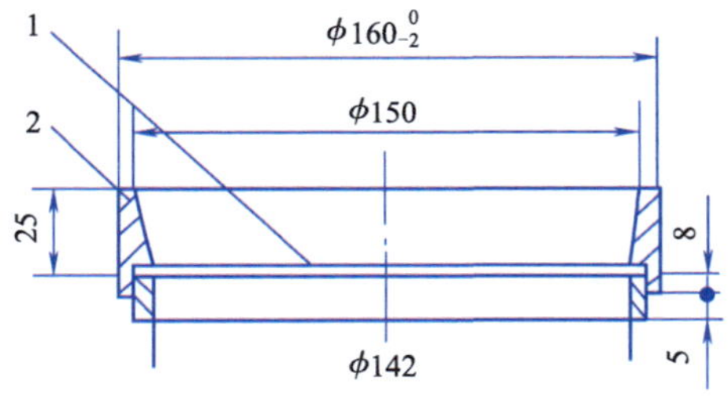

1—筛网;2—筛框

图9.1 负压筛结构尺寸(单位:μm)

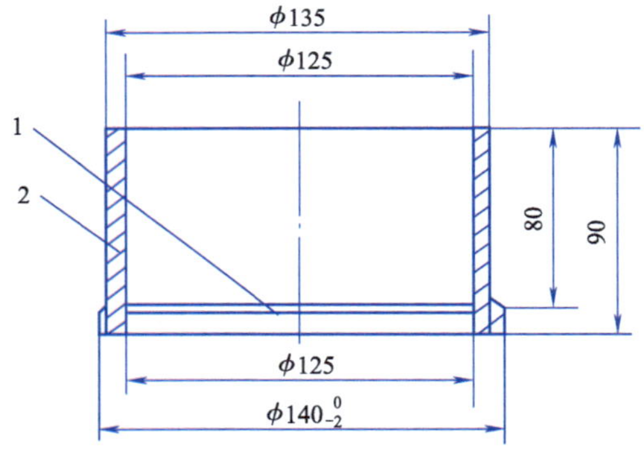

1—筛网;2—筛框

图9.2 水筛结构尺寸(单位:μm)

②负压筛析仪。由筛座、负压筛、负压源及收尘器组成,其中筛座由转速为(30±2)r/min的喷气嘴、负压表、控制板、微电机及壳体等构成,如图9.3所示。

③水筛架和喷头。水筛架能带动筛子转动,转速为50 r/min,喷头直径55 mm,面上均匀分布90个孔,孔径0.5~0.7 mm,安装高度以离筛布50 mm为宜,如图9.4所示。

④天平。最大称量为100 g,分度值不大于0.05 g。

(3)试验步骤。

①负压筛法。

a. 筛析试验前,应把负压筛放在筛座上,盖上筛盖,接通电源,检查控制系统,调节负压至4 000~6 000 Pa范围内。

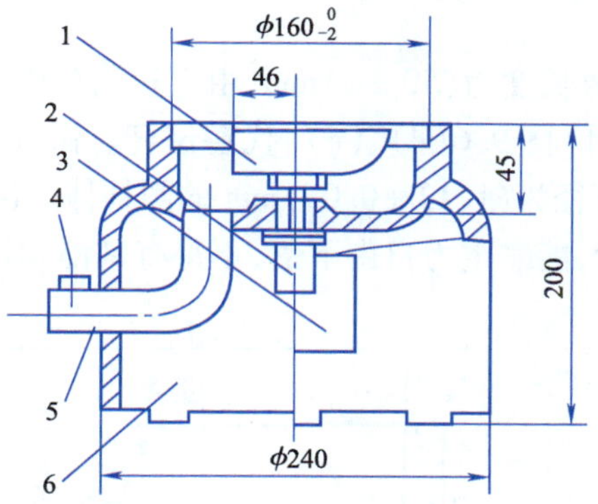

1—喷气嘴；2—微电机；3—控制板开口；
4—负压表接口；5—负压源及收尘器接口；6—壳体
图 9.3　筛座

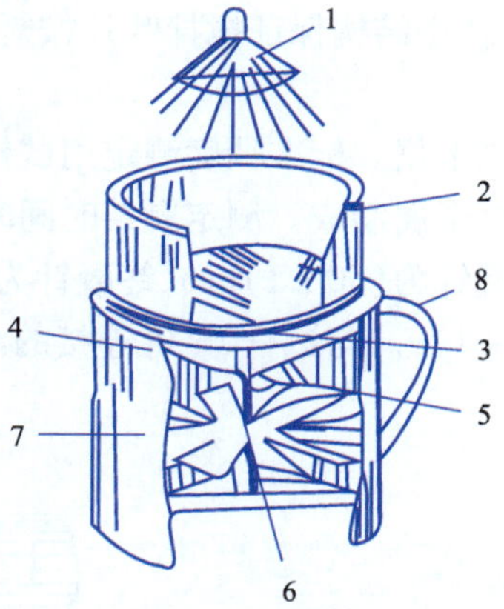

1—喷头；2—标准筛；3—旋转托架；4—集水斗；
5—出水口；6—叶轮；7—外筒；8—把手
图 9.4　水筛法装置系统图

b. 称取试样 25 g，置于洁净的负压筛中，盖上筛盖，放在筛座上，开动筛析仪连续筛析 2 min，在此期间如有试样附着在筛盖上，可轻轻地敲击，使试样落下。筛毕，用天平称量筛余物。

c. 当工作负压小于 4 000 Pa 时，应清理吸尘器内水泥，使负压恢复正常。

②水筛法。

a. 筛析试验前，应检查水中无泥、沙，调整好水压及水筛架的位置，使其能正常运转。喷头底面和筛网之间距离为 35 ~ 75 mm。如图 9.4 所示。

b. 称取试样 50 g，置于洁净的水筛中，立即用淡水冲洗至大部分细粉通过后，放在水筛架上用水压为 (0.05 ± 0.02) MPa 的喷头连续冲洗 3 min。筛毕，用少量水把筛余物冲至蒸发皿中，等水泥颗粒全部沉淀后，小心倒出清水，烘干并用天平称量筛余物。

③手工干筛法。

a. 称取水泥试样 50 g，倒入符合 JC/T 728—2005 要求的干筛内。

b. 用一只手执筛往复摇动，另一只手轻轻拍打，拍打速度每分钟约 120 次，每 40 次向同一方方向转动 60°，使试样均匀分布在筛网上，直至每分钟通过的试样量不超过 0.05 g 为止。

c. 称量筛余物。试验筛必须经常保持洁净，筛孔通畅。如其筛孔被水泥堵塞影响筛余量时，可用弱酸浸泡，用毛刷轻轻地刷洗，用淡水冲净、晾干。

(4) 试验结果评定。

①水泥试样筛余百分数按下式计算：

$$F = \frac{R_S}{W} \times 100\% \tag{9.1}$$

式中：F——水泥试样的筛余百分数，%，计算精确至 0.1%；

R_S——水泥筛余物的质量，g；

W——水泥试样的质量，g。

②负压筛法与水筛法或手工干筛法测定的结果发生争议时，以负压筛法为准。

3. 水泥标准稠度用水量测定

(1) 试验目的。本试验的目的就是测定水泥净浆达到标准稠度时的用水量，为测定水泥的凝洁时间和体积安定性做好准备。

试验方法分标准法和代用法。如发生争议时，应以标准法为准。

(2) 主要仪器设备。

①水泥净浆搅拌机。应符合 JC/T 729—2005 的要求，如图 9.5 所示。净浆搅拌机由搅拌锅、搅拌叶片、传力机构和控制系统组成。搅拌叶片在搅拌锅内做旋转方向相反的公转和自转，并可在竖直方向调节。搅

拌锅可以升降,传动结构保证搅拌叶片按规定的方向和速度运转,控制系统具有按程序自动控制与手动控制两种功能。

②标准法维卡仪。标准稠度测定用试杆[图 9.6(c)]有效长度为(50±1)mm,由直径为(10±0.05)mm 的圆柱形耐腐蚀金属制成。测定凝结时间时取下试杆,用试针[图 9.6(d)、(e)]代替试杆。试针由钢制成,其有效长度初凝针为(50±1)mm、终凝针为(30±1)mm,是直径为(1.13±0.05)mm 的圆柱体。滑动部分的总质量为(300±1)g。与试杆、试针连接的滑动杆表面应光滑,能靠重力自由下落,不得有紧涩和摇动现象。

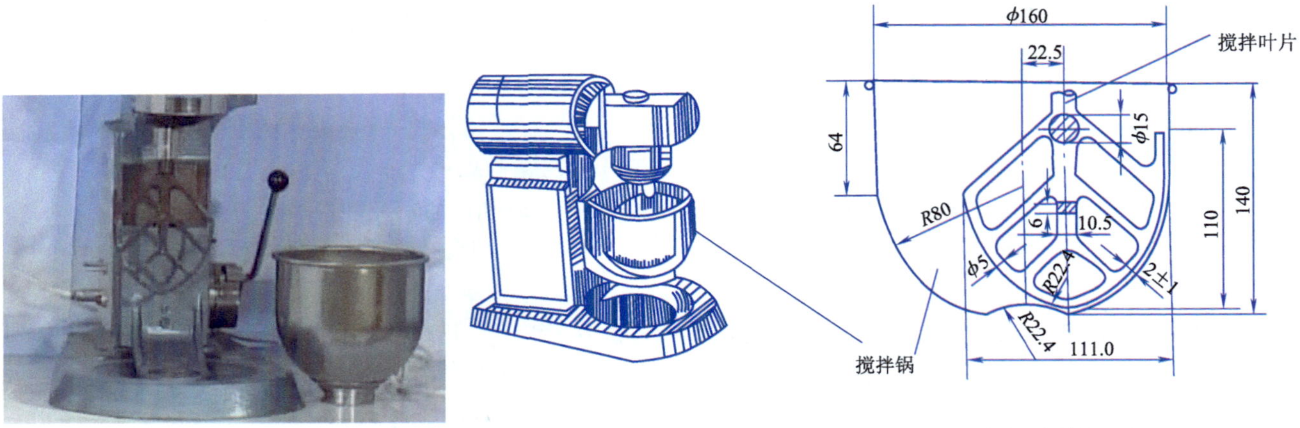

(a) 水泥净浆搅拌机　　(b) 搅拌锅与搅拌叶片

图 9.5　水泥净浆搅拌机(单位:mm)

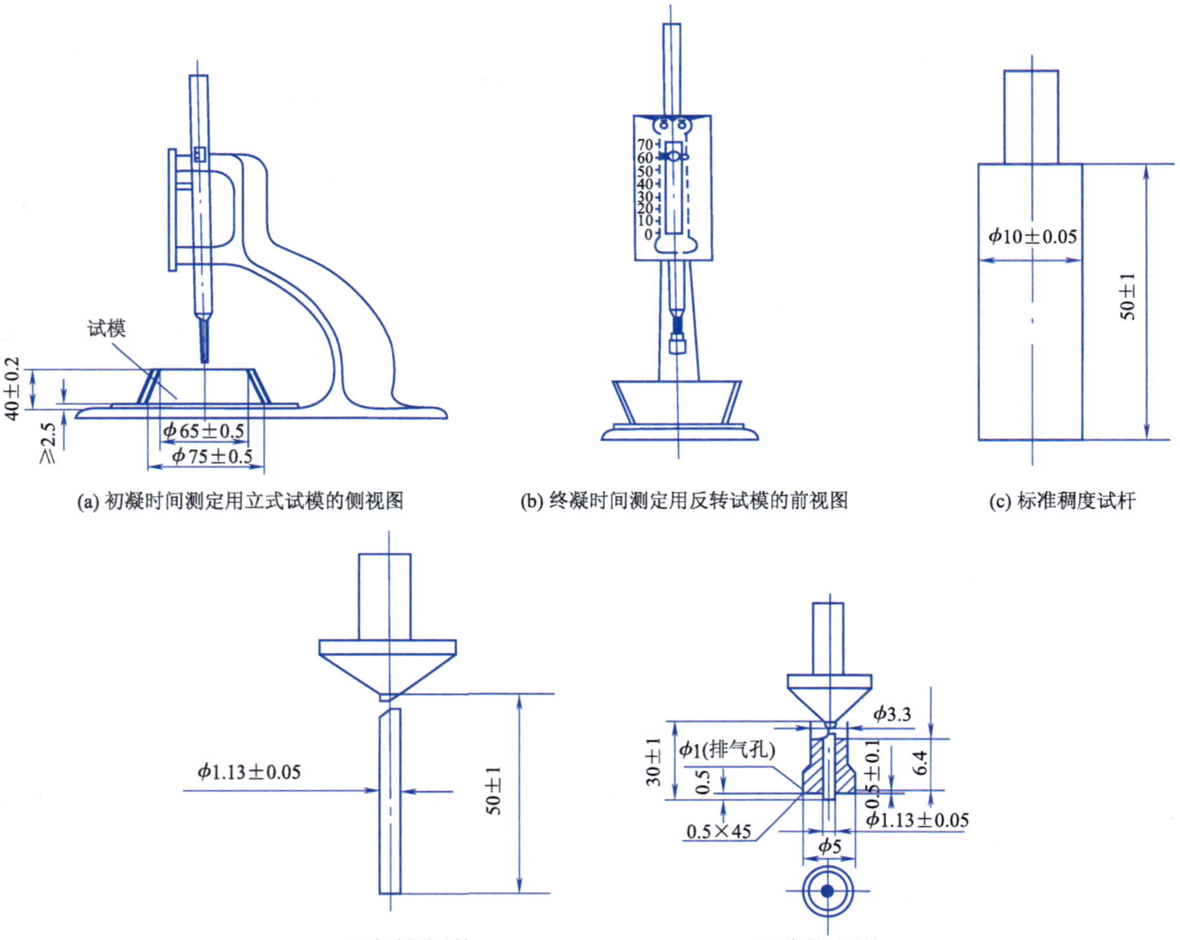

(a) 初凝时间测定用立式试模的侧视图　　(b) 终凝时间测定用反转试模的前视图　　(c) 标准稠度试杆

(d) 初凝用试针　　(e) 终凝用试针

图 9.6　测定水泥标准稠度和凝结时间用的维卡仪(单位:mm)

图 9.7 为标准法维卡仪。

盛装水泥净浆的试模[图 9.6(a)]应由耐腐蚀的、有足够硬度的金属制成。试模为深(40 ±0.2)mm、顶内径(65 ±0.5) mm、底内径(75 ±0.5) mm 的截顶圆锥体。每只试模应配备一个大于试模、厚度大于等于 2.5 mm 的平板玻璃底板。

③标准稠度测定仪。如图 9.8(a)所示，锥体滑动部分的总质量为(300 ±2)g，金属空心试锥锥底直径 40 mm，高 50 mm，装净浆用锥模，上口内径 60 mm，高 75 mm，如图 9.8(b)所示。

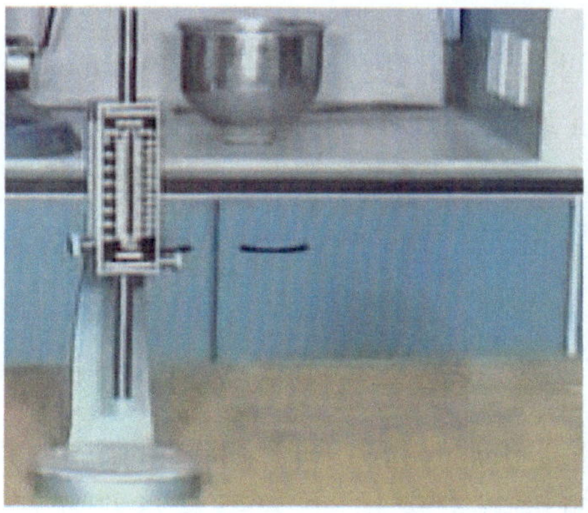

图 9.7　标准法维卡仪

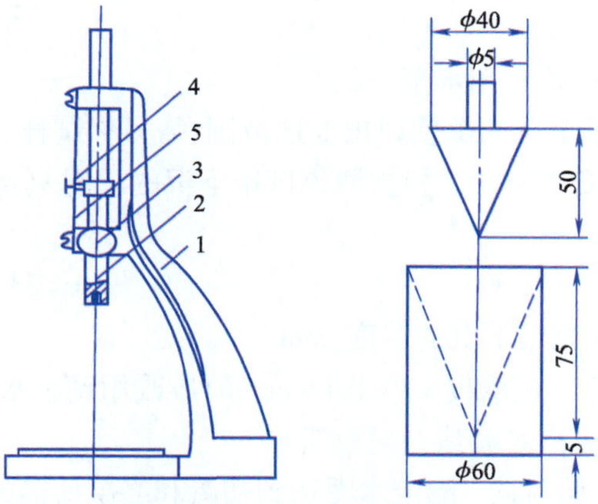

(a) 标准稠度测定仪　(b) 试锥和锥模

1—铁座;2—金属圆棒;3—松紧螺丝;4—指针;5—标尺

图 9.8　标准稠度测定仪(单位:mm)

④量水器、天平。量水器最小刻度 0.1 ml，精度 1%；天平能准确称量至 1 g。

(3)试验步骤。

①标准法。

a. 试验前检查。维卡仪的金属棒能自由滑动；调整至试杆接触玻璃板时指针对准零点；搅拌机运行正常。

b. 水泥净浆的拌制。用水泥净浆搅拌机搅拌，搅拌锅和搅拌叶片先用湿布擦过，将拌和水倒入搅拌锅内，然后在 5 ~10 s 时间内小心将称好的 500 g 水泥加入水中，防止水和水泥溅出，拌和时，先将锅放在搅拌机的锅座上，升至搅拌位置，启动搅拌机，低速搅拌 120 s，停 15 s，同时将叶片和锅壁上的水泥浆刮入锅中间，接着高速搅拌 120 s 停机。

c. 测定步骤。拌和结束后，立即将拌制好的水泥净浆装入已置于玻璃底板上的试模中，用小刀插捣，轻轻振动数次，刮去多余的净浆；抹平后迅速将试模和底板移到维卡仪上，并将其中心定在试杆下，降低试杆直至与水泥净浆表面接触，拧紧螺丝 1 ~2 s 后，突然放松，使试杆垂直自由地沉入水泥净浆中。在试杆停止沉入或释放试杆 30 s 时记录试杆距底板之间的距离，升起试杆后，立即擦净；整个操作应在搅拌后 1.5 min 内完成。

②代用法。

a. 采用代用法测定水泥标准稠度用水量时可用调整水量和不变水量两种方法的任一种测定。发生争议时，以调整水量法为准。

b. 试验前必须检查：维卡仪的金属棒能自由滑动；调整至试杆接触玻璃板时指针对准零点；搅拌机运行正常。

c. 水泥净浆的拌制，与上述标准法相同。拌和时称取试样 500 g，采用调整水量方法时，拌和水量按经验找水，采用不变水量方法时，拌和水量用 142.5 ml。

d. 标准稠度用水量的测定。拌和结束后，立即将拌制好的水泥净浆装入锥模中，用小刀插捣，轻轻振动数次，刮去多余的净浆；抹平后迅速放到试锥下面固定的位置上，将试锥降至净浆表面，拧紧螺丝 1 ~2 s 后，突然放松，让试锥垂直自由地沉入水泥净浆中。到试锥停止下沉或释放试锥 30 s 时，记录试锥下沉深度 s(mm)。整个操作应在 1.5 min 内完成。

(4)试验结果评定。

①标准法。以试杆沉入净浆并距底板(6 ±1)mm 的水泥净浆为标准稠度净浆。其拌和水量为该水泥的

标准稠度用水量 p，按水泥质量的百分比计，即

$$p=\frac{\text{拌和水用量}}{\text{水泥用量}}\times 100\% \tag{9.2}$$

②代用法。

a. 调整用水量法。以试锥下沉深度为(28 ±2) mm 时的净浆为标准稠度净浆。其拌和水量为该水泥的标准稠度用水量 p，按水泥质量的百分比计，即

$$p=\frac{W}{500}\times 100\% \tag{9.3}$$

式中：W——拌和用水量，ml。

如试锥下沉的深度超出上述范围，需另称试样，调整水量，重新试验，直到达到(28 ±2) mm 时为止。

b. 不变水量法。根据测得试锥下沉的深度 s(mm)按下式(或仪器上对应标尺)计算得到标准稠度用水量 p(%)：

$$p=33.4-0.185s \tag{9.4}$$

式中：s——试锥下沉的深度，mm。

当试锥下沉深度 s 小于 13 mm 时应改用调整水量法测定。

4. 水泥净浆凝结时间的测定

(1) 试验目的。测定水泥达到初凝和终凝所需的时间，以评定水泥是否符合国家标准的规定。

(2) 主要仪器设备。测定仪，与测定标准稠度用水量时的测定仪相同，只是将试杆换成试针，如图 9.6(d)、(e)所示；净浆搅拌机；标准养护箱。

(3) 试验步骤。

①测定前准备工作。将圆模放在玻璃板上，在圆模内侧稍涂上一层机油，调整凝结时间，测定仪的试针接触玻璃板时，指针应对准标尺的零点。

②试件的制备。称取水泥试样 500 g，以标准稠度用水量加水，按测定标准稠度用水量时拌和净浆的方法制成标准稠度净浆，立即一次装满试模，振动数次刮平，立即放入湿汽养护箱中。记录水泥全部加入水中的时间作为凝结时间的起始时间。

③初凝时间的测定。试件在湿汽养护箱中养护至加水后 30 min 时进行第一次测定。测定时，从湿汽养护箱中取出试模放到试针下，降低试针与水泥净浆表面接触。拧紧螺丝 1 ~2 s 后，突然放松，试针垂直自由地沉入水泥净浆。观察试针停止下沉或释放试针 30 s 时指针的读数。当试针沉至距底板(4 ±1) mm 时，为水泥达到初凝状态；从水泥全部加入水中至初凝状态的时间为水泥的初凝时间，用 min 表示。

④终凝时间的测定。为了准确观测试针沉入的状况，在终凝针上安装了一个环形附件[图 9.6(e)]。在完成初凝时间测定后，立即将试模及浆体以平移的方式从玻璃板取下，翻转 180°，直径大端向上、小端向下放在玻璃板上，再放入湿汽养护箱中继续养护，临近终凝时间时每隔 15 min 测定一次，当试针沉入试件 0.5 mm 时，即环形附件开始不能在试件上留下痕迹时，为水泥达到终凝状态。从水泥全部加入水中至终凝状态的时间为水泥的终凝时间，用 min 表示。

⑤试验注意事项。在最初测定的操作时应轻轻扶持金属柱，使其徐徐下降，以防试针撞弯，但结果以自由下落为准；在整个测试过程中试针沉入的位置至少要距试模内壁 10 mm。临近初凝时，每隔 5 min 测定二次，临近终凝时每隔 15 min 测定一次，到达初凝或终凝时应立即重复测一次，当两次结论相同时才能定为到达初凝或终凝状态。每次测定不能让试针落入原针孔，每次测试完毕须将试针擦净并将试模放回湿汽养护箱内，整个测试过程要防止试模受振，如果使用凝结时间自动仪，则测定时不必翻转试件。

(4) 试验结果评定。将测定的初凝时间和终凝时间，根据国家标准评定水泥凝结时间是否合格。

5. 水泥安定性检验

(1) 试验目的。检验水泥在硬化时体积的均匀性，以决定水泥是否可以使用。

试验方法为沸煮法，可用雷氏法(标准法)和试饼法(代用法)两种方法进行，两种都有争议时以雷氏法为准，雷氏法是通过测定水泥净浆在雷氏夹中沸煮后的膨胀值来判定水泥是否合格；试饼法则是通过观察

水泥净浆试饼沸煮后的外形变化来检验水泥的安全性。

(2)主要仪器设备。

①沸煮箱。有效容积约为410 mm×240 mm×310 mm,板的结构应不影响试验结果,蓖板与加热器之间的距离大于50 mm。能在(30±5)min内将箱内的试验用水由室温升至沸腾状态并保持3 h以上,整个试验过程中不需补充水量。如图9.9所示。

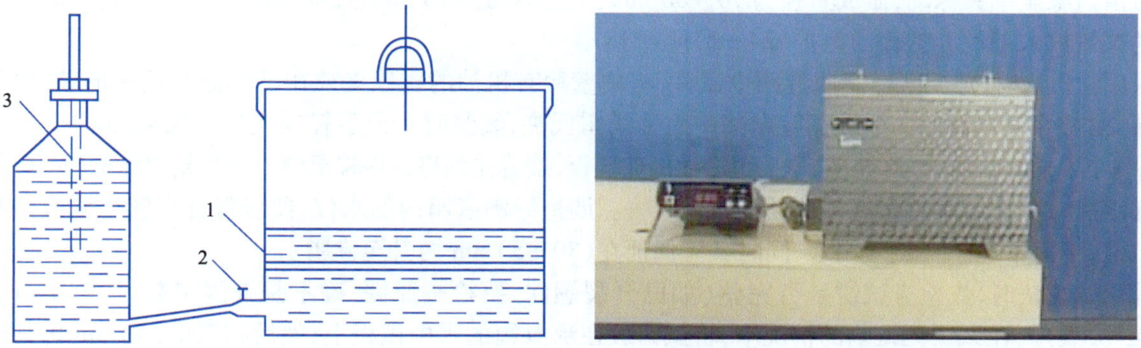

1—篦板;2—阀门;3—水位置

图9.9　沸煮箱外观及示意图

②雷氏夹。其结构如图9.10所示。当一根指针的根部先悬挂在一根金属或尼龙丝上,另一根指针的根部再挂上300 g质量的砝码时,两根指针针尖的距离增加应在(17.5±2.5)mm范围内,即$2x=(17.5\pm2.5)$mm(图9.11),去掉砝码后针尖的距离能恢复至挂砝码前的状态。

③雷氏夹膨胀值测量仪。标尺最小刻度为0.5 mm,如图9.12所示。

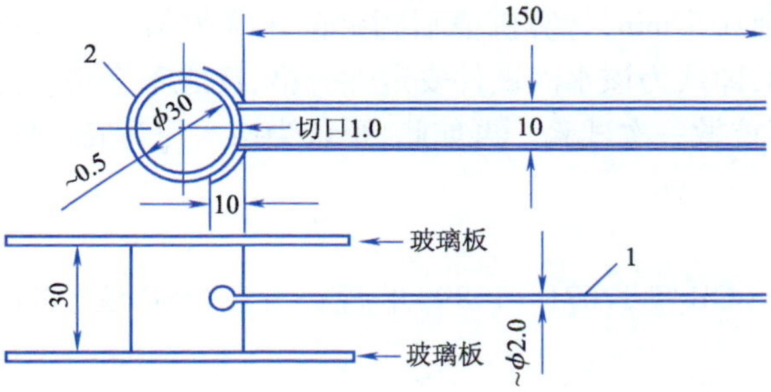

1—指针;2—环模

图9.10　雷氏夹(单位:mm)

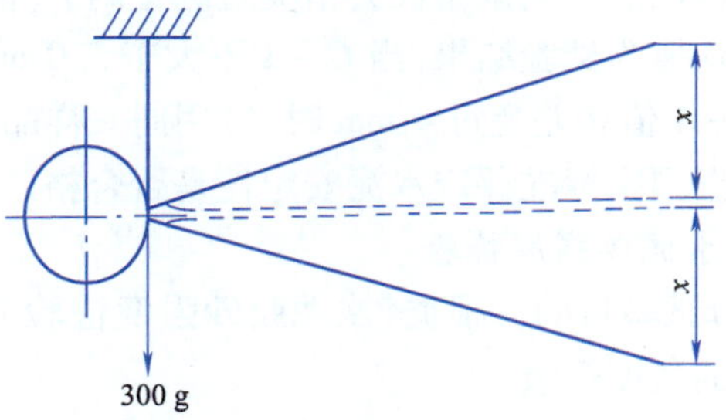

图9.11　雷氏夹受力示意图

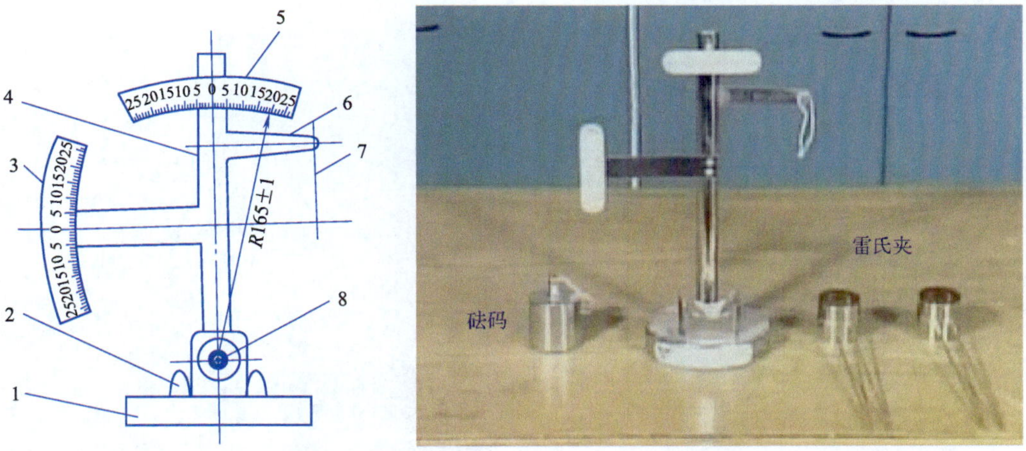

1—底座;2—模子座;3—测弹性标尺;4—立柱;5—测膨胀值标尺;6—悬臂;7—悬丝;8—弹簧顶钮

图9.12　雷氏夹膨胀值测量仪

④其他仪器。水泥净浆搅拌机、标准养护箱、天平、量水器等。

(3)试验步骤。

①准备工作。称取 500 g 水泥,加以标准稠度用水量,用水泥净浆搅拌机搅拌水泥净浆。

②试件制作。采用试饼法时,将拌制好的水泥净浆取出一部分(约 150 g),分成两等份使之成球形。将其放在预先准备好的玻璃板(玻璃板约 100 mm × 100 mm,并稍涂机油)上,轻轻振动玻璃板,并用湿布擦过的小刀由边缘至中央抹动,做成直径为 70 ~ 80 mm、中心厚约为 10 mm、边缘渐薄、表面光滑的试饼。接着将做好的试饼放入湿汽养护箱内养护(24 ± 2)h。

采用雷氏法时,每个试样需成型两个试件,将内壁涂有机油的雷氏夹放在已稍涂有机油的玻璃板(75 ~ 85 g)上,并立即将已制好的标准稠度净浆一次装满雷氏夹,装浆时一只手轻轻扶持雷氏夹,另一只手用宽约 10 mm的小刀插捣数次,然后抹平,盖上稍涂油的玻璃板,接着立刻将试件移至湿汽养护箱内养护(24 ± 2)h。

③沸煮。养护结束后将试件从玻璃板上脱去。调整好沸煮箱内的水位,便能保证在整个沸煮过程中都超过试件,不需中途添补试验用水,同时又能保证在(30 ± 5)min 内升至沸腾。

采用试饼法时,先检查试饼是否完整(如已开裂翘曲,要检查原因,确不是外因引起时,该试饼为不合格,不必沸煮)。在试饼无缺陷的情况下,将试饼放在沸煮箱的水中篦板上,然后在(30 ± 5)min 内加热到沸腾。并恒沸(180 ± 5)min。

采用雷氏法时,先测量雷氏指针尖端的距离 A,精确到 0.5 min,接着将试件放入沸水中的试架上,指针之间不相互交叉,然后在(30 ± 5)min 内加热到沸腾,并恒沸(30 ± 5)min。

沸煮结束后,立即放掉沸煮箱的热水,打开箱盖,待箱体冷却到室温时取出试件进行观察或测定。

(4)试验结果评定。

①试饼法。目测试饼未发现裂缝,用钢直尺检查也没有弯曲(使钢直尺和试饼底部紧靠,以两者间不透光为不弯曲)的试饼为安定性合格,反之为不合格。当两个试饼的判别结果有矛盾时,该水泥的安定性也判为不合格。

②雷氏法。测量雷氏夹指尖端的距离 C,精确到 0.5 min,计算沸煮后指针间距增加值 $C-A$,取两个试件的平均值为试验结果,当 $C-A$ 不大于 5.0 mm 时,即认为该水泥试件安定性合格,反之不合格。当两个试样的 $C-A$ 值相差超过 4 mm 时,应用同一样品立即重做一次试验。再如此,则认为该水泥为安定性不合格。

根据国家标准评定水泥安定性是否合格。

6. 水泥胶强度检验

(1)试验目的。根据《水泥胶砂强度检验方法》(GB/T 17671—1999)的规定方法(ISO 法)来检验并确定水泥的强度等级。

(2)主要仪器设备。

①行星式水泥胶砂搅拌机。应符合 JC/T 681—2005 的要求(图 9.13),振实台(图 9.14)的振幅为(15 ± 0.3)mm,振动频率 60 次/[(60 ± 2)s]。

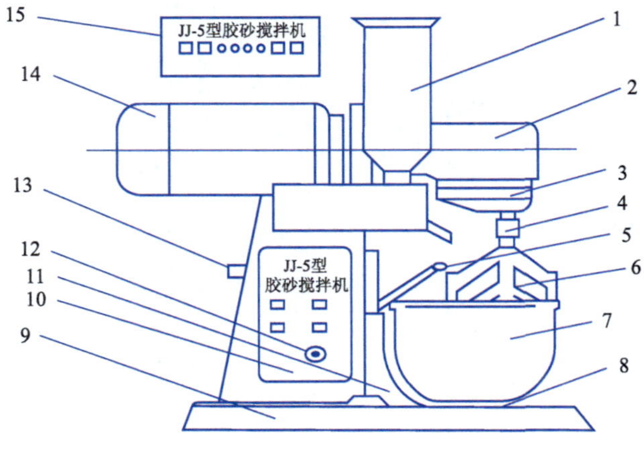

1—砂斗;2—减速箱;3—行星机构及叶片公标志;4—叶片紧固螺母;5—升降柄;6—叶片;7—锅;8—锅座;9—机座;10—立柱;11—升降机构;12—面板自动手动切换开关;13—接口;14—立式双速电机;15—程控器

图 9.13 胶砂搅拌机构结构示意图

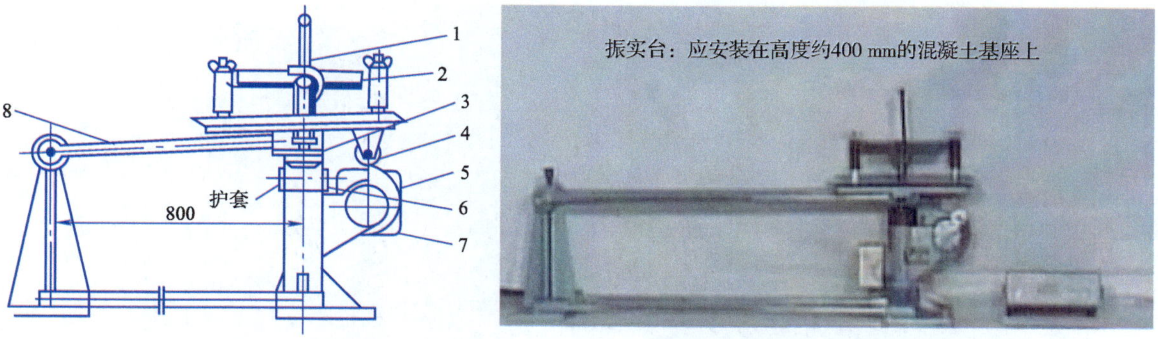

1—卡具;2—模套;3—突头;4—随动轮;5—凸轮;6—止动器;7—同步电机;8—臂杆

图 9.14　胶砂振实台

②试模由三个水平的模槽组成(图 9.15),可同时成型三条截面为 40 mm×40 mm、长 160 mm 的棱形试体。其材质和制造尺寸应符合 JC/T 726—2005 的要求。

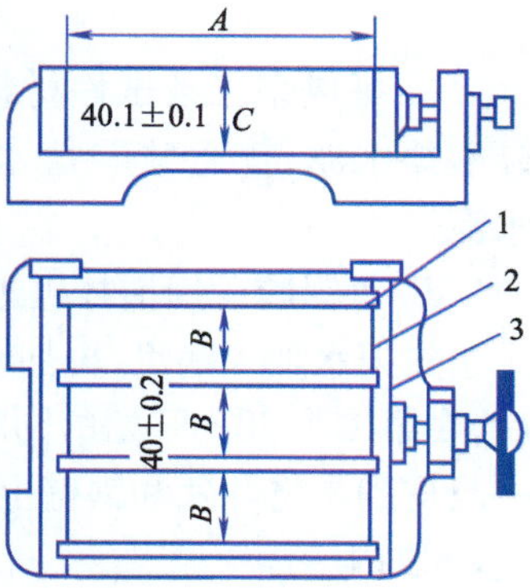

1—隔板;2—端板;3—底板

图 9.15　试模

③抗折试验机。如图 9.16 所示,用于检验 40 mm×40 mm×160 mm 的棱形试体抗折强度。在进行抗折强度试验时,整个加荷以(50±10)N/s 的速率均匀地将荷载垂直加在棱柱体相对侧面上,直至折断。

④抗压试验机及抗压夹具。抗压试验机(图 9.17)的最大荷载以 200～300 kN 为宜,在较大的 4/5 量程范围内使用时,记录荷载应有 ±1% 精度,并具有按(2 400±200)N/s 速率加荷的能力;应有一个能指示试件破坏时荷载并把它保持到试验机卸荷以后的指示器,可以用表盘里的峰值指针或显示器来达到。配用的抗压夹具应符合 JC/T 683 的要求,受压面积为 40 mm×40 mm。

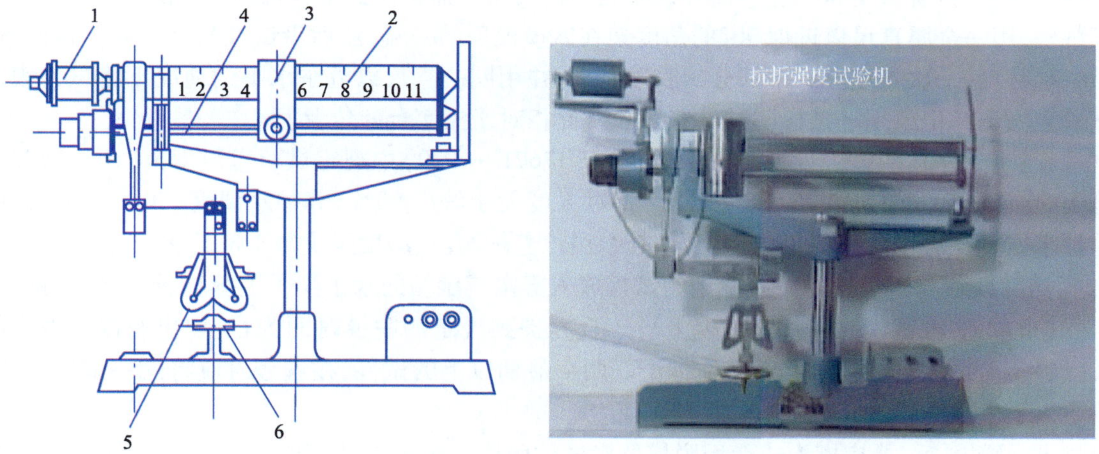

1—平衡砣;2—大杠杆;3—游动砝码;4—丝杆;5—抗折夹具;6—手轮

图 9.16　抗折试验机

(3)试验步骤。

①试件成型。

a. 试验前应将搅拌锅、叶片、试模用湿抹布擦干净。试模的模板与底座的接触面上应涂黄油,紧密装配,防止漏浆,内壁均匀刷一薄层机油。

b. 水泥胶砂强度用砂应使用中国 ISO 标准砂。ISO 标准砂由 1:2 mm 粗砂、0.5:1.0 mm 中砂、0.08:0.5 mm细砂组成,各级砂质量为 450 g(即各占 1/3),通常以 1 350±5 g 混合小包装供应。水泥与标准砂质量比为 1:3,水灰比为 0.5。

图 9.17　抗压试验机

c. 每成型三条试件材料用量为水泥(450 ±2)g,ISO 标准砂(1 350 ±5)g,拌和水(225 ±1)g。适用于硅酸盐水泥、普通硅酸盐水泥、矿渣硅酸盐水泥、粉煤灰硅酸盐水泥、复合硅酸盐水泥、石灰石硅酸盐水泥。

d. 每锅胶砂用搅拌机进行机械搅拌。先使搅拌机处于待工作状态,然后按以下的程序进行操作:

先把水加入锅里,再加入水泥,把锅放在固定架上,上升至固定位置。然后立即开动机器,低速搅拌 30 s 后,在第二个 30 s 开始的同时,均匀地将砂子加入。把机器转至高速再拌 30 s,停拌 90 s,在第一个 15 s 内用一胶皮刮具将叶片和锅壁上的胶砂,刮入锅中间。在高速下继续搅拌 60 s。各个搅拌阶段,时间误差应在 ±1 s以内。

e. 胶砂制备后立即进行成型。将空试模和模套固定在振实台上,用一个适当的勺子直接从搅拌锅里将胶砂分两层装入试模,装第一层时,每个槽里约放 300 g 胶砂,用大播料器垂直架在模套顶部沿每个模槽来回一次将料层播平,接着振实 60 次。再装入第二层胶砂,用小播料器播平,再振实 60 次。移走模套,从振实台上取下试模,用一金属直尺以近似 90°的角度架在试模模顶的一端,然后沿试模长度方向以横向锯割动作慢慢向另一端移动,一次将超过试模部分的胶砂刮去,并用同一直尺以近乎水平的情况下将试件表面抹平。接着在试模上做出标记或用字条标明试件编号和试件相对于振实台的位置。

②试件养护。《水泥胶砂强度检验方法》(GB/T 17671—1999)中规定试验室温度为(20 ±2)℃,相对湿度大于等于 50%,湿汽养护箱温度(20 ±1)℃,相对湿度大于等于 90%,养护水温度(20 ±1)℃,试验室温、湿度及养护水温度在工作期间每天至少记录一次,湿汽养护箱温、湿度至少每 4 h 记录一次。

a. 脱模前的处理和养护。将做好标记的试模放入雾室或湿箱的水平架子上养护,湿空气应能与试模各边接触。养护时不应将试模放在其他试模上。一直养护到规定的脱模时间为止,取出脱模。脱模前,用防水墨汁或颜料笔对试件进行编号和做其他标记。两个龄期以上的试件,在编号时应将同一试模中的三条试件分在两个以上龄期内。

b. 小心地用塑料锤、橡皮榔头或专用脱模器对试件脱模。对于 24 h 龄期的,应在破型试验前 20 min 内脱模。对于 24 h 以上龄期的,应在成型后 20 ~24 h 之间脱模。

c. 将做好标记的试件立即水平或竖直地放在(20 ±1)℃水中养护,水平放置时刮平面应朝上。试件在水中六个面都要与水接触,试件之间的间隔或试件上表面的水深不得小于 5 mm。

每个养护水池只养护同类型的水泥试件。

除 24 h 龄期或延迟至 48 h 脱模的试件外,任何到龄期的试件都应在试验(破型)前 15 min 从水中取出。擦去试件表面沉积物,并用湿布覆盖至试验为止。

(4)试验结果评定。强度试验试件的龄期是从水泥加水搅拌开始试验时算起,不同龄期的强度试验在下列时间内进行:24 h ±15 min;48 h ±30 min;72 h ±45 min;7 d ±2 h;28 d ±8 h。

①抗折强度评定。将试件一个侧面放在抗折机的支撑圆柱上,试件长轴垂直于支撑圆柱,通过加荷以(50 ±10)N/s 的速率均匀地将荷载垂直地加在棱柱体相对侧面上,直至折断。保持两个半截棱柱体处于潮湿状态直至抗压试验。

抗折强度 R_f 以 N/mm^2(MPa)为单位,按下式进行计算(精确至0.1 MPa):

$$R_f = \frac{1.5F_fL}{b^3} \tag{9.5}$$

式中:F_f——折断时施加在棱柱体中部的荷载,N;

L——两支撑圆柱之间的距离,为100 mm;

b——棱柱体正方形截面的边长,为40 mm。

以一组三个棱柱体抗折强度的算术平均值作为测定结果。当三个强度值中有超出平均值±10%时,应剔除后再取平均值作为抗折强度试验结果。

②抗压强度评定。抗折强度试验后的两个断块应立即进行抗压试验。抗压强度试验必须用抗压夹具,在整个加荷过程中以(2 400±200)N/s的速率均匀地加荷直至试件破坏。抗压强度尺 R_c 以 N/mm^2(MPa)为单位,按下式进行计算(精确至0.1 MPa):

$$R_c = \frac{F_c}{A} \tag{9.6}$$

式中:F_c——试件破坏时的最大荷载,N;

A——试件受压部分的面积(40 mm×40 mm=1 600 mm^2)。

以一组三个棱柱上得到的6个抗压强度测定值的算术平均值作为试验结果。如6个测定值中有一个超出6个平均值的±10%,应剔除这个结果,而以剩下5个的平均值为结果。如果5个测定值中再有超过它们平均值±10%的,则此组试验作废。试验结果精确至0.1 MPa。

表9.1和表9.2为硅酸盐水泥和普通硅酸盐水泥的强度等级要求。

表9.1　硅酸盐水泥的强度等级要求

强度等级	抗压强度		抗折强度	
	3 d	28 d	3 d	28 d
42.5	17.0	42.5	3.5	6.5
42.5R	22.0	42.5	4.0	6.5
52.5	23.0	52.5	4.0	7.0
52.5R	27.0	52.5	5.0	7.0
62.5	28.0	62.5	5.0	8.0
62.5R	32.0	62.5	5.5	8.0

注:R为早强型。

表9.2　普通硅酸盐水泥的强度等级要求

强度等级	抗压强度		抗折强度	
	3 d	28 d	3 d	28 d
32.5	11.0	32.5	2.5	5.5
32.5R	16.0	32.5	3.5	5.5
42.5	16.0	42.5	3.5	6.5
42.5R	21.0	42.5	4.0	6.5
52.5	22.0	52.5	4.0	7.0
52.5R	26.0	52.5	5.0	7.0

注:R为早强型。

表9.3为六种硅酸盐水泥的组成、性质与应用。

表 9.3 六种硅酸盐水泥的组成、性质与应用

水泥品种	硅酸盐水泥	普通水泥	矿渣水泥	火山灰水泥	粉煤灰水泥	复合水泥
组成	硅酸盐水泥熟料,0~5%的混合材料,适量石膏	硅酸盐水泥熟料,6%~15%的混合材料,适量石膏	硅酸盐水泥熟料,20%~70%的粒化高炉矿渣,适量石膏	硅酸盐水泥熟料,20%~50%的火山灰质材料,适量石膏	硅酸盐水泥熟料,20%~40%的粉煤灰,适量石膏	硅酸盐水泥熟料,15%~50%的多种混合材料,适量石膏
代号	P·Ⅰ,P·Ⅱ	P·O	P·S	P·P	P·F	P·C
强度等级	42.5、42.5R 52.5、52.5R 62.5、62.5R	32.5、32.5R 42.5、42.5R 52.5、52.5R	32.5、32.5R 42.5、42.5R 52.5、52.5R	32.5、32.5R 42.5、42.5R 52.5、52.5R	32.5、32.5R 42.5、42.5R 52.5、52.5R	32.5、32.5R 42.5、42.5R 52.5、52.5R
性质	凝结硬化快,早期和后期强度都高;抗冻性好;耐磨性好;水化热大;耐腐蚀性差;耐热性较差	凝结硬化较快,早期和后期强度都较高;抗冻性较好;耐磨性较好;水化热较大;耐腐蚀性较差;耐热性较差	早期强度低,后期强度增长较快;对温度敏感;耐腐蚀性好;抗冻性差;抗碳化性差 泌水性大;抗渗性差;抗冻性差;耐磨性差;干燥收缩大	早期强度低,后期强度增长较快;对温度敏感;耐腐蚀性好;抗冻性差;抗碳化性差 保水性好;抗渗性较好;干燥收缩大;耐磨性差	早期强度低,后期强度增长较快;对温度敏感;耐腐蚀性好;抗冻性差;抗碳化性差 泌水性大(快);易产生裂纹;抗渗性差;干燥收缩小;耐磨性差	早期强度较高;对温度敏感;耐腐蚀性好;抗冻性差;抗碳化性差;干燥收缩大
应用范围	高强度混凝土;预应力混凝土;快硬早强结构;抗冻混凝土;耐磨混凝土;冬季施工的混凝土	一般的混凝土;预应力混凝土;地下与水中混凝土;抗冻混凝土;冬季施工的混凝土	一般耐热要求的混凝土;大体积的混凝土;蒸汽养护构件;一般耐软水、海水、硫酸盐腐蚀要求的混凝土	水中、地下、厚大体积的混凝土;抗渗混凝土;一般耐腐蚀要求的混凝土	水中、地下、大体积的混凝土;蒸汽养护的构件;一般耐腐蚀要求的混凝土	早强要求较高的混凝土;预应力混凝土;耐腐蚀要求的混凝土;大体积的混凝土
不宜应用范围	大体积的混凝土;耐腐蚀性要求高的混凝土;耐热混凝土;高温养护混凝土	大体积的混凝土;耐腐蚀性要求高的混凝土;耐热混凝土;高温养护混凝土	高强度混凝土;快硬早强的混凝土;抗渗混凝土;抗冻混凝土;耐磨混凝土;冬季施工的混凝土;抗碳化性要求高的混凝土	高强度混凝土;快硬早强的混凝土;抗冻混凝土;耐磨混凝土;冬季施工的混凝土;抗碳化性要求高的混凝土	高强度混凝土;快硬早强的混凝土;抗冻混凝土;耐磨混凝土;冬季施工的混凝土;抗渗混凝土;抗碳化性要求高的混凝土	抗冻要求较高混凝土;冬季施工的混凝土;抗碳化性要求高的混凝土

9.2 桥涵用钢筋常规试验检测

9.2.1 桥涵用钢筋常规试验检测

桥涵用钢筋的基本性能包括强度(屈服强度、抗拉强度)、拉伸率、冷弯性能、焊接性能等。

1. 钢筋试验一般规定

(1)同一截面尺寸和同一炉罐号组成的钢筋分批验收时,每批质量不大于60 t。

(2)钢筋应有出厂证明书或试验报告单。验收时应抽样做机械性能试验,包括拉力试验和冷弯试验两个项目。两个项目如有一个项目不合格,该批钢筋即为不合格品。

(3)钢筋在使用过程中如有脆断、焊接性能不良或机械性能显著不正常时,应进行化学分析,或其他专项试验。

(4)取样方法和结果评定规定。自每批钢筋中任意抽取两根,于每根距端部50 mm处各取一套试样(两根试件),在每套试样中取一根做拉力试验,另一根做冷弯试验。在拉力试验的两根试件中,如其中一根试

件的屈服点、抗压强度和伸长率三个指标中有一个指标达不到标准中规定的数值,应再抽取双倍(4 根)钢筋,制取双倍(4 根)试件重做试验,如仍有一根试件的一个指示达不到要求,拉力试验即为不合格。在冷弯试验中,如有一根试件不符合标准要求,应同样抽取双倍钢筋,制成双倍试件重做试验,如仍有一根试件不符合要求,冷弯试验项目即为不合格。

(5)试验应在(20 ± 10)℃下进行,如试验温度超出这一范围,应于试验记录和报告中注明。

2. 拉伸试验

(1)试验目的。测定低碳钢的屈服强度、抗压强度与伸长率。注意观察拉力与变形之间的变化,确定应力与应变之间的关系曲线,评定钢筋的强度等级。

(2)主要设备仪器。

①万能试验机。为保证仪器和试验准确,其吨位选择最好使试件达到最大荷载时,指针位于指示度盘第三象限内。试验机的测力值误差不大于1% 。

②量爪游标卡尺(精确度为 0. 1 mm)。

(3)试件制作和准备。

①抗拉力试验用钢筋试件不得进行车削加工。

②标出原始标距,并划出一系列小冲点。

③测量标距长度 L_0(精确至 0. 1 mm),如图 9. 18 所示。

④计算钢筋强度用横截面积采用表 9. 4 所列公称横截面面积。

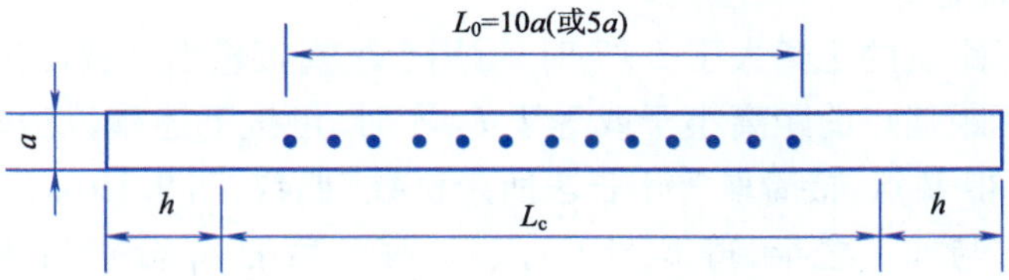

图 9. 18　钢筋拉伸试件

a— 试样原始直径;L_0— 标距长度;h— 夹头长度;L_c— 试样平行长度,不小于(L_0 + a)

表 9. 4　钢筋的公称横截面面积

公称直径(mm)	公称横截面面积(mm^2)	公称直径(mm)	公称横截面面积(mm^2)
8	50. 27	22	380. 1
10	78. 54	25	490. 9
12	113. 1	28	615. 8
14	153. 9	32	804. 2
16	201. 1	36	1 018
18	254. 5	40	1 257
20	314. 2	50	1 964

(4)屈服强度和抗拉强度的测定。

①调整试验机测盘的指针,使其对准零点,并拨动副指针,使与主指针重叠。

②将试件固定在试验机尖头上内,开动试验机进行拉伸,拉伸速度为:屈服前,应力增加速率按表 9. 5 规定,并保持试验机控制器固定于这一速率位置上,直到该性能测出为止;屈服后,只需测定抗拉强度时,试验机活动尖头在荷载下的移动速度不大于 0. 5L_0/min。

表 9. 5　屈服点前的加荷速率

金属材料的弹性模量(MPa)	应力速率[N/(mm^2 · s)]	
	最小	最大
<150 000	1	10
≥150 000	3	30

③拉伸中,测力度盘的指针停止转动时的恒定荷载或第一次回转时的最小荷载,即为所求屈服点荷载

F_s(N)。按下式计算试件的屈服点：

$$\sigma_s = \frac{F_s}{A} \tag{9.7}$$

式中：σ_s——屈服点，MPa；

F_s——屈服点荷载，N；

A——试件的公称横截面面积，mm^2。

④当 σ_s >1 000 MPa 时，应计算至 10 MPa；σ_s 为 200 ~ 1 000 MPa 时，计算至 5 MPa；$\sigma_s \leqslant 200$ MPa 时，计算至 1 MPa。小数点数字按“四舍六入五单双法”处理。

向试件连续加荷直至拉伸，由测力度盘读出最大荷载 F_b(N)。按下式计算试件的抗拉强度：

$$\sigma_b = \frac{F_b}{A} \tag{9.8}$$

式中：σ_b——抗拉强度，MPa；

F_b——最大荷载，N；

A——试件的公称横截面面积，mm^2。

σ_b 计算精度的要求同 σ_s。

(5)伸长率的测定。

①将已拉断试件的两段在断裂处对齐，尽量使其轴线位于一条直线上。如拉断处由于各种原因形成缝隙，则此缝隙应计入拉断后的标距部分长度内。

②如拉断处到邻近的标距点的距离大于 $L_0/3$ 时，可用卡尺直接量出已被拉长的标距长度 L_1(mm)。

③如拉断处到邻近的标距端点的距离小于或等于 $L_0/3$ 时，可按下述移位法确定 L_1：在长段上，从拉断处 O 取基本等于短段格数，得 B 点，接着取等于长段所余格数[偶数，图 9.19(a)之半，得 C 点]；或者取所余格数[奇数，图 9.19(b)减 1 与加 1 之半，得 C 与 C_1 点]。移位后的 L_1 分别为 $AO+OB+2BC$ 或者 $AO+OB+BC+BC_1$。

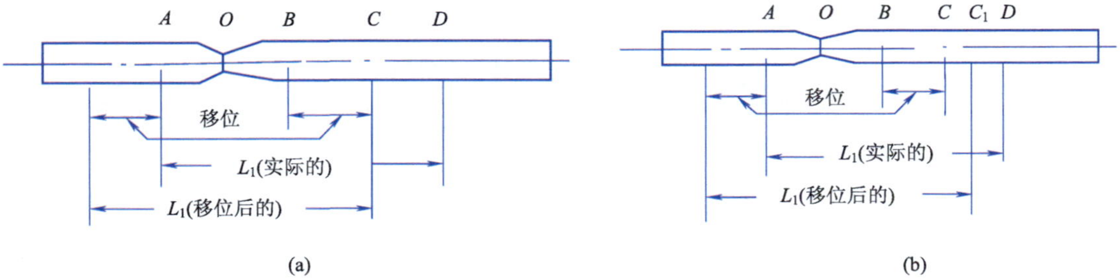

图 9.19　移位法测伸长率

如果直接量测所求得的伸长率能达到技术条件的规定值，则可不采用移位法。

a. 伸长率按下式计算(精确至 1%)：

$$\delta_{10}\ (\text{或}\ \delta_5\ ) = \frac{L_1 - L_0}{L_0} \times 100\% \tag{9.9}$$

式中：δ_{10}、δ_5——分别表示 $L_0 = 10d$ 或 $L_0 = 5d$ 时的伸长率；

L_0——原标距长度 $10d(5d)$，mm；

L_1——试件拉断后直接量出或按移位法确定的标距部分长度，mm，测量精确至 0.1 mm。

b. 如试件在标距端点上或标距处断裂，则试验结果无效，应重新试验。

9.2.2　冷弯试验

1. 目的

检验钢筋随规定弯曲程度的变形性能，从而确定其可加工性能，并显示其缺陷。

2. 主要仪器设备

压力机或万能试验机，具有不同直径的弯心。

3. 试验步骤

（1）钢筋冷弯试件不得进行车削加工，试样长度通常按下式确定：

$$L \approx 5a + 150$$

式中：a——试件原始直径。

（2）半导向弯曲。试件一端固定，绕弯心直径进行弯曲，如图 9.20（a）所示。试件弯曲到规定的弯曲角度或出现裂纹、裂缝或断裂时为止。

（3）导向弯曲。

①将试件放置于两个支点上，以一定直径的弯心在试件两个支点中间施加压力，使试件弯曲到规定的角度［图 9.20（b）］或出现裂纹、裂缝、断裂时为止。

②试件在两个支点上按一定弯心直径弯曲至两臂平行时，可一次完成试验；亦可先弯曲到图 9.20（b）所示的状态，然后放置在试验机平板之间继续施加压力，压至试件两臂平行。此时，可以加与弯心直径相同尺寸的衬垫进行试验［图 9.20（c）］。当试件需要弯曲至两臂接触时，首先将试件弯曲到图 9.20（b）所示的状态，然后放置在两平板间继续施加压力，直至两臂接触［图 9.20（d）］。

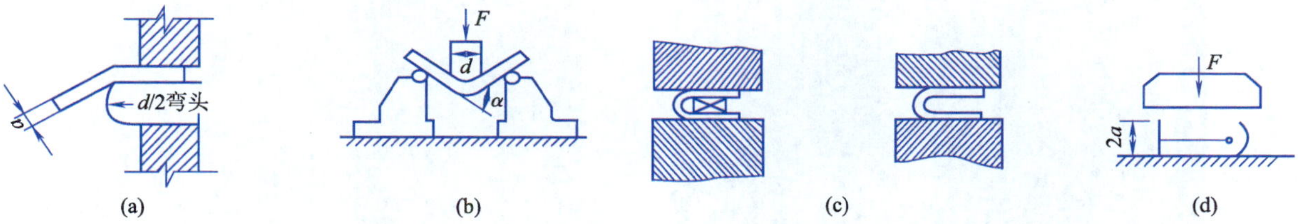

图 9.20 弯曲试验示意图

③试验应在平稳压力作用下，缓慢施加试验压力。两支辊间距离为（$d+2.5a$），并且在施压过程中不允许有变化。

④试验应在 10 ℃ ~35 ℃或控制条件（23 ±5）℃下进行。

4. 试验结果评定

弯曲后，按有关标准规定检查试件弯曲外表面，进行结果评定。若无裂纹、裂缝或裂断，则评定试件合格。

9.2.3 焊接钢筋

钢筋的连接方式有焊接与绑扎接头，轴心受拉和小偏心受拉构件中的钢筋接头，不宜绑接，普通混凝土中直径大于 25 mm 的钢筋，宜采用焊接。

钢筋的焊接方式有闪光对焊、电弧焊、电渣压力焊、气压焊。钢筋焊接前，必须根据施工条件进行试焊，合格后方可正式施焊。钢筋接头采用搭接电弧焊时，两钢筋搭接端部应预先折向一侧，使两接合钢筋轴线一致。接头双面焊缝的长度不应小于 5 d，单面焊缝的长度不应小于 10 d（d 为钢筋直径）。

钢筋的纵向焊接应采用闪光对焊（HRB335 钢筋必须采用闪光对焊）。当缺乏闪光对焊条件时，可采用电弧焊、电渣压力焊、气压焊。钢筋的交叉连接，无电阻点焊机时，可采用手工电弧焊。各种预埋件 T 形接头钢筋与钢板的焊接，也可采用预埋件钢筋埋弧压力焊。电渣压力焊只适用于竖向钢筋的连接，不能用作水平钢筋和斜筋的连接。

钢筋焊接质量应符合下列要求。

1. 钢筋闪光对焊接头

（1）批量规定。在同一台班内，由同一焊工按同一焊接参数完成的 300 个同类型（指钢筋级别和直径均相同）接头作为 1 批。一周内连续焊接时可以连续计算，一周内不足 300 个接头时按一批计算。

（2）外观检查、抽检频率与判定。每批抽捡 10% 的接头，并不得少于 10 个。

焊接等长的预应力钢筋（包括螺纹端杆与钢筋）时，可按生产同条件制作模拟试件。螺纹端杆接头可只做拉伸试验。

外观检查要求如下：

①接头处不得有横向裂缝。

②与电极接触处的钢筋表面，对Ⅰ级钢筋、HRB335、HRB400钢筋，不得有明显烧伤；对HRB500钢筋不得有烧伤；低温对焊时，对HRB335、HRB400、HRB500钢筋，不得有烧伤。

③接头处的弯折不得大于4°。

④接头处的钢筋轴线偏移不得大于0.1倍的钢筋直径，同时不得大于2 mm。

当有一个接头不符合要求时，应对全部接头进行检查，剔除不合格品。不合格接头切除重焊后，可再次提交验收。

(3)力学性能试验与判定。力学性能试验与判定，包括拉伸与弯曲试验。应从每批成品中切取6个试件，3个进行拉伸试验，3个进行弯曲试验(图9.21)。

拉伸试验结果应符合下列要求：

①3个热轧钢筋接头试件的抗拉强度均不得低于该级别钢筋规定的抗拉强度，余热处理Ⅲ级钢筋接头试件的抗拉强度均不得低于HRB400钢筋的抗拉强度(图9.22)。

图9.21 力学性能试验

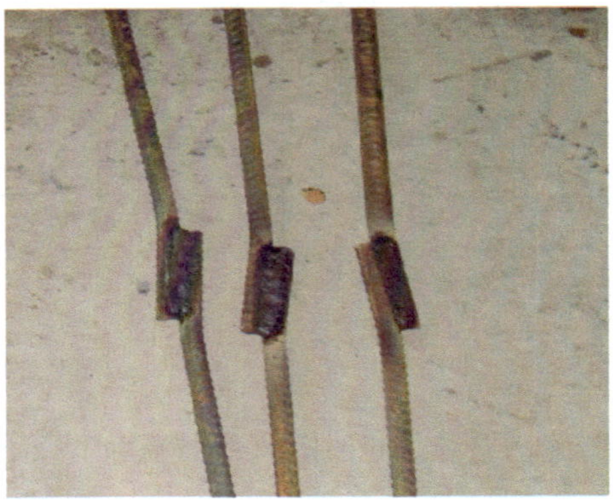

图9.22 热轧钢筋接头试件

②应至少有2个试件断于焊缝之外，并呈延性断裂。当试验结果有1个试件的抗拉强度小于上述规定，或有2个试件在焊缝或热影响区发生脆性断裂时，应再取6个试件进行复验，复验结果，如仍有1个试件的抗拉强度小于规定值，或有3个试件断于焊缝或热影响区，呈脆性断裂，应确认该批接头为不合格品。

③预应力钢筋与螺丝端杆闪光对焊接头拉伸试验结果，3个试件应全部断于焊缝之外，呈延性断裂。

当试验结果有1个试件在焊缝或热影响区发生脆性断裂，应从成品中再切取3个试件进行复验，复验结果如仍有1个试件在焊缝或热影响区发生脆性断裂，应确认该批接头为不合格品。

④模拟试件的试验结果不符合要求时，应从成品中再切取试件进行复验，其数量和要求应与初始试验时相同。

弯曲试验结果应符合下列要求：

①弯曲试验可在万能试验机、手动或电动液压弯曲试验器上进行，焊缝应处于弯曲中心点，弯曲角度为：弯心直径为$2d$(1级钢筋)、$4d$(HRB335)、$5d$(HRB400)、$7d$(HRB500)。

②试验结果至少有2个试件不得发生破断，否则，应再取6个试件进行复验。复验结果，如仍有3个试件发生破断，应确认该批接头为不合格品。

2. 钢筋电弧焊接头

钢筋电弧焊包括帮条焊、搭接焊、坡口焊、窄间隙焊和熔槽帮条焊5种接头形式，电弧焊接和绑扎接头与钢筋弯曲处的距离不应小于10倍钢筋直径，也不宜位于构件的最大弯矩处。

(1)批量规定。以300个同类型接头为1批，不足300个时仍作为1批。

(2)外观检查。应在接头清渣后逐个进行目测或量测，检查结果应符合下列要求：

①焊缝表面平整,不得有较大的凹陷、焊瘤。

②接头处不得有裂纹。

(3)咬边深度、气孔、夹渣的数量和大小以及接头偏差,不得超过表9.7的要求。

9.2.4　混凝土结构用钢

混凝土结构使用的钢材品种一般为碳素结构钢和低合金结构钢。目前普遍使用的有热轧钢筋、冷拉或冷拔钢丝、钢绞线等。

1. 热轧钢筋

热轧钢筋主要用于混凝土结构和预应力混凝土结构。热轧钢筋有用碳素结构钢轧制的光圆钢筋和用低合金结构钢轧制的带肋钢筋。

(1)热轧钢筋的性能与标准。根据《钢筋混凝土用钢　第1部分:热轧光圆钢筋》(GB 1499.1—2008)和《钢筋混凝土用钢　第2部分:热轧带肋钢筋》(GB 1499.2—2007/XG 1—2009)的规定,热轧钢筋分为HRB235(Ⅰ级钢)、HRB335(Ⅱ级钢)、HRB400(Ⅲ级钢)、HRB500(Ⅳ级钢)四种牌号,其中HPB235的钢筋采用碳素结构钢轧制而成,其余均采用低合金结构钢轧制而成。在土木工程中,HPB235的钢筋只用于普通混凝土结构,HRB335、HRB400、HRB500的钢筋经加工后既可用于普通混凝土结构,也可用于预应力混凝土结构。无论用于哪种结构的热轧钢筋,其力学性能和技术指标均须符合表9.6的规定。

表9.6　钢筋混凝土用热轧钢筋的力学性能和工艺性能

表面形状	强度等级代号	牌号	公称直径(mm)	屈服点 σ_s(MPa)	抗拉强度 σ_b(MPa)	伸长率 δ(%)	冷弯性能(d—弯心直径,α—钢筋公称直径)
光圆	Ⅰ	HRB235	8～20	235	370	25	180° $d=\alpha$
月牙肋	Ⅱ	HRB335	6～25 28～50	335	490	16	180° $d=3\alpha$ 180° $d=4\alpha$
	Ⅲ	HRB400	6～25 28～50	400	570	15	90° $d=4\alpha$ 90° $d=5\alpha$
等高肋	Ⅳ	HRB500	6～25 28～50	500	630	12	90° $d=6\alpha$ 90° $d=7\alpha$

(2)应用。热轧钢筋主要用于混凝土结构中的梁、柱、板和预应力混凝土结构的现浇与预制梁、板等构件。HRB235的钢筋强度较低,但塑性、韧性和可焊性能较好,广泛用于普通混凝土结构的楼板、梁和柱中;HRB335和HRB400的钢筋既可用于普通混凝土结构的大、中型构件,又可用于预应力混凝土构件。

2. 冷拉热轧钢筋

将Ⅰ～Ⅳ级热轧钢筋在常温下拉伸至屈服点,但不超过抗拉强度的某一应力,然后卸载,即制成了冷拉钢筋,冷拉可使钢筋的屈服点提高,塑性降低,钢筋呈硬脆性。冷拉设备简单,易于操作,是钢筋冷加工的常用方法之一。冷拉后钢筋的力学性能应符合表9.7的规定。

表9.7　冷拉热轧钢筋的力学性能

钢筋级别	直径(mm)	屈服点 σ_s(MPa)	抗拉强度 σ_b(MPa)	伸长率 δ(%)	冷弯	
		≥			弯曲角	d—弯心直径 α—钢筋直径
冷拉Ⅰ级	≤12	280	370	11	180°	$d=3\alpha$
冷拉Ⅱ级	≤25	450	510	10	90°	$d=3\alpha$
	28～40	430	490	10		$d=4\alpha$
冷拉Ⅲ级	8～40	500	570	8	90°	$d=5\alpha$
冷拉Ⅳ级	10～28	700	835	6	90°	$d=5\alpha$

注:钢筋直径大于25 mm的冷拉Ⅲ、Ⅳ级钢筋,冷弯弯心直径应增加1α。

HRB235(Ⅰ级)的冷拉钢筋适用于非预应力受拉钢筋,HRB335(Ⅱ级)、HRB400(Ⅲ级)、HRB500(Ⅳ级)的冷拉钢筋强度较高,可用于预应力混凝土结构的预应力钢筋。由于冷拉钢筋的塑性、韧性较差,易发生脆断,故冷拉钢筋不宜用于低温、承受冲击荷载和循环荷载作用的结构。

3. 冷轧带肋钢筋

冷轧带肋钢筋是用低碳钢热轧盘条经冷轧或冷拔后,在其表面冷轧成三面有肋钢筋。冷轧带肋钢筋的力学性能应符合表9.8的规定。

表9.8 冷轧带肋钢筋的力学性能和工艺性能

级别代号	屈服点 σ_s(MPa)	抗拉强度 σ_b(MPa)	伸长率 δ(%)		冷弯	反复弯曲次数	应力松弛率 $\sigma_{con}=0.7\sigma_b$	
			δ_{10}	δ_{100}				
	≥	≥	≥		D=3 d		1 000 h(%)≤	10 h(%)≤
CRB500	400	550	8	—	180°	—	—	—
CRB650	520	650	—	4	—	3	8	5
CRB800	640	800	—	4	—	3	8	5
CRB970	780	970	—	4	—	3	8	5
CRB1170	980	1 170	—	4	—	3	8	5

注:①钢筋受弯曲部位表面不得产生裂纹;

②当钢筋公称直径为4 mm、5 mm、6 mm时,反复弯曲试验的弯曲半径分别为10 mm、15 mm;

③对成盘供应的各级别钢筋,经调直后的抗拉强度仍应符合表中规定;

④δ_{10}表示测量标距为10倍直径时钢筋的伸长率,δ_{100}表示测量标距为100倍直径时钢筋的伸长率。

表9.9为冷拔低碳钢丝的力学性能。

表9.9 冷拔低碳钢丝的力学性能

钢筋级别	直径(mm)	抗拉强度 σ_b(MPa)		伸长率 δ_{100}(%)	180°反复弯曲(次)
		1组	2组		
		≥			
甲	5	650	600	3.0	4
	4	700	650	2.5	4
乙	3~5	550		2.0	4

注:预应力冷拔低碳钢丝经机械调整后,抗拉强度标准值应降低50 MPa。

计　划　单

<table>
<tr><td>学习领域</td><td colspan="5">路桥工程检测技术</td></tr>
<tr><td>学习情境</td><td colspan="3">桥涵及浆砌工程检测</td><td>学　时</td><td>18</td></tr>
<tr><td>任　务</td><td colspan="3">桥涵及浆砌工程原材料试验检测</td><td>学　时</td><td>6</td></tr>
<tr><td>计划方式</td><td colspan="5">小组讨论、团结协作共同制订计划</td></tr>
<tr><td>序　号</td><td colspan="4">实施步骤</td><td>使用资源</td></tr>
<tr><td>1</td><td colspan="4"></td><td></td></tr>
<tr><td>2</td><td colspan="4"></td><td></td></tr>
<tr><td>3</td><td colspan="4"></td><td></td></tr>
<tr><td>4</td><td colspan="4"></td><td></td></tr>
<tr><td>5</td><td colspan="4"></td><td></td></tr>
<tr><td>6</td><td colspan="4"></td><td></td></tr>
<tr><td>7</td><td colspan="4"></td><td></td></tr>
<tr><td>8</td><td colspan="4"></td><td></td></tr>
<tr><td>9</td><td colspan="4"></td><td></td></tr>
<tr><td>制订计划说明</td><td colspan="5"></td></tr>
<tr><td rowspan="3">计划评价</td><td>班　级</td><td></td><td>第　组</td><td>组长签字</td><td></td></tr>
<tr><td>教师签字</td><td colspan="2"></td><td>日　期</td><td></td></tr>
<tr><td colspan="5">评语：</td></tr>
</table>

决 策 单

<table>
<tr><td>学习领域</td><td colspan="5">路桥工程检测技术</td></tr>
<tr><td>学习情境</td><td colspan="3">桥涵及浆砌工程检测</td><td>学 时</td><td>18</td></tr>
<tr><td>任 务</td><td colspan="3">桥涵及浆砌工程原材料试验检测</td><td>学 时</td><td>6</td></tr>
<tr><td colspan="6">方案讨论</td></tr>
<tr><td rowspan="11">方案对比</td><td>组号</td><td>方案合理性</td><td>实施可操作性</td><td>安 全 性</td><td>综合评价</td></tr>
<tr><td>1</td><td></td><td></td><td></td><td></td></tr>
<tr><td>2</td><td></td><td></td><td></td><td></td></tr>
<tr><td>3</td><td></td><td></td><td></td><td></td></tr>
<tr><td>4</td><td></td><td></td><td></td><td></td></tr>
<tr><td>5</td><td></td><td></td><td></td><td></td></tr>
<tr><td>6</td><td></td><td></td><td></td><td></td></tr>
<tr><td>7</td><td></td><td></td><td></td><td></td></tr>
<tr><td>8</td><td></td><td></td><td></td><td></td></tr>
<tr><td>9</td><td></td><td></td><td></td><td></td></tr>
<tr><td>10</td><td></td><td></td><td></td><td></td></tr>
<tr><td>方案评价</td><td colspan="5">评语：</td></tr>
</table>

班 级		组长签字		教师签字		年 月 日

实 施 单

学习领域	路桥工程检测技术		
学习情境	桥涵及浆砌工程检测	学 时	18
任 务	桥涵及浆砌工程原材料试验检测	学 时	6
实施方式	小组成员合作；动手实践		
序 号	实施步骤		使用资源
1			
2			
3			
4			
5			
6			
7			
8			
实施说明：			

班 级		第 组	组长签字	
教师签字			日 期	
评 语				

检 查 单

学习领域	路桥工程检测技术			
学习情境	桥涵及浆砌工程检测		学 时	18
任 务	桥涵及浆砌工程原材料试验检测		学 时	6
序 号	检查项目	检查标准	学生自查	教师检查
1				
2				
3				
4				
5				
6				
7				
8				
9				

<table>
<tr><td rowspan="3">检查评价</td><td>班 级</td><td></td><td>第 组</td><td>组长签字</td><td></td></tr>
<tr><td>教师签字</td><td></td><td>日 期</td><td colspan="2"></td></tr>
<tr><td colspan="5">评语：</td></tr>
</table>

评 价 单

<table>
<tr><td>学习领域</td><td colspan="8">路桥工程检测技术</td></tr>
<tr><td>学习情境</td><td colspan="4">桥涵及浆砌工程检测</td><td>学 时</td><td colspan="3">18</td></tr>
<tr><td>任 务</td><td colspan="4">桥涵及浆砌工程原材料试验检测</td><td>学 时</td><td colspan="3">6</td></tr>
<tr><td>评价类别</td><td>项 目</td><td colspan="2">子 项 目</td><td>个人评价</td><td colspan="2">组内互评</td><td colspan="2">教师评价</td></tr>
<tr><td rowspan="7">专业能力</td><td rowspan="2">资讯
（10%）</td><td colspan="2">搜集信息（5%）</td><td></td><td colspan="2"></td><td colspan="2"></td></tr>
<tr><td colspan="2">引导问题回答（5%）</td><td></td><td colspan="2"></td><td colspan="2"></td></tr>
<tr><td>计划
（5%）</td><td colspan="2"></td><td></td><td colspan="2"></td><td colspan="2"></td></tr>
<tr><td>实施
（20%）</td><td colspan="2"></td><td></td><td colspan="2"></td><td colspan="2"></td></tr>
<tr><td>检查
（10%）</td><td colspan="2"></td><td></td><td colspan="2"></td><td colspan="2"></td></tr>
<tr><td>过程
（5%）</td><td colspan="2"></td><td></td><td colspan="2"></td><td colspan="2"></td></tr>
<tr><td>结果
（10%）</td><td colspan="2"></td><td></td><td colspan="2"></td><td colspan="2"></td></tr>
<tr><td rowspan="2">社会能力</td><td>团结协作
（10%）</td><td colspan="2"></td><td></td><td colspan="2"></td><td colspan="2"></td></tr>
<tr><td>敬业精神
（10%）</td><td colspan="2"></td><td></td><td colspan="2"></td><td colspan="2"></td></tr>
<tr><td rowspan="2">方法能力</td><td>计划能力
（10%）</td><td colspan="2"></td><td></td><td colspan="2"></td><td colspan="2"></td></tr>
<tr><td>决策能力
（10%）</td><td colspan="2"></td><td></td><td colspan="2"></td><td colspan="2"></td></tr>
<tr><td rowspan="3">评价评语</td><td>班 级</td><td></td><td>姓 名</td><td></td><td>学号</td><td></td><td>总评</td><td></td></tr>
<tr><td>教师签字</td><td></td><td>第 组</td><td>组长签字</td><td colspan="2"></td><td>日期</td><td></td></tr>
<tr><td colspan="8">评语：</td></tr>
</table>

试验仪器及所用材料清单

<table>
<tr><td>学习领域</td><td colspan="8">路桥工程检测技术</td></tr>
<tr><td>学习情境</td><td colspan="8">桥涵及浆砌工程检测</td></tr>
<tr><td>任　务</td><td colspan="8">桥涵及浆砌工程原材料试验检测</td></tr>
<tr><td>项　目</td><td>序　号</td><td colspan="2">名　称</td><td>数　量</td><td colspan="2">型　号</td><td colspan="2">作　用</td></tr>
<tr><td rowspan="12">所用仪器</td><td></td><td colspan="2"></td><td></td><td colspan="2"></td><td colspan="2"></td></tr>
<tr><td></td><td colspan="2"></td><td></td><td colspan="2"></td><td colspan="2"></td></tr>
<tr><td></td><td colspan="2"></td><td></td><td colspan="2"></td><td colspan="2"></td></tr>
<tr><td></td><td colspan="2"></td><td></td><td colspan="2"></td><td colspan="2"></td></tr>
<tr><td></td><td colspan="2"></td><td></td><td colspan="2"></td><td colspan="2"></td></tr>
<tr><td></td><td colspan="2"></td><td></td><td colspan="2"></td><td colspan="2"></td></tr>
<tr><td></td><td colspan="2"></td><td></td><td colspan="2"></td><td colspan="2"></td></tr>
<tr><td></td><td colspan="2"></td><td></td><td colspan="2"></td><td colspan="2"></td></tr>
<tr><td></td><td colspan="2"></td><td></td><td colspan="2"></td><td colspan="2"></td></tr>
<tr><td></td><td colspan="2"></td><td></td><td colspan="2"></td><td colspan="2"></td></tr>
<tr><td></td><td colspan="2"></td><td></td><td colspan="2"></td><td colspan="2"></td></tr>
<tr><td></td><td colspan="2"></td><td></td><td colspan="2"></td><td colspan="2"></td></tr>
<tr><td rowspan="4">所用材料</td><td></td><td colspan="2"></td><td></td><td colspan="2"></td><td colspan="2"></td></tr>
<tr><td></td><td colspan="2"></td><td></td><td colspan="2"></td><td colspan="2"></td></tr>
<tr><td></td><td colspan="2"></td><td></td><td colspan="2"></td><td colspan="2"></td></tr>
<tr><td></td><td colspan="2"></td><td></td><td colspan="2"></td><td colspan="2"></td></tr>
<tr><td rowspan="4">所用工具</td><td></td><td colspan="2"></td><td></td><td colspan="2"></td><td colspan="2"></td></tr>
<tr><td></td><td colspan="2"></td><td></td><td colspan="2"></td><td colspan="2"></td></tr>
<tr><td></td><td colspan="2"></td><td></td><td colspan="2"></td><td colspan="2"></td></tr>
<tr><td></td><td colspan="2"></td><td></td><td colspan="2"></td><td colspan="2"></td></tr>
<tr><td rowspan="3">评价评语</td><td>班　级</td><td></td><td>姓　名</td><td></td><td>学号</td><td></td><td>总评</td><td></td></tr>
<tr><td>教师签字</td><td></td><td>第　组</td><td>组长签字</td><td colspan="2"></td><td>日期</td><td></td></tr>
<tr><td colspan="8">评语：</td></tr>
</table>

作　业　单

学习领域	路桥工程检测技术			
学习情境	桥涵及浆砌工程检测		学　　时	18
任　　务	桥涵及浆砌工程原材料试验检测		学　　时	6
作业方式	资料查询，现场操作			
1	水泥常规试验的试验目的、试验仪器、试验步骤是什么？			
2	钢筋常规试验的试验目的、试验仪器、试验步骤是什么？			
3	硅酸盐水泥 28 d 胶砂强度标准是什么？			
4	砂浆分层度试验步骤是什么？			
作业评价：				
班　　级		第　　组	组长签字	
教师签字			日　　期	
教师评分				

任务10　桥涵及浆砌工程配合比设计

任　务　单

<table>
<tr><td>学习领域</td><td colspan="6">路桥工程检测技术</td></tr>
<tr><td>学习情境</td><td colspan="2">桥涵及浆砌工程检测</td><td colspan="2">工作任务</td><td colspan="2">桥涵及浆砌工程配合比设计</td></tr>
<tr><td>任务学时</td><td colspan="6">6 学时</td></tr>
<tr><td colspan="7">布 置 任 务</td></tr>
<tr><td>学习目标</td><td colspan="6">1. 了解桥梁和涵洞的结构类型
2. 掌握桥涵工程材料的技术要求
3. 能够熟练掌握施工各阶段试验检测方法
4. 能够按照操作规程的步骤进行熟练操作
5. 能够正确计算并填写试验数据
6. 能根据试验结果判定材料及工程施工质量的好坏，保质保量完成工程项目</td></tr>
<tr><td>任务描述</td><td colspan="6">某桥钢筋混凝土T形梁，原材料已到场，水泥为天鹅牌水泥42.5强度等级；砂为阿什河河砂，碎石为方正碎石场碎石；饮用水。无外加剂。预配制C30水泥混凝土；进行桥梁地基基础及混凝土抗压试验检测。其工作如下：
1. 准备工作
按照桥梁用水泥混凝土配合比要求，将原材料准备齐全，检查水泥、砂、石状态，确定质量完好备用。
2. 配合比计算
通过代入公式计算、查表，得出计算配合比。
3. 配合比调整
试验室调整已计算出的配合比，得出生产配合比，提供给拌和站。
4. 整理资料
认真填写试验地点、时间、试验人员、审核人员、规程号等，形成报告存档。</td></tr>
<tr><td rowspan="2">学时安排</td><td>资讯</td><td>计划</td><td>决策</td><td>实施</td><td>检查</td><td>评价</td></tr>
<tr><td>1 学时</td><td>1 学时</td><td>1 学时</td><td>1 学时</td><td>1 学时</td><td>1 学时</td></tr>
<tr><td>提供资料</td><td colspan="6">1. 路桥施工图纸
2. 公路工程试验相关规程
3. 公路工程相关施工规范、验收规范
4. 质检员岗位相关技术标准</td></tr>
<tr><td>对学生的要求</td><td colspan="6">1. 具备路桥工程检测技术基础知识
2. 具备路桥施工技术基础知识
3. 具备规范操作试验仪器设备、处理试验数据的基础知识
4. 具备读识路桥工程图、绘图的基础知识
5. 具备一定的自学能力、数据计算能力
6. 具备一定的沟通协调能力、语言表达能力
7. 具有团队合作的精神，以小组的形式完成工作任务
8. 严格遵守课堂纪律和工作纪律，不迟到，不早退，不旷课
9. 树立职业意识，按照企业的岗位职责要求自己</td></tr>
</table>

资　讯　单

<table>
<tr><td>学习领域</td><td colspan="4">路桥工程检测技术</td></tr>
<tr><td>学习情境</td><td>桥涵及浆砌工程检测</td><td>工作任务</td><td colspan="2">桥涵及浆砌工程配合比设计</td></tr>
<tr><td>任务学时</td><td colspan="4">6 学时</td></tr>
<tr><td>资讯方式</td><td colspan="4">在图书馆、专业杂志、互联网及信息单上查询问题；咨询任课教师</td></tr>
<tr><td rowspan="8">资讯问题</td><td colspan="4">1. 桥涵用水泥混凝土技术要求是什么？</td></tr>
<tr><td colspan="4">2. 混凝土耐久性如何理解？</td></tr>
<tr><td colspan="4">3. 试验室调整配合比方法是什么？</td></tr>
<tr><td colspan="4">4. 坍落度测试步骤是什么？</td></tr>
<tr><td colspan="4">5. 桥涵用水泥混凝土配合比设计步骤有哪些？</td></tr>
<tr><td colspan="4">6. 水泥混凝土外加剂如何选用？</td></tr>
<tr><td colspan="4">7. 水泥混凝土工作性包括几点？</td></tr>
<tr><td colspan="4">8. 水泥混凝土坍落度大小是由哪些因素决定的？</td></tr>
<tr><td>资讯要求</td><td colspan="4">1. 根据任务目标和任务描述正确理解完成任务需要的资讯内容
2. 按照上述资讯内容进行资讯
3. 写出资讯报告</td></tr>
<tr><td rowspan="3">资讯评价</td><td>班　级</td><td></td><td>学生姓名</td><td></td></tr>
<tr><td>教师签字</td><td></td><td>日　期</td><td></td></tr>
<tr><td colspan="4">评语：</td></tr>
</table>

信 息 单

10.1 混凝土配合比设计

1. 混凝土配合比设计的表示方法

混凝土配合比是指混凝土中水泥、水、砂和石子四种主要组成材料之间的比例关系。常用的表示方法有两种：一种是以 1 m^3混凝土中各项材料的质量表示，如水泥 300 kg、水 180 kg、砂 660 kg、石子 1 260 kg；一种是以水泥质量为 1，用各项材料之间的质量比表示：如水泥∶砂∶石子 = 1∶2.2∶4.2，水灰比$\frac{W}{C}=0.60$。

2. 混凝土配合比设计的基本要求

混凝土配合比设计的任务是根据原材料的技术性能及施工条件，确定出能满足工程要求的混凝土的各组成材料用量。其基本要求是混凝土拌和物应满足和易性要求，硬化后的混凝土应达到结构设计要求的强度和使用阶段的耐久性，在满足前三项技术性质要求的同时，要具有经济性，能够节约水泥，降低成本。

3. 混凝土配合比设计的基本资料

对混凝土进行配合比设计时须事先明确的基本资料有：工程对混凝土性能（强度等级、耐久性）的要求；原材料的品种、规格、质量及其技术指标；施工条件、施工质量管理水平；混凝土工程的特点及混凝土所处的环境条件等。

4. 混凝土配合比设计中的三个参数

混凝土配合比设计的实质，就是确定混凝土四项组成材料用量之间的比例关系。在混凝土配合比的设计中，存在三个比例关系参数。一是水灰比，指水与水泥质量之间的比例关系。水灰比是混凝土拌和物和易性、混凝土强度和耐久性的重要参数，由混凝土的强度和耐久性要求确定。二是单位用水量，指混凝土中水泥浆用量与骨料用量之间的比例关系。单位用水量对混凝土拌和物和易性及硬化强度有较大影响，可根据拌和物的流动性要求及粗骨料的品种、最大粒径经查表确定，见表 10.1。三是砂率，指砂与石子用量之间的比例关系。砂率是影响混凝土拌和物和易性的重要参数，根据水灰比、粗骨料的品种与最大粒径经查表确定，见表 10.2。

表 10.1 塑性和干硬性混凝土的单位用水量（kg/m^3）

拌和物稠度		卵石最大粒径（mm）				碎石最大粒径（mm）			
项目	指标	10	20	31.5	40	16	20	31.5	40
坍落度（mm）	10～30	190	170	160	150	200	185	175	165
	35～50	200	180	170	160	210	195	185	175
	55～70	210	190	180	170	220	205	195	185
	75～90	215	195	185	175	230	215	205	195
维勃稠度（s）	16～20	175	160	—	145	180	170	—	155
	11～15	180	165	—	150	185	175	—	160
	5～10	185	170	—	155	190	180	—	165

注：①本表用水量系采用中粗砂时的平均取值，采用细砂时，每立方米用水量可增加 5～10 kg；采用粗砂时，则可减少 5～10 kg。

②掺用各种外加剂或掺合料时，用水量应相应调整。

表 10.2 混凝土砂率选用表(%)

水灰比(W/C)	卵石最大粒径(mm)			碎石最大粒径(mm)		
	10	20	40	16	20	40
0.40	26~32	25~31	24~30	0~35	29~34	27~32
0.50	30~35	29~34	28~33	33~38	32~37	32~35
0.60	33~38	32~37	31~36	36~41	35~40	33~38
0.70	36~41	35~40	34~39	39~44	38~43	36~41

注:①本表数值系中粗砂的选用砂率,对细砂或粗砂,可相应的减小或增大砂率;
②只用一个单粒级粗骨料配制混凝土时,砂率应当适当增大;
③对薄壁构件,砂率取偏大值;
④本表中的砂率系指砂与骨料总量的重量比。

5. 混凝土配合比设计的步骤

混凝土配合比设计,首先进行初步配合比设计,然后对初步配合比进行拌和物和易性的检验;经试拌、调整后确定基准配合比;再对按基准配合比配制的混凝土进行强度检验,确定最终配合比;当砂和石子含水时,还须计算施工配合比。

(1)初步配合比计算。

①确定配制强度($f_{cu.0}$)。考虑到施工中材料质量、施工方法、施工质量等因素的影响,混凝土的配制强度应高于设计强度,即高于混凝土强度的标准值,按式(10.1)计算:

$$f_{cu.0} \geqslant f_{cu.k} + 1.645\sigma \tag{10.1}$$

式中:$f_{cu.0}$——混凝土的配制强度,MPa;

$f_{cu.k}$——设计要求的混凝土的强度等级,MPa;

σ——混凝土强度标准差(表 10.3),MPa;

1.645——强度保证率为 95% 的保证率系数。

表 10.3 σ 取值表

混凝土强度等级	C10~C20	C25~C40	C40~C50
σ(MPa)	4.0	5.0	6.0

②确定水灰比($\frac{W_0}{C_0}$)。水灰比应满足混凝土强度的要求。按式(10.2)计算:

$$f_{cu.28} = Af_{ce}\left(\frac{C_0}{W_0} - B\right) \tag{10.2}$$

将公式整理为:

$$\frac{W_0}{C_0} = \frac{A \cdot f_{ce}}{f_{cu.0} + A \cdot B \cdot f_{ce}} \tag{10.3}$$

水灰比除应满足混凝土强度要求外,还应满足耐久性要求。根据表 10.4 中的规定,可查得满足耐久性要求的水灰比值。若计算所得混凝土水灰比值大于表 10.4 规定值,则应按表 10.4 中规定取值。

③确定单位用水量(m_{w0})。设计混凝土配合比时,在满足拌和物流动性的前提下,应力求使单位用水量最小,以节约水泥。当水灰比在 0.4~0.8 范围时,单位用水量可根据水灰比、粗骨料的品种及最大粒径按表 10.1规定选用。当水灰比小于 0.4 或大于 0.8 时,应通过试验确定用水量。

坍落度为 100~150 mm 的流动性混凝土,或大于 160 mm 的大流动性混凝土,以表 10.1 中坍落度为 90 mm的用水量为基础,先算出未掺外加剂的用水量,然后按坍落度每增大 20 mm 用水量增加 5 kg/m³计算。掺外加剂时混凝土的用水量可按式(10.4)计算:

$$m_{wa} = m_{w0}(1-\beta) \tag{10.4}$$

式中:m_{wa}——掺外加剂混凝土的用水量,kg/m³;

β——经试验确定外加剂的减水率,%。

④计算混凝土单位水泥用量(m_{c0})。根据已确定的水灰比和单位用水量,可计算混凝土单位水泥用量m_{c0}。按式(10.5)计算:

$$m_{c0}=\frac{m_{w0}}{W_0/C_0} \tag{10.5}$$

为保证混凝土的耐久性,计算所得的水泥用量应大于表10.4中规定的最小水泥用量。若计算所得的水泥用量小于表10.4中最小水泥用量,则取表中最小水泥用量值。

表10.4 混凝土最大水灰比和最小水泥用量

混凝土的最大水灰比和最小水泥用量		结构物类别	最大水灰比			最小水泥用量(kg/m^3)		
			素混凝土	钢筋混凝土	预应力混凝土	素混凝土	钢筋混凝土	预应力混凝土
干燥环境		正常居住或办公用房室内部件	不作规定	0.65	0.60	200	260	300
潮湿环境	无冻害	①高湿度室内部件 ②室外部件 ③在非侵蚀性土和(或)在水中的部件	0.70	0.60	0.60	225	280	300
潮湿环境	有冻害	①经受冻害的室外部件 ②在非侵蚀性土和(或)在水中且经受冻害的部件 ③高湿度且经受冻害的室内部件	0.55	0.55	0.55	250	280	300
有冻害和除冰剂的潮湿环境		经受冻害和除冰剂作用的室内和室外部件	0.50	0.50	0.50	300	300	300

⑤确定砂率(β_S)。砂率为砂在砂、石总用量中所占的百分率,按式(10.6)计算:

$$\beta_S=\frac{m_{s0}}{m_{s0}+m_{g0}}\times 100\% \tag{10.6}$$

合理的砂率使混凝土拌和物在获得足够坍落度的同时,还具有良好的黏聚性和保水性。一般应通过试验找出合理的砂率,或者根据对所用材料的使用经验选用合理砂率。如无经验,可根据水灰比、粗骨料的品种和最大粒径值按表10.2选取。

⑥计算砂用量(m_{s0})和石子用量(m_{g0})。计算砂、石用量有体积法和质量法两种。在已知混凝土的单位用水量、水泥用量和砂率时,采用任何一种方法均可求出砂、石用量。

a. 质量法。根据经验,若原材料情况比较稳定,则所配制的混凝土拌和物的表观密度将接近固定值,这样可先假定一个混凝土拌和物的表观密度值(2 350~2 450 kg/m^3),按1 m^3混凝土拌和物中各项材料质量之和等于该拌和物的表观密度值,列出两个相关计算式,解得砂和石子的用量,按式(10.7)计算:

$$m_{c0}+m_{w0}+m_{s0}+m_{g0}=m_{cp} \tag{10.7}$$

$$\beta_S=\frac{m_{s0}}{m_{s0}+m_{g0}}\times 100\%$$

式中:m_{c0}、m_{w0}、m_{s0}、m_{g0}——分别为1 m^3混凝土中水泥、水、砂和石子的质量,kg/m^3;

m_{cp}——1 m^3混凝土拌和物的假定表观密度,kg/m^3。

b. 体积法。这种方法是假定1 m^3混凝土拌和物的体积等于各组成材料绝对体积与所含空气体积之和,其公式与砂率公式联立可解得砂与石子的用量,按式(10.8)计算:

$$\frac{m_{c0}}{\rho_C}+\frac{m_{w0}}{\rho_W}+\frac{m_{s0}}{\rho_S}+\frac{m_{g0}}{\rho_G}+0.01\alpha=1 \tag{10.8}$$

$$\beta_S=\frac{m_{s0}}{m_{s0}+m_{g0}}\times 100\%$$

式中：ρ_C、ρ_W——分别为水泥、水的密度；

ρ_S、ρ_G——分别为砂和石子的表观密度；

α——混凝土含气量的百分数，无引气剂时 $\alpha=1$。

(2)试拌、调整，确定实验室配合比。混凝土初步配合比的各项材料用量，是借助表格或经验公式计算的。许多影响混凝土技术性质的因素并未考虑，因而初步配合比不一定能满足混凝土某些性能的要求。必须进行试拌调整，对初步配合比结果进行验证。

①试拌并调整拌和物和易性，确定基准配合比。按初步配合比取材料配制15～30 L混凝土拌和物。检验拌和物是否符合和易性的要求。若流动性小于设计要求值时，可保持水灰比不变，适当增加水泥浆量；若流动性大于设计要求值时，可保持砂率不变，适当增加砂、石用量；若黏聚性和保水性较差时，可适当增大砂率。试拌调整至混凝土拌和物满足和易性的要求后，需对初步配合比进行修正。修正后的混凝土配合比称为基准配合比。

基准配合比的确定方法为，实测混凝土拌和物的表观密度 $\rho_{c.t}$。并计算出1 m³混凝土拌和物中各项材料用量，分别按式(10.9)～(10.12)计算：

水泥用量
$$m_{cj}=\frac{m'_{c0}}{m'_{c0}+m'_{w0}+m'_{s0}+m'_{g0}}\times\rho_{c.t}\tag{10.9}$$

水用量
$$m_{wj}=\frac{m'_{w0}}{m'_{c0}+m'_{w0}+m'_{s0}+m'_{g0}}\times\rho_{c.t}\tag{10.10}$$

砂用量
$$m_{sj}=\frac{m'_{s0}}{m'_{c0}+m'_{w0}+m'_{s0}+m'_{g0}}\times\rho_{c.t}\tag{10.11}$$

石子用量
$$m_{gj}=\frac{m'_{g0}}{m'_{c0}+m'_{w0}+m'_{s0}+m'_{g0}}\times\rho_{c.t}\tag{10.12}$$

式中：m'_{c0}、m'_{w0}、m'_{s0}、m'_{g0}——分别为调整后试拌混凝土中水泥、水、砂和石子的质量，kg；

m_{cj}、m_{wj}、m_{sj}、m_{gj}——基准配合比1 m³混凝土中水泥、水、砂和石子的质量，kg/m³。

②检验强度，确定实验室配合比。经过试拌调整得出的基准配合比，虽然拌和物和易性能满足施工要求，但经过修正的基准配合比各项材料用量的改变对混凝土强度是否影响，还需进行检验。

将混凝土按水灰比不同制作三组试块，每组三块，水灰比分别为 $\frac{W_0}{C_0}+0.05$，$\frac{W_0}{C_0}$，$\frac{W_0}{C_0}-0.05$。试块经28天的养护后，测其强度。由强度检验结果得出各水灰比试块的强度值，通常采用作图法求出与混凝土配制强度 $f_{cu.0}$ 对应的灰水比 $\frac{C}{W}$，计算1 m³混凝土中各项材料用量。此时混凝土的配合比为：用水量 m_w 取基准配合比的单位用水量 m_{wj}；水泥用量 m_c 取用水量乘以与混凝土配制强度相对应的灰水比 $m_{wj}\frac{C}{W}$；砂用量 m_s 和石子用量 m_g 取基准配合比的砂用量 m_{sj} 和石子用量 m_{gj}。

此时，四种材料的体积之和不一定为1 m³，有较小误差。四种材料的质量之和(表观密度)与实测拌和物的表观密度也有误差，需进行校正。

当混凝土表观密度计算值与实测表观密度值之差的绝对值不超过表观密度计算值2%时，误差过小可以忽略，不需校正。当混凝土表观密度计算值与实测表观密度值之差的绝对值超过表观密度计算值2%时，误差不可忽略，需校正。校正系数 δ 按式(10.13)计算：

$$\delta=\frac{\rho_{c.t}}{\rho_{c.c}}=\frac{\rho_{c.t}}{m_{cj}+m_{wj}+m_{sj}+m_{gj}}\tag{10.13}$$

则混凝土的实验室配合比按式(10.14)～(10.17)计算：

水泥用量：
$$m_c=\delta\frac{C}{W}m_{cj}\tag{10.14}$$

单位用水量： $$m_w=\delta\cdot m_{wj} \tag{10.15}$$

砂用量： $$m_s=\delta\cdot m_{sj} \tag{10.16}$$

石子用量： $$m_g=\delta\cdot m_{gj} \tag{10.17}$$

③混凝土施工配合比。

混凝土配合比设计时，骨料是按饱和面干状态（砂含水≤0.2%，石子含水≤0.5%）计算的。施工现场存放的砂和石子一般都含有水分，会使水灰比增大，降低混凝土的强度和耐久性。故需测出砂、石的含水率，对各项材料使用量进行调整。

假设砂含水率为 $a\%$，石子含水率为 $b\%$，各项材料用量按式(10.18)～(10.21)计算：

$$m_c'=m_c \tag{10.18}$$

$$m_s'=m_s(1+a\%) \tag{10.19}$$

$$m_g'=m_g(1+b\%) \tag{10.20}$$

$$m_w'=m_w-a\%\,m_s-b\%\,m_g \tag{10.21}$$

10.2 砌筑砂浆配合比设计

水泥砂浆和水泥混合砂浆的初步配合比，按不同方法确定。

1. 水泥混合砂浆的初步配合比设计

（1）计算砂浆的试配强度（$f_{m,0}$）。

$$f_{m,0}=f_{m,\kappa}+0.645\sigma \tag{10.22}$$

式中：$f_{m,0}$——砂浆的试配强度，MPa；

$f_{m,\kappa}$——砂浆设计强度，MPa；

σ——砂浆现场强度标准差，MPa，可根据表10.5选用。

（2）计算每立方米砂浆中水泥的用量（Q_c）。

$$Q_c=\frac{1\,000(f_{m,0}-\beta)}{\alpha f_{ce}} \tag{10.23}$$

式中：Q_c——每立方米砂浆的水泥用量，kg；

f_{ce}——水泥的实测强度，MPa；

α、β——砂浆的特征系数，其中 $\alpha=3.03$，$\beta=-15.09$。

当计算水泥用量不足200 kg时，应按200 kg取用。

表10.5 砂浆强度标准差 σ 选用表

施工水平＼砂浆强度等级	M2.5	M6.0	M7.5	M10	M15	M20
优良	0.50	1.00	1.50	2.00	3.00	4.00
一般	0.62	1.25	1.88	2.50	3.75	6.00
较差	0.75	1.50	2.25	3.00	4.50	6.00

（3）计算混合砂浆的掺加料量。

$$Q_D=Q_A-Q_C$$

式中：Q_D——每立方米砂浆的掺加料用量，kg；

Q_A——每立方米砂浆中水泥和掺加料总量，kg，一般在300～350 kg之间。石灰膏不同稠度时，其用量按表10.6中的系数进行换算；

Q_C——每立方米砂浆的水泥用量，kg。

表 10.6 石灰膏不同稠度时的换算系数

石灰膏稠度(mm)	120	110	100	90	80	70	60	50	40
换算系数	1.00	0.99	0.97	0.95	0.93	0.92	0.90	0.88	0.87

(4)每立方米砂浆中砂子的用量 Q_s。应按干燥状态(含水率小于 0.5%)的堆积密度值作为计算值,计算单位为 kg。

(5)根据砂浆的稠度及施工现场的气候条件,用水量在 240 ~ 310 kg 之间选用。

2. 水泥砂浆初步配合比的设计

(1)根据 JGJ/T 98—2010 的规定,各种材料的用量从表 10.7 中参考选用,试配强度按式(10.22)计算。

表 10.7 每立方米水泥砂浆材料用量(kg)

强度等级	水泥用量	用砂量 Q_s	用水量 Q_w
M2.5 ~ M5	200 ~ 230	砂子的堆积密度值	270 ~ 330
M7.5 ~ M10	220 ~ 280		
M15	280 ~ 340		
M20	340 ~ 400		

注:①此表水泥强度等级为 32.5 级,大于 32.5 级水泥用量宜取下限。
②根据施工水平合理选择水泥用量。
③当采用细砂或粗砂时,用水量分别取上限或下限。
④施工现场气候干燥时,可适当增加用量。
⑤稠度小于 70 mm 时,用水量可小于下限。

(2)配合比试配、调整和确定。

①采用与工程实际相同的材料和搅拌方法试拌砂浆,选用基准配合比中水泥用量分别增减 10% 共三个配合比,分别试拌。

②按砂浆性能实验方法测定砂浆的沉入度和分层度。当不能满足要求时应使和易性满足要求。

③分别制作强度试件(每组 6 个试件),标准养护到 28 天,测定砂浆的抗压强度,选用符合设计强度要求且水泥量最少的砂浆配合比作为砂浆配合比。

④根据拌和物的密度,校正材料的用量。一般情况下水泥砂浆拌和物的密度不应小于 1 900 kg/m^3,水泥混合砂浆拌和物的密度为 180 kg/m^3。

计 划 单

学习领域	路桥工程检测技术		
学习情境	桥涵及浆砌工程检测	学　时	18
任　务	桥涵及浆砌工程配合比设计	学　时	6
计划方式	小组讨论、团结协作共同制订计划		
序　号	实施步骤		使用资源
1			
2			
3			
4			
5			
6			
7			
8			
9			
制订计划说明			

计划评价	班　级		第　组	组长签字	
	教师签字			日　期	
	评语：				

决　策　单

<table>
<tr><td>学习领域</td><td colspan="5">路桥工程检测技术</td></tr>
<tr><td>学习情境</td><td colspan="3">桥涵及浆砌工程检测</td><td>学　时</td><td>18</td></tr>
<tr><td>任　务</td><td colspan="3">桥涵及浆砌工程配合比设计</td><td>学　时</td><td>6</td></tr>
<tr><td colspan="6">方案讨论</td></tr>
<tr><td rowspan="11">方案对比</td><td>组号</td><td>方案合理性</td><td>实施可操作性</td><td>安 全 性</td><td>综合评价</td></tr>
<tr><td>1</td><td></td><td></td><td></td><td></td></tr>
<tr><td>2</td><td></td><td></td><td></td><td></td></tr>
<tr><td>3</td><td></td><td></td><td></td><td></td></tr>
<tr><td>4</td><td></td><td></td><td></td><td></td></tr>
<tr><td>5</td><td></td><td></td><td></td><td></td></tr>
<tr><td>6</td><td></td><td></td><td></td><td></td></tr>
<tr><td>7</td><td></td><td></td><td></td><td></td></tr>
<tr><td>8</td><td></td><td></td><td></td><td></td></tr>
<tr><td>9</td><td></td><td></td><td></td><td></td></tr>
<tr><td>10</td><td></td><td></td><td></td><td></td></tr>
<tr><td>方案评价</td><td colspan="5">评语：</td></tr>
</table>

班　级		组长签字		教师签字		年　月　日

实 施 单

<table>
<tr><td>学习领域</td><td colspan="3">路桥工程检测技术</td></tr>
<tr><td>学习情境</td><td>桥涵及浆砌工程检测</td><td>学 时</td><td>18</td></tr>
<tr><td>任 务</td><td>桥涵及浆砌工程配合比设计</td><td>学 时</td><td>6</td></tr>
<tr><td>实施方式</td><td colspan="3">小组成员合作;动手实践</td></tr>
<tr><td>序 号</td><td colspan="2">实施步骤</td><td>使用资源</td></tr>
<tr><td>1</td><td colspan="2"></td><td></td></tr>
<tr><td>2</td><td colspan="2"></td><td></td></tr>
<tr><td>3</td><td colspan="2"></td><td></td></tr>
<tr><td>4</td><td colspan="2"></td><td></td></tr>
<tr><td>5</td><td colspan="2"></td><td></td></tr>
<tr><td>6</td><td colspan="2"></td><td></td></tr>
<tr><td>7</td><td colspan="2"></td><td></td></tr>
<tr><td>8</td><td colspan="2"></td><td></td></tr>
<tr><td colspan="4">实施说明:</td></tr>
</table>

<table>
<tr><td>班 级</td><td></td><td>第 组</td><td>组长签字</td><td></td></tr>
<tr><td>教师签字</td><td colspan="2"></td><td>日 期</td><td></td></tr>
<tr><td>评 语</td><td colspan="4"></td></tr>
</table>

检 查 单

<table>
<tr><td>学习领域</td><td colspan="5">路桥工程检测技术</td></tr>
<tr><td>学习情境</td><td colspan="3">桥涵及浆砌工程检测</td><td>学 时</td><td>18</td></tr>
<tr><td>任 务</td><td colspan="3">桥涵及浆砌工程配合比设计</td><td>学 时</td><td>6</td></tr>
<tr><td>序 号</td><td>检查项目</td><td colspan="2">检查标准</td><td>学生自查</td><td>教师检查</td></tr>
<tr><td>1</td><td></td><td colspan="2"></td><td></td><td></td></tr>
<tr><td>2</td><td></td><td colspan="2"></td><td></td><td></td></tr>
<tr><td>3</td><td></td><td colspan="2"></td><td></td><td></td></tr>
<tr><td>4</td><td></td><td colspan="2"></td><td></td><td></td></tr>
<tr><td>5</td><td></td><td colspan="2"></td><td></td><td></td></tr>
<tr><td>6</td><td></td><td colspan="2"></td><td></td><td></td></tr>
<tr><td>7</td><td></td><td colspan="2"></td><td></td><td></td></tr>
<tr><td>8</td><td></td><td colspan="2"></td><td></td><td></td></tr>
<tr><td rowspan="3">检查评价</td><td>班 级</td><td></td><td>第 组</td><td>组长签字</td><td></td></tr>
<tr><td>教师签字</td><td></td><td>日 期</td><td colspan="2"></td></tr>
<tr><td colspan="5">评语：</td></tr>
</table>

评 价 单

<table>
<tr><td>学习领域</td><td colspan="8">路桥工程检测技术</td></tr>
<tr><td>学习情境</td><td colspan="4">桥涵及浆砌工程检测</td><td colspan="2">学 时</td><td colspan="2">18</td></tr>
<tr><td>任 务</td><td colspan="4">桥涵及浆砌工程配合比设计</td><td colspan="2">学 时</td><td colspan="2">6</td></tr>
<tr><td>评价类别</td><td>项 目</td><td colspan="2">子 项 目</td><td>个人评价</td><td colspan="2">组内互评</td><td colspan="2">教师评价</td></tr>
<tr><td rowspan="7">专业能力</td><td rowspan="2">资讯
（10%）</td><td colspan="2">搜集信息（5%）</td><td></td><td colspan="2"></td><td colspan="2"></td></tr>
<tr><td colspan="2">引导问题回答（5%）</td><td></td><td colspan="2"></td><td colspan="2"></td></tr>
<tr><td>计划
（5%）</td><td colspan="2"></td><td></td><td colspan="2"></td><td colspan="2"></td></tr>
<tr><td>实施
（20%）</td><td colspan="2"></td><td></td><td colspan="2"></td><td colspan="2"></td></tr>
<tr><td>检查
（10%）</td><td colspan="2"></td><td></td><td colspan="2"></td><td colspan="2"></td></tr>
<tr><td>过程
（5%）</td><td colspan="2"></td><td></td><td colspan="2"></td><td colspan="2"></td></tr>
<tr><td>结果
（10%）</td><td colspan="2"></td><td></td><td colspan="2"></td><td colspan="2"></td></tr>
<tr><td rowspan="2">社会能力</td><td>团结协作
（10%）</td><td colspan="2"></td><td></td><td colspan="2"></td><td colspan="2"></td></tr>
<tr><td>敬业精神
（10%）</td><td colspan="2"></td><td></td><td colspan="2"></td><td colspan="2"></td></tr>
<tr><td rowspan="2">方法能力</td><td>计划能力
（10%）</td><td colspan="2"></td><td></td><td colspan="2"></td><td colspan="2"></td></tr>
<tr><td>决策能力
（10%）</td><td colspan="2"></td><td></td><td colspan="2"></td><td colspan="2"></td></tr>
<tr><td rowspan="3">评价评语</td><td>班 级</td><td></td><td>姓 名</td><td></td><td>学号</td><td></td><td>总评</td><td></td></tr>
<tr><td>教师签字</td><td></td><td>第 组</td><td>组长签字</td><td colspan="2"></td><td>日期</td><td></td></tr>
<tr><td colspan="8">评语：</td></tr>
</table>

作　业　单

学习领域	路桥工程检测技术		
学习情境	桥涵及浆砌工程检测	学　　时	18
任　　务	桥涵及浆砌工程配合比设计	学　　时	6
作业方式	资料查询，现场操作		
1	桥涵工程配合比设计步骤是什么？		
2	浆砌工程配合比设计步骤是什么？		
3	水灰比计算公式是什么？		
4	砂浆配合比计算时，水的用量如何确定？		
作业评价：			
班　　级		第　　组	组长签字	
教师签字		日　　期	
教师评分			

任务11 桥涵及浆砌工程现场试验检测

任 务 单

<table>
<tr><td>学习领域</td><td colspan="6">路桥工程检测技术</td></tr>
<tr><td>学习情境</td><td colspan="2">桥涵及浆砌工程检测</td><td colspan="2">工作任务</td><td colspan="2">桥涵及浆砌工程现场试验检测</td></tr>
<tr><td>任务学时</td><td colspan="6">6学时</td></tr>
<tr><td colspan="7">布 置 任 务</td></tr>
<tr><td>学习目标</td><td colspan="6">1. 了解桥梁和涵洞的结构类型
2. 掌握桥涵工程材料的技术要求
3. 能够熟练掌握施工各阶段试验检测方法
4. 能够按照操作规程的步骤进行熟练操作
5. 能够正确计算并填写试验数据
6. 能根据试验结果判定材料及工程施工质量的好坏，保质保量完成工程项目</td></tr>
<tr><td>任务描述</td><td colspan="6">根据已完成的配合比进行桥涵施工，现场检测桥涵地基承载力检测、水泥混凝土抗压强度、回弹法测定水泥混凝土抗压强度、砂浆的抗压强度等，根据桥涵检测标准，判定桥涵施工质量情况。其工作如下：
1. 准备工作
熟悉工程施工图纸及桥涵验收规范，携带轻型触探仪、水泥混凝土试模、砂浆试模、回弹仪等工具及笔、记录本到现场按频率进行检测。
2. 试验操作
按照轻型触探试验、水泥混凝土抗压、砂浆抗压试验及回弹法测现场混凝土强度方法进行操作。
3. 记录试验结果
试验时应记录：现场桩号、桥涵类型、检测部位、表面状态、试验数据等。
4. 整理资料
认真填写试验地点、时间、试验人员、审核人员、规程号等，形成报告存档。</td></tr>
<tr><td rowspan="2">学时安排</td><td>资讯</td><td>计划</td><td>决策</td><td>实施</td><td>检查</td><td>评价</td></tr>
<tr><td>1学时</td><td>1学时</td><td>1学时</td><td>1学时</td><td>1学时</td><td>1学时</td></tr>
<tr><td>提供资料</td><td colspan="6">1. 路桥施工图纸
2. 公路工程相关试验规程
3. 公路工程相关施工规范、验收规范
4. 质检员岗位技术相关标准</td></tr>
<tr><td>对学生的要求</td><td colspan="6">1. 具备路桥工程检测技术基础知识
2. 具备路桥施工技术基础知识
3. 具备规范操作试验仪器设备、处理试验数据的基础知识
4. 具备读识路桥工程图、绘图的基础知识
5. 具备一定的自学能力、数据计算能力
6. 具备一定的沟通协调能力、语言表达能力
7. 具有团队合作的精神，以小组的形式完成工作任务
8. 严格遵守课堂纪律和工作纪律，不迟到，不早退，不旷课
9. 树立职业意识，按照企业的岗位职责要求自己</td></tr>
</table>

资　讯　单

学习领域	路桥工程检测技术		
学习情境	桥涵及浆砌工程检测	工作任务	桥涵及浆砌工程现场试验检测
任务学时	6 学时		
资讯方式	在图书馆、专业杂志、互联网及信息单上查询问题；咨询任课教师		
资讯问题	1. 轻便触探试验方法是什么？ 2. 混凝土灌注桩基础需检测哪几方面？ 3. 泥浆性能检测指标是什么？ 4. 混凝土钻(挖)孔灌注桩检测方法有哪几种？ 5. 反射波法的实测曲线有哪几种？ 6. 混凝土抗压强度试验的试验目的、试验仪器、试验步骤是什么？ 7. 回弹法测水泥混凝土抗压强度的方法是什么？ 8. 何为碳化深度？		
资讯要求	1. 根据任务目标和任务描述正确理解完成任务需要的资讯内容 2. 按照上述资讯内容进行咨询 3. 写出资讯报告		
资讯评价	班　级		学生姓名	
	教师签字		日　期	
	评语：			

信 息 单

11.1 桥涵工程基础检测

11.1.1 小桥涵地基承载力检测

地基承载力是指单位地基土上所能承受荷载的能力。小桥涵地基承载力的确定主要有查表法、轻便触探试验法等方法。

1. 查表法

在没有轻型触探设备时，对一般黏性土，可取基坑土样，做物理性能检测，根据各种物理指标，查得地基承载力。检测项目和试验步骤如下：

(1)当桥涵基坑挖至设计高程后，用取土钻或环刀，取基坑原土测天然含水率 ω_0 、天然湿密度 ρ_w、天然干密度 ρ_d，另取基坑代表性土样，测土的液限 ω_L、塑限 ω_P、塑性指数 I_P 和土粒比重 G_s。

(2)用环刀取原状土时，应去掉基坑表层 5 ~ 10 cm 土层，再将环刀打入取样，应尽量使环刀内土样保持原状，不得搅动环内土。取三个环刀测得的平均值作为测定值。

(3)在无条件测土粒比重 G_s 时。可参考下列值取用。

低液限黏土 $G_s \approx 2.70$，高液限黏土 $G_s \approx 2.72$。

(4)计算土的天然孔隙比和液性指数。

天然孔隙比
$$[e]=\frac{(G_s-\rho_d)}{\rho_d} \tag{11.1}$$

液性指数
$$[I_L]=\frac{(\omega_0-\omega_P)}{I_P} \tag{11.2}$$

(5)根据表 11.1 确定地基承载力。

表 11.1 一般黏性土的容许承载力(σ_0)

e \ (σ_0)(kPa) \ I_L	0	0.1	0.2	0.3	0.4	0.5	0.6	0.7	0.8	0.9	1.0	1.1	1.2
0.5	450	440	430	420	400	380	350	310	270	240	220	—	—
0.6	420	410	400	380	360	340	310	280	250	220	200	180	—
0.7	400	370	350	330	310	290	270	240	220	190	170	160	150
0.8	380	330	300	280	260	240	230	210	180	160	150	140	130
0.9	320	280	260	240	220	210	190	180	160	140	130	120	100
1.0	250	230	220	210	190	170	160	150	140	120	110	—	—
1.1	—	—	160	150	140	130	120	110	100	90	—	—	—

注：①一般黏性土是指第四纪全新世(Q_4)(文化期以前)沉积的黏性土，一般为正常沉积的黏性土。

②土中含有粒径大于 2 mm 的颗粒重量超过全部重量 30% 以上的，[σ_0]可酌量提高。

③当 $e<0.5$ 时，取 $e=0.5$，当 $I_L<0$ 时，取 $I_L=0$。此外，超过表列范围的一般黏性土，[σ_0]可按下式计算：

$$[\sigma_0]=57.22E_s^{0.57}$$

式中：E_s——土的压缩模量，MPa；

[σ_0]——一般黏性土的容许承载力，kPa。

④黏性土的状态按液性指数(即稠度系数)I_L 划分。

2. 轻便触探试验法

轻便触探试验是利用一定的锤击功能，将一定规格的圆锥探头打入土中，根据打入土中的阻力大小（以打入土中一定距离所需的锤击数来表示阻力）来判断土层的变化，对土层进行力学分层，确定土层的地基承载力。轻便触探的优点是设备简单、操作方便、工效高、适应性较广。对黏性土、砂土、粉土等，轻便触探是比较有效的勘探测试方法。

（1）仪器设备（图 11.1）。轻便触探试验设备主要由探头、触探杆、穿心锤三部分组成。触探杆系用直径 25 mm 的金属管，每根长 1.0～1.5 m，穿心锤重 10 kg。

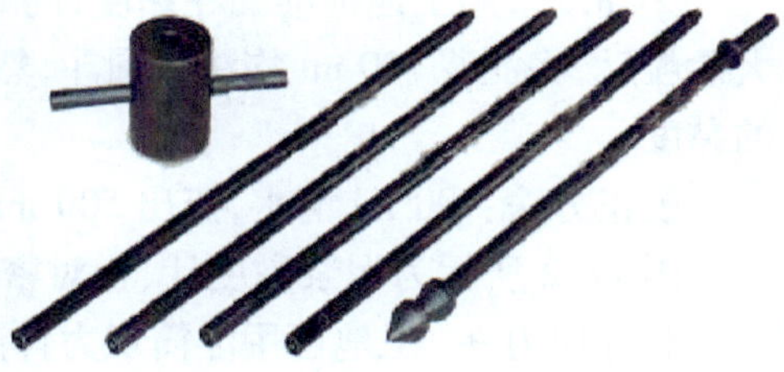
图 11.1 轻便触探试验设备

（2）试验要点。

①先用轻便钻具钻至试验土层高程处，然后对所需试验的土层连续进行触探。地基开挖至试验土高程时，可直接对土层进行触探。

②试验时，穿心锤落距为 50 cm，使其自由下落，将探头竖直打入土层中。每打一层 30 cm 的锤击数即为 N10。

③若需描述土层情况时，可将触探杆拔出，取下探头，换以轻便钻头，进行取样。

④本试验一般用于贯入深度小于 4 m 的土层。

⑤根据触探试验的锤击数 N10，可按表查得地基容许承载力 R 值。

（3）注意事项。

①同一土层应进行多次试验，一般不少于 6 点，宜取低值作为试验结果。

②注意地基土质出现不同性质的分层变化。

11.1.2 混凝土灌注机基础检测

1. 钻孔灌注桩检测基本要求

（1）桩身混凝土所用原材料必须符合要求。

（2）成孔后必须清孔，测量孔径、孔深、沉淀层厚度等，符合规范要求后，方可灌注水下混凝土。

（3）水下混凝土应连续灌注，严禁有夹层和断桩。

（4）嵌入承台的锚固钢筋长度不得低于设计规范规定的最小锚固长度要求。

（5）进行完整性检测。

（6）凿除桩顶松散的混凝土。

2. 泥浆性能指标检测

（1）泥浆性能要求。泥浆一般由水、黏土（或膨润土）和添加剂按适当配合比例配制而成。各指标应符合表 11.2 的规定。

表 11.2 泥浆性能指标

钻孔方法	地层情况	相对密度	黏度 s	含砂率(%)	胶体率(%)	失水率 (ml/30 min)	泥皮厚 (mm)	静切力 (Pa)	酸碱度 pH
正循环	一般	1.05～1.2	16～22	8～4	≥96	≤25	≤2	1.0～2.5	8～10
	易塌	1.2～1.45	19～28	8～4	≥96	≤15	≤2	3～5	8～10
反循环	一般	1.02～1.6	16～20	≤4	≥95	≤20	≤3	1～2.5	8～10
	易塌	1.06～1.1	18～28	≤4	≥95	≤20	≤3	1～2.5	8～10
	卵石土	1.1～1.15	20～35	≤4	≥95	≤20	≤3	1～2.5	8～10
推钻冲抓	一般	1.1～1.2	18～24	≤4	≥95	≤20	≤3	1～2.5	8～11
冲击	易塌	1.2～1.4	22～30	≤4	≥95	≤20	≤3	3～5	8～11

(2)钻孔泥浆性能指标检测。

①泥浆相对密度试验检测。泥浆相对密度是泥浆与4C°时同体积水的质量比,采用泥浆相对密度计测定。

测定方法:将要量测的泥浆装满泥浆杯,加盖并洗净从小孔溢出的泥浆,然后置于支架上,移动游码,使杠杆呈水平状态(即水平泡位于中央),读出游码左侧所示刻度,即为泥浆的相对密度。

②黏度。用工地标准漏斗黏度计测定。用两端开口量杯分别量取200 ml和500 ml泥浆,通过滤网滤去大砂粒后,将泥浆700 ml均注入漏斗,然后使泥浆从漏头流出,流满500 ml量杯所需时间(s),即为所测泥浆的黏度。

校正方法:700 ml清水,流出500 ml,所需时间应是15 s,其偏差如超过±1 s;测量泥浆黏度时应校正。

图11.2所示为泥浆黏度计、相对密度仪、含砂率仪。

③静切力θ。工地可用浮筒切力计测定。量测时,将约500 ml泥浆搅匀后,立即倒入切力计中,将切力筒沿刻度尺垂直向下移至与泥浆面所对的刻度,即为泥浆的初切力。取出切力筒,按净黏着的泥浆,用棒搅动筒内泥浆后、静止10 min,用上述方法量测。所得即为泥浆的终切力。它们的单位均为Pa。

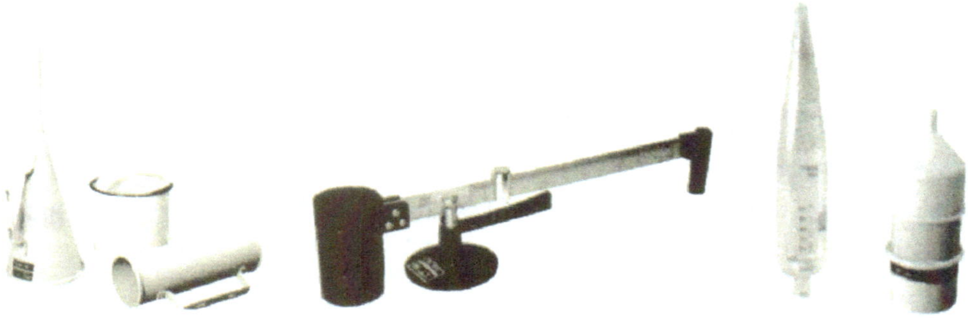

图11.2 泥浆黏度计、相对密度仪、含砂率计

④含砂率。工地可用含砂率计测定。量测时,把调好的泥浆500 ml倒进含砂率计,然后再倒进清水,将仪器口塞紧摇动1 min,使泥浆与水混合均匀。再将仪器垂直静放3 min,仪器下端沉淀物的体积(由仪器刻度上读出)乘2就是含砂率(有一种大型的含砂率计,内装900 ml,从刻度读出的数不乘2即为含砂率)。

⑤胶体率(%)。胶体率是泥浆中土粒保持悬浮状态的性能。测定方法可将100 ml泥浆倒入100 ml的量杯中,用玻璃片盖住,静置24 h后,量杯上部泥浆可能澄清为水,测量时其体积如为5 ml,则胶体率为100 - 5 = 95,即95%。

⑥失水率(mL/30 min)。用一张12 cm×12 cm的滤纸,置于水平玻璃板上,中央画一直径3 cm的圆,将2 ml的泥浆滴入圆圈内,30 min后,测量湿圆圈的平均直径减去泥浆摊平的直径(mm),即为失水率。在滤纸上量出泥浆皮的厚度(mm)即为泥皮厚度。泥皮愈平坦、愈薄则泥浆质量愈高,一般不宜厚于2~3 mm。

⑦酸碱度。即酸和碱的强度简称,也有简称为酸碱值的。pH是常用的酸碱标度之一。工地测量pH方法,可取一条pH试纸放在泥浆面上,0.5 s后拿出来与标准颜色相比,即可读出pH。也可用pH酸碱计,将其探针插入泥浆,直接读出pH。

3. 混凝土钻孔灌注桩基桩承载力检测及桩身完整性检测

随着公路等级要求的提高,水运码头的扩展,对公路桥梁、水运码头建设的基础提出了更高的要求。桩基础已成为我国交通工程建设中最重要的基础形式,长桩、大直径桩及单桩单柱的应用已较为常见。桩基础的质量直接关系到工程建设的安危,因此桩基础的质量尤为重要。为加强公路工程和港口工程基桩动力检测的管理,统一检测方法及技术规定,确保检测分析成果的质量,中华人民共和国交通部制定了《公路工程基桩动测技术规程(JTG/T F81—01—2004)》和《港口工程桩基动力检测规程(JTJ 249—2001)》及《港口工程桩基静荷载试验规程(JTJ 255—2002)》。

目前,基桩质量检测的两项重要内容为基桩的承载力检测和桩身完整性检测。其中基桩的承载力检测主要方法有单桩竖向抗压(拔)静载试验、单桩水平静载试验、高应变动测法,桩身完整性检测主要方法有低应变反射波法、高应变动测法、声波透射法、取芯法。

单桩竖向抗压(拔)静载试验方法是确定单桩竖向抗压(拔)极限承载力,判定工程桩竖向抗压(拔)承载力是否满足设计要求。

单桩水平静载试验是确定单桩水平临界和极限承载力,判定工程桩水平承载力是否满足设计要求以及确定浅层地基土水平抗力系数的比例系数,以便分析工程桩在水平荷载作用下的受力特征。

高应变动测法主要分析桩测和桩端土阻力,推算单桩竖向抗压极限承载力,检测桩身缺陷位置、类型及影响程度,判定桩身完整性类别,试打桩及打桩应力检测。

低应变反射波法是通过分析实测桩顶速度影像信号的特征检测桩身完整性,判定桩身缺陷位置及影响程度,判断桩端嵌固情况及完整性类别。

声波透射法是通过预埋在桩身的声测管,用声测换能器的发射与接收,测出被测混凝土介质的声学参数,分析声测管之间混凝土的缺陷位置及影响程度,判定桩身完整性类别还可利用桩身钻孔取芯检测芯孔周围混凝土的缺陷及影响度。

取芯法是利用钻孔取芯机械设备,直接对桩身钻孔取芯,检测混凝土灌注桩的桩长,桩身混凝土的强度,桩底沉渣厚度和桩身完整性,判定和鉴别桩端持力层岩石性状。

11.2　基础、墩台身、梁体混凝土试验检测

水泥混凝土是指由水和水泥组成水泥浆,以砂子和石子作为混凝土中的细集料及粗集料,或其他辅助材料粉煤灰、外加剂等按一定比例拌和,并在一定条件下硬化而形成的人造石材。

11.2.1　水泥混凝土混合料坍落度、维勃稠度的测定

判定混凝土拌和物的和易性,通常采用测定混凝土的三项指标,即流动性、黏聚性和保水性。工程上用"坍落度"和"维勃稠度"指标来判定。

1. 混凝土拌和物坍落度试验

(1)试验目的。坍落度是表示混凝土拌和物稠度的一种指标,判定混凝土的和易性,是否符合配合比设计及现场施工的质量要求。

(2)试验仪器(图11.3)。

图11.3　坍落度试验仪器

①坍落筒:为铁板制成的截头圆锥筒,厚度不小于1.5 mm,内侧平滑,在筒的上方约2/3高度处有两个把手,近下端两侧焊有两个踏脚板,保证坍落筒可以稳定操作。

②天平:2 kg,感量1 g。

③量筒:1 000 ml和200 ml各一个。

④磅秤:称量100 kg,感量50 g。

⑤坍落度高度测量器、漏斗、铁板、铁锹、抹刀、小铲、弹头形捣棒。

(3)试验步骤。

①试验前将坍落度筒内外洗净，放在水润湿过的平板上。

②将坍落度筒踏板用脚踏紧，筒口放上漏斗，将代表试样分3层装入筒内，每层装入高度稍大于筒高的1/3。用捣棒在每一层的横截面上均匀插捣25次，沿螺旋线由边缘至中心插捣，插捣底层时插至底部，插捣其他两层时，应插透本层并插入下层约20~30 mm。垂直插捣时（除边缘部分外），不得冲击。测定时还应评定拌和物的黏聚性、保水性等性质。

③顶层插捣完毕后，将捣棒用锯和滚的动作清除多余混凝土，用馒刀抹平筒口，刮净筒底周围的拌和物，在5~10 s内垂直提起坍落筒。从开始装筒到提起坍落筒的全过程，不应超过2.5 min。

④用钢尺量出高度测量器尺底面至试样顶面中心的垂直距离，即为该混凝土拌和物的坍落度，精确到5 mm。以两次测定结果的平均值作为测定值。若两次结果相差20 mm以上须作第三次试验，第三次与前两次结果均相差20 mm以上时，整个试验重作。

2. 混凝土拌和物维勃稠度试验

(1)试验目的。维勃稠度是用维勃时间表示的混凝土拌和物稠度指标，本方法适用于集料粒径不大于40 mm的混凝土及维勃稠度在5~30 s干稠混凝土的稠度测定。

(2)试验仪器。

①混凝土搅拌机：自由式和强制式，应附有产品品质保证文件。

②维勃稠度仪：由金属圆筒、坍落筒、漏斗、透明塑料圆盘、振动台等部分组成。振动台工作频率50 Hz，空载振幅0.5 mm，上有固定螺丝。

③磅秤：称量100 kg，感量50 kg。

④其他：拌和用铁板、铁锹、馒刀、玻璃板等。

(3)试验步骤。

①先将盛样容器用螺母固定在振动向上，放入坍落筒，扣上漏斗。

②按照坍落度试验相同的方法，分三层将混凝土拌和物装填到筒中。完成后，去掉漏斗，抹平混凝土表面后提起坍落筒，将透明圆盘放在混凝土上。

③一切就绪后，启动振动台，同时按下秒表，仔细观察在振动过程中透明圆盘和混凝土之间的接触变化，当透明圆盘底面刚好布满水泥浆时，立即停止秒表并关闭振动台。以秒表所示时间作为混凝土拌和物稠度的试验结果，精确至1 s。

11.2.2 水泥混凝土毛体积密度试验

1. 毛体积密度测定(人工振捣)

(1)该方法适用于测定坍落度不小于70 mm拌和物的流动性。先用湿布将量筒内外擦净，称出质量m_1。

(2)试样分三层装入量筒，每层高度越为1/3筒高，用捣棒从边缘到中心沿螺旋线均匀插捣，每层插捣25次，捣底层时应捣至筒底，捣上两层时须插入其下一层约20~30 mm。每捣毕一层，应在量筒外壁拍打10~15次，直至拌和物表面不出现气泡为止。

清除多余混凝土，仔细用馒刀抹平表面，抹平后擦净并称其质量m_2。

2. 毛体积密度测定(机械振捣)

(1)本方法适用于测定坍落度小于70 mm混凝土的流动性。先用湿布将筒内外擦净并称其质量m_1。

(2)将量筒在振动台上夹紧，一次将拌和物装满量筒，立即开始振动，随时添加拌和物，直至拌和物表面出现水泥浆为止。

(3)从振动台上取下量筒，刮去多余混凝土，仔细用馒刀抹平表面。用玻璃板检验抹平情况，擦净量筒外部并称其质量m_2，精确至50 g。

(4)实验结果整理

毛体积密度计算公式：

$$\rho_h = \frac{m_2 - m_1}{V} \tag{11.3}$$

式中：ρ_h——拌和物毛体积密度，kg/L；

m_1——量筒质量，kg；

m_2——捣实或振实后混凝土和量筒总质量，kg；

V——量筒容积，L。

以两次试验结果的算术平均值作为测定值，试样不得重复使用。

11.2.3　混凝土抗压强度试验

1. 试验目的

本试验规定了测定混凝土抗压强度的方法，以确定混凝土的等级，作为评定混凝土品质的主要指标，确定混凝土抗压强度。

2. 试验仪器（图11.4）

（1）拌和用铁板、铁锹、馒刀、小铁铲。

（2）磅秤：称量100 kg，精度0.5 kg。

（3）天平：称量2 000 g，感量1 g。

（4）量筒：1 000 ml、200 ml各一个。

（5）试模：每组3个，边长为150 mm的正方体。采用非标准试件时，其骨料粒径应符合表11.3的规定。

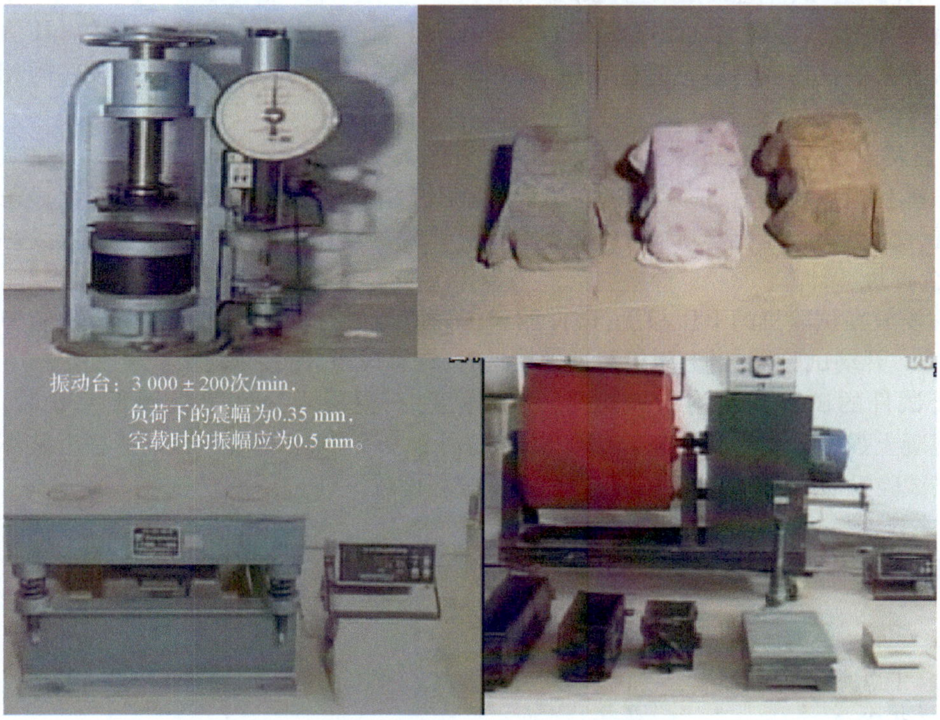

图11.4　混凝土抗压强度试验仪器

3. 试件制作

（1）立方体抗压强度试验以同时制作、同样养护、同一龄期三个试件为一组，试件尺寸按骨料最大粒径由表11.3选用。

表11.3　不同骨料最大粒径选用的尺寸、插捣次数及抗压强度换算系数

试件尺寸（mm×mm×mm）	骨料最大粒径（mm）	每次插捣次数（次）	抗压强度换算系数
100×100×100	31.5	12	0.95
150×150×150	40	25	1
200×200×200	60	50	1.05

(2) 每一组试件所用的混凝土拌和物应由同一次拌和物中取出。

(3)制作时应将试模清擦干净,并在其内壁涂上一层矿物油脂或其他脱膜剂。

(4)坍落度不大于 70 mm 的混凝土拌和物,宜用振动台振实。将拌和物一次装入试模,装料时应用抹刀沿试模内壁略加并使混凝土拌和物高出试模上口。振动时应防止试模在振动台上自由跳动。振动应持续到混凝土表面出浆为止,刮除多余的混凝土,并用抹刀抹平。

坍落度大于 70 mm 的混凝土宜用捣棒人工捣实。将混凝土拌和物分两次装入试模,每层的厚度大致相等。插捣应按螺旋方向从边缘向中心均匀进行;插捣底层时,捣棒应达到试模底面,插捣上层时,捣棒应穿入下层深度为 20 ~ 30 mm;插捣时捣棒应保持垂直,不得倾斜;同时,还应用抹刀沿试模内壁插入数次。每层的插捣次数应根据试件的截面而定,一般每 100 cm^2 不应少于 12 次。插捣完后,刮出多余的混凝土,并用抹刀抹平。

4. 试件养护

(1)根据试验目的不同,试件可采用标准养护或构件同条件养护。根据混凝土特征值、标号或进行材料性能研究时采用标准养护;检验现浇混凝土工程或预制构件中混凝土强度时,试件应采用同条件养护。试件一般养护到 28 天龄期进行试验,但也可以按要求养护到所需的龄期。

(2)采用标准养护试件成型后应覆盖表面,以防止水分蒸发,并应在温度为 20 ℃ ±5 ℃的情况下静置 1 ~2 昼夜,然后编号拆模。拆模后的试件,应立即放在温度为 20 ℃ ±3 ℃、湿度为 90% 以上的标准养护室中养护。在标准养护室,试件应放在架上,彼此间隔为 10 ~20 mm,并应避免用水直接冲淋试件。

(3)当无标准养护时,混凝土试件可在温度为 20 ℃ ±3 ℃的不流动水中养护,水的 pH 值不应小于 7。

(4)同条件养护的试件成型后应覆盖表面,试件的拆模时间可与实际构件的拆模时间相同,拆模后,试件仍需保持同条件养护。

5. 试验方法及步骤

(1)试件自养护地点取出后,应尽快进行试验,以免试件内部的温度发生显著变化。先将试件擦拭干净,检查其外观,测量尺寸(精确至 1 mm),并据此计算试件的承压面积。如实测尺寸与公称尺寸之差不超过 1 mm,可按公称尺寸计算。

(2)将试件安放在试验机的下压板上,试件的承压面应与成型时的顶面垂直。试件的中心应与试验机下压板中心对准。开动试验机,当上压板与试件接近时,调整球座,使接触均衡。

(3)混凝土试件的试验连续均匀地加荷,加荷速度为:混凝土强度等级低于 C30 时,取每秒 0.3 ~ 0.5 MPa。当混凝土强度等级高于或等于 C30 时,取每秒钟 0.5 ~0.8 MPa。当试件接近破坏而开始迅速变形时,停止调整试验机油门,直至试件破坏,然后记录破坏荷载。

6. 试验结果评定

(1)混凝土立方体试件抗压强度按下式计算(精确至 0.1 MPa)。

$$f=\frac{P}{A} \tag{11.4}$$

式中:f——混凝土立方体抗压强度,MPa;

P——破坏荷载,N;

A——试件承压面积,mm^2。

(2)以三个试件强度值的算术平均值作为该组试件的抗压强度值(精确至 0.1 MPa)。三个测值中的最大值或最小值如有一个与中间值的差值超过中间值的 15% 时,则把最大值及最小值一并舍除,取中间值作为该组试件的抗压强度值。如最大值及最小值与中间值的差均超过 15%,则该组试件的试验结果无效。

(3)取 150 mm ×150 mm ×150 mm 试件的抗压强度为标准值,用其他尺寸测得的强度值应乘以换算系数,其值如表 11.3 所示。

11.2.4 回弹法测定水泥混凝土抗压强度

1. 适用范围

回弹法是用一弹簧驱动的重锤,通过弹击杆弹击混凝土表面,并测出重锤被反弹回来的距离,以回弹值

作为与强度相关的指标来推定混凝土强度的一种方法。由于测量是在混凝土表面进行的，所以属于表面硬度法的一种。完成回弹法任务，首先要对回弹仪进行检定；其次是做好选择构件、布置测区等准备工作，并按仪器说明书和规范所列步骤实施回弹值的测定；最后进行结果计算，通过对测区回弹值平均值的计算及修正，计算测区混凝土强度换算值，从而确定结构或构件的混凝土强度推定值。

本方法按《回弹法检测混凝土抗压强度技术规程》(JGJ/T 23—2011)执行。

2. 主要测试仪器设备

(1)回弹仪。指针只读式的回弹仪，构造和主要零件如图 11.5 所示，也可采用数字显示仪或自动记录式的回弹仪。回弹仪的类型比较多，有重型、中型、轻型和特轻型，一般工程使用最多的是中型回弹仪。

①回弹仪的技术要求。

a. 水平弹击时，弹击锤脱钩的瞬间，回弹仪的标准能量应为 2.207 J。

b. 弹击锤与弹击杆碰撞的瞬间，弹击拉簧应处于自由状态，此时弹击锤起跳点应相应于指针指示刻度尺上“0”处。

c. 在洛氏硬度 HRC 为 60 ± 2 的钢砧上，回弹仪的率定值应为 80 ± 2。

d. 回弹仪使用时的环境温度应为 -4 ℃ ~40 ℃。

②回弹仪的检定。

回弹仪有下列情况之一时应送检定单位检定：

a. 新回弹仪启用前；

b. 超过检定有效期限(有效期为半年)；

c. 累计弹击次数超过 6 000 次；

d. 经常规保养后钢砧率定值不合格；

e. 遭受严重撞击或其他损害。

③回弹仪的率定。

在工程检测前后，回弹仪应在钢砧上做率定试验使其符合技术要求。回弹仪率定试验宜在干燥、室温为 5 ℃ ~35 ℃的条件下进行。率定时，钢砧应稳固地平放在刚度大的物体上。测定回弹值时，取连续向下弹击三次的稳定回弹平均值(图 11.6)，弹击杆应分 4 次旋转，每次旋转宜为 90°，弹击杆每旋转一次的率定平均值均应符合 80 ± 2 的要求。

④回弹仪的常规保养。

回弹仪有下列情况之一时，应进行常规保养：

a. 弹击超过 2 000 次；

b. 对检测值有怀疑时；

c. 在钢砧上的率定值不合格。

回弹仪常规保养可以按仪器说明书进行，也可参照《回弹法检测混凝土抗压强度技术规程》(JGJ/T 23—2011)保养。

(2)碳化深度测深尺。

(3)酚酞酒精溶液，浓度为 1%。

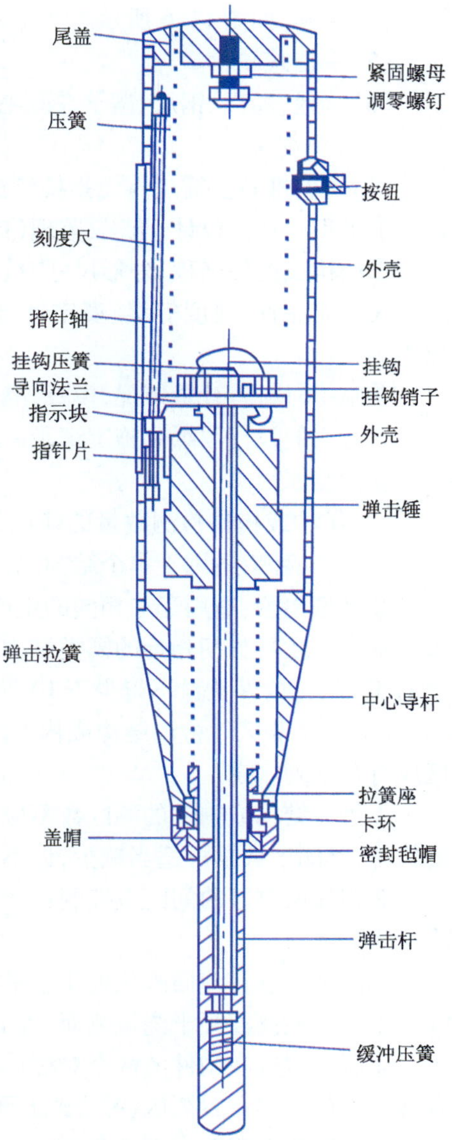

图 11.5　回弹仪构造示意图

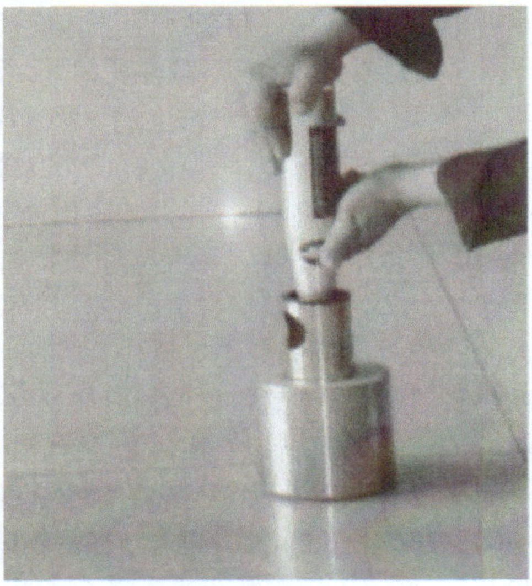

图 11.6　钢砧

(4)钢砧,如图 11.6 所示。

(5)手提式砂轮。

(6)其他:卷尺、钢尺、凿子、锤、毛刷等。

3. 检测方法

(1)资料准备。需进行无损检测法测试的结构或构件,在检测前,应具备下列有关资料:

①工程名称及设计、施工、监理(或监督)和建设单位名称。

②结构或构件名称、外形尺寸、数量及混凝土强度等级。

③水泥品种、强度等级、安定性、出厂厂名;砂、石种类、粒径;外加剂或掺和料品种、掺量;混凝土配合比等。

④施工时材料计量情况,模板、浇筑、养护情况及成型日期等。

⑤必要的设计图纸和施工记录。

⑥检测原因。

(2)结构或构件检测数量的确定。

①单个检测:适用于单个结构或构件的检测。

②批量检测:适用于在相同的生产工艺条件下,混凝土强度等级相同,原材料、配合比、成型工艺、养护条件基本一致且龄期相近的同类结构或构件的检测。按批进行检测的构件,抽检数量不得少于同批构件总数的 30%,且构件数量不得少于 10 件。抽检构件时,应随机抽取并使所选构件具有代表性。

(3)选择测区。检测结构或构件时,需要布置测区,因为测区是进行测试的单元。每一结构或构件的测区应符合下列规定:

①每一结构或构件的测区数不应少于 10 个,对某一方向尺寸小于 4.5 m,且另一方向尺寸小于 0.3 m 的构件,其测区数量可适当减少,但不应少于 5 个。

②相邻两测区的间距应控制在 2 m 以内;测区离构件端部或施工缝边缘的距离不宜大于 0.5 m,且不宜小于 0.2 m。

③测区应选在使回弹仪处于水平方向检测混凝土浇筑侧面。当不能满足这一要求时,可使回弹仪处于非水平方向检测混凝土浇筑侧面、表面或底面。

④测区宜选在构件的两个对称可测面上,也可选在一个可测面上,且应均匀分布。在构件的重要部位及薄弱部位必须布置测区,并应避开预埋件。

⑤测区的面积不宜大于 0.04 m^2。

⑥检测面应为混凝土表面,并应清洁、平整,不应有疏松层、浮浆、油垢、涂层以及蜂窝、麻面,必要时可用砂轮片清除疏松层和杂物,且不应有残留的粉末和碎屑。

⑦结构或构件的测区应注明编号,必要时应在记录纸上描述测区示意图和外观质量情况。

(4)回弹值的测试。按上述方法选取构件和布置测区后,先测试回弹值。

①回弹仪的操作:将弹击杆顶住混凝土的表面,轻压仪器,松开按钮,弹击杆徐徐伸出。使仪器对混凝土表面缓慢均匀施压,待弹击锤脱钩冲击弹击杆后即回弹,带动指针向后移动并停留在某一位置上,即为回弹值。继续顶住混凝土表面并在读取和记录回弹值后,逐渐对仪器减压,使弹击杆自仪器内伸出,改变测点重复上述操作,即可测得被测构件或结构的若干回弹值。操作中注意仪器的轴线应始终垂直于混凝土构件的检测面,缓慢施压,准确读数,快速复位,如图 11.7 所示。

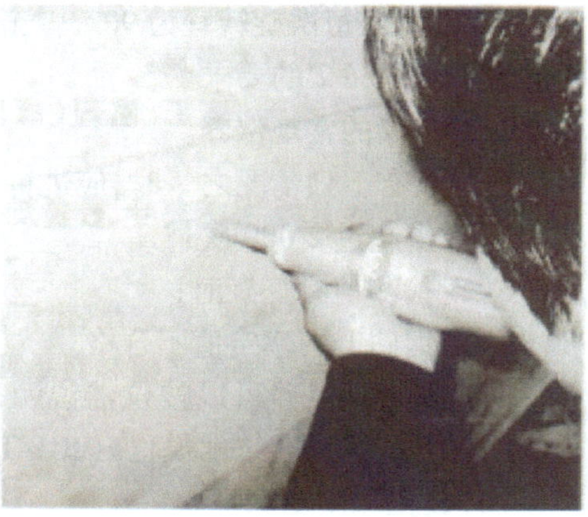

图 11.7　回弹仪测回弹值

②测点布置:回弹测点宜在测区范围内均匀分布,相邻两测点的间距不宜小于 20 mm;测点距外露钢筋、预埋件的距离不宜小于 30 mm。测点不应在气孔或外露石子上,同一测点只应弹击一次。每一测区应记取 16 个回弹值。每一测点的回弹值读数准确至 1。

(5)混凝土碳化深度的测试。混凝土的碳化作用指混凝土内的 Ca(OH)$_2$ 受空气中 CO_2 气体作用生成硬度较高的 $CaCO_3$,混凝土碳化使混凝土表面回弹值增大,但对混凝土本身强度影响不大,从而影响回弹法测强值。所以,要借助于碳化深度测深尺对混凝土的碳化深度进行测试,根据碳化深度对回弹测强值带来的影响进行必要的修正。

①测点布置:回弹值测量完毕后,应在有代表性位置上测量碳化深度值,测点数不应小于构件测区数的30%,取其平均值为该构件每测区的碳化深度值 d_n。当碳化深度值级差大于2.0 mm时,应在每一测区测量碳化深度值。

②测试方法:用适当的工具在测区的表面形成直径约为15 mm的孔洞(图11.8),其深度应大于混凝土的碳化深度。清除洞中粉末和碎屑后(注意不能用水冲洗孔洞),立即用1%的酚酞酒精溶液滴在孔洞内壁的边缘处,当已碳化与未碳化界线清楚时,再用碳化深度测深尺或其他工具测量已碳化与未碳化混凝土交界面到混凝土表面的垂直距离,测量不应少于3次,取其平均值。每次读数精确至0.5 mm。

4. 回弹值计算和测区混凝土强度的确定

(1)测区平均回弹值的计算。从该测区的16个回弹值中剔除3个最大值和3个最小值,按式(11.5)计算余下的10个回弹值的平均值。

$$R_m = \frac{\sum_{i=1}^{10} R_i}{10} \tag{11.5}$$

式中:R_m——测区平均回弹值,计算至0.1;

R_i——第 i 个测点的回弹值。

由于回弹法测强曲线是根据回弹仪水平方向测试混凝土试件侧面的试验数据计算得出的,因此,当测试中无法满足上述条件时,需对测得的回弹值进行修正。非水平方向检测混凝土浇筑侧面时,测区平均回弹值根据回弹仪轴线与水平方向的角度 α(图11.9)按式(11.6)修正。

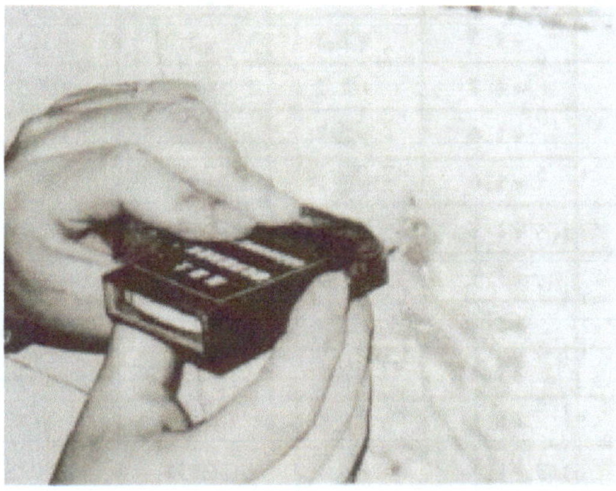

图11.8 测区表面钻孔

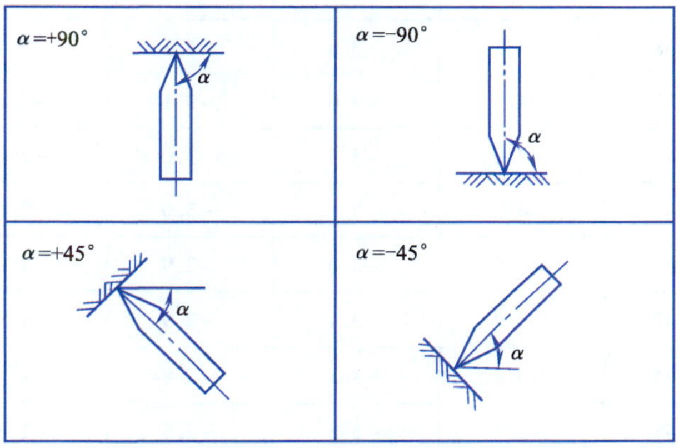

图11.9 回弹仪轴线与水平方向的角度

$$R_m = R_{m\alpha} + R_{a\alpha} \tag{11.6}$$

式中:$R_{m\alpha}$——非水平状态检测时测区的平均回弹值,精确至0.1;

$R_{a\alpha}$——非水平状态检测时回弹修正值,可按表11.4查取。

表11.4 非水平状态检测时的回弹值修正值

$R_{m\alpha}$	检测角度							
	向 上				向 下			
	+90°	+60°	+45°	+30°	-30°	-45°	-60°	-90°
20	-6.0	-5.0	-4.0	-3.0	+2.5	+3.0	+3.5	+4.0
21	-5.9	-4.9	-4.0	-3.0	+2.5	+3.0	+3.5	+4.0
22	-5.8	-4.8	-3.9	-2.9	+2.4	+2.9	+3.4	+3.9

续表

$R_{m\alpha}$	检测角度							
	向　上				向　下			
	+90°	+60°	+45°	+30°	-30°	-45°	-60°	-90°
23	-5.7	-4.7	-3.9	-2.9	+2.4	+2.9	+3.4	+3.9
24	-5.6	-4.6	-3.8	-2.8	+2.3	+2.8	+3.3	+3.8
25	-5.5	-4.5	-3.8	-2.8	+2.3	+2.8	+3.3	+3.8
26	-5.4	-4.4	-3.7	-2.7	+2.2	+2.7	+3.2	+3.7
27	-5.3	-4.3	-3.7	-2.7	+2.2	+2.7	+3.2	+3.7
28	-5.2	-4.2	-3.6	-2.6	+2.1	+2.6	+3.1	+3.6
29	-5.1	-4.1	-3.6	-2.6	+2.1	+2.6	+3.1	+3.6
30	-5.0	-4.0	-3.5	-2.5	+2.0	+2.5	+3.0	+3.5
31	-4.9	-4.0	-3.5	-2.5	+2.0	+2.5	+3.0	+3.5
32	-4.8	-3.9	-3.4	-2.4	+1.9	+2.4	+2.9	+3.4
33	-4.7	-3.9	-3.4	-2.4	+1.9	+2.4	+2.9	+3.4
34	-4.6	-3.8	-3.3	-2.3	+1.8	+2.3	+2.8	+3.3
35	-4.5	-3.8	-3.3	-2.3	+1.8	+2.3	+2.8	+3.3
36	-4.4	-3.7	-3.2	-2.2	+1.7	+2.2	+2.7	+3.2
37	-4.3	-3.7	-3.2	-2.2	+1.7	+2.2	+2.7	+3.2
38	-4.2	-3.6	-3.1	-2.1	+1.6	+2.1	+2.6	+3.1
39	-4.1	-3.6	-3.1	-2.1	+1.6	+2.1	+2.6	+3.1
40	-4.0	-3.5	-3.0	-2.0	+1.5	+2.0	+2.5	+3.0
41	-4.0	-3.5	-3.0	-2.0	+1.5	+2.0	+2.5	+3.0
42	-3.9	-3.4	-2.9	-1.9	+1.4	+1.9	+2.4	+2.9
43	-3.9	-3.4	-2.9	-1.9	+1.4	+1.9	+2.4	+2.9
44	-3.8	-3.3	-2.8	-1.8	+1.3	+1.8	+2.3	+2.8
45	-3.8	-3.3	-2.8	-1.8	+1.3	+1.8	+2.3	+2.8
46	-3.7	-3.2	-2.7	-1.7	+1.2	+1.7	+2.2	+2.7
47	-3.7	-3.2	-2.7	-1.7	+1.2	+1.7	+2.2	+2.7
48	-3.6	-3.1	-2.6	-1.6	+1.1	+1.6	+2.1	+2.6
49	-3.6	-3.1	-2.6	-1.6	+1.1	+1.6	+2.1	+2.6
50	-3.5	-3.0	-2.5	-1.5	+1.0	+1.5	+2.0	+2.5

注：①$R_{m\alpha}$小于 20 或大于 50 时，均分别按 20 或 50 查表。

②表中未列入的相应于$R_{m\alpha}$的修正值，可用内插法求得，精确至 0.1。

（2）测试面修正。水平方向检查混凝土浇筑表面或底面时，应按式（11.7）和式（11.8）进行修正

$$R_m = R_m^t + R_a^t \tag{11.7}$$

$$R_m = R_m^b + R_a^b \tag{11.8}$$

式中：R_m^t、R_m^b——水平方向检测混凝土浇筑表面时，测区的平均回弹值，精确至 0.1；

R_a^1、R_a^b——混凝土浇筑表面、底面回弹值的修正值，按表 11.5 查取。

表 11.5　不同浇筑面的回弹值修正值

R_m^1 或 R_m^b	表面修正值 R_a^1	表面修正值 R_a^b	R_m^1 或 R_m^b	表面修正值 R_a^1	表面修正值 R_a^b
20	+2.5	-3.0	36	+0.9	-1.4
21	+2.4	-2.9	37	+0.8	-1.3
22	+2.3	-2.8	38	+0.7	-1.2
23	+2.2	-2.7	39	+0.6	-1.1
24	+2.1	-2.6	40	+0.5	-1.0
25	+2.0	-2.5	41	+0.4	-0.9
26	+1.9	-2.4	42	+0.3	-0.8
27	+1.8	-2.3	43	+0.2	-0.7
28	+1.7	-2.2	44	+0.1	-0.6
29	+1.6	-2.1	45	0	-0.5
30	+1.5	-2.0	46	0	-0.4
31	+1.4	-1.9	47	0	-0.3
32	+1.3	-1.8	48	0	-0.2
33	+1.2	-1.7	49	0	-0.1
34	+1.1	-1.6	50	0	0
35	+1.0	-1.5			

注：①R_m^1 或 R_m^b 小于 20 或大于 50 时，均分别按 20 或 50 查表。

②表中有关混凝土浇筑表面的修正系数是指一般原浆抹面的修正值。

③表中有关混凝土浇筑表面的修正系数是指构件底面与侧面采用同一类模板在正常浇筑情况下的修正值。

④表中未列入的相应于 R_m^1 或 R_m^b 的 R_a^1 或 R_a^b 值，可用内插法求得，精确至 0.1。

(3)测区混凝土强度换算值的确定。结构或构件第 i 个测区混凝土强度换算值，可按每一测区的平均回弹值及平均碳化深度值由测区混凝土强度换算表(附录 A)查取，当有地区测强曲线或专用测强曲线时应按地区或专用测强曲线换算得出。对于泵送混凝土还应符合下列规定：

①碳化深度值不大于 2.0 mm 时，每一测区混凝土强度换算值应按表 11.6 修正。

表 11.6　泵送混凝土测区混凝土强度换算值的修正值

碳化深度值(mm)	抗压强度值(MPa)				
0:0.5:1.0	f_{cu}^c(MPa)	≤40.0	45.0	50.0	55.0～60.0
	k(MPa)	+4.5	+3.0	+1.5	0
1.5:2.0	f_{cu}^c(MPa)	≤30.0	35.0	40.0～60.0	
	k(MPa)	+3.0	+1.5	0	

注：表中未列入的 $f_{cu,i}^c$ 值可用内插法求得其修正值，精确至 0.1 MPa。

②当碳化深度值大于 2.0 mm 时，可采用同条件试件或钻取混凝土芯样进行修正。

(4)统一测强曲线的适用条件。

①符合下列条件的混凝土方可采用本书附录 A“测区混凝土强度换算表”进行测区混凝土强度换算：

a. 不掺外加剂或仅掺非引气性外加剂；

b. 采用普通成型工艺；

c. 采用符合现行国家标准《混凝土结构工程施工质量验收规范》(GB 50204—2002)规定的钢模、木模及其他材料制作的模板；

d. 自然养护或蒸汽养护出池后经自然养护7天以上，且混凝土表层为干燥状态；

e. 龄期为14～1 000天；

f. 抗压强度为10～60 MPa 。

②当有下列情况之一时，测区混凝土强度不得按本书附录进行换算：

a. 粗集料最大粒径大于60 mm；

b. 特种成型工艺制作的混凝土；

c. 检测部位曲率半径小于250 mm；

d. 潮湿或浸水混凝土。

5. 混凝土强度计算

结构或构件的测区混凝土强度平均值(mf^{c}_{cu})可根据各测区的混凝土强度换算值($f^{c}_{cu,i}$)计算。当测区数为10个及以上时，应计算强度标准差。平均值和标准差按计算式(11.9)和计算式(11.10)计算。

$$mf^{c}_{cu}=\frac{\sum_{i=1}^{n}f^{c}_{cu,i}}{n} \tag{11.9}$$

$$sf^{c}_{cu}=\sqrt{\frac{\sum_{i=1}^{n}(f^{c}_{cu,i})^{2}-n(mf^{c}_{cu})^{2}}{n-1}} \tag{11.10}$$

式中：mf^{c}_{cu}——结构或构件测区混凝土强度换算值的平均值，MPa，精确至0.1 MPa；

$f^{c}_{cu,i}$——各测区混凝土强度换算值，MPa；

n——对于单个检测的构件，取一个构件的测区数；对批量检测的构件，取被抽检构件测区数之和；

sf^{c}_{cu}——结构或构件测区混凝土强度换算值的标准差，MPa，精确至0.01 MPa。

结构或构件的混凝土强度推定值应按下式确定。

①当该结构或构件测区数少于10个时：

$$f_{cu,e}=f^{c}_{cu,min}$$

式中：$f^{c}_{cu,min}$——构件中最小的测区混凝土强度换算值。

②当该结构或构件测区强度值中出现小于10.0 MPa的数值时：

$$f_{cu,e}<10.0\ \text{MPa}$$

③当该结构或构件测区数不少于10个或按批量检测时，应按式(11.11)计算：

$$f_{cu,e}=mf^{c}_{cu}-1.645sf^{c}_{cu}sf^{c}_{cu} \tag{11.11}$$

注：结构或构件的混凝土强度推定值是指相应于强度换算值总体分布中保证率不低于95%的结构或构件的混凝土抗压强度值。

④对按批量检测的构件，当该批构件混凝土强度标准差出现下列情况之一时，则该批构件应全部按单个构件检测。

a. 当该批构件混凝土强度平均值小于25 MPa时：

$$sf^{c}_{cu}>4.5\ \text{MPa}$$

b. 当该批构件混凝土强度平均值不小于25 MPa时：

$$sf^{c}_{cu}>5.5\ \text{MPa}$$

6. 试验检测结果

现场测试时，在梁的底面选择具有代表性的测区采用回弹法测试，其回弹值及碳化深度值列于表11.7中。

由于当时无地区测强曲线作为参照，决定采用《回弹法检测混凝土抗压强度技术规程》(JGJ/T 23—2011)测强曲线进行计算，并进行修正，计算结果见表11.8，经检测得出混凝土强度推定值为30.2 MPa，判定为合格。

表 11.7 回弹法检测原始记录

工程项目编号:K292 +450 跨线桥　　标段:　　施工单位:

	测区	回弹值(R_i)																
		1	2	3	4	5	6	7	8	9	10	11	12	13	14	15	16	R_m
结构物名称:K292 +450 跨线桥 构件名称:3#板梁 设计强度(MPa):C30 浇筑日期:2007 年 9 月 29 日 碳化深度(mm):0,0,0	1	38	36	44	38	38	35	36	38	37	38	37	38	37	37	38	38	37.6
	2	38	38	47	39	38	42	40	40	41	39	39	37	45	38	39	37	39.1
	3	42	39	37	38	45	37	40	41	40	38	38	38	40	42	39	41	39.4
	4	40	38	37	46	42	40	46	38	49	44	44	37	41	37	39	39	40.5
	5	39	38	39	36	36	40	41	39	40	43	41	43	37	37	41	45	39.5
	6	41	40	49	39	39	38	37	39	37	37	42	45	38	36	37	36	38.5
	7	38	37	37	41	40	45	41	36	40	45	46	38	48	40	40	41	40.4
	8	41	40	46	37	49	41	38	40	49	47	40	39	41	52	42	38	41.7
	9	45	40	41	39	48	47	43	46	39	42	40	43	43	39	43	52	42.6
	10	39	36	44	43	42	50	48	38	37	40	44	44	36	38	43	41	41.2

测面状态	侧面、表面、底面干燥、潮湿	回弹仪	型号:ZC3—A	编号:×××
测面角度	水平、向上、向下		率定值:81 80 80 80 81 79 80 80 80 81 80 80	测试人员资格证号:

检测:　　　　年　月　日　　复核:　　　　年　月　日

表 11.8 构件混凝土强度

工程项目编号:K292 +450 跨线桥　　标段:　　施工单位:

项目 \ 测区		1	2	3	4	5	6	7	8	9	10
回弹值	测区平均值	37.6	39.1	39.4	40.5	39.5	38.5	40.0	41.7	42.6	41.2
	角度修正值	-4.2	-4.1	-4.1	-4.0	-4.0	-4.2	-4.0	-3.9	-3.9	-4.0
	角度修正后	33.4	35.0	35.3	36.5	35.5	34.3	36.0	37.8	38.7	37.2
	浇灌面修正值	-1.7	-1.5	-1.5	-1.4	-1.4	-1.6	-1.4	-1.2	-1.1	-1.3
	浇灌面修正后	31.7	33.5	33.8	35.1	34.1	32.7	34.6	36.6	37.6	35.9
平均碳化深度值 d_m(mm)		0	0	0	0	0	0	0	0	0	0
泵送混凝土修正值(MPa)		+4.5	+4.5	+4.5	+4.5	+4.5	+4.5	+4.5	+4.5	+4.5	+4.5
测区强度值 f_{cu}^{c}(MPa)		30.5	33.6	34.1	36.5	34.7	32.3	35.6	39.3	41.2	38.9
强度计算(MPa) ($n=10$)		$mf_{cu}^{c}=35.7$		$sf_{cu}^{c}=3.344$				$f_{cu,e}=30.2$			
使用测区强度换算表名称:规程地区专用				备注:设计混凝土强度 C30							

检测:　　　　年　月　日　复核:　　　　年　月　日

7. 注意事项

(1)回弹值测定时,应注意对混凝土表面缓慢均匀施压,切忌快速弹击,以免测量数据不准确。

(2)操作中注意不论结构物测试面与地面的角度如何,均必须保证仪器的轴线始终垂直于测试面。

(3)回弹测点宜在测区范围内均匀分布,相邻两测点的间距不宜小于 20 mm;测点不应在气孔或外露石子上,同一测点只应弹击一次。

(4)测点距外露钢筋、预埋件的距离要超过 30 mm。

11.2.5 砂浆稠度试验

1. 目的

通过稠度试验,可以测得达到设计稠度时的加水量;或在施工期间控制稠度,以保证施工质量。

2. 仪器设备

砂浆稠度测定仪(图 11.10)、捣棒、台秤、拌和钢板、秒表等。

3. 试验方法与步骤

(1)将拌好的砂浆装入圆锥筒内,装至筒口下约 10 mm,用捣棒插捣 25 次,前 12 次需插到筒底,然后将砂浆筒在桌上轻轻振动 5 ~ 6 下,使之表面平整,再移置于砂浆稠度测定仪台座上。

(2)放松固定螺钉,使圆锥体的尖端和砂浆表面接触,并对准中心,拧紧固定螺钉,读出标尺读数,然后突然放开固定螺钉,使圆锥体自由下沉入砂浆 10 s 后,读出下沉的距离(以 mm 计),即为砂浆的稠度值。

4. 试验结果评定

(1)以两次测定值结果的算术平均值作为砂浆稠度测定结果,如两次测定值之差大于 30 mm,应重新配砂浆测定。

(2)如稠度值不符合要求,可酌情加水或石灰膏,重新再测,直到符合要求为止。但从加水拌和算起,时间不准超过 30 min,否则重拌。

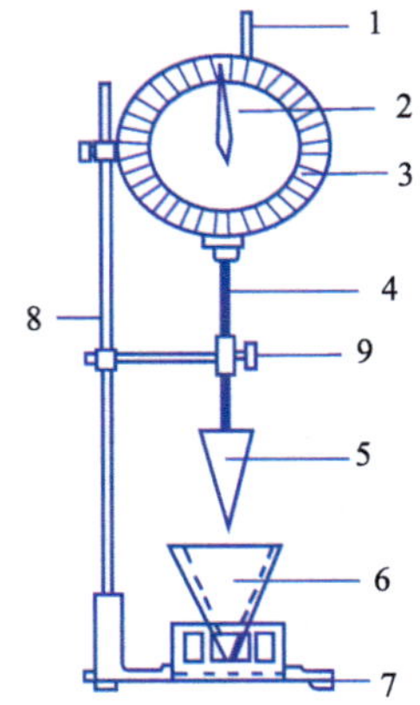

1—测杆;2—指针;3—刻度盘;4—滑杆;5—圆锥体;6—圆锥筒;7—底座;8—支架;9—制动螺丝

图 11.10 砂浆稠度测定仪

11.2.6 砂浆的分层度试验

1. 目的

测定砂浆的保水性,并依此判断砂浆在运输、停放用使用时的保水能力,从而控制砂浆的工作及砌体的质量。

2. 主要仪器设备

分层度测定仪(图 11.11),其他仪器同稠度试验仪器。

3. 试验方法与步骤

(1)将拌好的砂浆,测出稠度值 κ_1(mm)后,重新拌匀,一次注入分层度测定仪中。

(2)静置 30 min 后,去掉上层 20 cm 砂浆,然后取出底层 10 cm 砂浆重新拌和均匀,再测定砂浆稠度值 κ_2(mm)。

(3)两次砂浆稠度值的差值 $\kappa_1 - \kappa_2$ 即为砂浆的分层度。

4. 试验结果评定

砂浆的分层度宜在 10 ~ 30 mm 之间,如大于 30 mm,易产生分层、离析、泌水等现象,如小于 10 mm,则砂浆过黏,不易铺设且容易产生干缩裂缝。一般取两次试验的平均值作为试验砂浆的分层度。

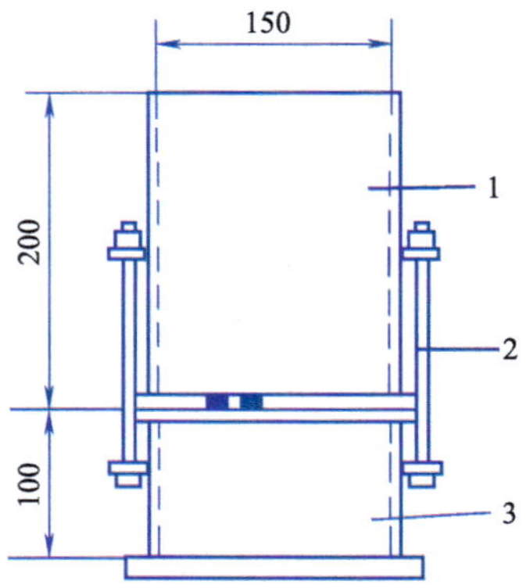

1—无底圆筒;2—连接螺栓;3—有底圆筒

图 11.11 分层度测定仪(单位:mm)

11.2.7 砂浆的抗压强度试验

1. 目的

检验砂浆的实际强度,依此确定砂浆的强度等级,并判断是否达到设计要求。

2. 主要仪器设备

压力机、试模(规格 70.7 mm × 70.7 mm × 70.7 mm 的无底试模)、捣棒、镘刀等。

3. 试验方法及步骤

(1)砌砖砂浆及步骤。

①将内壁事先涂刷薄层机油的无底试模,放在预先铺有吸水性较好湿纸的普通砖上。

②砂浆拌好后一次装满试模内,用直径 10 mm、长 350 mm 的钢筋捣棒(其一端呈半球形)均匀插捣 25 次,然后在四侧用镘刀沿试模壁插捣数次,砂浆应高出试模顶面 6 ~ 8 mm。

(2)砌石砂浆试件。

①试件用带底试模制作。

②砂浆分两层装入试模(每层厚度约 40 mm),每层均匀插捣 12 次,然后沿试模壁用抹刀插捣数次。砂浆应高出试模 6～8 mm,1～2 h 内,用刮刀刮掉多余的砂浆,并抹平表面。

(3)试件养护。

①小心拆模,不要损坏试件边角。

②试件养护。水泥混合砂浆应在温度为 20 ℃ ±3 ℃、相对湿度为 60%～80% 的条件下养护;水泥砂浆或微沫砂浆应在温度为 20 ℃ ±3 ℃、相对湿度为 90% 以上的潮湿条件下养护。

③自然养护。水泥混合砂浆应在高于 0 ℃、相对湿度 60%～80% 的条件下(养护箱中或不通风的室内)养护;水泥砂浆和微沫砂浆应在正温度并保持试件表面湿润状态下(如湿砂堆中)养护。养护期间必须做好温度记录。

4. 抗压强度试验

①试验前,应将试件表面刷净擦干,以试件的侧面做受压面进行抗压强度试验。

②试验时,加荷速度必须均匀,加荷速度为(300 ±15)N/s。

5. 试验结果评定

①单个砂浆试件的抗压强度按式(11.12)计算(精确至 0.1 MPa):

$$f_m = \frac{F}{A} \tag{11.12}$$

式中:f_m——单个砂浆试件的抗压强度,MPa;

F——破坏荷载,N;

A——试件的受力面积,mm^2。

②每组试件为六块,取六个试件试验结果的算术平均值(计算精确至 0.1 MPa)作为该组砂浆试件的抗压强度。当六个试件中最大值或最小值与平均值的差超过 20% 时,以中间四个试件的平均值作为该组试件的抗压强度值。

11.2.8 水泥砂浆强度评定

(1)评定水泥砂浆的强度,应以标准养生 28 天的试件为准。试件为边长 70.7 mm ×70.7 mm ×70.7 mm 的立方体。试件 6 个为一组,制取组数应符合下列规定。

①不同强度等级及不同配合比的水泥砂浆应分别制取试件,试件应随机制取,不得挑选。

②重要及主体砌筑物,每工作班制取 2 组。

③一般及次要砌筑物,每工作班可制取 1 组。

④拱圈砂浆应同时制取与砌体同条件养生试件,以检查各施工阶段强度。

(2)水泥砂浆强度合格的标准。

①同强度等级试件的平均强度不低于设计强度等级;

②任意一组试件的强度最低值不低于设计强度等级的 75% 。

(3)实测项目中,水泥砂浆强度评为不合格时,相应分项工程为不合格。

计　划　单

<table>
<tr><td>学习领域</td><td colspan="5">路桥工程检测技术</td></tr>
<tr><td>学习情境</td><td colspan="3">桥涵及浆砌工程检测</td><td>学　　时</td><td>18</td></tr>
<tr><td>任　　务</td><td colspan="3">桥涵及浆砌工程现场试验检测</td><td>学　　时</td><td>6</td></tr>
<tr><td>计划方式</td><td colspan="5">小组讨论、团结协作共同制订计划</td></tr>
<tr><td>序　　号</td><td colspan="4">实施步骤</td><td>使用资源</td></tr>
<tr><td>1</td><td colspan="4"></td><td></td></tr>
<tr><td>2</td><td colspan="4"></td><td></td></tr>
<tr><td>3</td><td colspan="4"></td><td></td></tr>
<tr><td>4</td><td colspan="4"></td><td></td></tr>
<tr><td>5</td><td colspan="4"></td><td></td></tr>
<tr><td>6</td><td colspan="4"></td><td></td></tr>
<tr><td>7</td><td colspan="4"></td><td></td></tr>
<tr><td>8</td><td colspan="4"></td><td></td></tr>
<tr><td>9</td><td colspan="4"></td><td></td></tr>
<tr><td>制订计划说明</td><td colspan="5"></td></tr>
<tr><td rowspan="3">计划评价</td><td>班　　级</td><td></td><td>第　　组</td><td>组长签字</td><td></td></tr>
<tr><td>教师签字</td><td colspan="2"></td><td>日　　期</td><td></td></tr>
<tr><td colspan="5">评语：</td></tr>
</table>

决　策　单

学习领域	路桥工程检测技术				
学习情境	桥涵及浆砌工程检测		学　时	18	
任　务	桥涵及浆砌工程现场试验检测		学　时	6	
方案讨论					
方案对比	组号	方案合理性	实施可操作性	安 全 性	综合评价
	1				
	2				
	3				
	4				
	5				
	6				
	7				
	8				
	9				
	10				
方案评价	评语：				

班　级		组长签字		教师签字		年　月　日

实　施　单

<table>
<tr><td>学习领域</td><td colspan="4">路桥工程检测技术</td></tr>
<tr><td>学习情境</td><td colspan="2">桥涵及浆砌工程检测</td><td>学　　时</td><td>18</td></tr>
<tr><td>任　　务</td><td colspan="2">桥涵及浆砌工程现场试验检测</td><td>学　　时</td><td>6</td></tr>
<tr><td>实施方式</td><td colspan="4">小组成员合作;动手实践</td></tr>
<tr><td>序　　号</td><td colspan="3">实施步骤</td><td>使用资源</td></tr>
<tr><td>1</td><td colspan="3"></td><td></td></tr>
<tr><td>2</td><td colspan="3"></td><td></td></tr>
<tr><td>3</td><td colspan="3"></td><td></td></tr>
<tr><td>4</td><td colspan="3"></td><td></td></tr>
<tr><td>5</td><td colspan="3"></td><td></td></tr>
<tr><td>6</td><td colspan="3"></td><td></td></tr>
<tr><td>7</td><td colspan="3"></td><td></td></tr>
<tr><td>8</td><td colspan="3"></td><td></td></tr>
<tr><td colspan="5">实施说明：</td></tr>
<tr><td>班　　级</td><td></td><td>第　　组</td><td>组长签字</td><td></td></tr>
<tr><td>教师签字</td><td colspan="2"></td><td>日　　期</td><td></td></tr>
<tr><td>评　　语</td><td colspan="4"></td></tr>
</table>

检 查 单

<table>
<tr><td>学习领域</td><td colspan="8">路桥工程检测技术</td></tr>
<tr><td>学习情境</td><td colspan="4">桥涵及浆砌工程检测</td><td colspan="2">学 时</td><td colspan="2">18</td></tr>
<tr><td>任 务</td><td colspan="4">桥涵及浆砌工程现场试验检测</td><td colspan="2">学 时</td><td colspan="2">6</td></tr>
<tr><td>序 号</td><td colspan="2">检查项目</td><td colspan="2">检查标准</td><td colspan="2">学生自查</td><td colspan="2">教师检查</td></tr>
<tr><td>1</td><td colspan="2"></td><td colspan="2"></td><td colspan="2"></td><td colspan="2"></td></tr>
<tr><td>2</td><td colspan="2"></td><td colspan="2"></td><td colspan="2"></td><td colspan="2"></td></tr>
<tr><td>3</td><td colspan="2"></td><td colspan="2"></td><td colspan="2"></td><td colspan="2"></td></tr>
<tr><td>4</td><td colspan="2"></td><td colspan="2"></td><td colspan="2"></td><td colspan="2"></td></tr>
<tr><td>5</td><td colspan="2"></td><td colspan="2"></td><td colspan="2"></td><td colspan="2"></td></tr>
<tr><td>6</td><td colspan="2"></td><td colspan="2"></td><td colspan="2"></td><td colspan="2"></td></tr>
<tr><td>7</td><td colspan="2"></td><td colspan="2"></td><td colspan="2"></td><td colspan="2"></td></tr>
<tr><td>8</td><td colspan="2"></td><td colspan="2"></td><td colspan="2"></td><td colspan="2"></td></tr>
<tr><td>9</td><td colspan="2"></td><td colspan="2"></td><td colspan="2"></td><td colspan="2"></td></tr>
<tr><td rowspan="3">检查评价</td><td>班 级</td><td colspan="2"></td><td colspan="2">第 组</td><td colspan="2">组长签字</td><td></td></tr>
<tr><td>教师签字</td><td colspan="2"></td><td colspan="2">日 期</td><td colspan="3"></td></tr>
<tr><td colspan="8">评语：</td></tr>
</table>

评 价 单

<table>
<tr><td>学习领域</td><td colspan="7">路桥工程检测技术</td></tr>
<tr><td>学习情境</td><td colspan="4">桥涵及浆砌工程检测</td><td>学 时</td><td colspan="2">18</td></tr>
<tr><td>任 务</td><td colspan="4">桥涵及浆砌工程现场试验检测</td><td>学 时</td><td colspan="2">6</td></tr>
<tr><td>评价类别</td><td>项 目</td><td colspan="2">子 项 目</td><td>个人评价</td><td>组内互评</td><td colspan="2">教师评价</td></tr>
<tr><td rowspan="7">专业能力</td><td rowspan="2">资讯
（10%）</td><td colspan="2">搜集信息（5%）</td><td></td><td></td><td colspan="2"></td></tr>
<tr><td colspan="2">引导问题回答（5%）</td><td></td><td></td><td colspan="2"></td></tr>
<tr><td>计划
（5%）</td><td colspan="2"></td><td></td><td></td><td colspan="2"></td></tr>
<tr><td>实施
（20%）</td><td colspan="2"></td><td></td><td></td><td colspan="2"></td></tr>
<tr><td>检查
（10%）</td><td colspan="2"></td><td></td><td></td><td colspan="2"></td></tr>
<tr><td>过程
（5%）</td><td colspan="2"></td><td></td><td></td><td colspan="2"></td></tr>
<tr><td>结果
（10%）</td><td colspan="2"></td><td></td><td></td><td colspan="2"></td></tr>
<tr><td rowspan="2">社会能力</td><td>团结协作
（10%）</td><td colspan="2"></td><td></td><td></td><td colspan="2"></td></tr>
<tr><td>敬业精神
（10%）</td><td colspan="2"></td><td></td><td></td><td colspan="2"></td></tr>
<tr><td rowspan="2">方法能力</td><td>计划能力
（10%）</td><td colspan="2"></td><td></td><td></td><td colspan="2"></td></tr>
<tr><td>决策能力
（10%）</td><td colspan="2"></td><td></td><td></td><td colspan="2"></td></tr>
<tr><td rowspan="3">评价评语</td><td>班 级</td><td></td><td>姓 名</td><td></td><td>学号</td><td>总评</td><td></td></tr>
<tr><td>教师签字</td><td></td><td>第 组</td><td>组长签字</td><td></td><td>日期</td><td></td></tr>
<tr><td colspan="7">评语：</td></tr>
</table>

试验仪器及所用材料清单

学习领域	路桥工程检测技术				
学习情境	桥涵及浆砌工程检测				
任　务	桥涵及浆砌工程现场试验检测				
项　目	序　号	名　称	数　量	型　号	作　用
所用仪器					
所用材料					
所用工具					

评价评语	班　级		姓　名		学号		总评	
	教师签字		第　组	组长签字			日期	
	评语：							

作　业　单

学习领域	路桥工程检测技术		
学习情境	桥涵及浆砌工程检测	学　时	18
任　务	桥涵及浆砌工程现场试验检测	学　时	6
作业方式	资料查询，现场操作		
1	浆砌石料需要检测的项目是什么？		
2	砂浆的分层度试验的试验目的、试验仪器、试验步骤是什么？		
3	砌筑砂浆配合比与水泥混凝土配合比的区别是什么？		
4	砌筑砂浆配合比设计的设计步骤是什么？		
作业评价：			

班　级		第　组		组长签字	
教师签字				日　期	
教师评分					

教学反馈表

学习领域	路桥工程检测技术			
学习情境	桥涵及浆砌工程检测	学　　时		18
序　　号	调查内容	是	否	理由陈述
1	你是否喜欢这种上课方式?			
2	与传统教学方式比较你认为这种方式学到的知识是否更适用?			
3	你是否学会了如何进行资讯?			
4	计划和决策感到困难吗?			
5	你认为学习情境对你将来的学习和工作有帮助吗?			
6	通过本学习情境的学习,今后遇到实际的问题你可以解决吗?			
7	本情境的知识和技能你都学会了吗?			
8	喜欢你的任课教师吗?			
9	通过几天来的工作和学习,你对自己的表现是否满意?			
10	你对小组成员之间的合作是否满意?			
11	你认为本情境还应学习哪些方面的内容?（请在下面回答）			

你的意见对改进教学非常重要,请写出你的建议和意见。

被调查人签名		调查时间	

附录　测区混凝土强度换算表

平均回弹值 R_m	测区混凝土强度换算值 $f^{c}_{cu,i}$(MPa) 平均碳化深度值 d_m(mm)												
	0	0.5	1.0	1.5	2.0	2.5	3.0	3.5	4.0	4.5	5.0	5.5	≥6.0
20.0	10.3	10.1											
20.2	10.5	10.3	10.0										
20.4	10.7	10.5	10.2										
20.6	11.0	10.8	10.4	10.1									
20.8	11.2	11.0	10.6	10.3									
21.0	11.4	11.2	10.8	10.5	10.0								
21.2	11.6	11.4	11.0	10.7	10.2								
21.4	11.8	11.6	11.2	10.9	10.4	10.0							
21.6	12.0	11.8	11.4	11.0	10.6	10.2							
21.8	12.3	12.1	11.7	11.3	10.8	10.5	10.1						
22.0	12.5	12.2	11.9	11.5	11.0	10.6	10.2						
22.2	12.7	12.4	12.1	11.7	11.2	10.8	10.4	10.0					
22.4	13.0	12.7	12.4	12.0	11.4	11.0	10.7	10.3	10.0				
22.6	13.2	12.9	12.5	12.1	11.6	11.2	10.8	10.4	10.2				
22.8	13.4	13.1	12.7	12.3	11.8	11.4	11.0	10.6	10.3				
23.0	13.7	13.4	13.0	12.6	12.1	11.6	11.2	10.8	10.5	10.1			
23.2	13.9	13.6	13.2	12.8	12.2	11.8	11.4	11.0	10.7	10.3	10.0		
23.4	14.1	13.8	13.4	13.0	12.4	12.0	11.6	11.2	10.9	10.4	10.2		
23.6	14.4	14.1	13.7	13.2	12.7	12.2	11.8	11.4	11.1	10.7	10.4	10.1	
23.8	14.6	14.3	13.9	13.4	12.8	12.4	12.0	11.5	11.2	10.8	10.5	10.2	
24.0	14.9	14.6	14.2	13.7	13.1	12.7	12.2	11.8	11.5	11.0	10.7	10.4	10.1
24.2	15.1	14.8	14.3	13.9	13.3	12.8	12.4	11.9	11.6	11.2	10.9	10.6	10.3
24.4	15.4	15.1	14.6	14.2	13.6	13.1	12.6	12.2	11.9	11.4	11.1	10.8	10.4
24.6	15.6	15.3	14.8	14.4	13.7	13.3	12.8	12.3	12.0	11.5	11.2	10.9	10.6
24.8	15.9	15.6	15.1	14.6	14.0	13.5	13.0	12.6	12.2	11.8	11.4	11.1	10.7
25.0	16.2	15.9	15.4	14.9	14.3	13.8	13.3	12.8	12.5	12.0	11.7	11.3	10.9
25.2	16.4	16.1	15.6	15.1	14.4	13.9	13.4	13.0	12.6	12.1	11.8	11.5	11.0
25.4	16.7	16.4	15.9	15.4	14.7	14.2	13.7	13.2	12.9	12.4	12.0	11.7	11.2
25.6	16.9	16.6	16.1	15.7	14.9	14.4	13.9	13.4	13.0	12.5	12.2	11.8	11.3
25.8	17.2	16.9	16.3	15.8	15.1	14.6	14.1	13.6	13.2	12.7	12.4	12.0	11.5
26.0	17.5	17.2	16.6	16.1	15.4	14.9	14.4	13.8	13.5	13.0	12.6	12.2	11.6
26.2	17.8	17.4	16.9	16.4	15.7	15.1	14.6	14.0	13.7	13.2	12.8	12.4	11.8
26.4	18.0	17.6	17.1	16.6	15.8	15.3	14.8	14.2	13.9	13.3	13.0	12.6	12.0
26.6	18.3	17.9	17.4	16.8	16.1	15.6	15.0	14.4	14.1	13.5	13.2	12.8	12.1
26.8	18.6	18.2	17.7	17.1	16.4	15.8	15.3	14.6	14.3	13.8	13.4	12.9	12.3
27.0	18.9	18.5	18.0	17.4	16.6	16.1	15.5	14.8	14.6	14.0	13.6	13.1	12.4

续表

平均回弹值 R_m	测区混凝土强度换算值 $f^c_{cu,i}$ (MPa)												
	平均碳化深度值 d_m (mm)												
	0	0.5	1.0	1.5	2.0	2.5	3.0	3.5	4.0	4.5	5.0	5.5	≥6.0
27.2	19.1	18.7	18.1	17.6	16.8	16.2	15.7	15.0	14.7	14.1	13.8	13.3	12.6
27.4	19.4	19.0	18.4	17.8	17.0	16.4	15.9	15.2	14.9	14.3	14.0	13.4	12.7
27.6	19.7	19.3	18.7	18.0	17.2	16.6	16.1	15.4	15.1	14.5	14.1	13.6	12.9
27.8	20.0	19.6	19.0	18.2	17.4	16.8	16.3	15.6	15.3	14.7	14.2	13.7	13.0
28.0	20.3	19.7	19.2	18.4	17.6	17.0	16.5	15.8	15.4	14.8	14.4	13.9	13.2
28.2	20.6	20.0	19.5	18.6	17.8	17.2	16.7	16.0	15.6	15.0	14.6	14.0	13.3
28.4	20.9	20.3	19.7	18.8	18.0	17.4	16.9	16.2	15.8	15.2	14.8	14.2	13.5
28.6	21.2	20.6	20.0	19.1	18.2	17.6	17.1	16.4	16.0	15.4	15.0	14.3	13.6
28.8	21.5	20.9	20.2	19.4	18.5	17.8	17.3	16.6	16.2	15.6	15.2	14.5	13.8
29.0	21.8	21.1	20.5	19.6	18.7	18.1	17.5	16.8	16.4	15.8	15.4	14.6	13.9
29.2	22.1	21.4	20.8	19.9	19.0	18.3	17.7	17.0	16.6	16.0	15.6	14.8	14.1
29.4	22.4	21.7	21.1	20.2	19.3	18.6	17.9	17.2	16.8	16.2	15.8	15.0	14.2
29.6	22.7	22.0	21.3	20.4	19.5	18.8	18.2	17.5	17.0	16.4	16.0	15.1	14.4
29.8	23.0	22.3	21.6	20.7	19.8	19.1	18.4	17.7	17.2	16.6	16.2	15.3	14.5
30.0	23.3	22.6	21.9	21.0	20.0	19.3	18.6	17.9	17.4	16.8	16.4	15.4	14.7
30.2	23.6	22.9	22.2	21.2	20.3	19.6	18.9	18.2	17.6	17.0	16.6	15.6	14.9
30.4	23.9	23.2	22.5	21.5	20.6	19.8	19.1	18.4	17.8	17.2	16.8	15.8	15.1
30.6	24.3	23.6	22.8	21.9	20.9	20.2	19.4	18.7	18.0	17.5	17.0	16.0	15.2
30.8	24.6	23.9	23.1	22.1	21.2	20.4	19.7	18.9	18.2	17.7	17.2	16.2	15.4
31.0	24.9	24.2	23.4	22.4	21.4	20.7	19.9	19.2	18.4	17.9	17.4	16.4	15.5
31.2	25.2	24.4	23.7	22.4	21.7	20.9	20.2	19.4	18.6	18.1	17.6	16.6	15.7
31.4	25.6	24.8	24.1	23.0	22.0	21.2	20.5	19.7	18.9	18.4	17.8	16.9	15.8
31.6	25.9	25.1	24.3	23.3	22.3	21.5	20.7	19.9	19.2	18.6	18.0	17.1	16.0
31.8	26.2	25.4	24.6	23.6	22.5	21.7	21.0	20.2	19.4	18.9	18.2	17.3	16.2
32.0	26.5	25.7	24.9	23.9	22.8	22.0	21.2	20.4	19.6	19.1	18.4	17.5	16.4
32.2	26.9	26.1	25.3	24.2	23.1	22.3	21.5	20.7	19.9	19.4	18.6	17.7	16.6
32.4	27.2	26.4	25.6	24.5	23.4	22.6	21.8	20.9	20.1	19.6	18.8	17.9	16.8
32.6	27.6	26.8	25.9	24.8	23.7	22.9	22.1	21.3	20.4	19.9	19.0	18.1	17.0
32.8	27.9	27.1	26.2	25.1	24.0	23.2	22.3	21.5	20.6	20.1	19.2	18.3	17.2
33.0	28.2	27.4	26.5	25.4	24.3	23.4	22.6	21.7	20.9	20.3	19.4	18.5	17.4
33.2	28.6	27.7	26.8	25.7	24.6	23.7	22.9	22.0	21.2	20.5	19.6	18.7	17.6
33.4	28.9	28.0	27.1	26.0	24.9	24.0	23.1	22.3	21.4	20.7	19.8	18.9	17.8
33.6	29.3	28.4	27.4	26.4	25.2	24.2	23.3	22.6	21.7	20.9	20.0	19.1	18.0
33.8	29.6	28.7	27.7	26.6	25.4	24.4	23.5	22.8	21.9	21.1	20.2	19.3	18.2
34.0	30.0	29.1	28.0	26.8	25.6	24.6	23.7	23.0	22.1	21.3	20.4	19.5	18.3
34.2	30.3	29.4	28.3	27.0	25.8	24.8	23.9	23.2	22.3	21.5	20.6	19.7	18.4
34.4	30.7	29.8	28.6	27.2	26.0	25.0	24.1	23.4	22.5	21.7	20.8	19.8	18.6
34.6	31.1	30.2	28.9	27.4	26.2	25.2	24.3	23.6	22.7	21.9	21.0	20.0	18.8

续表

平均回弹值 R_m	测区混凝土强度换算值 $f^{c}_{cu,i}$(MPa)												
	平均碳化深度值 d_m(mm)												
	0	0.5	1.0	1.5	2.0	2.5	3.0	3.5	4.0	4.5	5.0	5.5	≥6.0
34.8	31.4	30.5	28.2	27.6	26.4	25.4	24.5	23.8	22.9	22.1	21.2	20.2	19.0
35.0	31.8	30.8	29.6	28.0	26.7	25.8	24.8	24.0	23.2	22.3	21.4	20.4	19.2
35.2	32.1	31.1	29.9	28.2	27.0	26.0	25.0	24.2	23.4	22.5	21.6	20.6	19.4
35.4	32.5	31.5	30.2	28.6	27.3	26.3	25.4	24.4	23.7	22.8	21.8	20.8	19.6
35.6	32.9	31.9	30.6	29.0	27.6	26.6	25.7	24.7	24.0	23.0	22.0	21.0	19.8
35.8	33.3	32.3	31.0	29.3	28.0	27.0	26.0	25.0	24.3	23.3	22.2	21.2	20.0
36.0	33.6	32.6	31.2	29.6	28.2	27.2	26.2	25.2	24.5	23.5	22.4	21.4	20.2
36.2	24.0	33.0	31.6	29.9	28.6	27.5	26.5	25.5	24.8	23.8	22.6	21.6	20.4
36.4	34.4	33.4	32.0	30.3	28.9	27.9	26.8	25.8	25.1	24.1	22.8	21.8	20.6
36.6	34.8	33.8	32.4	30.6	29.2	28.2	27.1	26.1	25.4	24.4	23.0	22.0	20.9
36.8	35.2	34.1	32.7	31.0	29.6	28.5	27.5	26.4	25.7	24.6	23.2	22.2	21.1
37.0	35.5	34.4	33.0	31.2	29.8	28.8	27.7	26.6	25.9	24.8	23.4	22.4	21.3
37.2	35.9	34.8	33.4	31.6	30.2	29.1	28.0	26.9	26.2	25.1	23.7	22.6	21.5
37.4	36.3	35.2	33.8	31.9	30.5	29.4	28.3	27.2	26.5	25.4	24.0	22.9	21.8
37.6	36.7	35.6	34.1	32.3	30.8	29.7	28.6	27.5	26.8	25.7	24.2	23.1	22.0
37.8	37.1	36.0	34.5	32.6	31.2	30.0	28.9	27.8	27.1	26.0	24.5	23.4	22.3
38.0	37.5	36.4	34.9	33.0	31.5	30.3	29.2	28.1	27.4	26.2	24.8	23.6	22.5
38.2	37.9	36.8	35.2	33.4	31.8	30.6	29.5	28.4	27.7	26.4	25.0	23.9	22.7
38.4	38.3	37.2	35.6	33.7	32.1	30.9	29.8	28.7	28.0	26.8	25.3	24.1	23.0
38.6	38.7	37.5	36.0	34.1	32.4	31.2	30.1	29.0	28.3	27.0	25.5	24.4	23.2
38.8	39.1	37.9	36.4	34.4	31.7	31.5	30.4	29.3	28.5	27.2	25.8	24.6	23.5
39.0	39.5	38.2	36.7	35.7	33.0	31.8	30.6	29.6	28.8	27.4	26.0	24.8	23.7
39.2	39.9	38.5	37.0	35.0	33.3	32.1	30.8	29.8	29.0	27.6	26.2	25.0	24.0
39.4	40.3	38.8	37.3	35.3	33.6	32.4	31.0	30.0	29.2	27.8	26.4	25.2	24.2
39.6	40.7	39.1	37.6	35.6	33.9	32.7	31.2	30.2	29.4	28.0	26.6	25.4	24.4
39.8	41.2	39.6	38.0	35.9	34.2	33.0	31.4	30.5	29.7	28.2	26.8	25.6	24.7
40.0	41.6	39.9	38.3	36.2	34.5	33.3	31.7	30.8	30.0	28.4	27.0	25.8	25.0
40.2	42.0	40.3	38.6	36.5	34.8	33.6	32.0	31.1	30.2	28.6	27.3	26.0	25.2
40.4	42.4	40.7	39.0	36.9	35.1	33.9	32.3	31.4	30.5	28.8	27.6	26.2	25.4
40.6	42.8	41.1	39.4	37.2	35.4	34.2	32.6	31.7	30.8	29.1	27.8	26.5	25.7
40.8	43.3	41.6	39.8	37.7	35.7	34.5	32.9	32.0	31.2	29.4	28.1	26.8	26.0
41.0	43.7	42.0	40.2	38.0	36.0	34.8	33.2	32.3	31.5	29.7	28.4	27.1	26.2
41.2	44.1	42.3	40.6	38.4	36.3	35.1	33.5	32.6	31.8	30.0	28.7	27.3	26.5
41.4	44.5	42.7	40.9	38.7	36.6	35.4	33.8	32.9	32.0	30.3	28.9	27.6	26.7
41.6	45.0	43.2	41.4	39.2	36.9	35.7	34.2	33.3	32.4	30.6	29.2	27.9	27.0
41.8	45.4	43.6	41.8	39.5	37.2	36.0	34.5	33.6	32.7	30.9	29.5	28.1	27.2
42.0	45.9	44.1	42.2	39.9	37.6	36.3	34.9	34.0	33.0	31.2	29.8	28.5	27.5
42.2	46.3	44.4	42.6	40.3	38.0	36.6	35.2	34.3	33.3	31.5	30.1	28.7	27.8
42.4	46.7	44.8	43.0	40.6	38.3	36.9	35.5	34.6	33.6	31.8	30.4	29.0	28.0

续表

平均回弹值 R_m	测区混凝土强度换算值 $f^c_{cu,i}$(MPa)												
	平均碳化深度值 d_m(mm)												
	0	0.5	1.0	1.5	2.0	2.5	3.0	3.5	4.0	4.5	5.0	5.5	≥6.0
42.6	47.2	45.3	43.4	41.1	38.7	37.3	35.9	34.9	34.0	32.1	30.7	29.3	28.3
42.8	47.6	45.7	43.8	41.4	39.0	37.6	36.2	35.2	34.3	32.4	30.9	29.5	28.6
43.0	48.1	46.2	44.2	41.8	39.4	38.0	36.6	35.6	34.6	32.7	31.3	29.8	28.9
43.2	48.5	46.6	44.6	42.2	39.8	39.3	36.9	35.9	34.9	33.0	31.5	30.1	29.1
43.4	49.0	47.0	45.1	42.6	40.2	38.7	37.2	36.3	35.3	33.3	31.8	30.4	29.4
43.6	49.4	47.4	45.4	43.0	40.5	39.0	37.5	36.6	35.6	33.6	32.1	30.6	29.6
43.8	49.9	47.9	45.9	43.4	40.9	39.4	37.9	36.9	35.9	33.9	32.4	30.9	29.9
44.0	50.4	48.4	46.4	43.8	41.3	39.8	38.3	37.3	36.3	34.3	32.8	31.2	30.2
44.2	50.8	48.8	46.7	44.2	41.7	40.1	38.6	37.6	36.6	34.5	33.0	31.5	30.5
44.4	51.3	49.2	47.2	44.6	42.1	40.5	39.0	38.0	36.9	34.9	33.3	31.8	30.8
44.6	51.7	49.6	47.6	45.0	42.4	40.8	39.3	38.3	37.2	35.2	33.6	32.1	31.0
44.8	52.2	50.1	48.0	45.4	42.8	41.2	39.7	38.6	37.6	35.5	33.9	32.4	31.3
45.0	52.7	50.6	48.5	45.8	43.2	41.6	40.1	39.0	37.9	35.8	34.3	32.7	31.6
45.2	53.2	51.1	48.9	46.3	43.6	42.0	40.4	39.4	38.3	36.2	34.6	33.0	31.9
45.4	53.6	51.5	49.4	46.6	44.0	42.3	40.7	39.7	38.6	36.4	34.8	33.2	32.2
45.6	54.1	51.9	49.8	47.1	44.4	42.7	41.1	40.0	39.0	36.8	35.2	33.5	32.5
45.8	54.6	52.4	50.2	47.5	44.8	43.1	41.5	40.4	39.3	37.1	35.5	33.9	32.8
46.0	55.0	52.8	50.6	47.9	45.2	43.5	41.9	40.8	39.7	37.5	35.8	34.2	33.1
46.2	55.5	53.3	51.1	48.3	45.5	43.8	42.2	41.1	40.0	37.7	36.1	34.4	33.3
46.4	56.0	53.8	51.5	48.7	45.9	44.2	42.6	41.4	40.3	38.1	36.4	34.7	33.6
46.6	56.5	54.2	52.0	49.2	46.3	44.6	42.9	41.8	40.7	38.4	36.7	35.0	33.9
46.8	57.0	54.7	52.4	49.6	46.7	45.0	43.3	42.2	41.0	38.8	37.0	35.3	34.2
47.0	57.5	55.2	52.9	50.0	47.2	45.2	43.7	42.6	41.4	39.1	37.4	35.6	34.5
47.2	58.0	55.7	53.4	50.5	47.6	45.8	44.1	42.9	41.8	39.4	37.7	36.0	34.8
47.4	58.5	56.2	53.8	50.9	48.0	46.2	44.5	43.3	42.1	39.8	38.0	36.3	35.1
47.8	59.5	57.1	54.7	51.8	48.8	47.0	45.2	44.0	42.8	40.5	38.7	36.9	35.7
48.0	60.0	57.6	55.2	52.2	49.2	47.4	45.6	44.4	43.2	40.8	39.0	37.2	36.0
48.2		58.0	55.7	52.6	49.6	47.8	46.0	44.8	43.6	41.1	39.3	37.5	36.3
48.4		58.6	56.1	53.1	50.0	48.2	46.4	45.1	43.9	41.5	39.6	37.8	36.6
48.6		59.0	56.6	53.5	50.4	48.6	46.7	45.5	44.3	41.8	40.0	38.1	36.9
48.8		59.5	57.1	54.0	50.9	49.0	47.1	45.9	44.6	42.2	40.3	38.4	37.2
49.0		60.0	57.5	54.4	51.3	49.4	47.5	46.2	45.0	42.5	42.5	40.6	38.8
49.2			58.0	54.8	51.7	49.8	47.9	46.6	45.4	42.8	41.0	39.1	37.8
49.4			58.5	55.3	52.1	50.2	48.3	47.1	45.8	43.2	41.3	39.4	38.2
49.6			58.9	55.7	52.5	50.6	48.7	47.4	46.2	43.6	41.7	30.7	38.5
49.8			59.4	56.2	53.0	51.0	49.1	47.8	46.5	43.9	52.0	40.1	38.8
50.0			59.9	56.7	53.4	51.4	49.5	48.2	46.9	44.3	42.3	40.4	39.1
50.2				57.1	53.8	51.9	49.9	48.5	47.2	44.6	42.6	40.7	39.4

续表

平均回弹值 R_m	测区混凝土强度换算值 $f^c_{cu,i}$ (MPa)												
	平均碳化深度值 d_m (mm)												
	0	0.5	1.0	1.5	2.0	2.5	3.0	3.5	4.0	4.5	5.0	5.5	≥6.0
50.4				57.6	54.3	52.3	50.3	49.0	47.7	45.0	43.0	41.0	39.7
50.6				58.0	54.7	52.7	50.7	49.4	48.0	45.4	43.4	41.4	40.0
50.8				58.5	55.1	53.1	51.1	49.8	48.4	45.7	43.7	41.7	40.3
51.0				59.0	55.6	53.5	51.5	50.1	48.8	46.1	44.1	42.0	40.7
51.2				59.4	56.0	54.0	51.9	50.5	49.2	46.4	44.4	42.3	41.0
51.4				59.9	56.4	54.4	52.3	50.9	49.6	46.8	44.7	42.7	41.3
51.6					56.9	54.8	52.7	51.3	50.0	47.2	45.1	43.0	41.6
51.8					57.3	55.2	53.1	51.7	50.3	47.5	45.4	43.3	41.8
52.0					57.8	55.7	53.6	52.1	50.7	47.9	45.8	43.7	42.3
52.2					58.2	56.1	54.0	52.5	51.1	48.3	46.2	44.0	42.6
52.4					58.7	56.5	54.4	53.0	51.5	48.7	46.5	44.4	43.0
52.6					59.1	57.0	54.8	53.4	51.9	49.0	46.9	44.7	43.3
52.8					59.6	57.4	55.2	53.8	52.3	49.4	47.3	45.1	43.6
53.0					60.0	57.8	55.6	54.2	52.7	49.8	47.6	45.4	43.9
53.2						58.3	56.1	54.6	53.1	50.2	48.0	45.8	44.3
53.4						58.7	56.5	55.0	53.5	50.5	48.3	46.1	44.6
53.6						59.2	56.9	55.4	53.9	50.9	48.7	46.4	44.9
53.8						59.6	57.3	55.8	54.3	51.3	49.0	46.8	45.3
54.0							57.8	56.3	54.7	51.7	49.4	47.1	45.6
54.2							58.2	56.7	55.1	52.1	49.8	47.5	46.0
54.4							58.6	57.1	55.6	52.5	50.2	47.9	45.3
54.6							59.1	57.5	56.0	52.9	50.5	48.2	46.6
54.8							59.5	57.9	56.4	53.2	50.9	48.5	47.0
55.0							59.9	58.4	56.8	53.6	51.3	48.9	48.3
55.2								58.8	57.2	54.0	51.6	49.3	47.7
55.4								59.2	57.6	54.4	52.0	49.6	48.0
55.6								59.7	58.0	54.8	52.4	50.0	48.4
55.8									58.5	55.2	52.8	50.3	48.7
56.0									58.9	55.6	53.2	50.7	49.1
56.2									59.3	56.0	53.5	51.1	49.4
56.4									59.7	56.4	53.9	51.4	49.8
56.6										56.8	54.3	51.8	50.1
56.8										57.2	54.7	52.2	50.5
57.0										57.6	55.1	52.5	50.8
57.2										58.0	55.5	52.9	51.2
57.4										58.4	55.9	53.3	51.6
57.6										58.9	56.3	53.7	51.9
57.8										59.3	56.7	54.0	52.3

续表

平均回弹值 R_m	测区混凝土强度换算值 $f_{cu,i}^{c}$ (MPa)											
	平均碳化深度值 d_m (mm)											
	0	0.5	1.0	1.5	2.0	2.5	3.0	3.5	4.0	4.5	5.0	5.5	≥6.0
58.0										59.7	57.0	54.4	52.7
58.2											57.4	54.8	53.0
58.4											57.8	55.2	53.4
58.6											58.2	55.6	53.8
58.8											58.6	55.9	54.1
59.0											59.0	56.3	54.5
59.2											59.4	56.7	54.9
59.4											59.8	57.1	55.2
59.6												57.5	55.6
59.8												57.9	56.0
60.0												58.3	56.4

注:本表系按全国统一曲线制定。

参 考 文 献

[1] 郑桂兰．道路检测技术[M]．北京:机械工业出版社,2008.
[2] 严家伋．道路建筑材料[M]．北京:人民交通出版社,2002.
[3] 黄晓明．公路工程检测手册[M]．北京:人民交通出版社,2004.
[4] 张超．路基路面试验检测技术[M]．北京:人民交通出版社,2007.
[5] 陈忠达．路基路面工程[M]．北京:人民交通出版社,2005.
[6] 张斌．实验室质量管理体系建立与运作指南[M]．北京:中国标准出版社,2006.
[7] 钱进．公路工程现场检测技术[M]．北京:人民交通出版社,2011.
[8] 周烨．道路工程检测技术[M]．北京:北京师范大学出版社,2011.
[9] 中华人民共和国行业标准公路路基路面现场测试规程(JTG E60—2008)[S]．北京:人民交通出版社,2008.
[10] 中华人民共和国行业标准公路工程质量检验评定标准(土建工程)(JTG F80/1—2004)[S]．北京:中国建筑工业出版社,2001.